The Emotion Regulation Skills System
for Cognitively Challenged Clients:
A **DBT**-Informed Approach

변증법행동치료 기반
정서조절 기술 시스템

−인지 능력이 한정된 내담자를 위하여−

Julie F. Brown 저 | 최현정 · 조윤화 공역

Dialectical
Behavior
Therapy
informed
Skills System

학지사

지적 장애와 인지 능력에 어려움을 겪는 사람이 회복하고 만족스러운 삶을 살 수 있도록 도울 수 있는 사람은 많지 않다. 우선은 함께 소통할 수 있는 언어 능력을 갖추어야 하고, 인지 능력에 어려움이 있어도 활용할 수 있는 형태로 임상 기술을 맞추어 적용할 수 있어야 한다. 더해서 이들을 향한 임상가의 불신과 나태함 그리고 무기력증 역시 극복할 수 있어야 한다. 이들을 둘러싼 불공정하고 안전하지 않은 사회를 향한 인식 역시 놓쳐서는 안 된다. 심리적 고통, 지적 장애 그리고 다중의 정신과 진단이라는 교차 속에 놓인 이들에게 임상가의 역할을 발휘하기란 매우 어려운 일이다.

지적 장애가 있는 사람들을 돕는 과정에서 역자 역시 꽤나 여러 번 무력감을 느꼈다. 임상가로서 여러 경험을 했지만 지적 장애가 있는 사람들을 성공적으로 도운 경험치는 없었던 것이다. 이 무력감이라는 불씨는 이들을 도울 수 없다는 편견으로 번졌고, 결국 나는 이들을 만나려는 노력을 하지 않았으며, 이들의 문제 해결에 전념하지 않는 내 모습 역시 우두커니 지켜보아야 했다. 그러나 이들은 고통스러워했다. 말이 통하지 않는 사회 속에서 이들이 겪는 고통이란 짐작할 수 없는 크기일 테니 말이다.

우리는 함께 팀을 꾸려 2016년 미국 시애틀에서 변증법행동치료 인텐시브 훈련 과정을 마쳤다. 그리고 변증법행동치료가 매우 심각한 정서조절 문제로 힘들어하는 사람들에게 상당한 효과가 있다는 것을 몸소 체험했다. 그러나 우리 모두 고민하던 지점은, 지적 장애가 있는 사람들에게 변증법행동치료를 적용하기는 어렵다는 결론이었다. 변증법행동치료는 체인분석(chain analysis)을 바탕으로 행동 기술을 꿰는 대단한 체계를 갖추고 있었지만, 추상 개념 형성이나 연쇄 추론 능력, 응용력을 발휘할 수 없는 사람에게는 너무 어려운 체계였다. 그러던 중에 우리는 보스턴에서 Julie F. Brown 박사가 변증법행동치료를 기반으로 인지 부하를 훨씬 낮춘 정서조절 훈련 체계를 만들었다는 사실을 알게 되었다. 그것이 바로 기술 시스템이었다. 우리는 곧바로 학지사와 번역 계약을 서둘렀다. 그리고 몇 개월 뒤 나는 보스턴으로 날아가 Brown 박사의 수업을 들었고, 한국어로 기술을 번안하기 위해 몇 차례 조언을 들었다.

우선 기술 용어를 최현정 박사가 번역하고, 이 번역을 조윤화 박사가 역번역하였다. Brown 박사는 기꺼이 한국판 기술 번역과 역번역 작업을 검토해 주었고, 그의 조언을 토대로 우리 두 사람은 최종 기술명을 확정하였다. 물론 한국 내담자들과의 풍부한 경험을 바탕으로 한 기술명을 만들지는 못했다. 향후 우리가 기술 시스템을 충분히 써 보고 난 후에는 좀 더 정확한 기술명으로 수정하게 될 것이다. 우선 우리는 첫 기술 시스템 번안을 결심했고, 이렇게 세상에 내놓았다.

기술 시스템의 가장 큰 장점은 어떠한 정서조절 상황에서도 적용할 수 있는 '하나의 쉬운 체인'이라는 틀에 있다. 체계 없이 가르치는 행동 기술을 지적 장애가 있는 사람이 적재적소에 사용하기에는 불가능하다. 하지만 낮은 인지 부하 속에서 손에 잡히는 행동 기술을 순서대로 쓸 수 있는 단순한 체인 틀이 있기 때문에 기술 시스템은 승산이 있다. 수십 년간 지적 장애와 발달 장애가 있는 사람들과 기술 훈련을 진행했던 Brown 박사의 임상 경험과 아주 오랜 시간 심사숙고한 고민의 성과인 듯하다.

기술 시스템은 또한 임상가의 무기력과 편견을 잠재울 수 있는 가능성을 지녔다. Brown 박사는 아무리 지적 장애나 발달 장애가 심각해도 누구나 지혜로운 마음이 있다고 역설했다. 그리고 변증법행동치료의 변증법 철학을 치료 관계 안에 녹여 냈는데, 변증법의 조화로운 치료 환경과 치료 관계를 체험했다면 지적 장애가 있는 사람 역시 변증법의 삶을 살아갈 수 있다고 증언하는 셈이다. 지적 장애, 발달 장애, 다중의 정신과 진단과 삶의 혼란 속에서도 그 사람의 지혜를 존중하고, 삶에는 옳고 그름이나 맞고 틀림이 없되 다만 우리가 진실을 찾아 나설 뿐이라는 변증법의 관점에서는 삶이 혼란스러운 사람도 곧 자기 삶을 지탱할 수 있다고 믿는다. 변증법행동치료가 임상 사회에서 낙인의 대상이었던 경계선 성격 장애의 회복에 전격 새로운 관점과 상당한 효능에 대한 희망을 불러일으켰던 것처럼, 기술 시스템 역시 낙인과 무기력의 대상이었던 지적 장애를 향한 우리의 접근과 임상 기술을 변화시키고 희망을 키울 중요한 씨앗이 되기를 바란다.

2020년
역자 최현정 · 조윤화

기술 시스템 개발

보물 찾기

기술 시스템 개발 과정은 20년의 여정이었다. 이 모험은 보스턴 대학교에서 사회복지학 석사 학위를 마친 직후 시작되었다. 나는 매사추세츠에서 지적 장애가 있거나 정서 문제가 있는 남성과 여성 청소년을 위한, 25개의 침상을 갖춘 행동주의 기반 주거형 학교에서 임상가로 일하고 있었다. 어느 날, 성 가해, 방화, 동물 학대, 타인 학대 등의 문제를 지닌 한 청소년과 사무실에 있었다. 근래에 그가 직원에게 보인 공격성에 관해 이야기를 나누는 중이었다. 나는 직원의 머리를 자물쇠로 내리치는 대신 할 수 있는 대안 행동을 이끌어 내고자 이리저리 질문을 했다. 그 젊은이는 유용한 대안을 만들어 낼 수 없었다. 그래서 나는 우노 카드 놀이를 하자고 제안했다.

우노 카드 놀이를 하자는 이 순간은 내게 영감의 순간이었다. 이 사람이 수많은 트라우마를 겪었고 또 다른 사람들에게 수많은 트라우마를 야기했건만 나의 해결책은 우노

였다! 나의 치료 도구함에서 이 카드를 꺼내면서 나는 순간 이 고독한 활동이 아주 한심한 개입이라고 생각했다. 카드 게임이 대처를 위한 퍼즐의 한 조각일 수는 있었겠지만, 문제는 이 사람이 이해하고 적용하고 일반화할 수 있는 형태로 대처를 가르칠 수 있는 적절히 통합된 틀이나 체계가 내게는 없었던 것이다. 통합적인 대처를 표상하는 지도가 내게 없다면, 지적 장애가 있는 이 청소년이 나의 무작위 교습을 스스로 기술적으로 강력하면서도 유연한 모델로 통합하여 그가 일상에서 마주하는 내적·외적 문제를 다루도록 도와줄 방법은 결코 없었다.

앞으로의 길에 대한 비전은 없었지만, 기술 시스템을 발견하기 위한 나의 여정은 시작됐다.

나는 주거형 장면에서 다양한 어려움을 지닌 이 청소년 집단을 치료하는 일로 이후 3년을 보냈다. 나는 통찰을 얻고자 여러 문헌을 찾았다. 아주 작은 퍼즐 조각은 찾았지만 여전히 전체 지도는 없었다. 정신건강 진단을 받는 수많은 청소년이 지도 감독의 필요를 줄이는 데 필요한 기술의 통합을 도와줄 종합 도구는 없었다. 방임, 폭력 행동, 신체 학대, 성 피해, 사회 낙인 속에서 고통받는 사람들을 도울 수 있을 만큼 복잡하면서도 단순한 모형은 없었다. 여러 항정신증제, 항우울제, 기분 조절제, 혹은 행동 통제를 위한 약물의 필요를 줄일 수 있도록 이 청소년을 도와줄 수 있는 프로그램은 없었다. 기관에서 설계한 토큰 경제 구조는 많은 도움이 됐지만, 욕구가 복잡한 이들이 주거형 돌봄 이외의 공간에서도 강화된 통제 불능을 조절하기 위해 필요한 기술을 가르치기에는 충분하지 않았다. 무언가 더 나은 해결책이 필요했다.

1997년 정기 자문 회의 때 잘 알려진 트라우마 전문가가 내게 변증법행동치료(Dialectical Behavior Therapy: DBT; Linehan, 1993a, 1993b, 2015a, 2015b)를 알아보라고 제안했다. 처음에 나는 '자살이나 자살 의도가 없는 자해 행동을 보이는 경계선 성격 장애 진단 여성을 위한 치료가 어떻게 나의 내담자들에게 도움이 되지?' 하고 생각했다. DBT 훈련 초기 동안 나의 몇몇 내담자가 경계선 성격 장애로 진단받았다는 점을, 그리고 많은 이가 Linehan이 설명한 정서, 인지 및 행동 조절 문제 양상을 겪는다는 점을 발견하게 됐다. 나는 DBT가 보물 지도의 한 조각이 될지를 조심스럽게 낙관해 보았다.

1999년에 나는 DBT 집중 훈련을 받을 기회를 누리고 로드아일랜드에서 Justice Resource Institute 통합 임상 서비스 팀을 꾸리게 됐다. 통합 임상 서비스 팀은 경도에서 중도 지적 장애와 강도 높은 행동 통제 문제를 지닌 성인을 위한 외래 치료 서비스를 제공했다. 표준 DBT 개인 치료, 기술 훈련 집단, 자문 팀, 전화 코칭은 프로그램의 핵심 요소였다. 종합 DBT 치료 모형은 사람들이 정서조절 손상과 연관된 고도로 강화받은 만성 행동 양상을 변화시키도록 설계되었다. DBT 기술로 자기관리 역량을 개선시킬 수 있다는 점은 분명했지만, 인지 장애가 있는 사람들이 새로 적응하도록 대처 기술을 일반화하려면 조정이 필요했다. DBT 모형을 유지하는 게 무엇보다 중요했다. DBT 기술이 경험 연구를 통해 타당화된 치료로서 치료 효과를 줄이지 않은 채, 인지 제한이 있는 내담자에게도 DBT가 쓰이도록 만드는 데 도전해야 했다.

놀랍게도, DBT(Linehan, 1993a)에서 개인 치료 측면은 우리 내담자에게도 최소한의 변용을 요구했다. DBT 개인 치료를 배우면서 인지 장애를 지닌 사람들을 치료하려면 치료자에게 지적인 부하가 늘지만, 내담자가 치료에 참여하는 건 상대적으로 간단했다. 불행히도 기술 요소(Linehan, 1993b)가 더 복잡한 문제였다. 첫해 동안, 우리는 표준 DBT 기술 매뉴얼에 따라 정보의 이해를 높이는 정도에서 교습법을 변용했다. 마음챙김, 대인관계 효율성, 정서조절 그리고 고통 감싸기 모듈의 개념(Linehan, 1993b)을 담는 게 중요했는데, 내담자에게는 용어와 형식이 장애물이었다. 나의 노력에도 불구하고 많은 참여자가 몇 가지 표준 DBT 기술 용어를 발음하고 기억하고 이해하기 힘들어했고, 그래서 정서조절이 안 되는 삶의 맥락에서는 당연히 개념을 회상하거나 사용할 수 없었다.

DBT 기술 커리큘럼은 실행 기능 결함을 경험하는 지적 장애 진단을 받은 사람들을 위한 틀을 제공하지 않았다. 복잡한 맥락에서 여러 기술을 사용할 필요가 있을 때, 한 기술에서 다음 기술로의 전환을 촉진하는 틀이 없었다. 기술 훈련 집단에서 주는 정보에 대한 내담자들의 반응이 마치 어린 시절 '52카드 줍기' 게임을 할 때 나의 모습과 같다는 점을 점차 느끼게 됐다. 나는 집단 훈련자로서 마치 내가 어릴 때 못된 우리 언니처럼 굴고 있다고 느꼈다. 언니는 어린 나한테 놀자고 초대해서 재빠르게 카드를 쥐고 "52카드 주워!"라고 외치고는 신이 나서 52개의 카드를 공중으로 던져 온 바닥에 흩뿌려 놓은 후 나보고 줍게 했다. 온 바닥에 널린 카드를 보고 내가 완전히 압도당했듯이, 참여자들은 무슨 기술(혹은 카드)을 먼저 집어야 하는지도 모른 채 온갖 정보를 그저 노려보기도 하고, 멍하게 보기도 하고, 혼란스럽게 보기도 했다.

DBT 모형을 유지하려 했던 동시에, 나는 내담자들이 핵심 원리를 붙잡으려면 보다 접근 가능한 방법으로 DBT 개념을 제시할 필요가 있음을 분명히 느꼈다. 나는 지적 장애가 있는 참여자들도 배우고 적용할 수 있는 단계별 진전 방안을 만들기 시작했다. 나는 참여자들이 매 순간 내외적 경험에서 오는 정보를 통합하는 방법을 스스로 역동적으로 만들어 내어 기술을 쓸 수 있는 단순한 체계 틀을 찾아야 한다는 점을 알고 있었다. 개념은 분명히 복잡하지 않아야 했지만, 그 기능은 여러 요소를 통합할 만큼 고도로 복잡해야 했다. 시스템은 사람들이 현 순간에 마음챙김을 하고, 일관되게 지혜로운 마음을 일으키고(Linehan, 1993b, 2015a, 2015b), 효과적인 계획을 세우는 데 도움이 되고, 사람이 삶의 가장 추상적이고 힘든 사건들을 감당하도록 돕는 데 필요한 단순성과 복잡성을 모두 갖추어야 했다. 나는 이 섬세한 퍼즐을 맞추기 위해 여러 개념에 관해 작업하고 또 작업하느라 수개월을 보냈다.

어느 날 운전 중이었다. 시속 60마일로 고속도로에 진입하던 중 기술 시스템의 핵심 아이디어가 마음속을 스쳐 지나가는 걸 알아차렸다. 너무나 단순하면서도 동시에 너무나 복잡했다. 이것이 바로 변증법이다! 보물이 떠올랐고, 마음속에 지나가는 보물을 알아차린 것이 행운이었다. 다행히 당시에는 이 선물에 얼마나 신났는지 알지 못했는데, 만약 알았다면 차가 완전히 길 밖으로 벗어났을지도 모른다.

보물

195번 도로에 있던 그날 이후 내담자들, 나의 팀과 나는 DBT 개념과 정서조절 원리를 붙잡고 씨름하면서 기술 시스템을 개발하였다. 수년의 시간과 협력이 쌓이면서, 기술 시스템은 단순하면서도 동시에 정교한, 청소년과 성인을 위한 정서조절 안내 지도가 됐다. 아홉 가지 기술과 세 가지 기술 도구는 사람이 자기 목표를 이루기 위해 효과적인 선택을 내리도록 돕는 유용한 구조를 제공한다.

『기술 시스템 지도자 안내서: 모든 학습 수준을 위한 정서조절 기술 커리큘럼(The Skills System Instructor's Guide: An Emotion-Regulation Skills Curriculum for All Learning Abilities)』은 2011년 자비로 출판했다. 이러한 방식으로 자료를 보호하고, 보급하고, 개선시켰다. 이 책은 최근 판으로 20년 이상 이루어진 작업의 정점에 있다.

오랜 역사에도 불구하고, 경험 연구를 통한 타당화 작업은 아직 걸음마 단계이다. JRI 통합 임상 서비스 팀의 기초 연구는 2013년에 『지적 장애 정신건강 연구 저널(Journal of Mental Health Research in Intellectual Disabilities)』에 게재되었다(Brown, Brown, & Dibiasio, 2013). 이 단일 집단 장기 추적 연구는 지적 장애가 있는 40명에게 DBT 개인 치료와 기술 시스템 집단을 제공하고, 이들을 4년간 추적하여 부정적 행동 문제의 완화를 탐구하였다. 그 결과, 낮은, 중간, 높은 수준의 위험 행동에서 통계상 유의한 완화가 나타났다. 물론 무선 통제 연구는 아니지만, 이 결과가 다른 전문가들이 기술 시스템의 활용을 탐색할 기회가 되기를 희망한다.

DBT 기반 접근

기술 시스템은 학습이 어려운 사람들을 위한 기술 세트로 설계되었다. 기술은 DBT 개념에서 비롯되었고, 많은 부분에서 표준 DBT 커리큘럼을 직접 적용하였다. DBT 치료자들은 마음의 준비를 해야 할 것이다. 접근성을 높이기 위한 수술과 재구성은 너무 급진적으로 보일 수도 있다. 이 책을 읽으면서 초보 DBT 임상가는 이렇게 말할지도 모른다. "DBT 용어는 다 어디로 갔지?" 하지만 능숙한 베테랑들은 취약한 학습자의 요구에 맞추어 특정 DBT 기술을 어떻게 해체하고 다시 합쳤는지가 보일 것이다. 지적 장애가 있는 사람을 위한 변용은 대개 얌전히 클립아트를 덧붙이거나 삭제함으로써 단순화시키는 방식을 쓴다. 나는 그 방식을 적용해 보았지만 충분하지 않았고, 이 집단의 요구를 충분히 채우는 데 실패했다.

DBT 기술의 재건축은 신중하면서 효과적으로 진행되어야 했다. 이 과정에서 세 가지 핵심 요소를 통합했다. ① James Gross의 정서조절 작업, ② 인지 부하 이론(Sweller, 2010), ③ 통합 임상 서비스 팀에서 나의 내담자들과의 지속적인 협력. DBT 개념을 온전히 유지하는 것은 필요했지만, 동시에 DBT 원리와 일치하는 사용자 친화적 형태의 효과적인 정서조절 전략을 확실히 제공할 수 있어야 했다.

보다 구체적으로, 표준 DBT 기술 모듈은 기술 목록과 시스템 도구로 대체하였다. 이는 적응적인 기술 고리를 만들도록 안내하는 기술 알고리즘 혹은 역동적 공식의 형태를 띤다. 기술 시스템 틀은 어떤 기술을 고르고, 다양한 상황에서 자기 감정 수준에 따라 몇 가지 기술을 적용해야 할지 알려 준다. 물론 지적 장애가 없는 사람들은 표준 DBT 기술 매뉴얼(Linehan, 2015a)에서 제공하는 방대한 기술 메뉴에서 효과적으로 기술을 고를 수 있겠지만, 취약한 학습자는 기억과 실행 기능 결함으로 인해 그 방대함에 압도당한다. 특정 DBT 용어는 그대로 사용하였고, 어떤 것은 변용이 필요했다. 용어는 DBT 개념의 회상과 재인을 최대화하여 일반화를 촉진할 수 있어야 했다. 이에 더하여, 다음의 핵심 기술 개념, 마음챙김(지혜로운 마음, 참여하기, 효과적으로 행동하기), 팩트 체크, 장단점 찾기, 미리 연습하기는 모든 기술 고리의 기반(사진 찍기, 길 따라 생각하기, 길 따라 행동하기)으로 통합시켰다. 변용한 DBT 기술 커리큘럼은 이들에게 접근 가능한 방법으로 DBT 개념의 최대 수를 제공하여 실제로도 타당한 효과를 보여야 했다.

이들 집단에게 26년 넘게 서비스를 제공하면서, 경도에서 중도의 지적 장애를 지닌 사람에게 변증법 관점으로 정서조절을 가르치려면, 인지 기능이 손상된 점을 보완하기 위해 고난도 과제를 수행하도록 돕는 인지적 지지대 구조를 기본 틀에 반드시 포함해야 한다는 점을 알게 됐다. 복잡한 요구는 향상된 개입을 필요로 한다. 강도 높은 요구를 가진 사람들과 치료 작업을 하면서 DBT 치료자들은 이중 언어를 구사해야 한다. 즉, 표준 DBT 기술과 기술 시스템 언어를 동시에 써야 한다.

오늘날에도 나는 내담자에게 우노 카드 놀이를 제안할 수 있다. 그러나 그 사람이 기술 시스템 훈련을 통해 여러 다른 정서조절 기술을 알고, 각 기술을 언제 쓰고, 몇 개의 기술을 써야 하고, 기술을 어떻게 적용할지도 알고 있다는 점에서 안심을 한다. 예를 들어, 최근 기술 집단에서 중도 수준의 지적 장애를 진단받은 한 내담자가 이전 날에 성공적으로 다루었던 스트레스 상황에 대해 회상했다. 처음에는 사진 찍기 기술을 써서 상황을 기술했다. 그녀는 자신이 4점 수준으로 화가 났다고 말했다. 상담원들이 자기 말을 듣고 있지 않았으며, 그래서 상담원에게 소리 지르고 싶은 충동을 느꼈다고 말했다. 즉시 나의 내담자는 멈추고 물러섰다. 길 따라 생각하기를 사용하여 이 충동이 목표 달성에 도움이 되는지 생각해 보았다. 독립심을 키우고 관계를 개선하고 싶은 목표를 알아차리며, 소리 지르는 건 도움이 되지 않는다고 판단했다. 나 표현하기나 문제 해결하기를 쓰기에는 너무 화가 난다는 걸 알기에(이런 기술을 쓰고 싶은 충동이 있었지만!) 내담자는 안전 계획을 쓰고 방으로 돌아가기로 했다. 그다음에는 상담원에게 방으로 돌아가겠다고 침착하게 말하면서 길 따라 행동하기를 썼다고 말했다. 방에서 몇 가지 새로운 나 활동(음악 듣기와 그림 그리기)을 했는데, 그것이 또렷하게 생각하고 기분이 나아지고 이완하는 데 도움이 됐다고 했다. 내담자는 나중에 사진 찍기 기술을 다시 써서 기분이 더 나아지고 침착해졌다는 점을 확인했다. 그리고 길 따라 생각하기를 써서 상담원과 이 문제에 대해 대화를 나눌 기술 계획을 세웠다. 침착했고 집중이 됐으므로 상담원과 이 문제를 논의하고 해결할 수 있었다.

기술 훈련 집단에서 내담자들이 구체적으로 효과적인 기술 사용 경험을 말할 때, 나는 수년 전 자물쇠로 문제가 된 소년이 종종 생각난다. 나의 불충분함을 깨닫게 해 준 그에게 깊이 감사한다. 헌신하는 수많은 사람과 일할 수 있어 영광이었다. 집단 구성원과 보조 치료자 모두와 그렇게 기술 시스템을 수년간 개선할 수 있었다.

●

기술 시스템

이 책은 기술 훈련자가 되고 싶은 사람에게 필요한 커리큘럼 자료와 고급 교습 전략을 제공한다. '기술 훈련자'란 개인이나 집단 형태로 기술 시스템을 가르치는 임상가를 의미한다. 기술 시스템이 'DBT 기반 접근'임을 분명히 해야 한다. 이는 DBT 원리, 전략, 기술에 근거하고 있다. 기술 시스템이 종합 DBT의 한 치료 방법으로 쓰인다면 DBT의 변용 서비스가 된다. 단, 이때 임상가는 DBT를 훈련받은 사람이어야 한다. DBT를 훈련받지 않은 임상가가 기술 시스템을 쓴다면 그는 'DBT를 하는 게' 아니다. DBT와 기술 시스템의 독특한 혼합이 궁금한 DBT 치료자들은 특별히 3장(DBT 개념 통합)에서 다룬 변용 과정을 참고하도록 한다.

이 책은 DBT 치료자 혹은 DBT를 하지 않는 치료자 모두에게 정서조절, 지적 장애, 인지 부하 이론, 고급 교습 전략, 기술 시스템 12주 교육 과정, 그리고 학습이 어려운 사람들에게 효과적인 지도를 제공하기 위한 시각 보조 기술과 같은 유용한 배경 지식을 제공한다. 단순한 자료와 체계적인 교습은 새로운 적응 행동 일반화를 방해하는 지적·정서적 혹은 행동 장애물이 있어도 다양한 능력 수준을 지닌 사람들을 도울 수 있다.

기술 시스템에서 기술 훈련자는 누가 하는가

기술 훈련은 대체로 석사 혹은 박사 수준의 실무자가 제공한다. 기술 훈련자는 기술 시스템, 학습 장해와 관련된 정보 그리고 고급 교습 전략을 충분히 이해하여 효과적인 정보 전달을 촉진해야 한다. 기술 훈련자는 또한 가르치는 집단 각각에게 특수한 지지를 제공하도록 충분한 역량을 갖추어야 한다. 예를 들어, 지적 장애가 있는 폭력 가해자를 치료할 때 기술 훈련자는 해당 특수 치료 장면에서 경력을 갖춘 전문가여야 한다. 기술 훈련 회기 내에서뿐만 아니라 일상 맥락에서 기술 통합을 저해하는 장해물을 다루려면 임상 지식이 도움이 된다. 학습이나 적응 대처 기술의 일반화를 방해하는 문제를 다루려면 치료적 지지가 필요하다.

기술 코치는 누가 하는가

기술 시스템 코치라면 기술 시스템을 깊이 이해하고 일상 맥락에서 지지를 제공할 수 있어야 한다. DBT 틀 안에서 전화 기술 코칭은 기술 일반화의 핵심 요소이다. 이에 더하여, 부모, 교사, 친구 그리고 상담원들은 기술 코치가 될 수 있다. 주거형 치료 장면에서 살고 있는 사람이라면 광범위한 다학제 기술 코치를 갖게 된다. 예를 들어, 동료, 상담원(예: 행정, 생활, 직업 상담원), 하우스메이트, 룸메이트 그리고 가족 구성원은 대체로 기술 코치의 역할을 한다. 다른 심리학자, 간호사, 의사, 사회복지사와 같은 협력자들 역시 기술 코치 역할을 해 주어 치료 팀의 효과에 기여할 수 있다.

지지자들이 얻는 이득

지도 감독이 필요한 사람들과 일하는 주거형 기관이나 상담원들은 기술 시스템이 최소한 두 가지에서 중요한 도움이 됐다고 말한다. 첫째, 수업 자료는 문제 행동을 보이는 내담자에게 개입할 때 도움이 되었다. 이러한 지식 기반이 없다면 상담원은 내담자에게 비일관적이거나 심지어 도움이 되지 않는 코칭 조언을 할 수도 있다. 상담원이 효과성을 높이면 그들의 직무 만족도 역시 높아진다. 둘째, 전문가들은 정서나 행동 문제를 지닌 사람들을 지지할 때 촉발되는 자신의 강한 감정을 기술 시스템의 대처 방법으로 다루어 개인적으로 도움이 됐다고 언급하였다. 상담원의 비효율적인 개입과 내담자의 행동 표출의 상호 악순환은 상담원의 소진으로 이어질 수 있다. 기술 시스템은 효과적인 개입과 관계 개선을 증진시킨다. 내담자와 상담원 간의 건강하고 상호 도움이 되는 균형 잡힌 관계는 양측 모두에게 상당한 성장을 촉진시킬 수 있다.

정서조절 기술 시스템 소개

이 책은 기술 시스템 교습을 촉진하고 외래 혹은 주거형 장면에서 이 모형을 시작해 볼 수 있는 종합 자료를 제공한다. 기술 훈련자가 되고 싶은 전문가는 우선 자신이 기술 시스템을 반드시 배워야 한다. 1장에서는 기술 시스템의 전반적 개요를 제공하고, 2장에서는 구체적으로 각 기술과 시스템 도구를 제시한다. 이 두 장에서의 설명은 기술 훈련자에게 개념 설명을 하기 위해서이지 지적 장애가 있는 사람들이 배울 수 있는 형태는 아니다.

3상에서는 기술 시스템의 이론 배경을 소개한다. 기술 시스템 설계와 지도에 영향을 준 정서조절, 지적 장애, DBT 그리고 인지 부하 관련 이론 문헌을 탐색한다. 이 장은 기술 훈련자가 다양한 집단의 사람들과 기술 시스템을 사용하고 가르치도록 돕는 핵심 기저 원리를 알려 준다.

기술 시스템의 고급 교습 전략은 이 모형의 일부이다. 정서조절 개념이 추상적이기 때문에, 손에 잡히는 학습 경험을 만들어 내는 일은 이 과정의 본질이다. 4장에서는 기술 통합을 넓히고 깊게 하는 E-나선 틀 교습 전략을 소개한다. 이 전략은 외현 학습의 역량이 매우 제한된 사람들을 가르치는 방법과 기술 지식의 습득을 개념화할 틀을 짚어 준다. 기술 훈련 전반에 걸쳐 쓰이는 기본 교습 전략은 5장에서 제시한다. 6장에서는 E-나선 틀의 특정 국면에서 쓰는 교습 전략을 짚어 본다.

7장은 구체적인 매 주차의 내용을 자세히 제시한 12주기 커리큘럼의 예시이다. 집단에 따라 진행자는 12주 교육 과정을 그대로 따라가거나 학습자의 욕구에 맞춰 형식을 변용할 수 있다. 대안으로 구조화가 덜한 집단 형식(기술 파도타기)은 4장에서 설명한다.

기술 시스템 모형의 한 가지 장점은 지지 환경 내에 보편적이고 적응적인 정서조절 언어를 만들어 낸다는 점이다. 기술 시스템의 영향력을 최대로 하기 위해, 지도자들은 지지자들이 어떻게 기술 코치 역할을 할 수 있는지 이해해야 한다. 8장에서는 기술 코치와 관련된 정보를 소개한다.

기술 시스템 12주 교육 과정은 수많은 수업 자료, 활동 예시 그리고 활동지를 사용한다. 이 시각 보조 자료는 부록 A에 포함되어 있다. 참여자들은 이 자료의 개별 복사본이 필요하다. 집단 진행과 가정 학습을 위해 기술 책을 나눠 주는 게 중요하다. 훈련자는 집단에게 부록 A를 복사해 주어 기술 수업을 위한 자료 책으로 쓸 수 있다.

이 책은 기술 훈련자를 위한 보조 자료 역시 제공한다. 부록 B는 기술 통합을 발전시키는 기술 시나리오를 담고 있다. 이 도구는 내담자나 기술 코치에게 기술 시스템을 가르칠 때 쓴다. 마지막으로, 부록 C는 기술 퀴즈이다. 2개의 수업 자료로 구성된 역량 평가지는 참여자나 지지자들이 해 볼 수 있고, 기술 수업을 위한 자료로 쓸 수도 있다. 추가 퀴즈, 시험, 수료증 역시 기술 시스템 홈페이지에서 찾아볼 수 있다.

이 책은 독자에게 기술 시스템을 가르치도록 쓰였다. 따라서 지도자는 책을 읽는 과정에서 기술 지식을 넓히고 확장하는 수 겹의 기술 정보를 접하게 된다. 독자는 책에서 몇몇 지점이 반복된다는 점을 알 수 있을 것이다. 자료를 거듭 접하는 것이 회상과 재인을 개선하는 데 도움이 될 것이다.

차례

기술 시스템
소개

"**인**생의 고난은 우리를 무력하게 하지만은 않는다. 본래 우리는 고난을 겪고서 내가 누구인가를 발견한다." 아프리카계 미국인 학자이자 작사가 Bernice Johnson Reagon의 말이다(Lewis, 2009에서 인용). 인생에서 완전한 고난을 경험하고도 지금 이 순간 현재 안에서 살아가기란 몹시 어렵다. 고통스러운 정서와 압도적인 생각은 한 사람을 파괴시킬 수 있고, 성찰하는 능력이나 앞으로 나아갈 길을 흐릿하게 만들어 버린다. 하지만 사람은 무력함을 선택하지 않을 수 있다. 어떤 사건을 겪었을 때 효과적인 대처 기술이 없을 때에야 무력할 뿐이다.

정서는 사람을 눈멀게 하고 문제를 발생시키기도 하지만, 자기발견과 충만의 수단이 되기도 한다. 정서는 인간 경험의 아주 중요하고 즐거운 측면의 핵심 요소이다. 정서로 인해 마비되지 않고 정서의 혜택을 누릴 역량이 있다면, 그 사람은 가치 있는 인생의 교훈을 적극적으로 배우고 개인의 잠재력에 도달하도록 발전해 나가면서 독립할 기회를 제공받는다. 정서, 생각, 행동을 조절하도록 배우면서 사람은 마비되는 것이 아니라 용기와 빛남, 강한 힘으로 삶, 관계 그리고 자기 자신을 직면할 수 있다.

효과적인 정서조절 기술을 닦는 것은 인생의 복잡성을 감당하느냐 혹은 그로 인해 쇠진되느냐에 관한 중요한 단계이다. 긍정 정서를 높이고 부정 정서를 줄이는 방법을 안다면 삶의 질을 개선할 수 있다. 이러한 조절 역량은 어떤 상황에서 이성 측면과 정서 측면의 균형을 잡고 개인의 목적을 달성할 수 있도록 한다. 정서를 조절한다는 것은 정서를 제거한다는 뜻이 아니다. 이는 사람이 균형을 유지할 수 있도록 행동 면에서 적극적으로 대응하고 적응해 나간다는 뜻이다. 균형 잡는 능력은 인생의 큰 고난을 경험하면서도 자기를 발견하는 과정에 적극적으로 참여할 수 있도록 돕는다.

기술 시스템

　기술 시스템(Skills System)은 아홉 가지 기술과 세 가지 기술의 적용 규칙으로 구성되어 있으며, 사람이 인생의 고난에 대처할 수 있도록 돕는다. 이 정서조절 기술 교육 과정은 불편하거나 문제가 되는 행동을 줄이고 긍정 정서와 목표 지향 행동은 늘리는 방식으로 내외적 경험을 정리할 수 있도록 돕는다. 이 간단한 틀은 지금 순간을 알아차리고(마음챙김, mindfulness), 주의의 방향을 결정하며, 개인의 목적을 위한 활동을 활성화하는 과정을 안내한다. 또한 독특한 상황마다 자기 안의 지혜(지혜로운 마음, Wise Mind; Linehan, 2015a)를 움직여 단계를 밟아가는 법을 일러 준다. 기술과 시스템 도구(기술 고리를 연결하는 지침)는 개인의 생활 맥락에 통합되고, 그리하여 효과적인 대처 행동이 늘어난다. 모든 상황은 한 사람에게 자신을 발견하고 삶에 적극적으로 참여하는 기회를 제공한다. 그 사람은 더 이상 마비되지 않는다. 기술의 달인(skills master)이 되었기 때문이다.

학습이 어려운 사람이 쉽게 다가갈 수 있는 기술 시스템

　새로운 행동, 적응을 위한 행동을 배운다는 것은 모두에게 도전 과제이다. 정신건강 문제, 지적 손상, 신체 문제, 혹은 여러 어려운 삶의 조건에서의 복잡한 요인들을 감당해야 하는 사람들에게는 특히 더 힘들다. 이러한 삶의 고난은 스트레스를 높이고 새로운 정보를 학습하는 개인의 능력에 영향을 미친다.

　기술 시스템과 교육 과정은 학습이 어려운 사람들을 돕기 위해 설계되었다. 예를 들어, 지적 장애나 정신 질환을 진단받은 사람은 복잡한 상황에서 주의 집중, 정보 기억, 개념 구축이 어려울 수 있다. 이 책의 기술 시스템과 교습 전략은 학습과 적용을 최적화하고 궁극적으로 삶의 맥락에 일반화하기 위해 만들어졌다. 읽기나 쓰기가 안 되는 사람들도 기술 시스템을 쓸 수 있다.

학습이 어려운 사람을 위한 DBT 기술

기술 시스템은 변증법행동치료(dialectical behavior therapy: DBT; Linehan, 1993a)에 참여하는 사람들 중 인지 손상이 있는 사람들에게 가용한 대안으로 개발되었다. DBT의 핵심 전달 방법은 개인 치료와 기술 훈련 집단의 두 가지이다. 기술 교육 과정(Linehan, 2015a)에는 네 가지 모듈이 있다. 기술 집단에서 마음챙김, 정서조절, 고통 감싸기 그리고 대인관계 효율성 기술을 배우고, 개인 치료에서 실제 생활에서 전략을 적용하도록 논의한다.

표준 DBT 기술(Linehan, 2015a)은 지적 장애가 있는 사람들에 맞춰 설계되지 않았다. 다중 음절 용어, 복잡한 기억법, 추상 언어 사용, 모듈에 따른 교습 과정 그리고 다양한 요소를 통합하도록 촉진하는 구조가 없다는 점은 취약한 학습자에게는 장해물이다 (Kalyuga, 2011; Pass & Sweller, 2012; Sweller, 1988, 2010; van Gog, Paas, & Sewller, 2010). 그런데 표준 기술의 용어와 형식은 어렵더라도, 기저의 개념은 이러한 집단에 많은 도움이 된다. 임상가는 임상 평가를 하여, 교습법의 향상을 통해 학습에 어려움이 있는 사람이 표준 DBT 기술의 핵심 요소를 이해할 수 있을지 혹은 DBT의 핵심 측면을 놓치게 될지를 판단해야 한다. 상당한 학습 결함이 있는 사람에게는 표준 교육 과정의 교습법을 조금 바꾸는 것만으로는 개념의 일반화를 증진시키고자 하는 DBT의 핵심을 포착하기에 충분하지 않다. DBT에 관한 현재 연구에서는 기술 교육 과정에 조정이 필요하다고 말하고 있다(Brown, Brown, & DiBiasio, 2013; Inam, 2013; Sakdalan & Collier, 2012).

이 DBT 기반 버전은 DBT와 달라 보일 수 있다. 왜냐하면 이 집단이 DBT의 핵심에 접근하려면 의미 부분에서의 희생이 필요했기 때문이다. 기술 시스템은 이해 학습이 어려운 사람들의 필요에 따라 조정한 언어와 형식을 사용하여 DBT 원리를 최적화하였다. 치료 사례에서는 기술 시스템을 먼저 배우고 이후 표준 DBT 기술을 배우는 과정을 밟을 수 있다.

　이 매뉴얼은 DBT 훈련을 받았거나 받지 않은 임상가가 쓸 수 있다. 이 책이 양쪽의 필요를 모두 다룬다는 점이 중요하다. 이 책에서 기술 시스템을 가르치면서 DBT 언어까지 결합한다면 DBT 개념에 익숙하지 않은 사람들에게 과도한 인지적 부담을 더할 것이다. Linehan의 전문가 교육을 본뜨려고 시도하기보다는, 2장에서 기술 시스템의 각 기술 설명에 따라 글상자를 붙여 놓았다. 기초가 된 표준 DBT 개념과 교습 지침 [『DBT 기술 훈련 매뉴얼(DBT Skills Training Manual)』(제2판); Linehan, 2015a] 중 기술 시스템의 기술 및 훈련 과정과 연관된 참고 정보는 2장 외의 다른 장에서도 글상자 안에 담아 두었다. 이러한 정보는 DBT 임상가가 DBT 기술이 기술 시스템의 각 요소에 어떻게 통합되었는지를 더 잘 이해하도록 돕는다. DBT 임상가는 글상자에서 관련 DBT 정보를 어디에서 참고할지 보고, DBT를 하지 않는 임상가는 학습 과정으로부터 이탈되지 않도록 이 글상자를 건너뛸 수 있다. DBT에 익숙하지 않은 임상가는 기술 시스템의 기반에 관한 지식을 깊이 하기 위해 DBT 기술 매뉴얼을 자가 학습하거나 DBT 훈련에 참여하기를 권한다.

기술 시스템 적용

　많은 이는 학습뿐만 아니라 효과적인 정서조절 행동을 수행하는 데 어려움을 일으키는 경험이나 생리 상태를 겪는다. 모든 사람은 강점과 결함 그리고 능력과 장애의 독특한 양상을 지닌다. 지적 장애로 진단되었거나 그렇지 않거나 누구든 압도적인 정서, 불명료한 생각, 혹은 비생산적인 행동으로 쉽게 이끌린다. 모든 사람은 자신의 목표 성취를 방해할 만한 충동적인 결정을 내릴 여지를 가지고 있다. 기술 시스템은 어떤 능력을 가진 사람에게도 가용한 사용자 친화적 개념을 재료로 사용했다. 물론 표준 DBT 기술 매뉴얼은 구체적인 대처 전략에 관한 보다 자세한 정보를 담고 있으므로, 만약 학습에 장해가 없는 사람이라면 이 자원을 쓰기를 제안한다.

　기술 시스템의 활용은 점차 확장되고 있다. 기술 시스템은 원래 분명한 인지 장해가 있는 성인의 DBT 참여를 위해 개발되었지만, 이 모델은 다른 종류의 개인 치료나 DBT

관련 서비스를 받지 않은 개인에게 쓰이기도 한다. 마찬가지로 이 교육 과정은 성인을 위해 개발되었지만 청소년과 아이들의 프로그램에서 이 모델을 적용하기도 했다. 더욱이 이 교육 과정은 심각한 학습 어려움이 있는 사람들에서부터 자기조절에 영향을 미치는 정신건강 문제가 있는 사람들에게까지 광범위한 차원에 있는 사람들을 위해 쓰였다. 기술 시스템의 개념과 교습 전략은 학습과 적용을 촉진하도록 구성되었다. 배우기 쉽다면 모두에게 이득이 될 것이다.

기술 시스템 모델은 다양한 치료 장면에서 쓰였다. 병원, 주거형, 직업형, 교정 그리고 외래 프로그램에서 기술 시스템 집단을 적용했다. 이러한 장면에서 임상가는 직간접 서비스를 제공하는 직원들을 기술 코치로 훈련시킨다. 개업 임상가들은 개별 내담자를 위해 기술 시스템을 치료 도구로 활용한다. 기술 시스템 웹 사이트에서 제공하는 보조 자료는 내담자의 가족 구성원이나 일상의 주변 사람들을 위해 유용하다.

기술 시스템은 복잡한 임상 사례에서의 단독 치료 방법으로서 개발한 것은 아니다. 이는 범이론적 치료 도구로서 학습에 약한 사람들의 정서조절 기술을 돕는 데 있다. 초기에 DBT의 요소를 바탕으로 설계하였지만, 기술 시스템은 인지행동치료(cognitive behavioral therapy: CBT) 및 트라우마 기반 치료와 결합하여 쓸 수 있다. 이 틀은 보다 종합적인 정신건강 치료를 보조하여 손에 잡히는 가용한 자기조절 기술을 제공할 수 있다.

기술 시스템 개요

기술 시스템에는 아홉 가지 기술이 있다. 아홉 가지 기술은 기술 목록(Skills List)을 구성한다. 또한 세 가지 시스템 도구(System Tools)가 있다. 시스템 도구는 기술 적용 그리고 기술 고리(skills chain) 결합법을 안내한다. 정서에 압도되는 경향을 보이는 사람은 자신의 목표와 일치하는 생각에 집중하기 어려워하거나 충동적으로 반응하게 되는데, 단계에 따라 진행하는 방법을 배우면서 그에 따른 도움을 받을 수 있다. 전통적인 대처 기술 교육에서는 기술 적용을 안내하는 시스템을 제공하지 않은 채 개별 요소만을 제공하는데, 이러한 문제를 겪는 사람은 하나의 전략에서 다음 전략으로 성공적으로 전환하는 데 어려움을 보인다. 따라서 통합된 구조를 통해 강렬한 정서, 인지 그리고 행동 조절 문제 속에서도 전략을 기억하고, 다단계로 변환하는 대처 방법 사이를 융통성 있게 오고 가는 법을 배울 수 있다. 기술과 시스템을 배우면서 인간의 정서를 온전히 성공적으로 경험하는 능력을 합쳐 나가고, 자기결정 능력을 연습하고, 어려운 상황 속에서도 자신의 목표를 향해 탐험해 나가는 수단을 얻을 수 있다.

기술 시스템의 처음 세 가지 기술은 기술 사용의 기반이 되는 핵심 진행으로 이루어진다. 자각을 촉발하는 상황을 경험하면서 이 순서가 시작된다. 우선 그 순간의 사진 찍기(Clear Picture, 기술 1)로 시작한다. 현재 순간의 정보를 알아차리기 위한 여섯 가지 단계로 한 걸음씩 나아간다. 자기조절 문제가 있는 사람들은 대체로 현재가 아닌 과거나 미래에 주의를 집중하기 때문에 이는 중요하다. 현 순간에 주의의 초점을 두는 것은 의사 결정에 필요한 정확한 정보를 제공할 뿐만 아니라 경험을 보다 깊이 있게 처리할 수 있도록 한다. 마음챙김(mindfulness)은 DBT의 핵심 개념이다. 사진 찍기는 모든 상황에서 마음챙김을 하면서 나아갈 수 있도록 안내해 준다.

사진 찍기가 되면, 길 따라 생각하기(On-Track Thinking, 기술 2)로 이어 나간다. 길 따라 생각하기에서는 간단한 네 단계 순서를 거치면서 효율적인 대처 계획을 그려 나가는 과정으로 이끈다. 이러한 인지 틀은 정서조절과 목표 지향 행동을 증진시키는 방향으로 개인의 생각 양상을 안내한다. 기술 집단에서 적응적인 인지 구조를 배우고 삶의 맥락에서 연습하면서 긍정적인 강화를 경험하면, 시간이 지나면서 기능적 생각 양상은 점차 정교해지고 자동화된다.

길 따라 생각하기는 기술 계획(Skills Plan)을 만들도록 한다. 기술 계획에서는 남은 기술들을 고리로 엮는다. 세 가지 단순한 규칙(기술 도구)을 가지고 현재 순간 맥락에서 어떤 기술이 도움이 될지, 그리고 기술을 몇 개 사용할지를 결정한다. 개인이 보고한 정서 각성(느낌 점수 주기, Feelings Rating Scale)에 따라 기술 구분(Categories of Skills)을 활용하여, 상호작용에 보다 근거한 기술(기술 6~9)을 쓸 수 있을지를 알 수 있다. 정서적 · 인지적 각성이 높을 때에는 단일 기술(기술 1~5)을 선택하여 불편한 감정과 느낌을 완화하고, 문제적 충동에서 효과적 행동으로 주의를 전환하고, 위험을 최소화하고, 집중을 높여야 한다는 점을 배운다. 모든 점수 수준에서 충분한 개수의 기술을 쓰도록 계획하고(기술 요리법, Recipe for Skills) 상황이 요구하는 가장 효과적인 기술의 사용을 목표로 하는 계획을 세운다.

다음은 길 따라 행동하기(On-Track Action, 기술 3)이다. 길 따라 행동하기에서는 목표가 놓인 방향으로 나아가도록 행동한다. 즉, 사진 찍기, 길 따라 생각하기에 이어서 여러 가지 길 따라 행동을 실행한다. 만약 느낌 점수가 3점을 초과하면 안전 계획(Safety Plan, 기술 4) 혹은 새로운 나 활동(New-Me Activities, 기술 5)을 실행해야 한다. 3점 이하이면 침착할 때만 기술(Calm Only Skills)도 쓸 수 있다. 여기에는 문제 해결(Problem Solving, 기술 6), 나 표현하기(Expressing Myself, 기술 7), 알맞게 하기(Getting It Right, 기술 8) 그리고 관계 돌봄(Relationship Care, 기술 9)이 있다. 기술 세트를 완료했거나 상황이 바뀌었으면, 다시 사진 찍기로 돌아와서 새로운 상황을 알아차리도록 한다.

초기에는 기술 시스템을 일련의 선형 사건으로 생각할 수 있다. 기술 순서가 끝나면, 다시 사진 찍기, 길 따라 생각하기, 길 따라 행동하기 등으로 돌아가 이어지는 상황에서 이 과정을 반복한다. 점차 기술 시스템을 통합해 나가면, 대처 과정 전반에서 사진 찍기와 길 따라 생각하기를 변환하고 이를 역동적으로 사용하면서 길 따라 행동하기를 적용해 나간다. 분명한 인지 장해가 있는 사람도 미묘하게 적용해 나가는 능력을 점차 키울 수 있다. 이러한 융통성으로 목표를 달성하고 길 위에서 관계를 유지하는 능력을 향상시킬 수 있다. 기술 시스템은 구조를 갖춘 유연한 틀로서 회피 행동에 대한 의존을 완화하고, 책임을 감당하고, 인간 경험에 충분히 참여하도록 돕는다. 〈표 1-1〉에는 기술 목록과 시스템 도구를 제시하였다.

〈표 1-1〉 기술 목록과 시스템 도구

기술 목록	시스템 도구
언제나 기술 1. 사진 찍기 2. 길 따라 생각하기 3. 길 따라 행동하기 4. 안전 계획 5. 새로운 나 활동	A. 느낌 점수 주기 정서 강도를 측정하는 0~5점 척도 B. 기술 구분 기술 1~5는 언제나 기술 기술 6~9는 침착할 때만 기술
침착할 때만 기술 6. 문제 해결 7. 나 표현하기 8. 알맞게 하기 9. 관계 돌봄	C. 기술 요리법 모든 수준의 느낌 점수에 하나를 더하기 (예: 2점 느낌일 때 기술은 3개)

기술 목록

다음에 기술과 시스템 도구 전체를 간략하게 설명하였다. 이것은 많은 정보의 첫 번째 맛보기라고 생각하면 된다. 2장에서 개념을 보다 구체적으로 제시할 것이다. 이번 소개는 뼈대가 되고, 이어지는 장에서 더 많은 정보를 덧붙여 나갈 것이다.

사진 찍기로 시작하기

기술 시스템의 첫 기술은 사진 찍기이다. 사진은 어떤 상황에서 선명한 혹은 흐릿한 시야를 비유한다. 사진 찍기를 통해 현재 경험의 여섯 가지 측면에 주의를 집중하여 선명함을 높인다. 첫 번째, 사진 찍기에서는 호흡에 주의한다. 다음에는 자기 주변에 무엇이 일어나는지 알아차리기 위해 주변으로 주의를 전환한다. 환경에 대한 알아차림이 이루어지면 다시 주의를 전환하여 몸 느낌을 확인한다. 몸에 주의하면서 내적 경험의 실제에 주의하도록 돕는 일련의 자기반영이 시작된다. 그다음, 정서에 이름과 점수를 주고 생각과 충동을 알아차린다.

이 기술에는 두 가지 중요한 측면이 있다. ① 현재 순간 있는 그대로의 중요한 내외적 경험의 정확한 정보를 얻기, ② 효과적으로 주의 전환하기. 인지 결함이나 자기조절 문제가 있는 사람은 각성 수준을 효율적으로 다룰 때 필요한 주의 전환에서 어려움을 보인다. 사진 찍기를 통해 사실과 환상을 구분하여 보고, 스스로에게 가장 득이 되는 의사 결정을 하도록 훈련할 수 있다.

길 따라 생각하기

순간의 내외적 환경에 대한 사진을 찍고 나면, 전략적으로 2번 기술인 길 따라 생각하기로 주의를 옮겨 간다. '길 따라'라는 이름은 목적지, 즉 목표를 향해 점차로 다가가는 개념을 표현하기 위해 기차의 비유를 쓴다. 반대로 '벗어난 길' '길 밖'의 이미지는 목표로 향하지 않는 상황을 표현한다.

길 따라 생각하기는 순서대로 네 가지 과제를 완성하여 효과적인 생각하기 과정을 만들어 내도록 한다. ① 멈추고 점검(Check It), ② 돌아오기(Turn It Up), ③ 응원하기(cheerleading), ④ 기술 계획 짜기(Make a Skills Plan)의 순서에 맞춰 매 상황에서 따라갈 수 있는 적응적인 인지 구성의 틀을 제공받는다. 이 과정은 원하는 결과를 떠올리고, 충동에 따른 행동이 과연 목표에 맞는지 평가하고, 적응 행동을 뒷받침하기 위한 길 따라 생각을 발전시키며, 목표를 이루기 위한 계획을 세우도록 돕는다.

길 따라 행동하기

우선 사진 찍기와 길 **따라** 생각을 하고 나면, 3번 기술인 길 따라 행동으로 넘어간다. 다시 '길 따라'라는 용어를 사용하여, 길 따라 생각에서 길 따라 행동으로 환승하는 개념을 강화하도록 개발하였다. 누구라도 문제 행동 양상을 고치기는 어렵다. 길 따라 행동하기는 개인의 목표와 직접 연관된 새롭고 적응적인 행동을 활성화시킨다. 길 따라 생각하기는 유용하지만, 그것이 없이는 다시 문제 행동으로 되돌아갈 수 있다. 사진 찍기와 길 따라 생각을 하고 길 따라 행동을 취하는 것은 '지혜로운 마음'(Linehan, 2015a)으로 행동하는 방법이다. 맥락에 따라 지속적으로 지혜로움을 발휘하려면, 마음 챙김을 하고(사진 찍기), 전략적인 생각을 발전시키고(길 따라 생각하기), 목표 지향 행동에 뛰어드는 것이 도움이 된다. 이 기술 고리를 '123 지혜로운 마음(123 Wise Mind)'이라고 한다.

길 따라 행동하기 기술에는 다섯 가지 서로 다른 요소가 있다. 첫 번째, 이 기술은 목표를 향해 나아가는 모든 행동을 포함한다. 현재 순간 자기자각에 공을 들였고(사진 찍기), 효과적인 결정을 내렸다면(길 따라 생각하기) 길을 따라가는 행동이라고 볼 수 있다. 길 따라 행동하기의 다른 요소에는 길 바꾸기(Switching Tracks), 길 따라 행동 계획(On-Track Action Plan), 상황 받아들이기(Accepting the Situation) 그리고 넘어가기(Turn the Page)가 있다. 각 개념은 길에서 벗어난 충동이나 어려운 상황에 적극적으로 대응하고 대처하는 도구를 제공한다.

안전 계획으로 위험한 상황 다루기

사진 찍기와 길 따라 생각하기를 하다 보면 때로는 목표를 향한 전진을 방해하는 위험 요소를 찾을 수 있다. 이러한 상황에서 안전 계획을 세우고 실행하기 위한 길 따라 행동을 취할 수 있다. 안전 계획은 기술 시스템의 네 번째 기술로, 위험 수준(level of risk)을 평가하고 그러한 상황을 다루는 데 적절한 반응을 선택하도록 돕는다. 위험을 충분히 알아차리고, 문제를 다루기 위한 다양한 선택지를 이해하고, 불필요하게 상황을 회피하거나 반대로 문제에 위험하게 뛰어들지 않는 방식의 행동을 적용하는 능력을 갖추는 것이 중요하다.

새로운 나 활동

새로운 나[1] 활동은 다섯 번째 기술로 매일 행하는 활동들이다. '새로운 나'라는 활동은 목표하는 길 위에 있는 활동이다. 옛날 나(old-me) 활동은 감정, 생각, 행동 문제를 강화하는 활동이다. 선호하는 새로운 나 활동을 다양하게 개발하면 자기조절과 만족감을 개선할 수 있다.

새로운 나 활동은 네 가지 기본 기능을 수행한다. 집중 새로운 나 활동(Focus New-Me Activities)은 주의 집중을 돕고, 다른 활동들은 다른 데 신경쓰기(distract)를 돕는다. 어떤 활동은 기분 좋게 하고(feel good), 어떤 활동은 즐거움(fun)을 준다. 각 순간에 무엇이 필요한지 평가하고 가장 알맞은 새로운 나 활동을 선택하도록 배울 것이다.

문제 해결

상황을 바꾸기 위해 충동적으로 행동하는 것이 문제가 될 때가 있다. 문제 해결은 언

---

1) '옛날 나(old-me)'와 '새로운 나(new-me)'의 용어는 Haaven, Little과 Petre-Miller의 책 『지적 장애가 있는 성가해자의 치료(Treating Intellectually Disabled Sex Offenders)』(1989)에서 사용하였다. '새로운 나'라는 용어가 다른 많은 분야에서 쓰이지만, 장애 분야에서 이 저자들의 공헌을 특별히 언급할 필요가 있다. James Haaven의 도움에 감사하다.

제, 어떻게 문제를 해결할지 전략적으로 평가하여 개인의 목표를 달성하도록 돕는다. 어떤 경우에는 문제를 고치지 못할 뿐 아니라 오히려 문제를 일으키는 방식으로 조급하고, 비계획적이고, 극단적으로 대응하기도 한다. 언제 문제를 해결할지 배우는 것은 어떻게 할지 배우는 것만큼 중요하다.

빨리 해결(Quick Fix) 과정은 작은 문제를 다루는 데 쓰고, 보다 종합적인 다단계 문제 해결(Problem Solving)은 중도에서 심도의 문제를 고치는 데 가장 좋다. 문제 해결 과정에서 문제를 명료화하는 데 공을 들이고, 해결을 위한 다양한 길을 검토하고, 가장 알맞은 선택을 검토한다. 1, 2, 3 계획을 개발하여 불가피한 장해물의 발생에 대비한다.

나 표현하기

나 표현하기는 일곱 번째 기술로 생각이나 마음을 소통하는 기술이다. 무수한 소통 기법 중에서 무엇을 선택하여 언제 소통할지에 대한 결정을 잘 내려야 한다. 어떤 사람은 정서 각성이 높은데 이를 표출하는 습관이 있다. 이는 스트레스를 토해 내고, 주의 분산을 시키거나, 힘든 상황에서 동력을 줄 수는 있지만, 이러한 충동적인 표출은 관계를 손상시키고 여러 문제를 일으킨다. 나 표현하기 기술은 개인의 목표 달성을 위한 전략적이고 효과적인 의사소통을 돕는다. 만약 불편을 경험할 때에는 남들에게 표출하기보다는 불편을 낮추기 위해 새로운 나 활동과 같은 다른 기술을 먼저 사용하도록 배운다.

알맞게 하기

타인에게 무언가를 얻어야 하는 상황이 생길 때가 있다. 알맞게 하기는 원하거나 필요한 바를 습득하기 위한 구체적인 기술이다. 요구를 하는 것은 필수적인 기술이다. 불행히도 이러한 기술의 결함은 효과적이지 못한 행동과 높은 수준의 불만족이라는 악순환을 일으켜 왔다. 높은 정서 각성 상태에서 요구를 한다면 도움을 얻는 데 실패하고 원하는 것을 이룰 여지가 낮다. 언제, 어떻게, 누구를 설득하여 요구를 충족할지 모른다면 알맞지 않을(get it wrong) 수 있다. 개인의 목표를 이루기 위해서는 스스로 주장하고 협상하는 능력이 반드시 필요하다.

여덟 번째 기술인 알맞게 하기는 다른 사람에게 원하는 것을 얻기 위한 간단한 틀을 제공한다. 딱 마음(Right Mind)으로, 딱 사람(Right Person)에게, 딱 시간과 딱 장소(Right Time and Place)에서 말하고, 딱 소리(Right Tone)로 딱 말(Right Words)을 쓴다. 딱 말은 설탕처럼(Sugar), 설명하고(Explaining the Situation), 원하는 걸 말해요(Asking for What You Want), 들어요(Listening), 딱 도장(Seal a Deal)을 사용하는 것을 포함한다(설설원들 딱, SEALS).

관계 돌봄

우리는 관계를 해칠 우려가 있는 수많은 충동을 매일 경험한다. 관계 돌봄은 관계 상황을 효과적으로 평가하여 삶의 질을 개선할 수 있는 결정을 내리도록 돕는다. 삶의 많은 문제는 시기 적절치 못하고 충동적인 관계 행동에 불을 붙인다. 인간 경험 안에서 끊임없이 변환하는 변화의 힘을 모두 감당하기는 어렵지만, 이 9번 기술과 다른 기술을 사용하는 능력을 기른다면 관계 안에서 숙달감을 늘릴 수 있다.

아홉 번째 기술인 관계 돌봄은 자신과의 관계와 타인과의 상호작용을 다루도록 돕는다. 길 따라 관계 쌓기(Building On-Track Relationships), 길 따라 관계 시소타기(Balancing On-Track Relationships), 길 밖 관계 바꾸기(Changing Off-Track Relationships)는 핵심 요소이다. 점차 자신의 욕구를 알아차리고, 다양한 행동이 대인관계를 증진하거나 소원하게 만든다는 점을 배워 가면서, 타인과의 상호작용을 더 적극적으로 잘 다룰 수 있다.

●

시스템 도구

대처 기술 결함이나 자기조절 문제가 있다면 내외적 경험을 정확히 평가하기가 어렵다. 더욱이 자기조절 수준을 전략적으로 추적하여 원하는 결과를 달성할 행동을 선택하는 능력이 없을 수 있다. 기술 시스템은 대처를 하거나 필요를 충족시키기 위해 기술을 사용하는 능력을 개발하도록 돕는다. 시스템 도구는 기술 목록의 아홉 가지 기술을 사용하는 방법을 안내하는 간단한 개념이다. 시스템 도구는 느낌 점수 주기(Feeling Rating

Scale), 기술 구분(Categories of Skills), 기술 요리법(Recipe for Skills)의 세 가지이다.

느낌 점수 주기

느낌 점수 주기는 간단한 0점에서 5점 사이의 척도로 느낌의 강도를 평가하는 데 사용한다. 현재 경험을 알아차리고 정리하는 데 도움이 되는 중요한 도구이다. 점수 주기로 정서의 추상 경험을 구체화하는데, 이는 지적 결함이 있는 사람에게 특히 중요하다.

기술 훈련 경험으로 정서 경험을 변별하고 느낌 점수를 구분할 수 있다. 0점 감정은 그 정서와 관련된 어떠한 느낌도 없다는 뜻이다. 1점 감정은 그 정서의 매우 작은 양의 느낌을 경험한다는 뜻이다. 2점 감정은 작은 정도의 느낌이 있을 때 준다. 정서가 중간 수준일 때에는 3점을 준다. 일반적으로 정서가 0~3점 사이일 때 주의를 집중하고 행동을 조절하는 능력은 양호할 것이다. 그러나 3점을 초과하면 인지·행동 조절 능력이 위태롭다. 4점 감정은 강한 정서이며 때로 행동 조절 문제와 길에서 벗어난 행동 충동을 보인다. 5점 감정은 완전히 강한 정서 상태로 자기, 타인, 혹은 물건을 해치는 행동을 표출할 때 준다.

점수 주기에는 두 가지 목적이 있다. ① 느낌 점수 주기는 현재 순간의 사진 찍기를 돕는다. ② 점수를 바탕으로 길 따라 생각하기를 할 때, 현 상황에서 어떤 기술(기술 구분)을 몇 가지(기술 요리법) 사용할지를 결정하게 해 준다. 각성 수준이 낮을수록 또렷하게 생각하고 효과적으로 상호작용할 수 있다는 점을 배우게 된다. 이때에는 상호작용 기술을 쓸 수 있다. 반대로, 높은 점수 상태는 또렷하게 생각하거나 다른 사람과 효과적으로 상호작용하기가 더 어렵다는 것을 알려 준다. 느낌 점수가 높을 때 그 경험을 다루기 위해서는 더 많은 기술이 필요하고, 그 시점에서 목표는 각성을 줄이는 데 있다. 느낌 점수 주기는 충동을 다루고 상호작용 기술을 활용하기에 적합한 상태가 될 때까지 생산적으로 기다리는 능력을 쌓도록 돕는다.

기술 구분

정서 수준이 높을 때 상호작용 기술을 쓴다면 여러 행동 문제가 일어난다. 상황을 개선하려고 행동할 때 강한 충동을 경험하고, 감정을 표현하고 필요를 요구하며 사람들을 뜻대로 움직이게 만들고자 함은 자연스럽지만, 이러한 충동대로 행동한다면 개인의 장기 목표를 달성하는 데는 실패할 수 있다. 기술 구분은 어느 각성 수준에서 어떤 기술이 효과적인지를 알려 준다.

기술은 두 가지로 구분된다. 기술 1~5(사진 찍기, 길 따라 생각하기, 길 따라 행동하기, 안전 계획, 새로운 나 활동)는 언제나 기술(All-the-Time Skills)이다. 언제나 기술은 0~5점 사이의 어떤 느낌 점수에서도 쓸 수 있다. 나머지 구분은 침착할 때만 기술(Calm Only Skills)이다. 기술 6~9(문제 해결, 나 표현하기, 알맞게 하기, 관계 돌봄)는 느낌 점수가 3점 이하일 때 쓸 수 있다. 그러므로 느낌 점수가 3점 이하일 때에는 모든 아홉 가지 기술을 다 사용할 수 있고, 3점을 초과할 때에는 기술 1~5만 사용할 수 있다.

기술 요리법

또 다른 함정은 어떤 상황에서 충분한 수의 기술을 연결하지 않을 때 생긴다. 높은 정서 수준이 몸 느낌을 촉발할 때 그 영향력은 지속적으로 불편함을 준다. 이때 여러 기술을 엮어 감정 경험의 지속을 감당할 수 있는 전략이 필수적이다.

기술 요리법으로 느낌 점수보다 최소한 1을 더 보탠 개수의 기술을 쓴다. 예를 들어, 감정이 2점 수준일 때 최소한 세 가지 기술을 써야 한다. 5점일 때는 최소한 여섯 가지 기술이 필요하다. 이 경우는 점수가 3점보다 높으므로 언제나 기술을 추가로 쓸 필요가 있다(예: 길 따라 행동하기 두 가지와 새로운 나 활동 두 가지 쓰기). 이때에는 침착할 때만 기술을 포함시키지 않는다.

기술 요리법의 목적은 충분한 수의 기술을 계획하고 실행하는 것을 분명히 하기 위해서이다. 기술의 개수는 상황의 심각도에 따라 달라진다. 사건의 강도는 상황이 개인에게 미친 정서적 영향으로 측정한다. 정서조절 문제가 있다면 복잡한 내외적 상황의 여러 요소를 적절히 다루기에 불충분한 전략만 가지고 돌진해 버릴 수 있다. 기술 요리법은 이러한 사람에게 기술의 사용을 최적화하기 위함이다.

기술 합체

기술 시스템을 배우기 시작할 때는 예상컨대 모든 개념과 용어를 기억하는 능력이 들쑥날쑥할 것이다. 참여자의 삶의 맥락 속에 지속적으로 기술 목록과 시스템 도구를 제시하는 방법이 집단 교습 전략이다. 이러한 반복 접근은 시간이 흐를수록 점차 이해를 꿰어 맞추도록 한다. 기술 교육과 교습 전략을 구성하고 12주 교육 과정을 적용하기 위한 제안은 4~7장에 제시하였다.

기술 훈련 초반에 참여자는 현재 순간에 점점 더 마음챙김을 하는 방법을 배운다. 사진 찍기로 내외적 요소들의 신속한 스냅 사진을 찍을 수 있게 된다. 연습을 하면서 이러한 과제의 속도와 정확도가 증가한다.

사진 찍기를 통해 모은 정보는 길 따라 생각하기를 발전시키는 데 도움이 된다. 예를 들어, 느낌 점수 주기(예: 분노, 4점)는 현재 정서 수준에 어떤 기술 구분이 도움이 될지 선택을 안내한다. 언제나 기술(1~5)은 어느 수준에서도 쓸 수 있고, 침착할 때만 기술(6~9)은 느낌 점수가 3점 이하일 때만 쓸 수 있다. 분노가 4점이라면 참여자는 언제나 기술만 행하며 침착할 때만 기술은 쓰지 않는다. 언제나 기술은 상호작용을 위한 침착할 때만 기술을 실행하기에 앞서 재조절할 수 있도록 돕는다. 이에 더하여 참여자는 상황에 충분한 기술을 쓰도록 배운다. 기술 요리법은 기술의 최소 개수에 대한 지침을 마련한다. 참여자는 금세 이러한 격언을 배우게 된다. "기술은 많을수록 좋다."

길 따라 생각하기는 상대적으로 복잡한 기술이다. 그래서 숙달하려면 오래 걸리고 시간이 지나야 쌓인다. 초기에는 기초적인 혼잣말로 시작할 수 있다. 기술 능력이 발전하면서 정교함이 보태진다. 예를 들어, 처음에는 자기를 돌아보며 '4점 정도로 화가 나. 내 방으로 가야 해.'라고 생각할 수 있다. 자기알아차림이 진전하면서 자기진술이 보다 정교해진다. "화가 4점이니 언제나 기술을 써야 해. 나 표현하기 기술을 쓰려는 충동이 있지만 3점 감정으로 내려갈 때까지 기다려야 해. 지금 말한다면 소리를 지르고 말 거야. 대신 안전 계획과 새로운 나 활동을 해야지. 기술을 써야 해. 나는 목표를 이루고 싶으니까. 나는 할 수 있어."

기술 훈련을 경험해 나가면서 길 따라 행동과 길 밖 행동을 알아차리고 길 따라 행동에 전념하게 된다. 충동을 알아차리는 능력을 키우고, 공격하기보다는 피하게 된다. 시간이 지나면서 집단 논의와 연습을 통해 기술 고리가 정교해진다. 마음챙김 훈련(사진 찍기)과 인지 구성(길 따라 생각하기)이 짝을 지어 효과적인 자기결정의 길 따라 행동(123 지혜로운 마음)으로 내딛는 안내 틀이 생긴다. 요동치는 내외적 요구를 다룰 수 있는 다양한 조합의 기술을 점차 전략적으로 만들어 내게 될 것이다. 아홉 가지 기술과 세 가지 시스템 도구를 반복하고, 연습하고, 강화받으면서 적응적인 대처 양상이 기본기로 자리 잡는다.

생활 및 학습 환경에의 적용

기술 시스템은 다양한 환경을 위한 치료적 언어와 적응적 대처 기술 모델을 제공한다. 기술 시스템은 주거형 시설, 외래 장면, 교실, 혹은 집에서도 도움이 된다. 부모는 자녀와 함께 기술 시스템을 배우고 사용할 수 있다. 이에 대한 기초 연구는 현재 제한되어 있지만 추후 연구와 탐색의 기회는 넓다.

기술 시스템의 시각적 특징은 환경에의 적용을 증진시킬 수 있다. 시각 자료는 참여자와 기술 코치의 기술 사용을 촉진하는 시각 단서를 제공한다. 프로그램을 적용할 때에는 기술 포스터와 개별 도구를 많이 사용한다. 기술 시스템에 이 보조 도구가 충분히 녹아들 때 여러 창의적인 프로그램, 집단 및 개인 개입이 가능할 것이다.

기술 시스템을 집단 장면에 적용하는 데에는 많은 이점이 있다. 기술 시스템은 감정, 생각, 행동을 다루는 일상 언어와 정보의 틀을 제공한다. 틀과 언어의 공유는 학습을 촉진시킨다. 참여자와 지지자들이 함께 긍정적인 관계 행동을 적극적으로 실행할 때 학습과 적용은 증진한다. 예를 들어, 참여자와 지지자가 기술 학습 동료로서 서로 배운다면 여러 이득이 생긴다. 이상적으로 참여자와 지지자가 효과적으로 대처하는 법을 배우고, 서로에게 이득이 되고 호혜적인 긍정적 사회 행동에 참여할 수 있다.

Chapter 02

기술 시스템
학습

이 장의 첫 부분에서는 기술 훈련 지도자에게 필요한 아홉 가지 기술과 기술 사용의 지침이 되는 시스템 도구에 대해 구체적으로 설명한다. 기술 시스템은 구조화된 모델을 따르지만, 이미 정해져 있어 바꿀 수 없는 공식에 따른다기 보다는 순간마다 변화하는 사람의 관점과 욕구에 맞추어 발전시키는 과정이라고 보는 것이 더 정확하다. 기술 시스템의 모든 요소를 잘 알아야 기술 훈련 지도자와 기술 코치 그리고 궁극적으로는 배우는 사람이 자신에게 잘 맞는 기술 계획을 세우고 실행할 수 있다.

기술 코치도 이 장을 읽을 것을 권한다. 9개 기술을 단단히 익히고 기술 시스템이 어떻게 작용하는지 이해하는 데 도움이 될 것이다. 기술 코칭의 구체적인 기법은 8장에서 소개한다.

2장은 기술 집단 참여자들의 가정 학습 자료로 사용할 수 있다. 참여자가 글을 읽고 이해하는 능력이 부족하면 도움을 줄 수 있는 사람과 함께 따로 복습할 수 있다. 이 장에 나와 있는 전반적 정보는 참여자가 기술과 기술 도구를 더 잘 이해할 수 있게 해 줄 것이다. 가정 학습, 동료 사이의 지도, 지지자와의 복습이 기술을 숙달하는 데 도움을 줄 것이다. 개인 또는 집단 기술 훈련 시간에 개념을 익히고, 집으로 돌아와서 가정 학습과 과제를 하고, 일상생활에서 기술 시스템을 사용하면서 정서조절 기술에 대한 이해가 깊어진다.

개별 기술을 설명한 다음 『DBT 기술 훈련 매뉴얼』(제2판)(Linehan, 2015a)에 연관된 DBT 기본 개념과 기술을 글상자에 소개한다.

기술 목록

사진 찍기

사진 찍기(Clear Picture)는 기술 시스템의 첫 번째 기술이다. 이 기술은 언제나 기술이다. 사진 찍기는 0~5점 사이의 모든 감정 수준에서 사용할 수 있다는 뜻이다. 사진 찍기에는 여섯 단계가 있는데, 이 여섯 단계의 사진 찍기를 한다. 사진 찍기 기술의 목표는 지금 이순간 자신의 안팎에서 일어나는 일을 자각하고 수용하도록 돕는 것이다. 이렇게 체계적·단계적으로 진행하여 각 상황에서 마음챙김으로 가는 계단을 잘 오르도록 이끌어준다. 상황이 변하거나 새로운 반응이 생길 때 사진 찍기의 여섯 단계를 복습한다.

'또렷한(clear) 사진'이라는 표현은 지금 이 순간을 있는 그대로 바라보고 사실을 정확하게 지각하는 것이 중요하다고 강조한다. 그 반대는 흐릿한(fuzzy) 사진이라고 부를 수 있는데, 흐릿한 사진 찍기는 우리가 제대로 생각하기 어렵거나, 혼란스럽거나, 또는 사실을 지각하지 못할 때 생긴다. 흐릿한 사진 찍기를 할 때 우리는 DBT의 감정 마음(Linehan, 2015a) 상태에 있는데, 이 마음 상태에서는 감정이 행동을 움직이고, 길에서 벗어난 생각이 우세하고, 효과적인 대처가 어렵다. 사진 찍기가 첫 번째 기술인 이유는 이 기술이 모든 상황에서 가장 먼저 실행해야 할 기술이기 때문이다. 사진 찍기는 기술 고리에서 언제나 첫 번째 고리이다. 다음의 단계들은 우리가 지금 이 순간의 내적 경험과 외부 환경 요인을 자각하도록 돕는다.

숨 알기

사진 찍기의 첫 단계는 숨 알기(Notice the Breath)이다. 숨을 두세 번 쉬면서 숨 쉴 때 경험하는 몸 느낌으로 주의를 가져오는 것이 중요하다. 코로 숨이 들어오고 나가는 것을 알아차리고, 가슴이 팽창되는 것을 느끼고, 허리띠 부분이 조여지고 느슨해지는 것을 관찰하는 데 주의의 초점을 둔다.

일부러 특유의 호흡(예: 복식 호흡)을 하려고 노력하지 않고 **자연스럽게 숨을 자각하는** 것이 중요하다. 있는 그대로의 **자연스러운 숨을 수용하는 것은** 자신과 주변 환경을 명료하게 보는 데 필요한 중요 단계이다. 숨을 쉬는 것은 왜곡과 회피 없는 의도적인 자각을 하기 위한 첫걸음이다. 어떤 환경에 있는지 또렷하게 자각하는 것은 주어진 상황에서의 '팩트 체크'(Check the facts, Linehan, 2015a, p. 319)를 가능하게 한다. 동시에 숨을 쉬는 구체적인 행위는 손에 잡히지 않는 어떤 지금 이 순간을 자각할 수 있게 한다. 지금 이 순간의 현실을 분명하게 지각하면 영향력 있는 행동을 더 잘 계획하고 실행할 수 있을 것이다. 또 숨 쉬는 것에 100% 집중하면, 강렬해지는 부정적 감정과 생각에서 멀어져 우리의 주의가 오직 숨만 자각하게 되고, 순간의 어려움에 잘 대처할 확률이 높아진다.

주위 알기

사진 찍기의 두 번째 단계인 주위 알기(Notice Surroundings)도 중요하다. 잠시 주위를 둘러보고 **바로 이 순간** 환경에서 무슨 일이 일어나고 있는지 명확히 이해해야 한다. 이 단계는 물리적 환경과 지금 현재 일어나는 관계를 알아차리는 것을 포함한다. 주위 자각에는 지금 일어나고 있는 구체적 경험만이 아니라 거시 사회적 현실(예: 사회 규범이나 법적 문제)도 대상이 된다. 지금 상황, 관계 그리고 환경 요소를 있는 그대로 지각하는 것은 매우 중요하다. 감정이 강렬할 때는 있는 그대로 사실을 보지 못하는 경우가 자주 일어나고, 처한 현실과 개인의 지각 사이의 불일치는 효과적인 기술 사용을 방해한다. 예를 들면, 과거에 일어난 일, 미래에 생길 수 있는 일, 또는 지금 일어나야 한다고 생각하는 일은 지금 현재 순간의 또렷함을 떨어뜨린다. 현재 상황의 사실을 기반으로 하여 정확한 정보를 얻는 것은 처한 상황을 효과적으로 다룰 수 있게 해 준다. 특히 위험 요소가 있는 상황에 대처해야 할 때 주위 알기가 중요하다.

한 번에 하나의 또렷한 순간을 다루는 것이 더 쉽다는 점을 알게 되면, 우리가 처한 상황을 더 정확하게 평가할 가능성이 높아진다. 잠시 불편하게 느껴질 수 있지만, 주위를 명확하게 지각하면 힘든 순간을 잘 넘겨서 우리의 목표를 이룰 수 있다. 회피 전략이 장기적으로 덜 효과적이고 더 문제가 많다고 느끼게 되면 회피를 점차 줄일 수 있다.

몸 느낌 알기

사진 찍기의 세 번째 단계인, 몸 느낌 알기(Body Check)에서는 **지금 이 순간 일어나는** 몸 속의 감각이 주는 중요한 정보를 알아차린다. 심장 박동수, 호흡, 통증, 긴장과 같은 몸 느낌을 알아차리면 정서 반응을 이해하는 데 도움이 된다. 몸 느낌을 알아차리면 정확하게 감정을 명명하고 감정의 강도를 평가할 수 있다. 몸 느낌 알기는 현재 순간을 명료하게 자각하도록 도울 뿐 아니라 일상에서 몸 느낌이란 자연스럽게 왔다가 사라진다는 점을 알아차릴 수 있게 해 준다. '이 또한 지나가리라.'라는 말을 이해할 수 있도록 도와주는 셈이다. 고통스러운 경험이 오지만 결국 그것이 자연스럽게 사라진다는 사실을 아는 것은 지금 이 순간을 견뎌 낼 수 있는 힘을 준다. 시간이 지나면서 고통스러운 느낌이 줄어들거나 사라진다는 것을 안다면, 불편함을 느끼고, 견뎌 내고, 다루는 능력이 커지게 된다.

느낌 이름과 점수 주기

사진 찍기의 네 번째 단계는 느낌 이름과 점수 주기(Label and Rate Feelings)이다. 이 기술은 두려움, 화, 혐오, 부러움, 질투, 사랑, 슬픔, 수치심, 죄책감(Linehan, 2015a)과 같은 정서를 알아차리고 기술하는 방법이다. 배고픔이나 피로처럼 정서가 아닌 느낌도 이름과 점수를 준다. 즉, '정서'가 아닌 '느낌'에 이름과 점수를 주는 것인데, 느낌은 개인 기능에 영향을 주는 다양한 생리적 경험을 포함하는, 정서보다 더 포괄적인 개념이라 할 수 있다. 느낌에 이름을 붙이고 나면 느낌 점수 주기(Feeling Rating Scale; 0~5점)를 사용하여 평정하는 것이 중요하다(예: 3점 수준의 슬픔). 정서에 이름과 점수를 주는 행위는 모호함을 줄이고 정서조절 능력을 향상시키는 효과가 있다(Lieberman, Inagaki, Tabibnia, & Crockett, 2011; Zaki & Williams, 2013). 또한 느낌을 계속 관찰하면서 감정이 커졌다가 작아지고 왔다가 간다는 사실을 알게 된다. 이런 알아차림은 고통스러운 상태는 잠시 머물 뿐이며 힘든 감정 속에서도 살아남기가 가능하다는 점을 믿을 수 있게 해 준다. 기술을 사용하는 능력이 향상되면서, 힘든 경험을 줄이고 좋은 경험을 늘리는 것이 가능함을 점점 더 알아차릴 수 있다. 연습을 하면서 힘든 감정이 왔을 때에도 충동적으로 행동하거나 더 고통스러운 느낌을 촉발하지 않으면서 그 감정을 알아차리고, 받아들이고, 사라질 때까지 기다릴 수 있는 능력이 향상된다.

생각 알기

사진 찍기의 다섯 번째 단계는 생각 알기(Notice Thoughts)이다. 이 기술에서는 지금 이 순간 마음에 떠오르는 생각에 주의를 기울인다. '저 사람이 싫어.' 또는 '저 사람을 때리면 경찰이 체포하겠지.'와 같은 생각이 마음에 떠오를 수 있다. 생각을 알아차리면 우리는 생각이 끊임없이 왔다가 가 버린다는 사실을 알게 된다. 이렇게 생각이 흘러간다는 점을 알게 되면 생각에 자동적·반사적으로 반응하지 않을 수 있다. 기술 훈련 참여자는 생각이 마치 버스와 같다고 배운다. 버스(생각)가 지나가는 모습을 관찰하면서 궁극적으로는 자신이 원하는 결과로 이끌어 줄 생각을 구별하는 길 따라 생각하기 기술을 사용할 수 있게 된다. 사진 찍기 기술을 배우면 생각을 알아차릴 수 있다. 이러한 관찰·기술 능력은 주의 통제를 가능하게 하며, 목표 달성을 위한 길 따라 생각하기 기술(다음 기술)을 사용하기 위한 중요한 첫걸음이 된다.

충동 알기

사진 찍기 기술의 여섯 번째 단계는 충동 알기(Notice Urges)이다. 다양한 감정이나 생각과 연결되어 있는 행동 충동을 알아차리는 것은 효과적인 행동을 위해 아주 중요하다. 싸우거나 도망가고 싶은 느낌은 행동 충동의 예이다(예: '저 사람 얼굴을 한 대 때리고 싶어.' 또는 '여기서 빨리 나가야지.'). 충동은 감각, 감정, 생각과 마찬가지로 자연스럽게 왔다가 가는 현상이다. 충동적인 행동은 잠시 시간을 가지면서 자신의 목표, 취할 수 있는 선택지 그리고 가능한 결과를 숙고하는 행동에 비해 덜 효과적이다. 충동 알기는 사진 찍기의 핵심 요소일 뿐 아니라 기술 시스템의 다른 기술로 연결되는 전환점이기도 하다. 일단 충동을 자각하게 되면 길 따라 생각하기 기술로 주의를 전환할 수 있다.

참여자가 사진 찍기의 여섯 단계를 다 배우기가 힘들다면 일부 기술에 중점을 두어도 효과적이다. 숨 알기는 집중하게 해 주고 다른 기술을 사용할 수 있게 도와준다. 느낌 점수 주기를 사용하여 감정과 느낌에 이름을 붙이고 점수 주기를 배우는 것도 매우 중요하다. 점수를 주는 방법을 배워야만 어떤 종류의 기술을 사용할지(침착할 때만 기술 그리고/또는 언제나 기술) 결정할 수 있다. 또한 자신이 언제 타인과 상호작용하기 힘들 정도로 감정이 올라오는지 알아차려야 하므로 점수 주기를 배워야 한다. 끝으로 충동 알기 기술도 매우 중요하다. 행동 충동을 알아차리면 일단 멈추기가 가능하고, 점검(Check It) 기술을 사용할 수 있게 된다. 그다음 길 따라 생각하기로 전환이 가능하다. 숨 알기, 느낌 이름과 점수 주기, 충동 알기는 사진 찍기 기술의 핵심 요소이다.

사진 찍기: DBT 기본 개념과 기술(Linehan, 2015a)

• 마음챙김 기술 (pp. 151-230)
• 감정의 기능 (pp. 326-332)
• 감정 모형 (pp. 335-345)
• 감정 관찰하기, 기술하기, 이름 붙이기 (pp. 345-349)
• 팩트 체크 (pp. 350-359)
• 지금 감정 챙김 (pp. 403-407)
• 점진적 근육 이완 (pp. 436-439)
• 보디스캔을 통한 자기위로 (pp. 444-445)
• 지금 생각 챙김 (pp. 473-476)

길 따라 생각하기

기술 시스템의 두 번째 기술인 길 따라 생각하기(On-Track Thinking)는 언제나 기술이다. 느낌 점수 0~5점 사이의 어떤 점수에서도 사용할 수 있다. 길 따라 생각하기가 두 번째 기술인 이유는 이 기술을 늘 사진 찍기 기술 바로 다음에 쓰기 때문이다. 모든 기술 고리가 사진 찍기(1)와 길 따라 생각하기(2)부터 시작되고, 이 고리는 번호 '12'로 표시된다. 길 따라 생각하기의 네 단계는 참여자들이 자신의 안과 밖의 경험을 살피고 다룰 수 있게 돕는다.

멈추고 점검

가장 먼저 해야 할 것은 멈추고 점검(Stop and Check It)이다. 우선 행동을 멈추고, 충동에 따라 행동하면 원하는 바를 얻을 수 있는지 생각해 본다. 점검은 한 걸음 물러서서 무엇을 원하는지 생각해 보도록 이끈다. 충동에 따라 행동해도 목표를 달성하는 데 도움이 되면 '엄지 척(thumbs up)'을 주고, 충동에 따라 행동할 때 목표를 달성하는 데 방해가 되면 '엄지 꽝(thumbs down)'을 준다. 엄지손가락으로 '척'과 '꽝'을 보이는 제스처는 보이지 않는 생각을 잘 보이도록 표현해 주어 유용하다. 간단한 손 제스처와 함께 '점검'이라는 단어를 사용하는 것은 참여자들이 충동을 점검하도록 촉진해 준다. 충동은 생각과 같이 버스처럼 지나간다. 우리를 원하는 곳으로 데려다주는 충동도 있고 그렇지 못한 충동도 있다.

가끔씩 우리는 정확히 어디로 가고 싶은지 잘 모를 때가 있다. 도움이 되는 충동(엄지 척)과 그렇지 못한 충동(엄지 꽝)을 구별하는 것은 쉽고 명확할 때도 있고, 심사숙고하는 과정이 필요할 때도 있다. 충동, 바람, 욕구, 단기 목표, 장기 목표, 우선순위가 서로 잘 맞아떨어질 때도 있고 서로 갈등을 일으킬 때도 있다. 점검의 과정은 지금 일어나는 안팎의 요인에 대해 생각하고 평가하는 기회를 주는데, 이 기회는 잘 정리된 유연한 결정을 내리도록 돕는다. 복잡한 상황을 더 또렷하게 보기 위해서는 믿을 수 있는 사람들에게 자문을 구하는 것도 좋은 방법이다. 대처 방안을 쉽게 찾을 수 없는 인간 경험의 모순과 갈등을 타당하게 해 주는 경험 역시 중요하다.

점검 능력은 시간이 지날수록 정교해진다. 참여자가 점검 과정에 대해서 의사소통하는 능력(예: 욕구, 목표, 걱정 표현하기)도 기술 시스템에 대한 지식이 늘고 기술 집단이 편해지기 시작하면 향상될 수 있다. 참여자가 점검에 대한 숙달감을 느끼기 시작할 때 장단기 목표나 행동의 장단기 결과와 같은 요인을 가르치면 도움이 된다. 이러한 요인에 관해 토론하고 경험으로 학습하면 참여자의 점검 능력을 향상시키는 데 도움이 될 수 있다. 적응적인 대처 기술을 학습하기란 기나긴 과정이다. 사람은 그 과정 속에서 자신의 선호, 목표, 목표 달성 방법 그리고 삶이 작동하는 방식을 발견해 나간다.

돌아오기

생각과 충동이 길에서 벗어났을 때, 점검한 후 목표를 향한 길로 돌아오기를 해야 한다. 돌아오기(Turn It Up)는 재평가하는 것이며, 이전의 평가를 새로운 평가로 바꾸고 길 따라 생각을 하게끔 만든다. 이러한 엄지 척 생각은 우리가 다시 길을 따라가도록 동기를 유발한다. 예를 들어, '저 사람을 때려 주고 싶어.'라는 생각을 했고 그 생각을 엄지 꽝으로 평가했다면, '내가 저 사람을 때리면 체포될 거야.'라는 생각을 하며 돌아오기를 할 수 있다. 돌아오기 생각은 충동대로 행동할 때 발생할 부정적인 결과를 강조하는 내용을 지닌 경우가 많지만, 길 따라 행동하거나 관점을 취하도록 돕는 자기암시나 자기코칭이 될 수도 있다('이제 더 이상 다른 사람을 때리고 싶지 않아.').

응원하기

점검 후 충동이 도움이 된다고 평가했거나 또는 성공적인 돌아오기를 하고 난 다음에는 응원하는 생각을 만들어야 한다. 응원하기(Cheerleading)에서는 정서를 조절하고 목표를 이루려는 마음가짐과 행동을 이끌어 주는 자기대화를 만들어 내야 한다. 길 밖의 생각은 고집스러울 때가 많다. 이 생각에 여러 가지 길 따라 응원하기 생각으로 대응하면 목표 지향 행동을 유지하는 데 도움이 된다. 예를 들면, '저 사람을 때리는 건 길에서 벗어나는 짓이야.' '만일 때리게 되면 스스로 실망하게 될 거야.' '나는 공격적인 사람이 되고 싶지 않아.' '나는 독립해서 살고 싶어.' '때리면 가족들이 실망할 거야.' '때리지 않으면 기분이 좋아질 거야.' '나는 할 수 있어.' '길 따라 행동하기가 필요해.' 등의 응원하기 생각을 사용할 수 있다.

기술 훈련을 시작하기 전에 참여자의 자기대화는 주로 동기나 자기효능감을 약화시키는, 자기에 대한 부정과 평가절하의 내적 대화가 대부분이다(예: '나는 못 해.' '나는 멍청해.' '상관없어.'). 자기격려의 말을 만들 수 있다면, 문제 행동 패턴으로 되돌아가지 않고 힘든 상황을 견디면서 기술을 계속 쓰는 동기를 이끌어 내고 지속시킬 수 있다. '나는 할 수 있어.'라고 스스로 응원하는 것은 정서조절에 도움이 될 뿐 아니라 자기효능감과 긍정적 기분 그리고 효과적인 기술 실행을 향상시킨다. 길 따라 생각하기는 한 기술에서 다음 기술로 효과적으로 넘어가도록 돕기 위해 모든 기술 고리에서 사용한다.

기술 계획 짜기

멈추고 점검, 돌아오기 그리고 필요한 경우 응원하기를 한 다음에는 기술 계획 짜기 (Make a Skills Plan)가 필요하다. 어떤 기술을 사용하고 몇 개를 연결할지 결정하는 것이 핵심 과정이다. 처음에는 효과적인 기술 계획을 만드는 구체적인 단계를 밟아 가야 하지만, 계획 짜기 개념이 익숙해지면 이 과정은 점차 직감으로 일어난다.

기술 구분(Category of Skills) 선택

침착할 때만 기술(기술 6~9번)을 사용해도 되는지 결정할 수 있어야 한다. 느낌 점수가 3점이 넘으면 언제나 기술(기술 1~5번)만 써야 한다. 3점이 넘었을 때 침착할 때만 기술을 쓰면 대체로 상황은 악화된다. 문제 해결, 감정 표현, 욕구 충족, 또는 갈등 해소를 빨리 해 버리고 싶은 충동을 인정해야 하겠지만, 우선 언제나 기술을 써서 각성을 낮춰야 대개는 더 효과적이다.

기술 요리법

기술 요리법(Recipe for Skills)은 기술 고리에 최소한 몇 개의 기술을 연결해야 하는지를 알려 준다. 느낌 점수가 0점일 때 최소 1개의 기술을 쓰고, 한 수준씩 올라갈 때마다 최소 더하기 한 개의 기술을 써야 한다. 즉, 1점일 때는 적어도 2개의 기술을 사용해야 하고, 2점이면 최소 3개, 3점이면 최소 4개, 4점이면 최소 5개, 5점이면 최소 6개의 기술을 써야 한다. 3점이 넘으면 침착할 때만 기술을 쓸 수 없기 때문에 언제나 기술 1개를 두 번 이상 사용한다.

기술 요리법은 기술 고리의 기본 구성을 가르치는 데 도움이 된다. 사진 찍기(기술 1)와 길 따라 생각하기(기술 2)가 길 따라 행동하기(기술 3)를 결정한다. 이 '123' 기술 고리가 정서조절 기술의 핵심 연쇄 고리이다. 예를 들어, 길 따라 행동하기에서 안전 계획을 결정하여 위험에서 멀어지기로 했다면 '1234' 기술 고리가 된다. 위험에서 멀어진 후 새로운 나 활동을 하면, 이때는 '12345' 기술 고리가 된다. '123' 기본 고리는 지혜로운 마음(Linehan, 2015a) 상태에서 행동할 수 있게 돕는다.

기술 요리법은 감정 조절이 필요한 상황에서 효과적인 행동을 잇도록 기술을 순차적으로 조합하는 방법을 표현하는 간단한 용어이다. 작은 기술 고리를 연결해서 어떤 상황에 효과적으로 대처하는 것은 마치 협곡에 다리 놓기와 비슷하다. 감정이 격한 상황에서 필요한 행동의 구체적인 단계를 모르면 아예 다리 건너기를 회피하거나 또는 발을 헛디뎌 협곡으로 떨어지는 극단적인 행동이 나타나게 된다. 기술 요리법은 충분한 수의 기술을 사용하도록 하여 강렬한 정서 경험에서 무사히 빠져나가도록 한다. 기술 코칭을 할 때 기술 요리법으로 사용해야 하는 기술 수를 계산하면, 길 밖 생각에서 길 따라 생각으로 전 주의를 전환할 수 있다.

가장 좋은 기술을 선택하기

기술 요리법은 목표 달성을 위한 일련의 행동 지도를 만드는 준비 단계이다. DBT의 미리 연습하기(Cope ahead, Linehan, 2015a) 기술은 결과를 생각하고 유용한 기술을 미리 연습하여 원하는 결과를 얻는 기술이다. 사진 찍기, 길 따라 생각하기, 길 따라 행동하기, 안전 계획, 새로운 나 활동 기술 고리는 자주 구성되는 대표적인 기술 고리이다. 느낌 점수 3점 이하의 문제가 생겼을 때는 사진 찍기, 길 따라 생각하기, 길 따라 행동하기 그리고 문제 해결을 잇는 '1236' 기술 고리가 유용할 때가 많다. 참여자들이 기술 훈련과 경험을 통해 기술에 더 익숙해지면 자신에게 맞는 기술 고리를 만들 수 있게 된다. 기술 시스템 수업 자료 2('기술이 우리에게 어떤 도움이 될까?', p. 289)에 각 기술의 기능을 정리하였다. 이는 다양한 상황에서 어떤 기술을 사용할지 결정할 때 도움이 될 것이다.

길 따라 생각하기: DBT 기본 개념과 기술(Linehan, 2015a)

- 응원하기 전략 (cheerleading, p. 90)
- 마음챙김 '어떻게' 기술: 평가 없이 (non Judgmentally, pp. 199-208)
- 마음챙김 '어떻게' 기술: 온전히 하나씩 (one-mindfully, pp. 208-210)
- 마음챙김 '어떻게' 기술: 효과적으로 (effectively, pp. 210-213)
- 능숙하게 기술 쓰기: 행하는 마음과 존재하는 마음의 균형 잡기 (pp. 222-225)
- 지혜로운 마음: 중도 걷기 (walking the middle path, pp. 225-227)
- 효과적 대인관계 방해 요소 (pp. 237-241)
- 대인관계 상황에서 목표 명료화 (pp. 242-248)
- 요청과 거절의 강도 정하기 (pp. 263-266)

길 따라 행동하기

길 따라 행동하기(On-Track Action)는 기술 시스템의 세 번째 기술이다. 이 기술은 언제나 기술이고, 따라서 느낌 점수 0~5점까지 모두 사용 가능하다. 길 따라 행동은 능숙하게 행동하는 기술이다. 기술 시스템 교육에서 하나의 규칙이 있다면, 길 따라 행동이 아니라면 그 행동을 취하지 않는 것이다! 사진 찍기와 길 따라 생각하기를 하고 나서 행동하면 그 행동은 길 밖 행동이 아니라 길 따라 행동일 가능성이 높다. 길 따라 행동에는 다섯 가지 유형이 있다.

첫 번째 유형은 목표를 향한 첫걸음이다. 다이어트를 할 때 점심 식사를 준비하며 당근을 먹는다면 길 따라 행동이고, 감자칩을 먹는다면 길 밖 행동이다. 자신의 목표를 달성하는 데 도움이 되는 무언가를 할 때 길 따라 행동이 일어난다. 어떤 행동이 길 위에 있기를 바라면서 성급히 실행할 때 성사되는 일도 있지만, 상황의 전체를 파악하기 전에 행동하기 때문에 최대 효과를 얻기는 어렵다.

오직 그 상황에 처한 당사자만이 자기 행동이 길 따라 행동인지 또는 길 밖 행동인지를 결정할 수 있다는 점을 명심하자. 예를 들어, 5kg을 빼고 명절 가족 모임에서 생선전 몇 개를 먹는 것은 길 따라 행동이 될 수도 있다. 이러한 당사자의 의사 결정 과정은 자기 결정권과 내면의 지혜, 또는 DBT의 지혜로운 마음(wise mind, Linehan, 2015a)을 잘 사용하기 위해 절대적으로 필요하다. 우리의 목표는 참여자가 특정한 선택을 하도록 유도하는 것이 아니다. 행동하기 전에 선택하는 과정을 거치도록 도울 뿐이다.

기술 훈련 지도자와 기술 코치는 자율성 키우기와 지지하기라는 역할 사이에서 균형을 맞추도록 한다. 예를 들어, 훈련 지도자는 비슷한 상황에서 자신이 어떤 선택을 했는지 그리고 그 선택이 목표를 이루는 데 얼마나 도움이 되었는지를 나눌 수 있다. 다른 방법은 참여자가 선택할 수 있는 행동의 가능한 결과를 말해 주어 그가 행동을 선택하기 전에 결과를 미리 생각해 보도록 돕는 방법이다. 고위험 상황이 아니면 코치나 훈련 지도자가 참여자의 행동이 길 따라 행동인지 또는 길 밖 행동인지 판단하거나 지시하지 않도록 한다.

길 바꾸기

길 따라 행동하기에서 길 바꾸기(Switch Tracks)는 길 밖 혹은 길에서 벗어나려는 행동을 하던 중에 길 따라 행동하기로 바꾼다는 뜻이다. 예를 들어, 알맞게 하기 기술을 사용하는 도중 상대가 협조하지 않아 느낌 점수가 3점보다 높아졌다면, DBT의 '마음 돌리기' 기술(turning the mind, Linehan, 2015a, p. 417)이나 길 바꾸기를 사용하고 상황 받아들이기를 하면 길 밖 행동에서 방향을 틀 수 있다. 이때 참여자는 언제나 기술로 돌아와 재빨리 사진 찍기를 하고, 길 따라 생각하기 기술을 사용한 후 길 바꾸기를 할 수 있다.

길 바꾸기는 길에서 벗어난 충동이나 행동을 경험할 때 도움이 된다. 길을 벗어나면 되도록 빨리 길 바꾸기를 하는 것이 좋다. 시간이 지날수록 다시 목표를 향한 길로 돌아오기가 더 어려워진다. 예를 들어, 운동할 시간에 소파에 앉아 TV를 보고 있다면 길 바꾸기를 쓴다. 즉, 일어나서 운동복으로 갈아입는다. 더 오래 앉아서 TV를 볼수록 운동할 가능성은 줄어든다. 여러 개의 길 따라 행동으로 행동의 방향을 전환하면 목표를 향한 길에 안전하게 들어서는 데 도움이 된다. 운동복으로 갈아입고, 러닝화를 신고, 음악 플레이어를 찾고, 운동하면서 마실 물이나 음료를 준비하는 일련의 행동은 실제로 운동을 할 가능성을 높인다.

불편한 감정이 계속 촉발되거나, 특정 생각이나 충동에 꽂혀 곱씹는 경우가 있다. 이런 행동은 고통스러운 감정을 더 증폭시켜 목표에 도달하는 것을 방해한다. 길 따라 행동하기를 할 때에는 두 발로 완전히 뛰어들어야 한다. 한 발은 길 위에 있고 다른 발은 길 밖에 있다면 여전히 길에서 벗어난 상태이다.

DBT에서 '반대로 행동하기'(opposite action, Linehan, 2015a) 기술은 길 바꾸기의 또 다른 방법이다. 길 밖 충동과 반대로 행동하기는 ① 길 따라 행동을 시작할 수 있게 하고, ② 해야 할 행동에 다가서게 하여 회피로 빠질 가능성을 줄인다. 길 밖 충동과 반대로 행동하는 것은 문제 행동 패턴을 지속시키는 자극을 줄여 준다. 무례한 행동을 하고 싶은 충동을 느끼는 경우, 예의 바른 행동이 반대 행동이 될 것이다. 반대로 행동하기를 할 때는 100%의 주의 집중과 노력이 필요하다. 예를 들면, 누군가에게 무심하게 대한다면 무례하지는 않지만 반대 행동도 아니다. '반대'로 한다 함은 충동 행동과 완전히 반대로 행동한다는 뜻이므로 명백하게 예의 바르게 행동함을 의미한다. 『DBT 기술훈련 매뉴얼』(Linehan, 2015a) 359-372쪽에 반대로 행동하기 기술에 대한 상세한 설명이 있다.

길 따라 행동 계획

길 따라 행동 계획(On-Track Action Plans)은 몸과 마음의 균형을 잡는 일상 활동이다. 몸을 잘 돌보는 것은 마음을 다스리는 데 도움이 된다. 예를 들어, 날마다 규칙적으로 운동하고, 건강한 섭식 습관을 유지하며, 처방받은 약을 잘 복용하고, 적절한 수면을 취하고, 친구들과 만나는 길 따라 행동 계획을 세울 수 있다. 일상의 다양한 활동에서 균형을 유지하면 스트레스 상황이 발생해도 잘 헤쳐 나갈 수 있다.

상황 받아들이기

문제를 직면해 최선으로 대처한 다음에는 길 따라 행동하기의 상황 받아들이기(Accept the Situation)를 사용하여 그 상황이 바뀌기를 기다리는 것이 최선이다. 문제를 당장 해결하는 것이 불가능할 때가 있고, 그렇다면 기다림이 필요하다. 침착할 때만 기술을 사용해도 상황이 나아지지 않았다면 부정적인 감정이 고조될 수 있다. 길 따라 행동하기 중 상황 받아들이기를 사용하면 상황을 더 악화시키지 않고 잠시 물러나 기다리면서 재정비할 수 있는 시간을 가질 수 있다. 하고 싶지 않은 일을 해야 할 때 상황 받아들이기는 DBT의 '기꺼이 마음(willingness)'(Linehan, 2015a)을 향상시킨다. 상황을 바꾸기 위해 할 수 있는 일이 전혀 없을 때, 결과를 통제할 수 없을 때, 상황 받아들이기는 그 순간에 할 수 있는 최선의 선택이다. 상황 받아들이기를 할 때 느끼는 불편감을 견디기 위해서는 새로운 나 활동과 같은 기술을 사용한다. DBT의 '살짝 미소짓기(half-smiling)'와 '기꺼이 손(willing hands)' 기술(Linehan, 2015a, pp. 471-473)은 이런 상황에서 써 볼 수 있는 수용 기술이다. 불편감이 사라지고 어느 정도 시간이 지나면 이러한 상황을 만든 근본적인 문제를 고치는 문제 해결 기술을 사용할 필요가 있다.

넘어가기

길 따라 행동하기에서 넘어가기(Turn the Page)는 감정을 더 힘들게 하는 생각, 느낌, 충동으로부터 주의를 돌리기 어려울 때 유용하다. 예를 들어, 헤어진 연인에 대한 생각이 계속 나서 감정이 격해지고 길 밖 충동이 높아질 때, 넘어가기를 사용하면 감정을 악화시키는 상황에서 감정을 진정시키거나 새로운 나 목표를 달성하도록 돕는 방향으로 갈 수 있다. 길에서 벗어나게 하는 특정 기억, 걱정, 감정 또는 충동을 다룰 때 넘어가기를 쓰면 좋다. 넘어가기는 집착하지 않고 흘려 보내는 인지적 과정이며 동시에 길 따라 행동하기로 이어지는 행동 과정이기도 하다. 언제 넘어가고 무엇으로 주의를 전환해야 하는지 알기 위해 '123' 기술 고리를 사용한다.

길 따라 행동하기: DBT 기본 개념과 기술(Linehan, 2015a)

- 마음챙김 '무엇을' 기술: 참여하기 (participate, pp. 192-199)
- 마음챙김 '어떻게' 기술: 효과적으로 (effectively, pp. 210-213)
- 자신감 얻기 기술 (build mastery, pp. 392-393)
- 몸을 돌보아 마음을 돌보기 (take care of your mind by taking care of body, pp. 396-398)
- 수면 위생 (pp. 400-402)
- 온전한 수용 (radical acceptance, pp. 451-466)
- 마음 돌리기(turning the mind, pp. 466-468)
- 기꺼이 마음 (willingness, pp. 468-471)
- 살짝 미소짓기와 기꺼이 손 (half-smile and willing hands, pp. 471-473)

안전 계획

기술 시스템에서 안전 계획(Safety Plan) 기술은 느낌 점수 0~5점 사이의 어느 때나 사용할 수 있는 언제나 기술이다. 사진 찍기와 길 따라 생각하기 기술을 써서 현 상황에 어느 정도의 위험이 있다고 판단하면 안전 계획 기술이 길 따라 행동하기의 구체적 실행 방법이 되는 경우가 많다. 참여자는 위험 수준이 어느 정도인지, 어떤 종류의 안전 계획을 사용할지, 그리고 이 수준의 위험에 대처하려면 어떤 행동이 필요할지를 결정해야 한다. 안전 계획은 DBT의 '미리 연습하기'(cope ahead, Linehan, 2015a)를 구조화한 것이다.

위험 수준

안전 계획의 첫 단계는 위험 사진 찍기이다. 길 밖의 생각, 충동, 감정, 상상 같은 내부 위험도 있고, 기분 나쁘게 하는 사람, 위험한 장소, 길 밖 생각을 만들어 내는 대상(사람, 장소, 사물)과 같은 외부 위험도 있다. 문제가 더 커지기 전에 안과 밖의 위험에 대처해야 한다.

위험 수준은 '낮은' '중간' '높은'의 세 수준이 있다. 낮은 위험 상황은 스트레스를 줄 수 있거나, 위험이 멀리 있는 상황이다. 이웃집에서 크게 싸우는 경우, 위험이 멀리에 있고 자신이 다칠 확률은 거의 없기 때문에 낮은 위험 상황의 예가 될 수 있다. 중간 위험 상황은 문제를 일으킬 수 있거나 위험이 주변에 있는 상황이다. 이웃 사람이 자신의 집 마당으로 들어와 자신에게 소리를 지르기 시작했다면 위험은 가까이 있고, 이웃과 맞닥뜨리는 것은 문제를 더 크게 만들 것이다. 높은 위험 상황은 심각한 피해를 줄 수 있거나 위험이 가까운 곳에서 일어나는 상황이다. 화난 이웃이 우리 집 문을 두드리면서 문을 부숴 버리겠다고 소리 지르기 시작한다면 이 상황은 피해의 위협이 아주 가깝기 때문에 높은 수준의 위험 상황이라고 볼 수 있다.

위험 수준을 과대평가하거나 과소평가하지 않아야 한다. 과대평가는 실제로는 낮은 위험을 높게 평가할 때를 말한다. 이런 경우 실제로 도움이 되는 행동을 회피하는 결과가 올 수 있다. 예를 들면, 출근 첫날을 불안한 마음 때문에 높은 위험으로 평가한다면 출근을 안 할 수 있다. 이때는 길 따라 행동하기와 두 발로 완전히 뛰어들기를 해야 한다! 과소평가는 실제 높은 위험을 낮게 평가할 때를 말한다. 이는 위험과 피해로 이어질 수 있다(예: 술을 마신 후 괜찮다고 생각하고 음주 운전을 하는 경우). 또렷한 정신으로 생각할 수 없다면 누군가의 도움을 받아 어떤 선택이 좋을지 상의해야 한다(말하기 안전 계획). 위험에 대한 또렷한 사진 찍기가 이루어진 다음에는 어떤 종류의 안전 계획을 짤지 선택해야 한다.

안전 계획 짜는 방법

안전 계획을 짜는 방법에는 생각하기, 말하기, 글쓰기의 세 유형이 있다. 위험을 어떻게 안전하게 다룰지 생각해 보는 방법은 '안전 계획 생각하기'이다. 예를 들면, 이웃이 싸우는 소리를 들었을 때 점점 더 싸움이 심해지나 귀를 기울여 볼지, 아니면 TV 소리를 높여서 소리가 들리지 않게 할지 결정하는 것이 생각하기이다. 안전 계획 생각하기은 주로 낮은 위험 상황에서 사용한다.

'안전 계획 말하기'는 위험 상황에 대해 누군가와 의논하고 지지를 얻는 방법이다. 중간 또는 높은 위험 상황에서는 안전 계획 말하기를 사용하는 것이 좋다. 기술 코치에게 "길 밖 마음이 들어요. 좋은 안전 계획을 짜게 도와주세요."라고 부탁하는 것이 안전 계획 말하기의 좋은 예이다. 느낌 점수가 3점이 넘은 경우에는 안전 계획 말하기를 할 때 상황에 대한 세세한 설명과 논의를 하기보다는 처한 위험을 다루는 전략에 중점을 두는 것이 도움이 된다.

안전 계획 말하기와 나 표현하기 기술의 차이를 알려 주는 것이 중요하다. 안전 계획 말하기의 초점은 위험이나 강한 감정을 효과적으로 다루는 데 있다. 나 표현하기(침착할 때만 기술)를 할 때는 생각, 걱정, 욕구, 감정, 선호도, 꿈과 희망 등을 표현한다. 위기 상황에서 나 표현하기를 하면 감정이 더 격해지고 위험 수준도 더 높아질 수 있다. 처한 위험 상황에 대한 감정을 표현하는 것이 중요하지 않은 건 아니지만, 위험 상황은 대부분 이러한 표현을 하기에 적절한 상황은 아니다.

'안전 계획 글쓰기'는 위험 사건 이전, 도중, 이후에 일어날 수 있는 위험 요소를 혼자서 또는 도움을 받아 적는 방법이다. 가능한 문제와 전략을 적어 본다. 안전 계획 글쓰기는 높은 위험 상황에서 특히 중요하다. 적은 계획을 신뢰하는 친구에게 보여 주고 계획을 실행하는 데 필요한 도움을 얻는 것도 좋은 방법이다.

안전하기 방법

안전을 확보하는 세 가지 방법은 새로운 나 활동에 집중하기, 피하기, 떠나기이다. 가장 단순한 방법은 '새로운 나 활동에 집중하기'이다. 새로운 나 활동이란 일상에서 행하는 다양한 유형의 긍정적인 활동이다. 업무 중 낮은 수준의 위험을 경험하는 경우, 하던 일에 집중하기를 선택할 수 있다(예: 사무실 청소하기). 만일 아무것도 하고 있지 않았다면 한 과제에 집중하는 것이 안전한 길 따라 행동이 될 수 있다. 새로운 나 활동에 집중하기는 단순히 위험을 무시하여 길에서 벗어난 방향으로 가는 행동은 아니다. 새로운 나 활동에 집중하기는 긍정적인 활동을 시작할 수 있도록 해 준다. 이때 해당 활동에 완전히 주의를 집중하면서 동시에 환경과 위험 수준의 변화가 있는지도 관찰해야 한다.

예를 들어, 찰리는 직장에서 일하는데 옆방 동료의 고성을 듣고 '1234' 기술 고리를 사용하기로 결정한다. 어떤 안전하기 방법을 쓸지 생각하면서, 그는 동료가 단지 큰 소리로 불평하고 있을 뿐 위험 상황은 아니라고 판단한다. 또 소리가 나는 곳과 자신이 있는 곳은 거리도 멀기 때문에 낮은 위험으로 상황을 평가한 다음, 그 상황에서 어떻게 대처할지 생각해 본다. 찰리는 그냥 자기 자리에서 계속 집중해서 일하기로 결정한다.

두 번째 안전하기 방법은 '피하기'이다. 피하기는 문제로부터 거리를 둘 수 있도록 안전한 곳으로 가는 방법이다. 일단 피하기를 한 다음 길 밖으로 가지 않도록 새로운 나 활동에 집중하는 것도 좋다. 문제가 주변에서 발생했거나 문제가 생길 가능성이 있는 중간 위험 상황에서는 피하기가 도움이 된다. 다시 찰리의 예로 돌아가 보자. 직원 휴게실에서 쉬고 있는데 동료가 들어와서 상사에 대한 불평을 늘어놓기 시작하고, 찰리는 기술 고리 '1234'를 시작한다. 기술 고리를 따라가면서, 찰리는 이 상황에 계속 머물면 문제가 생길 거라고 판단하고 휴게실의 다른 쪽으로 자리를 옮기는 피하기를 할 수 있다.

가장 강한 세 번째 안전하기 방법은 '떠나기'이다. 심각한 위험이 있는 높은 위험 상황에서는 그 장소를 아예 떠나 버리는 것이 필요한 경우가 많다. 떠나기를 할 때는 문제 상황이 보이지 않는 곳으로 떠나야 한다. 만약 자해 행동이 심각한 위험 상황인 경우에는 자해에 쓰였던 모든 물건을 손이 닿지 않는 곳으로 치운다. 안전 계획 말하기를 실행하여 믿을 수 있는 사람에게 이야기하면 높은 수준의 위험을 발생시키는 요인으로부터 안전하게 거리를 두는 데 도움이 된다. 떠나기를 한 다음에는 새로운 나 활동으로 주의를 환기시키는 것이 좋다. 찰리의 예로 다시 가 보자. 휴게실에 있는데 동료가 직장에 대한 욕설을 내뱉고 고성을 지르기 시작한다. 찰리는 재빨리 기술 고리 '1234'를 따라가기 시작하고, 이 상황을 높은 위험 수준으로 평가해 휴게실에서 나와 경비에게 알리고 자기 부서로 돌아간다.

안전 계획: DBT 기본 개념과 기술(Linehan, 2015a)

• 미리 연습하기 (cope ahead, pp. 393-396)
• 몸을 돌보아 마음을 돌보기 (take care of your mind by taking care of your body, pp. 396-398)

새로운 나 활동

기술 시스템의 다섯 번째 기술인 새로운 나 활동(New-Me Activity)은 언제나 기술이다. 언제나 기술은 느낌 점수 0~5점 사이의 모든 점수에서 사용할 수 있다. 새로운 나 활동은 일상에서 실행하는 길 따라 활동이며 유용한 정서조절 전략으로, 긍정적 감정을 늘리고 부정적 감정을 줄인다. 똑같은 새로운 나 활동도 쓰는 사람마다 효과가 다르고, 또 상황이 달라지면 다른 전략이 필요하다는 점을 기억하자. 새로운 나 활동의 네 가지 유형은 집중, 기분 좋게, 다른 데 신경 쓰기, 즐겁게이다.

집중 새로운 나 활동

집중 활동은 이 순간의 주의 집중을 향상시킨다. 분류하고, 조직화하고, 지시를 따라서 한 단계 한 단계 과제를 수행하거나 수를 세는 활동은 마음을 집중시킨다. 카드 분류하기, 혼자서 하는 카드 놀이, 단어 찾기, 레시피를 따라 요리하기, 돈 세기, 빨래 개기, 청소, 독서, 게임 등이 집중 새로운 나 활동(Focus New-Me Activities)의 예이다. 숫자 세기를 덧붙이거나 규칙을 정하면 어떤 활동도 집중 새로운 나 활동이 된다. 예를 들어, 농구공으로 드리블을 오른손으로 20번 한 다음 왼손으로 20번 하기를 반복하면 드리블에 숫자 세기와 규칙을 덧붙인 집중 활동이 된다. 이런 규칙이 없이 그냥 농구를 하는 것은 즐겁게 새로운 나 활동이다.

감정이 매우 격앙되어 합리적 사고가 어려울 때는 간단한 카드 분류하기가 도움이 될 수 있다. 우선 카드를 빨간색(다이아몬드와 하트)과 검은색(스페이드와 클로버)으로 구별해 두 더미로 쌓는다. 쌓을 때는 모서리를 맞추어 가지런히 쌓는다. 이런 단순한 활동도 감정이 너무 힘들 때는 쉽지 않다. 그다음에는 같은 모양의 더미(다이아몬드, 하트, 스페이드, 클로버)를 만들고, 마지막으로 각 모양의 더미에서 카드의 순서를 1번이 제일 위로 오도록 맞추어 쌓는다. 이 활동의 목표는 인지적으로 부담스럽지 않은 활동을 하여 참여자가 주의를 집중할 수 있도록 돕는 데 있다. 이 중 한 가지라도 하기 힘들다면 더 간단한 분류 방법을 사용하면 된다. 카드를 분류하는 다른 방법을 사용하여 여러 가지 분류하기 활동을 만들어 낼 수 있다(예: 같은 숫자 카드 더미 만들기).

기분 좋게 새로운 나 활동

기분 좋게 새로운 나 활동(Feel Good New-Me Activities)은 진정과 편안함을 느낄 수 있게 도와준다. DBT의 '오감을 통한 자기위안'(Soothing the senses, Linehan, 2015a) 활동은 좋은 자기돌봄 활동이다. 사람마다 경험과 선호가 다르기 때문에 어떤 활동이 참여자를 진정시키고 기분 좋게 하는지 찾아내야 한다. 트라우마 기억을 일으키거나, 부정적 인지로 이끌거나, 또는 힘든 감정을 촉발하는 활동은 도움이 되지 않는다. 오감을 사용한 자기위안 활동의 예는 다음과 같다.

- **시각**: 긍정 감정과 경험을 높이는 사물을 바라본다. 예로, 좋은 경치를 감상하거나, 자연 속을 걷거나, 멋진 사진 또는 그림을 감상한다.
- **청각**: 즐거움을 느낄 수 있는 소리를 듣는다. 예로, 새소리, 음악소리, 냇물 흐르는 소리를 듣는다.
- **후각**: 좋은 냄새가 좋은 기분을 만들 수 있다. 예로, 과자 굽는 냄새, 향초 냄새, 핸드 로션 냄새를 맡는다.
- **촉각**: 여러 가지 촉감이 기분을 진정시키는 데 도움이 된다. 예로, 부드러운 슬리퍼 신기, 따뜻한 물로 목욕하기, 애완 동물 쓰다듬기가 있다.
- **미각**: 맛있는 음료와 음식은 쾌감을 주어 기분을 좋게 한다. 예로, 맛있는 식사하

기, 차 마시기, 초콜릿 한 조각 먹기, 더운 여름에 아이스티 한 잔 마시기가 있다.

다른 데 신경 쓰기 새로운 나 활동

다른 데 신경 쓰기 새로운 나 활동(Distraction New-Me Activities)은 부정적 감정이나 길 밖 행동을 유발한 일과는 다른 활동을 하여 길 바꾸기를 하는 것이다. 다른 데 신경 쓰기는 힘든 감정이 올라오는 것을 멈출 뿐 아니라 감정 반응을 바꾸기도 한다 (Linehan, 2015a). 어떤 전략은 내 마음 다른 데로(Distract My Mind)를 위해, 또 어떤 전략은 내 몸 다른 데로(Distract My Body)를 위해 사용된다. 내 마음 다른 데로는 주의를 즐거운 자극으로 옮기게 해 준다. TV나 영화를 보거나, 컴퓨터 게임을 하거나, 책을 읽거나, 남을 돕는 활동은 힘든 순간에서 벗어나 긍정적인 대체 활동으로 마음을 돌리는 데 도움이 된다. 누군가를 기다리고 있을 때 시계만 쳐다보기보다 스마트폰을 본다면 불편함이 줄어들 수 있다.

내 몸 다른 데로 활동은 바꿀 수 없는 불편한 감각이나 상황을 경험할 때 도움이 된다. 예를 들어, 몸을 열심히 움직이는 활동은 힘든 감정을 주는 요인으로부터 몸 느낌으로 주의를 옮겨서 길 바꾸기를 가능하게 한다. 이것은 집중 새로운 나 활동이지만 동시에 고통스러운 감정을 강화하는 요인에서 주의를 다른 곳으로 환기시키는 기능도 한다. 걷기, 뛰기, 요가, 운동 비디오 따라 하기와 같은 유산소 운동은 주의 환기에 효과적이다. 얼음 팩을 써서 찬 온도로 주의를 환기시키는 것도 가능하고, 매운 음식, 신맛 사탕, 계피 껌과 같이 맛을 이용해 주의를 환기시키는 것도 가능하다.

다른 데 신경 쓰기 새로운 나 활동은 힘든 상황에서 자신이 할 수 있는 모든 것을 한다음 마음을 편하게 하거나 기다릴 때 쓰면 제일 도움이 된다. 만일 병원에서 치료를 마친 후 누가 데리러 와 주어야 하는 상황이라면, 우선 아는 사람들에게 연락을 하여 올 사람을 정한 다음 스마트폰을 보면서 다른 데 신경 쓰기를 하면 좋다.

즐겁게 새로운 나 활동

즐겁게 새로운 나 활동(Fun New-Me Activities)은 행복과 기쁨을 느끼게 하는 활동이다. 좋은 감정을 향상시키는 다양한 유형의 즐거운 활동(Linehan, 2015a)을 할 수 있는 기술은 필수적으로 갖추도록 한다. 새로운 활동을 탐색해 보는 것은 문제 감정과 행동을 유발한 경험에 이로운 대안이 되어 정서조절 능력을 높이는 기회가 된다. 사람마다 즐거움을 느끼는 방법은 다르다. 그림 그리기, 운동, 컴퓨터 게임, 일하기, 요리, 청소, 독서, TV 시청, 음악 감상, 수다, 외출, 기술 훈련 공부 등은 즐겁게 새로운 나 활동이 될 수 있다. 이런 유형의 다양한 활동을 포함하는 길 따라 행동하기 계획을 만들면(물론 예산에 맞추어) 삶의 균형을 찾는 데 도움이 될 것이다.

가장 좋은 새로운 나 활동 선택하기

네 가지 새로운 나 활동은 각각 다른 기능이 있다. 따라서 적절한 새로운 나 활동을 선택하여 목표를 달성하는 데 도움이 되도록 해야 한다. 예를 들어, 기분이 나쁘거나 마음이 혼란스러울 때는 집중 새로운 나 활동이 또렷한 사고를 할 수 있게 돕는다. 스트레스를 받아 신경이 날카로운 상태라면 기분 좋게 새로운 나 활동이 이완과 편안함을 느낄 수 있게 한다. 오래 기달려 지루함이 문제가 되는 상황이라면 다른 데 신경 쓰기 새로운 나 활동이 좋은 선택일 수 있다. 삶에 대해 긍정적으로 느끼고 사람들과 유대감을 느끼고 싶다면 즐겁게 새로운 나 활동이 도움이 될 것이다.

어떤 새로운 나 활동은 두 가지 이상의 기능을 한다. 예를 들어, 컴퓨터 게임은 집중을 돕고, 걱정을 덜 하도록 주의를 환기시키며, 즐거움을 줄 수 있다. 친구와 통화하는 것은 기분을 좋게 해 주면서 동시에 즐겁기도 하다. 사진 찍기와 길 따라 생각하기 기술을 써서 처한 상황마다 어떤 새로운 나 활동이 가장 좋은 길 따라 행동이 될지 결정하면 된다. 역량을 높이기 위해 익숙하고 편한 활동에서 벗어나 새로운 활동을 시도해 보는 길 따라 행동도 필요하다.

새로운 나 활동: DBT 기본 개념과 기술(Linehan, 2015a)

• 즐거운 활동 목록 (pp. 382-391)

• 과도한 각성 상태를 조절하기 위한 신체안정 기술 (TIP Skills, pp. 431-439)

• 지혜로운 마음으로 주의환기 (wise mind accepts, pp. 439-442)

• 자기위안 (self-soothing, pp. 442-445)

• 순간을 살리기 (improving the moment, pp. 445-450)

문제 해결

문제 해결(Problem Solving)은 기술 시스템의 여섯 번째 기술로, 침착할 때만 기술이다. 느낌 점수가 3점 이하일 때만 문제 해결 기술을 사용할 수 있다. 3점보다 높을 때 문제 해결 기술을 시도하면 오히려 문제가 더 커질 가능성이 높다. 급하게 문제 해결로 뛰어들면 효과적인 선택을 하지 못하고, 당장은 기분이 좋아지지만 길게 보면 도움이 되지 않는 방법을 선택할 가능성이 높아진다. 4~5점일 때 문제 해결 기술을 시도하려 하면 충동적인 행동을 하게 되는 경우가 많아 자기 목표를 이루는 데 도움이 되지 않는다. 문제 해결 중에 타인과 상호작용을 하고 있다면 나와 상대 모두 3점 이하의 감정 상태여야 한다. 누구 하나라도 감정이 고조되어 있으면 문제를 해결하는 노력이 힘들어질 수 있으므로, 이럴 때는 조금 시간을 가지고 기다리는 것이 좋다.

문제 크기에 이름을 붙이면 문제에 어울리는 감정 반응과 문제 해결에 필요한 충분한 자원을 가늠할 수 있다. 작은 문제는 큰 어려움이 아닌 짜증을 유발하는 정도의 문제이고 느낌 점수 2점 또는 3점 수준의 감정을 불러일으킨다. 작은 문제가 더 높은 점수의 감정 반응을 일으키기도 하지만 대부분의 경우에는 상황을 재평가하여 반응을 조절하는 것이 가능하다. 아끼는 모자를 잃어버리는 것은 작은 문제의 예가 될 수 있다. 2점 정도의 슬픔을 느끼지만 그 이상의 해를 끼치는 것은 아니다. 작은 문제는 간단한 몇 단계의 행동으로 해결할 수 있다. 은행에 가서 2만 원을 인출하여 새 모자를 사면 문제가 해결된다. 중간 크기의 문제는 대개 더 강한 수준(3~4점)의 감정을 촉발하고, 해결을 위해 거쳐야 할 단계가 더 많다. 예를 들어, 자동차 열쇠를 잃어버린 경우, 출근할 수 있는 다른 방법을 찾아야 하고, 지각하거나 회의에 불참하게 되고, 또 어떻게 새 열쇠를 만들 수 있는지 알아보아야 하며, 새 열쇠를 주문하고 찾으러 가야 한다. 크거나 압도적인 문제는 아주 심각한 문제이다. 해고를 당했거나, 사랑하는 사람과 사별한 정도의 문제이다. 이런 정도의 문제는 느낌 점수 4~5점에 해당되고, 문제 해결에 여러 주 또는 수개월이 걸린다. 큰 문제는 우리 삶에 큰 변화를 가져오는 경우가 많다.

빨리 해결(quick fix)

빨리 해결 활동지(문제 해결 활동지 1)는 작은 문제를 해결할 때 유용하다. 활동지를 이용해서 문제, 해결 방법 그리고 장애물을 적어 보면 간단한 문제 해결 계획을 세울 수 있다. 활동지에는 해결책을 사용해서 문제를 해결할지, 쉰 김치로 김치찌개 만들기(문제에 대한 생각 바꾸기), 상황을 받아들이기(있는 그대로 받아들이기), 또는 괴로워하기(아무것도 하지 않기)를 선택할지를 묻는다. 어떤 선택을 할지 생각해 보면 자기 문제를 다룰 수 있는 여러 선택지가 있음을 알게 된다. 그러나 문제가 더 복잡한 경우에 이 활동지는 도움이 되지 않는다.

문제 해결

중간 또는 큰 문제의 해결은 더 복잡하게 그리고 여러 단계로 진행된다. 문제 해결 기술의 숙달감은 오랜 시간에 걸친 학습과 연습을 통해 일어난다. 심각하고 혼란스러운 상황에서는 다음의 문제 해결 단계를 밟는 것이 도움이 된다.

① 문제 사진 찍기: 문제 상황에서 자신이 원하는 것이 무엇인지, 문제는 무엇인지, 그리고 목표를 달성하는 데 어떤 장벽이 있는지 알아야 한다. 문제 해결을 위해 얼마나 많은 자원이 필요한지 가늠하려면 문제의 크기를 평가해야 한다.

② 모든 길 확인: 이 단계에서는 여러 해결책에 대한 가능한 모든 방법을 생각해 낸다. 각각의 방법을 썼을 때 생길 결과를 '빨리 감기(fast forward)'로 예측하면서 '좋은 점'(엄지 척)과 '나쁜 점'(엄지 꽝)을 분석하여 목표에 가장 적합한 방법을 선택한다.

③ 계획 짜기 1, 2, 3: 여러 계획을 세워 성공 확률을 높인다.

문제 사진 찍기

성공적인 문제 해결의 첫 단계는 자신이 원하는 바를 사진 찍기 하고, 목표를 가로막는 방해물을 또렷하게 아는 데 있다. 목표와 장애물에 대해 또렷하게 이해한다는 건 상황에 따라 간단할 수도 있고 복잡할 수도 있다. 잠시 혼자 생각할 시간을 가지거나 기술 코치와 함께 의논하여 문제 사진 찍기(Getting a Clear Picture of the Problem)를 할 수 있다. 조지프는 3일 뒤에 농구 시합이 있는데 운동화가 없다. 이는 간단한 문제의 예이다. 농구 시합에 나가는 게 목표이고 운동화가 없는 게 문제임을 명확하게 알면 조지프는 운동화를 얻기 위해 모든 길 확인을 써서 계획 짜기 1, 2, 3을 할 수 있다.

가끔은 목표가 무엇인지 잘 모를 때가 있다. 또한 상황이 복잡하고 혼란스럽거나 문제 해결을 위해 여러 단계의 문제 해결 행동이 필요한 경우도 있다. 게다가 지적 장애가 있는 참여자들의 경우 장애를 가지고 살아가기 힘든 사회 환경의 문제, 또는 많은 경우 낮은 지위로 일하게 되는 어려움 등의 구조적 문제가 흔하다. 인간관계에 대한 불만, 가족 갈등, 진로 문제 등은 복잡하고 다면적인 문제들이다. 이런 크고 복잡한 문제를 직면했을 때, 더 큰 문제를 해결하는 노력의 일부로서 문제의 일부를 먼저 다루는 접근이 필요할 수 있다. 이때 기술 코치나 전문가 또는 신뢰하는 친지들의 도움을 받아 목표를 또렷하게 사진 찍기 하고 복잡한 문제를 해결하는 좋은 방법이 있다. 문제 해결 과정 중 자신이 처한 상황에서 무엇을 바꿀 수 있고 무엇은 받아들이고 인정해야 하는지를 판단하기 위해 피드백을 구하는 것이 도움이 된다.

모든 길 확인

목표와 장애물이 명확해지면 모든 길 확인(Checking All Options)이 필요한데, 우선 가능한 문제 해결책을 생각하기 시작한다. 그다음에는 각 방법에서 좋은 점(긍정적 결과)과 나쁜 점(부정적 결과)을 분석한다. 동영상 빨리 감기를 하듯이 결과를 예측하여 해결책이 길 위에 있는지(엄지 척), 길 밖에 있는지(엄지 꽝) 점검한다. 이 과정을 통해 일련의 문제 해결 계획을 만든다. 계획은 간단할 수도 있고, 여러 기술을 필요로 하는 다단계로 이루어질 수도 있다. 문제 해결을 위해 사진 찍기, 길 따라 생각, 길 따라 행동, 나 표현하기, 알맞게 하기 그리고 관계 돌봄 기술이 필요할 때가 많다. 가능한 여러 방법을 살펴보는 과정을 마친 뒤에 가장 좋은 방법을 선택한다.

계획 짜기 1, 2, 3

1번 계획은 문제 해결에 최선이라고 결정한 계획이다. 1번 계획은 욕구를 가장 잘 만족시키고 문제를 효과적으로 해결할 가능성이 가장 높은 계획이다. 계획을 실행하기 전에 기술 코치나 친구의 자문을 받아 무슨 말을 할지 생각하고 예행 연습을 해 보면 좋다.

문제 해결 과정에서 협상이 필요할 수 있기 때문에, 타인과 대화하여 문제를 해결할 때는 대안을 준비하는 게 좋다. 2번 계획은 1번 계획이 실패할 경우에 쓰는 예비 계획으로, 주로 차선책이거나 상황을 재평가하는 전략이다.

1번 계획과 2번 계획 모두 실패할 수 있다. 이때는 감정을 힘들게 하는 부정적 상황에 말려들기보다는 3번 계획을 사용하거나 일보 후퇴를 해야 한다. 3번 계획은 나쁘진 않지만 그다지 좋지 않은 방법, 또는 선호했던 방법을 사용할 수 없는 상황을 견디기 위한 방법이다. 문제 해결이 실패하거나 상대가 비협조적일 때는 부정적 감정이 높아지기 쉽다. 이러한 상황에 대처하기 위해 사진 찍기를 하고, 길 따라 생각을 사용하고, 길 따라 행동을 실행해야 한다.

문제 해결: DBT 기본 개념과 기술(Linehan, 2015a)

• 문제를 해결하는 방법 (pp. 129-131)

• 반대로 행동하기(opposite action)와 문제 해결하기(problem solving) 준비 (pp. 359-361)

• 문제 해결하기 (problem solving, pp. 372-381)

나 표현하기

기술 시스템의 일곱 번째 기술은 나 표현하기(Expressing Myself)이다. 이 기술은 침착할 때만 기술이다. 즉, 느낌 점수가 3점 이하일 때만 사용할 수 있다. 타인에게 나 표현하기 기술을 사용할 때는 길 밖 의사소통의 가능성을 줄이기 위해 두 사람 다 느낌 점수가 3점 이하여야 한다.

나 표현하기란

나 표현하기로 드는 마음(On My Mind)과 깊은 마음(In My Heart)을 표현한다. 드는 마음에는 생각, 걱정, 욕구 등이 있고, 깊은 마음에는 감정, 좋은 것, 싫은 것, 꿈과 희망 등이 있다. 만나서, 전화로, 동영상으로, 또는 수어로 말하는 방법이 있다. 또한 편지, 이메일, SNS, 문자 쓰기를 통해 나 표현하기를 할 수 있다. 읽기와 쓰기가 힘든 참여자는 도움을 받아야 한다. 그림, 사진, 그 외의 시각적 소통하기도 가능하다. 노래, 춤, 악기 연주, 그림, 연극과 같은 새로운 나 활동을 통해서도 나 표현하기가 가능하다. 몸짓 언어(보디랭귀지)를 써서 나 표현하기를 할 수도 있다. 찡그리기, 미소 짓기,

눈 굴리기, 한숨 쉬기, 팔짱 끼기, 눈 마주치기 같은 행동은 상대에게 메시지를 전달한다. 몸짓을 써서 소통하면 때로 말이나 글로 표현할 때보다 뜻이 덜 명확하게 전달되는 경우가 많다.

왜 나 표현하기를 하는가

드는 마음과 깊은 마음을 표현할 때에는 감정이 격해질 수 있다. 어떤 정서를 키울지와 관련해 나 표현하기를 전략적으로 알고 쓴다면 이 기술이 언제 필요할지 알 수 있다. 나 표현하기는 종종 다른 침착할 때만 기술과 함께 사용한다. 작은 문제, 걱정, 욕구가 있을 때 나 표현하기를 하면 문제가 더 커지지 않도록 막을 수 있다. 나 표현하기는 문제 해결과 알맞게 하기―딱 말(설설원들딱)―의 중요한 도구이다. 참여자는 설탕처럼을 사용해 상대방에 대한 존중을 표현하고, 설명하기를 사용해 상황을 기술하고, 원하는 것을 말하고, 상대의 말을 들어 주고, 마무리는 딱 도장을 사용하는 기술을 나 표현하기와 함께 한다. 나 표현하기는 관계 돌봄 기술의 쌍방길 관계, 공평한 악수, 책임 계단을 쓸 때도 필수적이다.

나 표현하기를 어떻게 할까

말하기는 소통하는 한 가지 방법으로 장단점이 있다. 말하기의 장점은 요점을 전달할 수 있는 빠르고, 편하고, 명확한 방법이라는 데 있다. 단점은 조심해서 단어를 선택하지 않으면 오해가 생길 수 있다는 점이다. 다른 언어를 쓰는 사람들 사이에서는 말로 소통하기가 어렵다. 글쓰기로 소통하기 또한 장단점이 있다. 한 가지 장점은 방해받지 않고 하고 싶은 말을 할 수 있는 점이다. 또한 글로 표현하면 마주 보고 하기 힘든 말을 할 수 있다는 장점도 있다. 쓰기의 단점 중 하나는 내 글을 상대가 다른 사람들에게 보여 줄 수 있다는 점이다. 어떤 내용을 쓸지 결정할 때는 상대가 내 글을 어떻게 사용할지 생각해 보아야 한다. 몸짓 언어를 사용하면 내 의사를 정확하게 전달할 확률이 낮은 단점이 있다. 상대의 마음을 읽어 낸다고 믿거나 또는 상대가 내 마음을 읽을 수 있다고 생각한다면 메시지의 명확성이 떨어진다.

나 표현하기를 언제 쓸까

나 표현하기는 침착할 때만 기술이다. 나와 상대의 느낌 점수가 3점 이하일 때 사용해야 효과적이라는 뜻이다. Gross와 Thompson(2009)은 『정서조절 핸드북(Handbook of Emotion Regulation)』에서 "정서 표현 행동은 해당 정서의 느낌을 조금 더 강하게 만든다."(p. 15)라고 설명했다. 이런 경향성을 고려했을 때, 느낌 점수 0~2점 사이에서 나 표현하기를 쓰는 것이 더 낫다고 볼 수 있다(감정을 표현하면 점수가 3점보다 높이 올라갈 수 있기 때문에). 3점일 때 나 표현하기를 쓰기 시작했는데 4점으로 올라간다면, 이때는 사진 찍기를 하고 길 따라 생각하기를 사용하여 어떤 길 따라 행동 또는 다른 언제나 기술을 사용하는 것이 최선인지 결정해야 한다.

감정 조절 전략으로 자기표현을 억제하는 경우가 있다. Gross와 Thompson(2009, p. 15)은 "흥미롭게도, 정서 표현을 줄이는 행동은 정서 경험에 따라 엇갈린 결과를 가져온다(긍정적인 감정은 줄여 주지만 부정적인 감정은 줄여 주지 않는다)."라고 말했다. Gross와 Thompson은 우리가 감정을 "부적응적 방법보다는 적응적 방법으로 표현하는 것"이 정서조절에 도움이 된다고 결론 내렸다(p. 15). 감정을 (불평하듯이) 쏟아 내는 의사소통도 나 표현하기의 한 방법이기는 하지만, Gross와 Thompson은 "문제를 해결하고 서로 간의 이해"를 높이는 의사소통에 이득이 더 많다고 강조하였다(p. 15).

3점보다 높은 상태에서는 감정을 표현하고 싶은 충동을 느끼게 된다. 사진 찍기와 길 따라 생각하기 기술은 이런 충동을 감당하고 도움이 되는 생각에 주의를 집중할 수 있게 해 준다. 느낌 점수가 높을 때는 집중하기가 힘들고, 복잡하고 어려운 기술을 쓰기가 쉽지 않다. 결국은 스스로 하고 싶은 표현이 길 따라 행동인지 또는 길 밖 행동인지 알아내야 한다. 3점이 넘는 감정 상태에서는 효과적인 나 표현하기가 불평하기, 요구하기, 비난하기, 소리 지르기, 욕하기로 변하기 쉽다. 협조가 필요한 상황에서 이런 행동을 하면 상대는 움츠러들고, 대화를 중지하고, 나를 공격할 수 있다. 이런 전략이 아주 가끔 특수한 상황에서 효과가 있을 수는 있지만, 일반적으로 3점을 넘은 상태에서는 목표 달성을 위해 필요한 모든 기술을 잘 통합하여 사용하기가 힘들다. 더구나 3점보다 높은 수준의 감정을 표출하고 나면 죄책감이나 좌절감을 느낄 수 있다. 나 표현하기를 사용할 수 있는 적당한 시간까지 기다리는 게 스스로와 그리고 타인과 좋은 관계를 유지하는 데 도움이 된다.

> **나 표현하기: DBT 기본 개념과 기술(Linehan, 2015a)**
>
> • 원하는 것 얻기 효율성 기술: DEAR MAN(pp. 248-255)
> • 관계 유지 효율성 기술: GIVE(pp. 255-260)
> • 자기존중감 효율성 기술: FAST(pp. 260-263)
> • 요청과 거절의 조건 따져 보기 (pp. 263-266)
> • 타당화 기술 (pp. 294-306)

알맞게 하기

8번 기술인 알맞게 하기(Getting It Right)는 타인에게서 원하는 바를 얻고자 할 때 쓸 수 있는 일련의 전략이다. 알맞게 하기는 기술 시스템의 여덟 번째 기술이며 침착할 때만 기술이다. 즉, 느낌 점수가 3점 이하일 때만 사용할 수 있다. 이 기술을 사용하려면 상대도 점수가 3점 이하여야 한다. 그렇지 않을 때는 두 사람 모두 3점 이하로 내려갈 때까지 기다려야 한다. 효과적으로 원하는 바를 얻으려면 딱 사람에게, 딱 시간과 장소에서, 딱 마음으로, 딱 소리와 딱 말을 사용하는 것이 필수이다.

딱 마음

알맞게 하기에 딱 마음 상태라 함은 사진 찍기를 한 후 길 따라 생각하기를 써서 원하는 것을 얻기 위한 최선의 전략을 계획했다는 뜻이다. 준비가 잘된, 집중하는, 효과적인 행동을 할 수 있는 3점 미만의 지혜로운 마음이 딱 마음(Right Mind)이다. 나 표현하기와 마찬가지로 알맞게 하기 기술을 사용하기 직전이나 사용 중에 감정이 강해지기 쉽기 때문에 자신의 감정 상태를 잘 평가해야 한다. 너무 세게 요구하거나, 내가 맞고 상대는 틀리다는 식으로 말하거나, 협박하지 않아야 한다.

남에게 무언가를 요청할 때에는 감정이 강해질 수 있다. 이때 필요한 모든 기술을 사용하여 상황에 대처할 수 있어야 한다. 알맞게 하기 계획(알맞게 하기 활동 예시 1, p. 416 참조)은 정리와 준비를 하는 데 도움이 된다. 연습도 효과를 높인다. 미리 연습하면 실제 상황에서 갑자기 인지 과부하가 걸리더라도 침착하게 효과적으로 상황에 대응할 수 있다. 흐릿한 사진 찍기를 하거나 길 밖 생각하기를 하는 경우, 알맞게 하기는 순식간에 알맞지 않게(getting it wrong) 변한다. 따라서 감정이 4점 또는 5점 수준으로 올라가기 시작하면 잠시 물러서서 사진 찍기로 돌아온 뒤 길 따라 생각하기를 하여 다른 기술 계획을 세워야 한다.

딱 사람

알맞게 하기 계획을 세울 때 딱 사람(Right Person)을 생각하도록 한다. 딱 사람은 나의 목표 달성을 도와줄 수 있는 사람이다. 예를 들어, 급여 인상을 논의할 때 딱 사람은 동료가 아닌 사장이다. 복잡한 상황에서는 누가 딱 사람인지 알기 어렵다. 거주 시설에서 살고 있는 경우에는 다양한 책임을 맡고 있는 관리자나 직원이 많아 누구에게 궁금점을 물어야 할지 결정하기 어렵다. 이런 경우 기술 코치에게 자문을 받으면 도움이 된다. 딱 사람과 지금 당장 만나기 어렵다면 시간 약속을 잡는다. 이때 기다리는 동안 느끼는 좌절과 불편함은 다른 기술을 사용하여 대처한다. 사진 찍기, 길 따라 생각하기, 그리고 새로운 나 활동 같은 길 따라 행동하기는 딱 마음에 머물 수 있게 해 준다.

딱 시간과 딱 장소

딱 시간과 딱 장소(Right Time and Place)를 정해야 한다. 딱 사람이 대화에 완전히 집중할 수 있는 기회를 잡아야 한다. 즉, 딱 사람이 나를 도와줄 수 있는 상황이 만들어져야 한다는 뜻이다. 알맞게 하기를 빨리하려고 딱 사람에게 맞는 편한 시간까지 기다리지 못하는 경우가 있는데, 이때는 알맞게 하기 계획을 조정해서 딱 사람의 입장에서 좋은 시간까지 기다리도록 한다.

딱 소리

딱 소리(Right Tone) 사용은 매우 중요하다. 사진 찍기와 길 따라 생각하기를 써서 어떤 목소리가 제일 좋을지 평가해야 한다. 너무 수동적이거나 소심하게 말하면 딱 사람이 나의 말을 심각하게 받아들이지 않을 수 있다. 일방적인 목소리는 딱 사람이 대화를 중단하고, 더 이상 내 말을 듣지 않고, 아마도 내가 이 상황을 감당할 수 없다고 생각할 가능성을 높인다. 공격하는 말투를 사용하면 관계에 좋지 않은 영향을 주고 딱 사람이 더 이상 나를 돕고 싶지 않도록 만들어 상황이 악화된다.

딱 말

'설설원들딱'은 딱 말(Right Words)의 기술 또는 알맞게 하기의 과제를 나타낸다. 설탕처럼(Sugar), 설명하고(Explaining the Situation), 원하는 걸 말해요(Asking for What I Want), 들어요(Listening), 딱 도장(Seal the Deal)이 알맞게 하기에서 딱 말의 기술이다.

설탕처럼

설탕처럼(Sugar)은 상황에 부드러움을 더해 준다. 좋은 분위기를 만들기 위해 딱 사람에게 존중하는, 예의 바른 행동을 한다. "실례합니다, 사장님. 잠시 시간을 내주실 수 있을까요?"라고 말하는 것이 설탕처럼 기술이다. 설탕처럼은 딱 사람이 나의 필요를 들어주고 싶게 만든다. 상호작용을 할 때 원하는 것을 표현하는 동시에 딱 사람의 욕구를 파악하고 그에 반응하는 것도 중요하다(강한 관계 돌봄 행동을 함). "김 사장님께서 하시는 사업이 많은 사람을 도와준다고 알고 있습니다. 이번에 저를 도와주시면 정말 감사하겠습니다."라고 말하는 것도 설탕처럼 기술이다. 긍정적인 태도와 행동을 유지하면 딱 사람이 나를 도와줄 가능성이 높아진다.

설명하고(Explaining the Situation)

그다음에는 상황을 설명해야 한다. 딱 사람이 왜 나를 도와주어야 하는지 말한다(예: "사장님, 아시겠지만 작년에 네팔에 큰 홍수가 났습니다. 6만 명이 사는 마을의 집들이 다 망가졌어요. 아직 많은 사람이 집이 없습니다.") 상황을 설명해 주면 딱 사람이 도와주고 싶은 마음을 가질 수 있다. 그가 스스로 돕는다는 점에 대해 좋은 마음이 생기도록 한다면 효과적이다. 설탕처럼과 설명하고를 충분히 사용하지 않고 급하게 요청하면 딱 사람은 마음을 잘 움직이지 않는다.

원하는 걸 말해요(Asking for What I Want)

'설탕처럼'과 '설명하고'를 사용한 다음에는 원하는 걸 말한다(예: "김 사장님, 저희는 집을 잃은 사람들이 다시 집을 지을 수 있게 돈과 자재를 기부받는 단체입니다."). 원하는 것이 무엇인지 딱 사람에게 분명하고 구체적으로 전달하는 것이 중요하다("10만 원을 기부하시거나 집 짓는 데 도움이 되는 연장이나 재료를 저희 기관으로 보내 주시면 네팔 주민들에게 도움이 될 것 같습니다. 30만 원을 기부하시면 그분들의 임시 주거지를 지을 수 있습니다."). 원하는 것을 분명하게 직접적으로 말하면 딱 사람이 자신이 얼마나 그리고 어떻게 도울 수 있는지 생각하고 결정하기가 쉬워진다.

들어요(Listening)

알맞게 하기 기술을 사용하는 전 과정에서 딱 사람의 의견과 피드백을 경청하는 것도 중요하다. 만약 딱 사람이 요청을 거절하는 경우, 거절의 이유를 잘 듣고 협상하려고 노력해 볼 수 있다. 어쩌면 내가 원하는 바의 일부라도 얻을지 모른다. 예를 들어, 딱 사람이 "죄송합니다, 박 선생님. 그런데 우리 회사가 이미 그 홍수가 난 마을에 기부금을 보냈습니다."라고 말했을 때, "사장님, 그러면 혹시 중고 연장을 기부해 주실 수 있을까요?"라고 말하거나 또는 시간을 내주셔서 감사하다고 말할 수 있다. 원하는 것을 성공적으로 얻기 위한 자기주장과 상대를 존중하는 좋은 관계 유지라는 두 가지 사이에서 균형을 잘 유지해야 한다. 처음부터 끝까지 '설탕을 뿌려 가면서' 대화한다면 목표를 달성하고 훗날에 원하는 바를 얻을 가능성이 높다.

목표 달성에 차질이 생기더라도 길 따라 생각과 행동에 머물러야 한다. 사진 찍기와 길 따라 생각하기를 사용해서 효과적인 길 따라 행동하기를 실행한다. 상대가 사실은 딱 사람이 아니었다면 전략을 바꿔야 한다.

딱 도장

마지막 단계에서 딱 사람과 딱 도장(Seal a Deal)을 찍는다. 예를 들어, 김 사장이 "제가 50만 원을 기부하고 연장 세 상자를 보내겠습니다."라고 말하면, "너그럽게 베풀어 주셔서 감사합니다, 사장님. 입금 계좌는 기술은행 123-45-67890이고 예금주는 '사랑의 손길'입니다. 연장을 보낼 주소는 문자로 보내 드리겠습니다. 정말 감사합니다. 언제쯤 보내 주실 예정인지 알려 주시겠습니까?"라고 말할 수 있다. 딱 도장에서 중요한 부분은 결정을 구체적으로 분명히 하는 데 있다. 딱 사람이 도와주겠다고 말로 동의하는 것도 좋지만, 그가 실제로 동의한 바를 실행하도록 확실히 해야 한다.

알맞게 하기: DBT 기본 개념과 기술(Linehan, 2015a)

• 원하는 것 얻기 기술: DEAR MAN (pp. 248-255)
• 관계 유지 효율성 기술: GIVE (pp. 255-260)

관계 돌봄

기술 시스템의 아홉 번째 기술인 관계 돌봄(Relationship Care)은 침착할 때만 기술이다. 관계 돌봄은 복잡한 과제이고 문제 해결, 나 표현하기, 알맞게 하기 같은 다른 침착할 때만 기술을 함께 써야 한다. 다른 침착할 때만 기술처럼 관계 돌봄 기술도 자기와 상대 모두 3점보다 낮은 느낌 점수일 때 사용한다. 만약 대화 중에 상대가 3점보다 더 높이 올라갈 때는 사진 찍기와 길 따라 생각하기를 사용하여 상황에 대처할 계획이 필요하다.

관계 돌봄에는 여러 가지 하위 기술이 있다. 길 따라 관계 만들기, 길 따라 관계 시소 타기, 길 밖 관계 바꾸기가 몇 가지 대표 기술이다. 나와 타인 사이에 건강하고 균형 잡힌 길 따라 관계는 삶의 질을 향상시키는 데 큰 도움이 된다.

나와 길 따라 관계 쌓기(Building an On-Track Relationship with Myself)

진짜 나(Core Self) 개념은 나와 돈독한 관계를 맺는 것이 과연 무슨 뜻인지 이해하는데 도움이 된다. 진짜 나에는 나 알기(self-awareness), 나 받아들이기(self-acceptance), 나 소중하게(self-value), 나 믿기(self-trust)의 네 가지 요소가 있다.

나 알기

사진 찍기 기술은 나 알기(Self-Awareness) 단계를 알려 준다. 길 따라 생각하기 기술은 목표를 생각할 수 있도록 돕는다. 목표가 분명하면 효과적인 방법을 사용하여 목표를 달성할 가능성이 높아진다. 지금 이 순간을 있는 그대로 지각하면 어려운 상황에 잘 대처할 수 있다는 사실을 깨달을 때 나 알기 능력이 자란다.

나 받아들이기

지금 이 순간에 머물 수 있으면 나 받아들이기(Self-Acceptance)의 길이 열린다. 처한 상황의 현실과 상황에 대한 자각을 다룰 수 있는 나 받아들이기 능력이 있을 때 자신을 있는 그대로 본다는 것이 더 가능하다. 안타깝게도, 자신을 있는 그대로 볼 때 고통스러운 감정이 일어날 수 있다. 건강 문제, 신체 장애, 비만, 지적 장애, 정신건강 문제, 트라우마, 만성 행동 조절 문제는 나 받아들이기를 하고자 노력하는 사람에게 난관을 던진다.

나 소중하게

나 알기와 나 받아들이기가 향상되어 나 소중하게(Self-Value)로 이어지는 과정 속에서 진짜 나가 강해진다. 사진 찍기, 길 따라 생각하기, 길 따라 행동하기 기술의 연습은 숙달감을 느끼게 하고, 점점 더 어려운 상황에서 기술을 성공적으로 사용하는 경우 자기회피 대신 긍정적 자기경험으로 이어진다. 기술 시스템은 참여자가 끊임없이 내면의 지혜를 동원하여 적극적으로 적응적 행동을 할 수 있도록 설계되었다. 시간이 지나면서 참여자들은 자신의 능력을 발견하게 되어 나 소중하게 능력을 키운다.

나 믿기

앞에 소개된 진짜 나의 요소들은 나 믿기(Self-Trust)를 향상시켜 준다. 그래서 상황을 명확하게 지각하고, 현실을 수용하고, 힘든 상황에서도 긍정적 마음을 유지하고, 목표를 이루는 데 도움이 되는 효과적인 결정을 내리게 된다. 이런 능력을 경험하면 자신이 그 상황을 그냥 참고 견딜 수 있을 뿐 아니라 필요한 것을 얻어 낼 수도 있다는 점도 알게 된다. 과거의 비효율적인 대처 방법 대신에 효과적인 자기관리, 궁극적으로는 향상된 나 믿기가 자리 잡는다.

다른 사람과 길 따라 관계 쌓기

나 알기, 나 받아들이기, 나 소중하게, 나 믿기 능력이 생기면 다른 사람과의 관계에 좋은 영향을 준다. 예를 들면, 타인을 아는 능력은 남들이 어떤 경험을 하고 있는지 더 잘 알도록 도와주고, 이런 능력이 공감력을 높인다. 유사하게, 자신을 받아들이면 다른 사람도 더 잘 수용하게 된다. 다른 사람을 소중하게 여기고 믿게 되면 더 깊고 풍성한 관계를 맺을 기회가 많아진다. 타인을 알고, 받아들이고, 소중하게 여기고, 믿는 능력은 타인과의 관계를 향상시키고 개인의 목표를 달성할 수 있는 능력을 키운다.

다른 사람과 길 따라 관계 시소타기(Balancing On-Track Relationships with Others)

얼마나 많은 대인관계를 맺고 살지 결정하는 일은 개인의 권리이자 책임이다. 사진 찍기와 길 따라 생각하기 기술을 사용하여 변화하는 나의 욕구와 상대의 욕구 사이에 균형을 맞춘다. 만일 룸메이트가 뇌 손상을 입어 자주 같은 말을 반복하면, 어떤 사람은 그 상황을 수용하고 같이 살기를 선택할 수 있고, 또 어떤 사람은 변화를 받아들이지 못하고 집을 나가기로 결정할 수 있다. 따라서 관계 돌봄 기술은 고정된 '처방'이 아니라 매 순간 지혜로운 마음으로 기술을 써서 변해 가는 관계에 적응해 나가는 과정이다. 관계의 균형을 유지하는 과정은 매일매일 다양한 기술 사용을 요구하는 역동적인 과정이다.

관계의 종류

우리는 많은 종류의 관계를 맺고 있고 관계는 계속 변한다. 예를 들어, 지적 장애가 있는 사람은 시설 관계자, 고용주, 직업 코치, 시설 룸메이트, 친구, 사회복지사, 가족, 연인 등과 관계를 맺게 되고, 따라서 다양한 종류의 관계를 효과적으로 다루는 방법을 배워야 한다. 나이가 들면서 나와 타인의 역할이 바뀌기도 하기 때문에 내 삶에 있는 다양한 사람과 효과적인 관계를 만들고 유지하기 위해서는 기술 시스템의 모든 기술을 계속하여 사용해야 한다.

관계 행동

사진 찍기와 길 따라 생각하기 기술을 써서 길 따라 관계 행동(Relationship Behaviors)을 결정한다. 매 순간 나에게 중요한 선호, 가치, 목표를 반영하는 행동을 지속적으로 평가하고 균형을 맞춘다. 대인관계 상황에서 서로 영향을 주고받는 변화무쌍하고 다양한 내면과 환경 요인을 다루기 위해 반드시 사진 찍기, 길 따라 생각하기, 길 따라 행동하기 기술과 관계 돌봄 기술을 함께 사용해야 한다. 관계 돌봄 과정은 역동적이다. 나도, 타인도 그리고 삶도 계속 변해 가는 현실 속에서 나와 상대에 대한 존중감을 유지해 주는 일련의 행동은 필수적이다. 관계 돌봄에서 처방전은 없기 때문에 매 순간 필요한 행동을 하기 위해 다양한 관계 도구를 사용하여야 한다.

대인관계의 많은 변수를 다루려면 관계에 영향을 주는 요인을 아는 것이 좋다. 예를 들어, 특정 관계 돌봄 행동(상대가 중요한 것처럼 행동하기, 상대를 생각해주는 말하기, 연락해서 만날 약속 만들기, 적절한 신체 접촉, 선물 주기, 칭찬하기, 같이 뭔가 하기, 유연하게 행동하기 등)은 관계 안에서 좋은 감정을 향상시킨다.

살면서 중요한 사람들과 중요한 관계를 맺을 수 있다. 길따라 행동하기 계획 안에 관계돌봄 행동을 통합하면 관계를 순탄하게 유지하는 데 도움이 될 수 있다. 중요한 친구, 가족 구성원, 혹은 조력자와의 연결, 소통, 지지를 높이는 도구를 활용하여 길따라 관계를 유지할 수 있다.

반대로 관계에서 거리를 만드는 행동도 있다. 대화를 짧게 끊기, 자기 이야기 하지 않기, 같이 뭔가 하려고 하지 않기, 경계를 분명히 하기 등이 그 예이다. 이런 거리 두기 방법을 알면 그 행동이 어떤 영향을 주는지 이해하고 목표를 이루기 위해 어떤 관계 행동을 전략적으로 사용할지 결정하는 데 도움이 된다. 예를 들어, 소개팅을 한 후 상대를 다시 만나고 싶지 않다면, 그렇다고 직접 말하거나 거리를 만드는 관계 돌봄 행동을 하면 된다. 참여자가 이런 다양한 기술을 더 잘 알게 되면 향상된 자기결정(self-determination)과 적극적인 관계 돌봄 기술을 통해 삶의 질을 높일 수 있다.

새로운 관계를 만드는 방법도 알아야 한다. 새 친구 찾기(Finding New Friends, DBT에서 '나를 좋아할 사람을 찾고 만들기' 활동지에 기반; Linehan, 2015a) 기술은 관계를 확장하는 구체적인 방법을 알려 준다. 대인관계 여지를 넓히고 장애물을 넘기 위해서는 길 따라 행동하기와 두 발로 완전히 뛰어들기를 해야 한다.

쌍방길 관계

기술 시스템은 쌍방길 관계(Two-Way-Street Relationships)를 가능하게 하는 적절한 기술을 가르치려는 목표가 있다. 상대방의 행동을 통제할 수는 없을지라도, 관계 돌봄 기술은 쌍방길 관계가 유지되도록 행동하는 법을 알려 준다. 쌍방길 관계란 상호 존중과 소통하기가 있는 주고받는 관계이다. 쌍방길 관계에서는 주는 역할과 받는 역할을 하며 적극적으로 관계에 참여해야 한다. 이 관계에서는 나의 이야기도 하고 상대의 이야기도 들어 준다. 나의 관점을 분명하게 전달한 다음, 상대가 나 표현하기 기회를 가지도록 해 준다. 쌍방길 관계에서는 나와 타인 모두 의견을 말하고, 논의하고, 협상하고, 협동하기가 가능하다. 함께 주고받고 상호작용하면서 다른 의견과 관점을 통합하고 개인 성장과 관계 발달이 촉진된다.

일방길 관계

일방길 관계(One-Way-Street Relationships)는 ① 내가 상대와 거리를 만드는 관계 행동을 할 때와 ② 상대가 일방적으로 행동할 때 생긴다. 일방길 관계가 관계의 균형이 깨진 상황이라고 판단한 경우에는 문제 해결 기술을 사용한다. 이때는 관계를 향상시키는 관계 돌봄 기술을 사용하거나 길 밖 관계를 평가하고 변화시키는 공평한 악수 기술을 사용할 수 있다. 만약 거리 두기를 위한 관계 행동을 한다면 일방길 관계를 만들고 유지하는 쪽으로 선택하면 된다.

길 밖 관계 바꾸기(Changing Off-Track Relationships)

나 자신과의 관계가 길을 벗어나면 개인 목표 달성이 힘들어진다. 예를 들어, 자신을 평가절하하는 길 밖 생각은 자기 역량만큼 능력을 충분히 발휘하지 못하게 할 수 있다. 또 자주 발생하는 다른 문제가 있다면, 목표가 분명하지 않아 효과적인 기술 계획(Skills Plan)을 세우고 실행할 수 없다는 점이다. 목표 달성을 방해하는 행동 패턴도 문제가 된다. 길 밖 습관(예: 흡연, 과도한 음주, 마약 사용, 폭식, 굶기, 불규칙한 약 복용)을 바꾼다면 스스로와의 관계를 향상시키고 목표를 향한 길로 되돌아올 수 있다. 그런데 길 밖 습관을 바꾸기란 상당히 어렵다. 따라서 기술 시스템의 모든 기술을 사용해서 길 밖 충동을 관리하고 새로운 행동 패턴을 만들도록 한다.

다른 사람과의 관계 바꾸기: 공평한 악수(Changing Relationships with Others: Finding Middle Ground)

관계 문제를 다룰 때는 모든 침착할 때만 기술을 사용해야 한다. 예를 들면, 길 밖 관계를 바꾸기 위한 첫 단계는 관계에서 문제가 무엇인지 또렷하게 보기 위해 문제 해결 기술을 쓰는 것이다. 상대를 만나서 문제를 의논해 보기를 1번 계획으로 결정했다면, 그다음에는 나 표현하기를 위한 최선의 수단을 선택해야 한다. 만나서 이야기하기, 전화로 대화하기, 또는 편지나 메일을 보내기 중 무엇이 가장 좋을지 결정해야 한다. 만일 상대가 행동을 바꿔 주기를 원한다면 알맞게 하기 기술을 사용한다. 이때 딱 마음, 딱 소리, 딱 말 기술이 필요하다. 공평한 악수하기는 알맞게 하기 기술을 확장해 양편 모두 자신의 관점을 표현하고 상대의 관점을 경청하는 협동 과정이다. 이 쌍방길 과정을 통해 두 사람 모두에게 좋은 해결책이 나오고 타협이 이루어진다. 이런 해결책을 찾아냈다면 두 사람은 더 발전된, 균형을 이룬 관계를 만드는 공평한 악수를 한 것이다.

공평한 악수를 위한 노력이 관계 문제를 해결하지 못할 때도 있다. 상대가 답하지 않거나 협력 또는 협조를 거부하는 경우에는 관계 끝내기를 고려할 수 있다. 사진 찍기, 길 따라 생각하기, 문제 해결 기술을 사용해서 어떤 길 따라 행동을 할지 결정해야 한다.

책임 계단

내가 관계에서 문제를 만들었다고 느낀다면, 책임 계단(Steps of Responsibility)을 사용해서 관계 회복을 시도하면 좋다. 이 과정에서 ① 문제 그리고 문제가 상대에게 끼친 영향을 분명하게 인정하고, ② 사과하고, ③ 나의 행동을 바꾸기로 결심한 후 결심한 바를 실천하기 시작하고, ④ 길 따라 행동하기를 실행한다. 잘못을 인정하고 책임지는 일은 쉽지 않다. 수치심, 잘못을 인정하기 싫은 고집스러운 마음을 따라 행동하고 싶은 충동, 상대 비난하기, 또는 내가 옳다고 우기기는 책임 계단의 장애물이다. 책임 계단을 실천하기가 불편할 수 있지만, 그것이 장기적으로는 나와의 그리고 타인과의 관계를 더 공고히 한다.

다른 사람과 관계 끝내기(Ending Relationships with Others)

관계 회복을 위해 노력했지만 문제가 지속되는 경우가 있다. 이 경우 관계가 길을 벗어났다고 볼 수 있다. 예를 들어, 상대가 계속 관계 돌봄 행동을 하지 않거나 나에게 길 밖 선택을 하도록 종용하는 경우라면 그 관계는 끝내는 게 좋을 수 있다. 이때 일방길 행동을 사용해서 거리를 두거나 아니면 관계를 공식적으로 끝낸다. 사진 찍기, 길 따라 생각하기, 길 따라 행동하기, 문제 해결 기술을 써서 벗어난 관계를 끝낼 수 있는 최선의 방법을 결정한다. 문제 있는 관계를 유지한다면 삶이 많이 힘들어지고 고통스러워진다.

내가 선택하지 않은 관계 단절에 잘 대처할 수 있는 능력도 필요하다. 같이 일하던 사람이 떠나거나, 애인과 헤어지거나, 친구가 이사하거나, 아는 사람이 사망할 때 관계가 단절된다. 이런 일에 효과적으로 대처하려면 기술을 사용해야 한다. 소중한 사람을 잃은 상실감과 깊은 슬픔 속에서도 원하는 삶의 방향을 잃지 않고 버티는 데 기술이 도움이 된다.

관계 돌봄: DBT 기본 개념과 기술(Linehan, 2015a)

- 마음챙김 연습: 영성 관점 (pp. 214-218)
- 지혜로운 마음: 영성 관점 (pp. 218-219)
- 자애 연습 (loving kindness, pp. 219-222)
- 중도 걷기 (walking the middle path, pp. 233-234)
- 대인관계 효율성을 저해하는 요인
- 친구 만들기 기술 (pp. 270-276)
- 타인에 대한 마음챙김 (pp. 276-280)
- 관계를 끝내는 방법 (pp. 280-285)
- 타당화 기술 (pp. 294-306)

시스템 도구

기술 시스템에는 세 종류의 시스템 도구(System Tools)가 있다. 느낌 점수 주기, 기술 구분 그리고 기술 요리법은 현재 경험을 통합하고 목표를 이루는 데 도움이 되는 일련의 행동을 실행하도록 한다. 시스템 도구는 효과적인 기술 고리를 만들기 위해 고안되었다.

느낌 점수 주기

느낌 점수 주기(Feeling Rating Scale)는 0~5점 사이의 점수를 사용해서 지금 이 순간의 정서, 느낌, 감각 경험의 강도를 평가하는 도구이다. 생각하기가 어려워질 만큼 경험이 강렬해질수록 높은 점수를 준다. 느낌이라는 단어를 사용하는 이유는 가장 포괄적인 용어이면서 흔한 표현이기 때문이다. 느낌 점수 주기는 긍정적·부정적 경험 모두에 사용한다.

정서는 집중력에 영향을 주기 때문에, 느낌 점수 주기는 주의 집중 평가 도구라고 볼 수도 있다. 낮은 수준의 정서 상태에서 집중이 더 잘된다. 점수가 높아지면 주의가 산만하고 흐려진다. 보통 집중력이 좋은 낮은 느낌 점수 상태에서 다른 사람과 상호작용하기가 더 쉽다.

느낌 점수 주기는 기술 시스템에서 두 가지 기능을 한다. 첫째, 참여자는 사진 찍기 기술의 일부로 느낌에 지속적으로 점수를 매기는 방법을 배운다. 이 도구는 자각과 내면 정리를 향상시키는 간단한 틀을 제공한다. 둘째, 느낌 점수 주기는 길 따라 생각하기 기술을 쓰면서 활용한다. 특정 상황에서 어떤 기술을 몇 개나 사용할지 결정하는 데 도움을 준다(기술 구분). 느낌 점수가 3점 이하일 때는 기술 시스템의 아홉 가지 기술을 전부 사용할 수 있다. 3점을 넘을 때는 언제나 기술만 사용할 수 있다.

사람마다 느낌 점수가 모두 다르다. 똑같은 경험이 어떤 사람에게는 1점 수준의 느낌을, 다른 사람에게는 3점 수준의 느낌을 불러일으킬 수 있다. 기술 집단에서 참여자들 점수 사이의 유사점과 차이점에 대해서 이야기를 나눠 보면 자신의 느낌 점수가 다른 사람들의 점수와 얼마나 같거나 다른지 볼 수 있다. 예를 들어, 나에게 높은 느낌 점수를 주는 상황을 다른 사람들은 낮은 점수를 주는 상황으로 판단한다는 사실을 알게 되면, 그 경험은 강한 감정 반응을 다룰 수 있는 더 효과적인 기술을 탐색해 보는 계기가 될 수 있다.

정서조절 능력이 높아지면서 느낌 점수도 변한다. 힘든 상황에서도 강한 감정을 피하지 않고 경험하고, 기술 고리를 실행하고, 정서·인지·행동을 조절할 수 있게 된다. 예를 들면, 과거에 4점을 주던 상황에서 감정이 시작되는 시점에 효과적인 기술 고리를 사용할 수 있으면 3점으로 내려갈 수 있다. 이런 변화가 일어났다면, 그 사람은 고통스러운 경험을 더 적절하게 다룰 수 있게 되었다고 볼 수 있다. 과거에는 4점으로 판단되어 침착할 때만 기술을 사용할 수 없던 상황에서, 이제 길 따라 나 표현하기 기술을 사용하여 상대의 말을 듣고 내 의견을 말할 수 있는 능력을 얻을 수 있다.

0점은 아무 느낌도 없음을 의미한다. 예를 들어, 화가 0점이라면 그 순간에 화를 느끼지 않는다는 뜻이다. 어떤 사람들은 느낌을 0점으로 과소평가하는 경향이 있다. 자기 경험을 조절하는 능력이 커지면 점수의 정확성이 높아지게 된다.

1점은 겨우 알아차릴 정도의 작은 반응이다. 예를 들어, 멋진 차가 지나가면 1점 정도의 부러움을 느낄 수 있다. 감정을 아주 살짝 느끼면서 '차 멋지다.'라는 생각이 쓱 지나간 다음 감정은 사라진다. 만일 '내 차는 너무 고물이야.'라는 생각을 반복한다면, 감정은 더 강해질 것이다.

어떤 경우는 1점이 그 상황에서 느끼는 최대의 강도이고, 어떤 경우는 1점이 더 강한 감정으로 가는 첫 신호일 수 있다. 반대로, 강한 감정이 줄어드는 과정에서 1점을 느낄 수도 있다. 1점일 때의 느낌을 알아차리는 게 중요하다. 이 수준에서 정서를 자각하면 특정 상황에서 알아차림과 효과적인 대처 사고가 가능해진다.

1점일 때는 또렷한 사고가 가능하다. 따라서 9개 기술 중 어느 것이든 사용할 수 있다. 인지 조절이 가능하기 때문에 침착할 때만 기술을 사용할 수 있다. 감각 수준이 낮고 사고 과정도 거의 방해를 받지 않기 때문에 1점일 때는 충동과 행동을 조절하는 것이 상대적으로 쉽다.

2점은 작은 느낌이다. 2점일 때 감각은 알아차릴 정도이지만 대체로 길 따라 생각하거나 행동하는 능력에 부정적 영향을 주지 않는다. 예를 들면, 2점 수준의 화를 느낄 때는 심장이 빨리 뛰고 근육이 긴장된다. 이때 불편감은 느끼지만 아홉 가지 기술 모두 사용이 가능하다. 3점이나 그보다 높은 점수일 때보다 나 표현하기 기술을 쓸 수 있는 좋은 기회가 된다. 이때 상황을 회피하지 않고 충분히 경험한 다음 자신의 목표를 향해 전략적 행동을 하는 것이 최선의 선택이다.

3점은 보통 크기의 느낌이다. 이 정도의 정서는 뚜렷하고 다양한 신체 감각을 동반한다. 손에 땀이 나고, 배가 아프고, 가슴이 빨리 뛰고, 안절부절못하는 감각이 몇 가지 예이다. 3점 수준에서는 슬픔, 두려움, 화, 죄책감, 질투심과 같은 '부정적' 감정이 불편하게 느껴진다. 2점 때보다 더 강한 길 밖 충동과 생각이 일어나기는 하지만, 주의를 집중하고 목표에 따른 행동을 하기가 불가능하지는 않다. 나와의 그리고 남과의 관계를 해치지 않고 말하고 경청하기가 가능하다. 3점일 때는 침착할 때만 기술 사용이 가능하다. 사진 찍기와 길 따라 생각하기 기술을 써서 나의 상태를 잘 점검하는 것이 길에서 벗어나지 않기 위해 필수적이다. 만일 상호작용 중에 침착할 때만 기술(문제 해결, 나 표현하기, 알맞게 하기, 관계 돌봄)을 사용하다가 감정이 더 강해지거나 전략이 효과적이지 않다고 판단될 때는 언제나 기술(사진 찍기, 길 따라 생각하기, 길 따라 행동하기, 안전 계획, 새로운 나 활동)을 사용하면서 감정이 어느 정도 가라앉기를 기다린다. 3.5점 수준의 감정일지라도 3점을 넘었기 때문에 침착할 때만 기술을 사용하는 것은 적절치 않다.

4점은 강한 느낌이다. 이때는 강렬한 정서와 신체 감각이 지속된다. 예를 들어, 울거나, 떨리거나, 숨이 빨라지거나, 땀이 많이 나거나, 메스꺼울 수 있다. 강한 감정이 또렷한 생각을 방해한다. 생각이 너무 빨라지거나, 혼란스러워지거나, 또는 아예 머리가 하얘지고 아무 생각도 하지 못하게 될 수 있다.

4점 수준에서는 나와의 또는 타인과의 관계에 해가 되는 말이나 행동을 하고 싶은 강렬한 길 밖 충동을 느낄 수 있다. 효과적으로 의견을 표현하고 상대의 말을 경청하기가 힘들다. 이때 문제 해결이나 나 표현하기 같은 침착할 때만 기술을 사용한다면 원하는 바도 얻지 못하고 상황은 더 악화되기 쉽다. 4점 수준의 감정에서 상호작용을 동반하는 침착할 때만 기술을 쓰려 한다면 높은 수준의 정서, 인지, 행동의 불안정성 때문에 적절하지 않다.

5점은 사람이나 물건을 해칠 수 있는 통제 불능 상태의 감정 수준이다. 대개 5점 상황은 재난이 일어났거나 4점 수준의 상황에서 기술을 사용하지 않아 더 악화되었을 경우이다. 4점에서 악화된 경우, 5점일 때 실제 감각 경험은 4점일 때와 다를 수도 있고 같을 수도 있지만 당사자는 압도당하여 행동을 통제하는 것이 불가능하다.

통제 불능 행동이란 무엇인지 또는 자신과 남을 해치는 행동이 무엇을 의미하는지는 사람마다 다르다. 어떤 사람은 자신이 누군가에게 소리를 지를 때 화를 5점으로 평가하는 반면(상대의 감정을 상하게 했고 관계에 상처를 입혔기 때문에), 어떤 사람은 문을 쾅 닫기, 화난 몸짓으로 왔다 갔다 하기, 소리 지르기를 해도 직접적인 해를 입히지 않기 때문에 4점을 줄 수 있다. 길 위와 길 밖의 의미가 사람마다 다르듯이 느낌 점수 주기도 개인이 주관하는 과정이다.

5점 수준일 때는 언제나 기술이 필요하다. 사진 찍기, 길 따라 생각하기, 길 따라 행동하기, 안전 계획 그리고 여러 개의 새로운 나 활동이 높은 수준의 감정을 낮추는 데 필요하다. 이 기술들은 정신을 차리고 안전하게 행동할 수 있는 능력을 갖추게 해 준다. 상황에 따라 문제 해결, 나 표현하기, 알맞게 하기, 또는 관계 돌봄 기술이 추후에 필요할 수 있지만, 우선 각성 수준을 낮추는 기술을 사용해야 한다.

기술 구분

기술은 두 가지로 구분된다. 첫 번째 다섯 가지 기술(사진 찍기, 길 따라 생각하기, 길 따라 행동하기, 안전 계획, 새로운 나 활동)은 '언제나 기술'이며 느낌 점수 0~5점 사이 언제든지 사용이 가능하다. 3점이 넘을 때는 반드시 언제나 기술을 사용하여야 한다. 언제나 기술은 내적 요인을 스스로 조절하기 위해 만들었다. 언제, 어떻게 잠시 거리를 두고 언제나 기술을 사용하여 감정을 조절할지 안다면 개인의 목표를 이루는 데 아주 좋다. 〈표 2-1〉에 언제나 기술과 침착할 때만 기술의 목록을 제시하였다.

두 번째 기술 구분은 '침착할 때만' 기술이다. 마지막 네 가지 기술(문제 해결, 나 표현하기, 알맞게 하기, 관계 돌봄)은 보통 다른 사람과 상호작용할 때 사용하고, 따라서 침착하게 진정되어 있을 때만 써야 한다. 3점보다 조금만 더 높아도 언제나 기술을 우선 사용한다.

침착할 때만 기술은 효과적인 대인관계를 위해 필수적이다. 타인과 관계하면서 나의 욕구를 만족시킨다 함은 쉽지 않은 역동적 과정이다. 침착할 때만 기술은 언제나 기술보다 더 복잡하고, 단계가 많으며, 시간이 더 오래 걸린다. 참여자는 처한 상황에서 길 밖으로 벗어나지 않기 위해 기술 고리(예: '1236' '1237' '1238' '1239')를 사용해야 한다. 문제 해결, 나 표현하기, 알맞게 하기 그리고 관계 돌봄 기술을 쓸 때는 감정을 더 강하게 만드는 외부 요인들이 더 많다.

이런 위험 요소에도 불구하고 침착할 때만 기술을 사용해서 삶을 관리해야 한다. 핵심은 지금의 감정 수준을 고려했을 때 언제 이 기술을 사용할 수 있을지 아는 데 있다. 침착할 때만 기술을 사용하지 않고 피한다면 결국 길 밖 행동과 연결된다. 문제 해결을 회피하면 문제는 점점 더 커져서 사람을 압도하고, 이는 길 밖 행동으로 이어질 수 있다.

기술 구분은 길 따라 생각하기에서 기술 계획 짜기 때 사용한다. 이때 현재 느낌 점수를 정하고 (사진 찍기를 통해) 어떤 기술을 쓸지 결정한다. 3점이 넘으면 언제나 기술이 유일한 선택이다. 0~3점 사이라면 언제나 기술과 침착할 때만 기술 모두 사용할 수 있다.

〈표 2-1〉 기술 구분

언제나 기술(0~5점)	침착할 때만 기술(0~3점)
1. 사진 찍기	6. 문제 해결
2. 길 따라 생각하기	7. 나 표현하기
3. 길 따라 행동하기	8. 알맞게 하기
4. 안전 계획	9. 관계 돌봄
5. 새로운 나 활동	

기술 요리법

기술 요리법(Recipe for Skills)은 특정 상황에서 최소 몇 개의 기술이 필요한지 계산할 때 쓰는 시스템 도구이다. 대개 느낌 점수가 높을수록 더 많은 기술을 사용해야 한다. 중간 정도의, 강한 그리고 완전히 강한 감정은 강도가 세고 오래 지속된다. 이런 감정을 느끼는 상황에서 시작부터 끝까지 필요한 기술 고리를 만들면 정서조절에 성공할 가능성이 높다.

기술 요리법은 기술 고리를 조합하는 원리이자 개념 틀이다. 기술 요리법은 구체적으로 몇 개의 기술을 이어야 하는지 알려 주는 처방전이 아니라 반드시 필요한 기본 기술 개수를 알려 주는 방법이다. 기술의 달인이 되면 언제나 기술과 침착할 때만 기술을 기술 요리법의 최소 권장 개수보다 더 많이 연결해서 써야 효과가 크다는 것을 이해하게 된다. 요리법은 기술 계획 짜기 과정(예: 4점일 때는 5개의 언제나 기술이 필요하다)에서, 그리고 상황을 돌아보며 충분한 수의 기술을 사용했는지 점검할 때 도움이 된다. 예를 들어, 길 밖 행동을 했던 사건을 돌아보는 과정에서 4점 수준의 감정을 느꼈고 아무 기술도 사용하지 않았다면, 최소한 5개의 기술이 필요했다는 점을 되짚을 수 있다.

기술 요리법은 사람마다 조금씩 다르게 사용할 수 있다. 기술 훈련 초기에는 기술 요리법을 의식적으로 사용하지만, 기술 고리가 보다 자동으로 만들어지기 시작하면서 요리법을 확인할 필요가 점점 없어진다. 기술 요리법을 사용하는 데 필요한 사고 능력은 상황마다 다르다. 예를 들어, 간단한 수학 개념을 이해하기 어려운 참여자에게는 기술 요리법이 집중력을 높이지 못하고 오히려 감정 반응을 촉발시켜 사고 기능을 저하시킬 것이다. 반대로 어떤 참여자의 경우 지금까지 사용한 기술이 무엇인지 기억하고 간단한 기술 요리법 계산을 하면서 집중력을 높일 수 있다. 기술 요리법은 일반 지침일 뿐, 복잡한 수학 공식이거나 기술 계획을 복잡하게 만드는 엄격한 규칙은 아니다.

기술 요리법은 느낌 점수(0점 포함)보다 **최소** 한 가지 더 많은 기술을 사용하는 방법이다.

- 0점일 때는 감정 촉발 사건은 없지만 지금 이 순간의 사진 찍기를 계속한다.
- 1점일 때는 최소한 두 가지 기술을 쓴다. 살짝 느낌이 왔을 때 사진 찍기와 길 따라 생각하기를 사용하면 도움이 된다(이것이 기술고리 '12'이다). 그리고 이 두 가지 외에 언제나 기술과 침착할 때만 기술을 사용해도 좋다.
- 2점일 때는 적어도 세 가지의 기술이 필요하다. 사진 찍기, 길 따라 생각하기, 길 따라 행동하기가 자주 쓰이는 기술이다.
- 3점일 때는 최소 네 가지 기술이 필요하다. 여러 종류의 기술 고리를 만들 수 있다. (예: '1234' '1235' '1236' '1237' '1238' '1239'). 위험이 있는 경우에는 '1234'(안전 계획)가 최선이고, 지루함이 문제가 되는 경우라면 '1235'(새로운 나 활동)를 시도할 수 있다. 해결할 문제가 있다면 '1236' 고리가 효과적이다. 나를 표현하고 싶을 때는 '1237', 누군가에게 요청할 필요가 있을 때는 '1238', 그리고 관계 돌봄을 다루고 싶을 때는 '1239'가 도움이 된다. 여러 개의 언제나 기술과 침착할 때만 기술을 묶은 기술 고리가 더 효과적이다(예: '12345' '123455' '12367' '12378' '12379').
- 4점일 때는 최소한 다섯 가지의 기술이 필요하다. 3점이 넘었기 때문에 이 다섯 가지 기술은 반드시 언제나 기술이어야 한다. 이때 자주 만드는 기술 고리는 '12345'이다. 4점일 때는 길 밖 충동이 있을 수 있으므로 안전 계획이 위험 관리에 도움이 되고, 새로운 나 활동은 주의를 분산시킬 수 있다.
- 5점일 때는 최소 여섯 가지 기술을 사용해야 한다. 언제나 기술이 다섯 가지이기

때문에, 이 중 하나의 기술은 최소 두 번 사용해야 한다. 만일 새로운 나 활동을 두 가지 이상 쓰기로 했다면 사진 찍기, 길 따라 생각하기, 길 따라 행동하기 기술을 사용한 후, 새로운 나 활동 중 두 가지(예: 컴퓨터 게임 하기와 음악 듣기)를 하면 된다. 이렇게 하지 않고 상황 받아들이기나 넘어가기 같은 길 따라 행동하기의 기술 두 가지를 해도 좋다.

3장으로 넘어가며

3장에서는 기술 시스템의 기반이 되는 다양한 이론 모형을 소개한다. 기술 훈련 지도자가 숙지해야 할 정서조절에 대한 지식, DBT 기반 교육 과정으로서 기술 시스템의 발달 그리고 인지 부하 이론을 다룬다. 이러한 이론 틀은 기술 훈련 지도자가 기술 시스템을 더 잘 이해하고, 복합적인 학습 및 정신건강 문제를 가지고 있는 참여자들이 더 잘 배울 수 있도록 도와줄 것이다.

Chapter 03

기술 시스템
이론 기반

이 장은 정서 유발에 관한 '절차 모형(modal model)'(Gross & Thompson, 2009, p. 5; Gross, 2014a)과 더불어 정서조절에 관한 '과정 모형(process model)'(p. 10)을 탐색하면서 시작하겠다. 그다음, 정서조절 역량과 기술 통합에 영향을 미칠 수 있는 지적 장애(ID) 진단 관련 인지 요인을 개괄한다. 대개 변환 작용(transact)을 하는 행동, 환경 그리고 정신건강 요인들이 추가로 개인의 정서 기능에 어떠한 영향을 미치는지를 소개한다. 이러한 기초 지식은 정서조절 기술을 가르칠 때 연관되는 다중의 복잡한 내적 · 환경적 요인들을 임상가가 더 잘 이해하도록 도와준다.

이 장의 나머지 절반에서는 기술 시스템의 설계를 다루겠다. 기술 시스템 모형 기반에는 세 가지 이론의 삼각 틀이 있다. 정서조절 전략(Gross & Thompson, 2009; Gross, 2014a), DBT 원리 그리고 인지 부하 이론(cognitive load theory: CLT) 세 가지를 기술 시스템의 기반으로 통합하였다. DBT는 종합 인지−행동 기법으로 정서, 인지, 행동 조절 문제를 다루기 위해 설계되었다. 우리가 만나는 사람들이 지닌 다중의 취약 요인은 DBT가 필요하다고 말하지만, 동시에 DBT 모형에 대한 접근성을 방해하기도 한다. 이 장에서는 인지 부하 이론(CLT)이 어떻게 정서조절과 DBT 기술 개념을 보다 접근 가능한 교육 형태로 전환시켰는지에 대해 설명한다. CLT 원리는 기술 시스템의 설계와 교습 전략에 영향을 주었다.

> DBT의 이론 기반인 생물사회 이론은 기술 훈련에 연관되는 만큼 『DBT 기술 훈련 매뉴얼』(제2판)
> (Linehan, 2015a)의 개론(pp. 5-11)과 후반부의 학습 전략(pp. 138-143)에 제시되어 있다.

정서와 정서조절

　기술 시스템은 정서, 인지, 행동을 조절하는 데 도움을 주며, 이는 삶의 질을 개선하고 개인의 목표를 달성하는 기본 기술이 된다. 여기서는 기술 훈련 지도자에게 정서와 정서조절 전략에 대한 기본 지식을 제공하겠다. 정서 유발의 절차 모형과 정서조절의 과정 모형은 자기조절 역량을 개선하는 요소에 관한 기본 이해를 제공하는 두 가지 구조이다(Gross & Thompson, 2009).

　정서는 순식간에 촉발되는 데다 지적 장애(intellectual disability: ID)가 있는 사람은 메타인지 인식이 부족하고 적응적 대처 전략에 능숙하지 못하므로, 정서의 여러 국면을 효과적으로 통과해 나가기가 어렵다. Gross의 절차 모형은 정서를 요소로 구분하여 각 단계의 역량을 쌓을 수 있도록 한다. 과제 분석 접근은 장애 분야에서 흔히 활용되는데, 보다 복잡한 고리로 통합될 수 있는 개별 기술을 지녔는지가 중요하다. 영역마다 역량이 없다면 적응적인 대처 고리의 결합은 불가능하다. 심각한 학습의 어려움을 보이는 사람에게는 표준 DBT에서처럼 '순간에 있는' 역량도 필요하지만, '그다음에 쓸' 기술 역시 발달시켜 정서의 전 과정을 탐방할 수 있어야 한다. 기술 시스템은 모든 수준의 정서에 관한 지지를 제공하여 기술 일반화를 더욱 가능하게 한다.

정서 유발 절차 모형

　Gross와 Thompson(2009)의 절차 모형은 정서 유발을 상황-주의-평가-반응의 네 단계로 설명한다. 첫 번째로, 사람은 상황을 경험한다. 이어 목표에 관련되어 있다면 상황에 주의를 둔다. 상황의 관련성과 의미는 정서를 촉발한다. 그다음 상황과 정서에 대한 평가나 판단을 내리고, 이는 정서 반응으로 이어진다. 정서 반응에는 체험, 행동, 신경생리 체계가 관여한다.

정서는 유용하기도 하지만 사람이 목표로 나아가는 과정을 방해하기도 한다. 도움이 되는 정서를 가꾸고 해로운 정서를 다루는 것은 정서조절의 핵심 측면이다(Gross, 2013). Gross에 의하면 대부분의 사람은 긍정 정서(예: 행복, 사랑, 즐거움)를 높이고 부정 정서(예: 슬픔, 두려움, 분노)는 낮추기를 원한다.

정서조절에는 다양한 유형이 있다. 예를 들어, '내적' 정서조절은 한 사람이 그 자신을 조절하는 전략을 시작할 때 일어나고, '외적' 과정은 바깥에서 타인이 그의 정서조절을 도울 때 일어난다(Gross, 2013, p. 359). 유사하게, '암묵' 정서조절 전략은 의식적으로 작동되지 않고(예: 불쾌한 것을 보지 않기 위해 고개를 급히 돌리기), 반면 어떤 기법은 '외현'적이다. 외현 정서조절 기법은 정서를 다루기 위해 의식적으로 어떤 행동을 할 때 활용된다(Gross, 2013).

기술 시스템은 네 가지 정서조절 전략을 각각 활용한다. 기술 시스템은 내적 정서조절 전략을 향상시키기 위해 개발되었지만, 생생한 상황에서 기술을 코칭할 때 외적 정서조절과 지지를 제안하기 위한 언어를 제공한다(구체적 기술 코칭 기법은 8장 참조). 이에 더하여, 기술 시스템 구조는 정서를 다루기 위한 암묵 정서조절 전략이 설계되어 있고, 외현 요소(기술과 시스템 도구)도 갖추고 있다.

기술 훈련 지도자는 기본 전략이 어떻게 정서를 상향 또는 하향 조절하는지 잘 이해해야 한다. Sheppes 등(2014)은 각기 다른 정서조절 기법이 다양한 맥락에서 서로 다른 영향을 준다고 설명한다. 예를 들어, '다른 데 신경쓰기'는 장단점이 있다. 스스로 주의를 분산시키는 방법은 최소한의 인지 용량을 요구하고 어떤 상황에서는 강한 정서 정보에 대한 반응을 줄이는 데 효과적이지만, "동기 측면에서 한 사람의 장기 목표와 적응에 핵심적인 정서 정보에 대한 처리, 평가, 기억을 허용하지 않는다"(p. 165). 반대로 '재평가'(상황의 영향을 변화시키기 위해 의미를 바꾸기; Gross & Thompson, 2009)는 반응의 강도를 높이고 더 복잡한 인지 과제가 되지만, 그럼에도 어떤 정보에 정서적으로 참여하게 만들고 장기 목표 달성을 지지한다(Sheppes et al., 2014). '억제'는 정서 표현 행동을 제한하는 행동 지향의 전략이다(Gross, 2014a). 억제는 긍정 정서 경험을 낮추지만, 부정 정서 경험은 낮추지 못하는 것으로 나타났다. 오히려 억제는 각성 수준을 높이고 기억 기능을 저하시키며, 관계에서 스트레스를 유발했다(Gross & Thompson, 2009; Gross, 2014a). 이와 같은 다양한 작용과 결과가 알려 주듯이 광범위한 기술을 갖추어야 이득이고, 이를 통해 필요에 따라 매 순간에 융통성 있게 반응할 수 있는 전략으로 정서를 상향 혹은 하향 조절할 수 있다.

정서조절은 가변하는 수많은 요인에 영향을 받는다. 그러므로 조절이 안 되는 것도 당연하다(Gross, 2013). Gross는 "누군가가 정서를 조절하지 않는다면 그것은 특정 반응의 결과를 부정확하게 예측한 '단순 추적의 오류'에서 기인할 수 있다"고 설명한다(p. 362). 혹은 목표한 바를 달성시키는 기능이 없는 전략을 선택해서일 수도 있다(예: 긍정 경험을 상승시키기 위해 억제를 선택하기).

자극과 반응 선택 이해하기

이러한 종류의 계산 실수는 개인이 경험을 어떻게 처리하는지와 관련이 있다. Hübner, Steinhauser와 Lehle(2010)는 선택 주의에 관한 '이중단계 이차국면 과정 모형(dual-stage two-phase process model)'을 제시하였는데, 이는 처리에는 각기 다른 단계가 있고 각 단계에 대한 반응이 전략의 효과를 좌우한다는 점에 관한 훈련 지도자의 이해를 돕는다. 물론 이 모형은 독자에게 과한 인지 부하를 부여할 수 있으니 주의하기 바란다.

이중단계 이차국면 과정 모형에 따르면 정서 반응을 구성하는 과정에는 자극 선택과 반응 선택의 두 단계가 있다(Hübner et al., 2010). 자극 선택에는 '초기'와 '후기' 단계의 두 단계가 있다(p. 761). 자극 선택의 초기 단계에서 '지각 필터링'을 통해 광범위한 정보를 처리하기 시작하고, 이때 변별되지 않은 상태이지만 유용하거나 무관한 정보를 모두 인지할 수 있다(p. 761). 후기 단계에는 하나의 자극이나 목표물에 주의를 집중한다. 초기 단계에서 제공받은 정보에 대해 정서조절 전략을 시작한다면 이는 자극 반응의 '일차 국면'이 된다. 초기 단계의 변별되지 않은 정보에 의존하는 일차 국면 반응은 빠르고 부정확한 반응으로서 정서 정보의 처리, 평가, 기억을 허용하지 않는다(Hübner et al., 2010; Sheppes et al., 2014).

반대로 '이차 국면' 반응은 후기 단계의 자극 변별에서 발생한다. 이는 특정 표적에 집중한다. 이차 국면 반응은 더 느리지만(보다 정교한 처리 때문에), 보다 정확하고 신뢰

할 만하다. 이 이차 국면 반응은 정서 정보의 처리, 평가, 기억이 가능하고, 따라서 학
습, 적응, 장기 목표 달성에 핵심이 된다(Sheppes et al., 2014).

처리의 확장과 구축

정서조절을 위한 인식이 높아지고 다양한 전략을 학습하면서, 단순 반응을 넘어선
선택 반응이 가능해진다. 기술 시스템은 이 과정을 위한 전략과 구조를 제공한다. 예를
들어, 여섯 단계의 사진 찍기 지침은 주의 집중 과정을 안내한다. 길 따라 생각하기는
평가 과정을 안내하는 네 단계를 제공한다. 길 따라 행동하기(모든 기술을 포함하는)는
효과적인 반응의 선택지와 같다. 기술 도구는 다양한 상황에서 각 자극을 다루기 위해
이러한 과정을 통합하고 정리하도록 돕는다. 기술 시스템의 인지 틀이 어떻게 후기단
계 이차국면 정서조절 대처 반응을 다뤄 나가는 도식을 제공하는지가 [그림 3-1]에 제
시되어 있다. 첫째, 이차 국면 반응이 서로 다른 시점에서 모두 중요하지만, 여러 차원
의 역량을 지닌다면 변별되지 않은 반응성을 줄이고 다양한 상황에서 효과적일 수 있
는 충분한 도구를 얻을 수 있다.

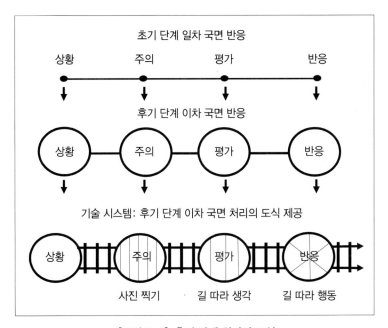

[그림 3-1] 후기 단계 처리의 도식

정서조절 과정 모형과 기술 시스템

기술 훈련 지도자가 정서조절의 원리를 이해한다면 도움이 될 것이다. Gross(2013)는 정서조절 전략의 다섯 '집합'을 기술하였고 이를 정서 유발 주기의 각 단계에서 정서 조절 반응으로 정렬시켰다(예: 상황−주의−평가−반응; p. 360). 이 정서조절 반응 범주는 '상황 선택, 상황 수정, 주의 배치, 인지 변화 그리고 반응 조절'이다(Gross, 2014a; p. 7; 또한 Gross, 2013; Gross & Thompson, 2009 참조). 이 다섯 기능은 기술 기스템 설계에 포함되어 있다. 다음에서 각 집합을 설명하고 기술 시스템 과정에 정서조절 전략이 어떻게 통합되어 있는지를 강조한다.

상황 선택

"원하는 감정을 주는 상황이 발생할 가능성을 높이거나 원치 않는 감정을 주는 상황이 발생할 가능성을 줄이는 행동을 취할 때" 이를 상황 선택이라고 한다(Gross, 2014a, p. 9). 상황 선택 반응은 결과를 예측하고 원하는 목표를 촉진시키는 일련의 행동을 선택한다. 예상되는 정서 수준에 관한 과거의 성찰이나 미래에 대한 기대는 현재 순간의 자각보다 덜 신뢰할 만하다. 따라서 사건의 영향력에 대한 예측은 편향될 수 있다(Gross & Thompson, 2009).

기술 시스템의 첫 세 기술(사진 찍기, 길 따라 생각, 길 따라 행동, 즉 기술 고리 123)은 상황을 이해하고, 주의 집중하고, 평가하고, 반응을 이끌어 내는 구조와 길을 제공한다. 우선, 사진 찍기는 현재 순간에 집중하고 그것을 이해하도록 돕는다. 둘째, 길 따라 생각은 잠재적 결과를 성찰하고, 현 선택지를 평가하고, 상황 선택 계획을 세우도록 안내한다. 셋째, 길 따라 행동은 목표 지향 반응이다.

다른 기술도 상황 선택에 활용된다. 예를 들어, 안전 계획은 주도적으로 안전을 선택하고 위험한 상황을 회피하는 데 쓰인다. 새로운 나 활동을 선택한다면 긍정 정서를 증진시킬 수 있다.

상황 수정

Gross(2014a)는 상황 수정을 "상황의 정서적 영향력을 변화시키기 위해서 직접 상황을 바꾸는 노력"(p. 9)으로 정의한다. 상황 수정은 외부 환경을 통제하는 데 쓰이는 노력을 포함할 수 있다. 더구나 환경은 개인의 상황을 수정하는 정서조절 지지를 제공할 수도 있다. 주변 지지자들은 언어적 격려나 대처 지원과 같은 상황 수정의 외적 형태를 제공할 수 있다.

몇 가지 기술 시스템 기술이 상황 수정에 쓰인다. 예를 들어, 안전 계획은 상황에 대한 반응을 혹은 주도적으로 위험한 상황을 다루는 방법이다. 침착할 때만 기술(문제 해결, 나 표현하기, 알맞게 하기, 관계 돌봄)은 상황에 적응하고 참여하는 방법이다. 문제 해결은 문제 상황을 변화시키도록 돕고, 나 표현하기는 자신의 욕구에 대해 타인과 소통하도록 하고, 알맞게 하기는 환경에서 얻고자 하는 바를 얻도록 촉진시키며, 관계 돌봄은 관계를 쌓고 관계에 균형과 변화를 준다. Gross(2014a)는 상황 수정은 상황 선택을 위한 새로운 상황과 기회를 제공한다고 설명한다. 기술 시스템은 이 패턴을 반영한다. 기술 고리를 완성해 나가면 다시 사진 찍기로 돌아와 새로운 상황에 관한 다른 기술 고리를 시작한다.

주의 배치

"정서에 영향을 주기 위해 주어진 상황에서 주의 방향을 설정하는 것"을 주의 배치라 한다(Gross, 2014a, p. 10). 어떤 상황에 주의를 주거나 돌릴 때, 정서는 변할 수 있다. '다른 데 신경쓰기'는 주의 배치의 한 형태이다. 무언가로부터 외적·내적 주의를 돌리거나, 그것의 다른 부분으로 주의를 돌릴 때 정서 강도는 변한다. '집중'은 상황이나 그 일부에 초점을 강화하는 주의 배치 전략이다. '곱씹기'는 사람이 정서와 그 결과에 반복적으로 집중할 때 일어난다. 슬픈 사건을 곱씹으면 우울한 기분을 높일 수 있다. 미래의 위협을 곱씹는 것은 낮은 수준의 불안을 일으키긴 하지만 강한 부정적 반응의 강도는 궁극적으로 낮출 수 있다(Gross & Thompson, 2009). 주의 배치를 통해 무엇에 초점을 둘지 선택한다. 이는 마치 상황 선택의 내면 버전과도 같다(Gross & Thompson, 2009).

ID 진단을 받은 사람들은 개념 형성 결함(다음 절에서 개괄함)을 보이는데 이는 전략적으로 주의를 다루는 역량에 영향을 준다. 기술 시스템은 주의를 전략적으로 배치하는 능력을 극대화하도록 암묵 및 외현 정서조절 전략을 제공한다. 예를 들어, 실행 기능에 손상이 있는 사람은 복잡한 문제를 해결하기 위해 필요한 주의 유지 능력이 없을 수 있다. 따라서 기술 시스템의 암묵 구조와 외현 기술(장기 기억에 저장된)은 문제 해결의 복잡한 다단계 과정에서 주의 배치를 안내하도록 설계하였다.

　ID 진단을 받은 사람들은 주의 전환에 어려움을 보인다. 잘 모르는 것에 대한 불확실감, 낮은 자기효능감, 싸움-도망치기 반응과 같은 요인은 효율적인 대처 과정의 진전을 방해한다. 기술 시스템의 구조는 알 수 없는 일에 대한 두려움을 줄여 주는데, 새로운 자극에 대한 회피를 자극하기보다는 아홉 가지 기술과 기술 도구가 활성화를 격려하는 학습된 선택지를 제공하기 때문이다. 게다가 ID 진단을 받은 사람들은 표현성, 수용성 언어 결함을 겪을 수 있는데, 이는 정서조절 역량에 영향을 미친다. Gross와 Thompson (2009)은 언어가 정서를 이해하고, 소통하고, 반영하며, 조절하는 데 기여한다고 설명하였다. 기술 시스템 기술과 도구는 언어를 제공하여 내적 정서조절 전략을 작동시키고 가용한 외적 지지를 받아들일 수 있게 도우며, 이는 정서조절을 가능하게 한다.

　강한 감정을 촉발하는 상황은 대개 복잡하고 다차원적이다. 압도적인 경험을 주의 기울여 평가하기란 어렵다. 정서조절 과제는 일반적으로 복잡한 상황을 가늠할 수 있는 다룰 만한 단계로 쪼개면서 효과적으로 완성된다. 기술 시스템은 경험을 정보 단위로 쪼개어서 주의 배치를 촉진하고 유지시킨다.

　각 기술과 그 요소들은 이해 가능한 작은 정보의 단위로 구성하였다. 이러한 일련의 요소를 탐방해 나가며 어떤 정서의 폭 안에서 조금씩 진전해 나간다. 예를 들어, 사진 찍기는 숨 알기, 주위 알기, 몸 느낌 알기, 이름과 점수 주기, 생각 알기, 충동 알기의 여섯 가지 단계가 있다. 각각은 현재 순간의 정보를 정교하게 만든다. 내적·외적 순간의 다양한 정보에 주의를 배치하면서, 후기 단계 이차 국면 반응이 발생한다. 유사하게, 길 따라 생각하기 안에서 조금씩 진전하면서 주의를 배치한다. 어떤 상황에서 점검, 돌아오기, 응원하기, 기술 계획 짜기의 순서를 진행하면서, 이러한 구조화되어 있으면서도 융통성 있는 평가 과정을 통해 주의 전환을 해 나간다. 점점 선택적 주의 통제력이 높아지면서 내적·외적 경험을 더 잘 조절할 수 있다. 한 기술 안의 어떤 과제에서 다음 과제로, 혹은 한 기술에서 다음 기술로 작은 진전을 해 나가면서 주의 전환을 익히면, 순간에 주의의 초점을 유지하는 동시에, 나아가 목표 지향 행동을 실행할 수 있게 된다. 이에 더하여 정서 사건의 모든 요소를 거치면서 효과적으로 조절할 수 있는 역량이 생긴다면, 어떤 순간을 있는 그대로 보는 능력이 커지고, 양극단의 반응이 줄어들고, 갈등 지점을 통합할 수 있는 기회가 늘어나며, 추상 개념에 대한 이해가 촉진된다.

주의 배치는 길 따라 행동하기, 즉 길 바꾸기의 기반이다. 어려운 상황에서 길 따라 생각하기를 사용하여 평가를 하고 반응을 계획하는데, 이때 길 밖 생각과 행동이 다시 길 위에 오도록 전환시키는 중요한 결정을 내린다. 이어서 길 따라 생각과 행동을 한다. 즉, 목표 지향 생각을 만들어 내고 행동을 실행하는 길 바꾸기를 한다.

새로운 나 활동 역시 주의 배치의 정서조절 기술이 관련되어 있다. 집중 새로운 나 활동은 지향하는 활동에 집중력을 높여 정리되지 못한 인지 조절 문제를 완화시킨다. 다른 데 신경쓰기 새로운 나 활동은 정서를 강화하는 촉발 요인으로부터 주의를 돌리도록 돕는다.

인지 변화

인지 변화란 "상황의 정서적 중요성을 변화시키기 위해서 상황을 평가하는 방식"을 조절하는 것으로, "상황에 대한 자기 생각을 바꾸는 방법이거나 상황의 요구를 다루는 능력에 관한 방법일 수 있다"(Gross, 2014a, p. 10). 우리는 외부 요인에 대한 자기지각을 바꿀 수 있고, 생각을 조정할 수 있다. 재평가(예: 쉰 김치로 김치찌개 만들기)는 중요한 정서조절 전략이다. 재평가를 쓰는 사람들은 긍정 정서가 높아지고 부정 정서가 줄어드는 경향을 보인다(Gross, 2013; Nezleck & Kuppens, 2008). 뿐만 아니라 기억 역량과 사회 관계가 더 좋다(Gross, 2013).

길 따라 생각하기는 기술 시스템의 주요 인지 기술이다. 멈추고 점검은 재평가 기능을 담당하고, 돌아오기는 인지 변화 전략과도 같다. 예를 들어, 상사에게 소리치고 싶은 충동을 알아차렸다면 점검을 사용하여 이 충동이 자신의 목적을 달성하는 데 도움이 되는지 결정할 것이다. 만약 점검을 한 결과 '엄지 꽝(엄지손가락이 아래를 향함)'이라면, 돌아오기가 이어지고, 목표 지향의 생각을 만들도록 격려한다. 응원하기와 목표 지향 생각은 목표 지향 행동을 촉발할 수 있다.

반응 조절

반응 조절은 "반응 경향이 이미 시작된 뒤 정서 유발 과정 후반부에 발생하며, 정서 반응의 체험, 행동, 생리 요소에 직접 영향을 주는" 전략이다(Gross, 2014a, p. 10). 운동과 이완은 정서의 생리적 영향을 완화시킨다(Gross & Thompson, 2009). 정서 표현 행동은 정서조절에 쓰이기도 하지만, 때로는 정서 강도를 다소 강화시키기도 한다. 정서 표현 억제는 긍정 정서를 줄이지만 부정 정서는 줄이지 못할뿐더러, '교감신경계 활성화'를 높인다(p. 15). Gross와 Thompson은 정서조절의 효과는 "단순한 표출에 따르기보다는 정서 표현을 대체하는 적응 반응의 가용성을 높이는 것, 즉 문제 해결이나 대인관계 이해를 촉진하는 반응"에 따른다고 강조하였다(p.15).

새로운 나 활동은 보통 반응 조절 전략으로 쓰인다. 집중 새로운 나 활동은 각성 수준이 완화될 때까지 무언가에 주의를 둔다. 점진적 이완이나 호흡 일관성 연습은 주의 집중과 쉼을 돕는다. 기분 좋게 새로운 나 활동은 긍정적 감각 경험을 하면서 자기위안을 돕고 고통을 감쌀 수 있게 돕는다. 새로운 나 활동 중 다른 데 신경쓰기와 즐겁게 새로운 나 활동은 반응 조절 전략으로 유용하다.

다음 절에서는 정서에서 전환하여, ID 진단을 받은 사람들의 정서조절에 영향을 미치는 인지 요인을 탐색하겠다. 정동 체계와 인지 체계는 상호작용한다. 따라서 기술 훈련 지도자는 ① 정서조절, ② 기술 습득, ③ 기술 지도에 영향을 미치는 인지 결함을 이해해야 한다.

인지 요인

정서조절과 신경과학 연구 분야는 급속도로 발전하는 중이다. 따라서 ID 현장에서 일하는 임상가들은 빠르게 등장하는 최신 문헌을 숙지하고 있어야 한다. 그러나 불행히도 장애와 연관된 중요 분야는 비장애 분야에 비교했을 때 연구가 제한되어 있다(Forte, Jahoda, & Dagnan, 2011; Reilly & Holland, 2011; Sappok et al., 2013). 이 집단의 다양성에 더하여, ID 진단을 가진 사람들과의 연구는 엄격한 연구 설계가 결여돼 있어 가용한 연구 자원에 접근하고 이를 유용하게 활용하는 일이 더 어렵다(Forte et al., 2011; Reilly & Holland, 2011; Sappok et al., 2013).

DSM-5(American Psychiatric Association, 2013)는 지적 발달 장애를 지닌 사람들을 진

단하는 기준을 제공하는데, 이를 '지적 장애(intellectual disability)' 혹은 ID라고 칭하겠다. 이는 보편적인 정보이긴 하지만 ID 진단을 받은 사람들과 흔히 연관된 개념, 사회, 실질적 요인에서의 결함을 잘 정의하고 있다. ID 진단과 연관된 인지 결함의 본질을 이해함으로써 기술 훈련 지도자는 인지 기능 역량이 정서조절, 적응 기능 그리고 궁극적으로 효과적인 개입 설계와 지시에 어떻게 영향을 미치는지 이해할 수 있다.

여러 DSM-5 진단은 다양한 유형의 인지 기능 결함을 진단 기준으로 포함하고 있다. 기술 시스템은 다양한 집단에게 유용하지만, 특히 ID가 있는 사람들이 경험하는 전반적인 인지 결함에 맞춰 설계되었다. 이 모형은 강도 높은 학습의 어려움도 다루도록 설계돼 있으므로, 학습 문제가 덜 심각한 사람들에게도 접근성을 높일 수 있다. 강한 감정은 누구에게나 인지 처리 역량을 감소시키므로, 이러한 단순한 모형은 비장애인들에게도 강한 스트레스 상황에서 기술을 더 잘 회상하게 하고 적응 기능을 증진시킬 것이다.

ID 진단을 받은 사람들과 작업할 때 기술 훈련 지도자는 강점 기반의 관점을 지녀야 한다. 동시에, 이들이 지닌 장해물에 대한 현실적인 판단 역시 도움이 된다. 결함을 이해함으로써 인지적 자원을 최대화하고 강점을 작동시킬 수 있다.

DSM-5 진단 기준은 강점을 강조하지 않는다. 이는 결함을 정의한다. DSM-5 진단 틀이 잠재적으로 이 집단의 전형과 취약성을 촉발하지만, 이 책은 어떤 역량에 어떤 도움이 필요한지를 정의하기 위해 이 틀을 사용하겠다. 사람이 지닌 역량과 강점을 작동시키기 위해서(예: 관습적 지식) 정보 처리나 외현 학습에 요구되는 개인의 역량에 영향을 미치는 내적 · 외적 요인을 모두 이해하도록 한다.

ID의 DSM-5 진단 기준

기준 A는 ID 진단을 받은 사람들이 보통 경험하는 개념 형성의 어려움을 보여 준다. '추론, 문제 해결, 계획, 추상 사고, 판단, 학업 그리고 경험에서의 학습'에 어려움을 보일 수 있다고 기술한다(American Psychiatric Association, 2013, p. 33). 또한 진단 특징을 명료히 하여, '언어 이해, 작업 기억, 지각 추론 그리고 수리 추론'의 역량이 손상돼 있다고 기술한다(p. 33).

DSM-5의 표는 ID의 심각도 수준(경도, 중도, 심도, 극심도)에 따른 요인을 보여 준다.

학령기 아동이 경도의 ID를 지녔다면 읽기, 쓰기, 산수, 돈 계산, 시간 개념 이해와 같은 학업 과제를 숙달하는 데 어려움을 보인다고 설명한다. 그리하여 이들은 또래에 비해서 정교하지 못한 문제 해결 전략을 쓰게 된다. 경도 ID로 진단받은 성인의 경우 "추상 사고, 실행 기능(예: 계획, 전략 짜기, 우선순위 설정, 인지 융통성), 단기 기억, 학업 기술 활용"에서 손상을 보인다(American Psychiatric Association, 2013, p. 34). 경도 ID의 학령 전기 아동은 비장애 또래와 비교해서 개념 형성의 어려움을 크게 보이지 않지만, 중도 ID의 경우 분명한 지연을 보인다. 중도 ID로 진단받은 성인은 초등 교육 수준을 보이고 일상 삶을 영위하는 데 도움이 필요하다.

기준 B는 적응 기능에 영향을 미치고, 발달을 지연시키며, 독립된 사회 기능을 위한 개인의 능력을 저해하는 결함을 정의한다. 구체적으로, 이 결함이 주거, 직업, 교육 장면에서의 일상생활(의사소통, 사회 참여, 독립적인 생활 기술)의 기능을 제한할 때를 기술한다. 경도 ID로 진단받은 사람은 사회 영역에서 정서 및 행동 조절의 어려움이 있을 수 있다고 기술한다. 기준 C는 개념, 사회, 실제 영역에서 이러한 기능 결함의 시작이 발달 과정에서 일어났을 때를 기술한다(American Psychiatric Association, 2013, p. 33). 『미국심리학회 심리학 사전(APA Dictionary of Psychology)』(American Psychological Association, 2007)은 DSM-5 진단 기준에 따른 결함을 명료하게 정의하였는데, 이것이 〈표 3-1〉에 제시되어 있다.

정서조절과 인지 역량은 상호 영향을 미친다. 인지 결함은 효과적인 정서조절 전략의 실행을 방해한다. 유사하게, 정서는 인지 처리 역량을 감소시킨다. 다른 여러 취약 요인은 서로 작용하여 개인의 정서조절 능력에 영향을 미친다. 예를 들어, ID 진단을 받은 사람들은 행동 조절 문제, 환경 스트레스 그리고 정신 건강 문제를 경험한다. 기술 훈련 지도자는 ① 개인의 능력에 영향을 미치는 이러한 요인과, ② 기술을 일반화해야 할 이들의 자연 상태 환경을 반드시 이해해야 한다.

〈표 3-1〉 DSM-5 진단 기준 및 정의에 등장하는 심리학 용어

용어	정의
언어 이해 (verbal comprehension)	수용성 어휘 및 언어 기술을 통해 타인이 사용하는 언어를 이해하는 능력(p. 979)
단기 기억 (short-term memory)	정보 제시 약 10~30초 후에 제한된 양을 재생, 재인, 회상할 수 있는 역량(p. 850)
작업 기억 (working memory)	청각 루프(언어 정보), 시공간 스케치 패드(시각 정보), 그리고 이들 사이의 주의를 조율하는 중앙 집행 요소로 구성된 단기 기억 모형(p. 1003)
경험을 통한 학습 (learning from experience)	연습, 학습, 경험의 결과로 새로운 지식, 행동 양상, 혹은 능력을 습득(p. 529)
학업 학습 (academic learning)	교육 장면에서 이론과 관습을 학습함(p. 5)
추상 사고 (abstract thinking)	추상을 활용하는 사고. 추상에 무형의 개념을 이해하는 능력이 관여함(p. 4)
수리 추론 (quantitative reasoning)	귀납과 연역의 논리를 사용하여 결론에 이르는 추론(p. 774). '수리'는 숫자 활용과 관련(p. 763)
지각 추론 (perceptual reasoning)	감각 자극으로 사물, 사건, 관계를 자각하는 것을 지각이라고 함. 관찰, 인지 그리고 변별과 관련이 있음(p. 638)
문제 해결 (problem solving)	목표에 대한 장애물을 극복하는 계획과 행동의 과정으로, 추론이나 창의성 같은 지적 기능을 요구함(p. 735)
우선순위 설정 (priority setting)	어떤 일이나 사람이 보다 중요하다는 점을 결정하고 그것부터 다루는 능력(www.merriamwebster.com/dictionary/priority)
계획 (planning)	의도된 행동에 대한 정신 표상을 창조하는 과정으로, 행동을 시작할 수 있도록 안내하는 잠재성을 지님(p. 705)
전략 짜기 (strategizing)	목표 달성을 위해 설계된 행동 계획을 발전시키는 과정(p. 897)
인지 유연성 (cognitive flexibility)	응용력, 객관성 그리고 공평함을 보여 주는 평가를 내리거나 행동을 취하는 능력(p. 189)
판단 (judgment)	관계를 자각하고, 정보를 통해 결론을 이끌며, 사람과 상황에 대한 비판적 평가를 할 수 있는 능력(p. 509)

주) 괄호 안은 『미국심리학회 심리학 사전』(American Psychological Association, 2007)의 쪽수를 나타냄.

행동 요인

행동 조절의 어려움은 정서, 인지, 환경 그리고 정신건강 문제의 조합과 관련이 있겠지만, 사람들은 문제 행동을 다루기 위해서 주로 정신건강 서비스를 찾아오곤 한다(Bhaumik, Tyrer, & McGrother, 2008; Hurley, 2008; Russell, Hahn, & Hayward, 2011). '문제가 되는 행동(challenging behaviors)'이라는 용어는 당사자나 타인에게 물리적 위험을 주어 보통의 지역사회 시설의 사용에 제한을 받게 되는 행동의 강도, 지속 시간, 빈도를 기술하는 데 쓰인다(Emerson et al., 2001). 문제가 되는 행동의 흔한 유형으로는 공격성, 이식증, 자해, 재물 파손 그리고 성적 가해가 있다(Brown et al., 2013; Matson, Neal, & Kozlowski, 2012).

문제 행동의 유발률에는 범위 차가 있다. 예를 들어, 고도의 지적 및 다중 장애를 지닌 시설 거주 성인들은 10~15%(Emerson et al., 2001; Lowe et al., 2007; Tyrer et al., 2006)에서부터 85%의 비율로 자해 행동을 보인다(Poppes, van der Putten, & Vlaskamp, 2010). Grey, Pollard, McClean, MacAuley와 Hastings(2010)는 지역사회 장면에서 경도에서 중도 ID를 지닌 사람들 표본(N=159)의 45%가 문제 행동을 보였다고 하였다. 이 보고들은 편차를 보이지만 행동 문제는 ID 진단을 받은 사람들의 생활에 영향을 미치고 도움을 주는 사람들에게 상당한 어려움을 준다는 사실을 시사한다.

기술 시스템은 ID 진단을 받은 사람들이 행동 조절 기술을 배울 수 있는 틀을 제공한다. 문제 행동에 대한 보편적인 대응(예: 행동치료 계획, 환경 지지, 상담원 슈퍼비전)은 핵심 조절 결함을 다루는 자기조절 전략의 종합 체계를 제공하지 못한다. 전통적 개입은 통합 계획 속의 중요 요소가 될 수는 있다(Brown et al., 2013). 기술 시스템에 DBT 개인 치료를 더할 때 정서, 인지, 행동 조절 문제를 다루기 위한 향상된 치료를 제공할 수 있다.

환경 요인

문헌에서 문제 행동을 일으키는 여러 변환 작용(transaction)의 요인을 설명하는데 그중 현저한 요인이 바로 환경 요인이다. 예를 들어, ID 진단을 받은 사람들이 보이는 행동 통제 문제는 도움을 주는 사람과의 관계와 관련이 있다(McGrath, 2013; Phillips & Rose, 2010). 공동생활을 하거나 상담원 감독을 받아야 하는 경험은 스트레스를 높인다. 대처 기술이 적절치 않을 때 좌절이 높으면 행동 충동으로 이어질 수 있다(Crocker, Mercier, Allaire, & Roy, 2007; Janssen, Schuengel, & Stolk, 2002; Matson et al., 2002). 또한 힘든 사회 환경에서 정서조절 기술이 부족하고 불안정 애착이 더해지면 문제 행동이 나타날 수 있다(Janssen et al., 2002).

사회적 낙인이 가중되는 것은 다양한 수준에서 개인에게 영향을 미친다. 사회적 낙인의 징후와 영향(예: ID 진단을 받은 사람을 평가 절하하는 편향, 제한된 주거 및 직업 자원)은 행동 조절 문제를 유지시키는 사회적 변환 작용의 문제를 악화시킨다(Crocker et al., 2007). 낙인은 자기효능감을 낮추고, 정신건강 문제를 가속화하며, 적절한 건강 및 정신건강 서비스에의 접근성을 낮춘다(Ali et al., 2013; Ditchman et al., 2013).

정신건강 요인

ID를 지닌 사람들은 비교 집단에 비해 높은 비율의 정신 질환 공병을 경험한다(Bhaumik et al., 2008; Weiss, 2012). 유병률을 이해하기는 어려운데, 정신 장애의 진단이 ID의 진단으로 과잉 포괄되거나 표현-수용성 언어 결함에 영향을 받기 때문이다(Mevissen, Lievegoed, Seubert, & De Jongh, 2011). 더구나, 정신 질환의 공병을 보이는 ID 사람들은 ID가 없는 사람들과는 다른 증상 표현을 보일 수 있다(Hurley, 2008; Mevissen et al., 2011).

ID를 지닌 사람들은 비장애인들보다 외상 경험(예: 방임, 신체 학대, 폭력 목격, 성 학대)이 더 많다(Beadle-Brown, Mansell, Cambridge, Milne, & Whelton, 2010; Horner-Johnson & Drum, 2006). 이러한 높은 비율에도 불구하고, 외상후 스트레스 장애(Posttraumatic stress disorder: PTSD) 증상을 보이는 ID 개인들을 위한 평가 도구나 치료 선택지는 제한되어 있다(Mevissen et al., 2011; Mitchell, Clegg, & Furniss, 2006; Turk, Robbins, & Woodhead, 2005). 외상은 정서와 인지 기능에 영향을 미친다. 따라서 ID와 외상의 과거

력이 있을 때 행동 문제, 불안, 수면 장해, 성마름을 보일 수 있으며, 이는 PTSD만으로 설명되지 않을 수 있다(Turk, Robbins, & Woodhead, 2005).

문제 행동은 그것이 정신 건강문제의 핵심이라기보다는 그중 하나의 증상이라는 개념으로 보는 게 유용하다(Glaesser & Perkins, 2013; Hurley, 2008). 문제 행동을 치료하기 위해 정신성 약물을 쓰는 경향이 있기 때문에, 문제 행동과 정신건강 문제를 구분하여 평가해야 한다(Matson et al., 2012). 특정 정신건강 진단을 치료하기 위해서가 아니라 행동을 다루기 위해서 정신약물학을 적용한다면, 과잉 투약과 약물치료 부작용 문제로 이어질 수 있다(Hess et al., 2010; Matson, Rivet, & Fodstad, 2010).

ID 진단을 받은 사람들의 정서조절 역량은 광범위한 인지, 행동, 환경, 정신건강 요인에 영향을 받는다. McClure, Halpern, Wopler와 Donahue(2009)는 비장애 집단의 정서조절 문제에 관한 연구는 급속도로 확대되고 있지만, ID가 있는 사람들의 정서조절, 관련 요인, 혹은 치료에 관한 정보는 여전히 적다고 본다. ID 진단을 받은 사람들의 선택지가 적다는 점에서, 비장애인 중 공병 정신건강 진단이 있고 정서조절 문제가 있는 사람들의 치료로서 경험적으로 검증된 DBT를 활용할 것을 탐색할 필요가 있다.

변증법행동치료(DBT)

DBT는 Linehan(1993a, 1993b, 2015a, 2015b)이 개발한 종합 인지행동치료 모형으로 경계선 성격 장애(borderline personality disorder: BPD)를 진단받은 사람들의 치료로 개발되었다. 현재까지 BPD 진단을 받은 내담자에 대한 DBT의 효능은 여러 무선 통제 연구로 드러났다(Feigenbaum et al., 2011; Hill, Craighead, & Safer, 2011; Harned, Jackson, Comtois, & Linehan, 2010; Neacsiu, Rizvi, & Lineahn, 2010; Linehan, Armstrong, Suarez, Allmon, & Heard, 1991; Linehan et al., 2006; Priebe et al., 2012; van den Bosch, Verheul, Schippers, & van den Brink, 2002; van den Bosch, Koeter, Verheul, & van den Brink, 2005; Verheul et al., 2003). DBT의 적용은 높은 강도의 조절 문제가 있는 다양한 정신 질환을 치료하기 위해 확장되었다. 무선 통제 연구는 물질 남용(Linehan et al., 1999, 2002), 섭식 장애(Safer & Joyce, 2011; Telch, Agras, & Linehan, 2001; Safer, Robinson, & Joyce, 2010;

Safer, Telch, & Agras, 2001), BPD 증상을 보이는 여성 참전 군인(Koons et al., 2001), 노년기 우울(Lynch, Morse, Mendelson, & Robins, 2003) 치료에서 DBT의 효능을 경험적으로 지지하였다. 다양한 집단에 DBT를 사용하는 것이 타당하다는 점에서, ID가 있는 사람에게 DBT가 유용한지 탐색할 근거가 있다.

ID가 있는 사람들과의 DBT 사용을 탐색하는 연구는 점차 등장하고 있다. 대부분은 사례 연구이고 참여자가 적은 비실험 설계 연구이다. 출판된 모든 효능 연구는 표준 DBT 기술 교육 과정의 변형판과 표준 기술 매뉴얼을 비교하였다(Brown et al., 2013; Inam Ul, 2013; Lew, Matta, Tripp-Tebo, & Watts, 2006; Sakdalan & Collier, 2009; Sackdalan & Collier, 2012). 변형에는 용어의 단순화, 시각 자료 활용, 모듈의 순서 재배치, 치료 시간 분배 응용이 포함되었다(Brown et al., 2013; Inam Ul, 2013; Sackdalan & Collier, 2012).

DBT 접근성 높이기

DBT는 근거 기반 치료이다. 이를 응용해 버리면 경험적 지지가 약화된다. 그러나 ID 집단이 경험하는 문제의 차원을 봤을 때, DBT 원리에 대한 접근성을 개선하기 위한 맞춤형 응용은 정당하다. 기술 시스템 설계는 인지 부하 이론(CLT; Sweller, 1988, 2010) 요소를 통합하여 ID로 진단받은 사람들도 배우고 일반화할 수 있는 DBT 기반 정서조절 기술 교육 과정을 만들었다. 다음은 CLT 원리를 소개하겠다.

인지 부하 이론(CLT)

기술 시스템은 ① DBT 원리와 기술(Linehan, 1993a, 1993b, 2015a, 2015b) 그리고 ② 정서조절 전략(이 장의 앞에서 제시함)을 통합한 치료 도구이다. ID 진단을 받은 사람들의 필요에 맞추기 위해 CLT를 활용하여 DBT와 정서조절 모형을 조직하였다. CLT는 기술 시스템을 설계할 때는 물론 기술을 지도할 때 이론 기반으로 영향을 주었다.

CLT는 학습과 지도 이론이다(Ayres & Paas, 2012; Paas & Sweller, 2012; Paas, Van Gog, & Sweller, 2010; Sweller, 1998, 2010; Sweller, van Merrienboer, & Paas, 1998; Van Gog, Paas, & Sweller, 2010). 인지 기능 역량과 학습을 극대화하는 방향으로 복잡한 과제를 지도하

는 방법을 설계하는 데 쓰인다. 인지 부하를 다루는 건 중요한데, 이 집단이 경험하는 정서조절과 인지적 어려움의 복잡한 본질 때문이다. CLT는 장기 기억의 큰 자원과 작업 기억의 제한된 용량을 최적화하는 방법으로 개입을 설계한다(Kalyuga, 2011).

내재적 인지 부하

'인지 부하'라는 용어는 특정 사고 혹은 추론 과제가 요구하는 정신적 자원의 양을 의미한다(American Psychological Association, 2007, p. 189). CLT에서 제시하는 인지 부하의 유형은 내재적 · 외재적 · 본질적 인지 부하의 세 가지이다. 내재적 인지 부하(intrinsic cognitive load)는 이해해야 하는 정보의 고정된 '본질적 복잡성'이다(지도법 문제와 구분). 이러한 내적 복잡성은 정보의 본질을 바꾸거나 학습자의 지식 수준을 바꾸는 방법을 통해서만 변화시킬 수 있다(Sweller, 2010). 요소 간 상호작용이 강하면 인지 부하 요구가 증가하고, 낮은 상호작용은 이를 감소시킨다. '낮은 상호작용'이란 정보가 별개의 요소로 제시되었다는 뜻이다(Sweller, 2010). 예를 들어, 사진 찍기를 여섯 단계로 나누어 한 번에 하나씩 배운다면 마음챙김이라는 광범위한 개념을 배우는 것보다 낮은 인지 부하가 요구된다. 복잡한 다단계의 정서조절 과제를 부분 요소로 나누는 것은 인지 부하 요구를 감소시킨다. 길 따라 생각 도식은 목표 지향의 적응적 사고를 네 단계(점검, 돌아오기, 응원하기, 기술 계획 짜기)로 구분한다. 이 도식이 장기 기억에 저장되고 정교해지면서, 작업 기억에 대한 요구가 감소한다. 반대로, 표준 DBT 기술은 외현적인 사고 과정이나 도식을 제시하지 않고 네 가지 모듈에 따라 (압박 속에서도) 효과적으로 정보를 통합하는 학습자의 능력에 의존한다.

정보의 조각을 묶는 연결성은 회상을 촉진한다(Kalyuga, 2011). 부분을 조직화하는 체계가 없다면 연결되지 않은 상이한 단위를 회상할 때 인지 부하가 높아진다. 기술 도구(느낌 점수 주기, 기술 구분, 기술 요리법)는 기술 요소를 기술 고리로 엮어 내는 법을 안내하여 이 기능을 수행한다. DBT 기술(Linehan, 1993b, 2015a, 2015b)은 기술 활용을 안내하는 방법이 모듈에 통합되어 있지 않다. 이러한 '직접 찾아서 맞추는' 설계는 인지 부하 요구를 높인다(Kulyuga, 2011, p. 2).

외재적 인지 부하

Sweller(2010)는 외재적 인지 부하(extrareous cognitive load)란 '최적화되지 못한 지도 과정'으로 학습을 방해한다고 설명하였다. CLT는 외재적 인지 부하를 줄이기 위한 기법을 설계하는 데 중점을 두고 있다(Sweller, 2010). 인지 과부하는 도식 습득을 손상시키고, 이는 수행 수준을 낮춘다(Sweller, 1988). 기술 습득과 인출을 저해하는 인지 과부하는 ID로 진단받은 사람들에게 문제가 된다.

지도 설계는 인지 부하를 높일 수 있다. 예를 들어, 동시 처리는 인지 부하 요구를 높인다. 한 정보가 다른 때, 다른 곳에서 소개된다면 작업 기억의 요구가 증가한다. 기술 시스템의 지도 전략은 기본 요소(아홉 가지 기술과 기술 도구)를 교육 과정 초기에 소개하여 정보를 장기 기억에 저장하는 과정을 시작한다. 반대로, 표준 DBT 기술은 수개월 동안 연속적으로 가르치는 네 가지 모듈로 구분되어 있고, 이러한 구분은 기술 개념의 회상을 방해한다. ID 진단을 받은 사람이 실제 환경 속에 있을 때, 인지 부하 요구는 더 높아지고 외재적 인지 부하의 영향은 보다 확연해진다.

인지 부하 자원을 낭비하지 않는 용어 쓰기도 매우 중요하다. 과제에 내재된 용어를 쓰면 무관한 전문 용어를 쓰는 것보다 인지 부하를 낮출 수 있다. 예를 들어, 길 따라 생각은 '길 따라'라는 용어를 통해 목표 지향이라는 개념을 담고 있다. 또한 '생각'이라는 용어와 연결되는데, 이는 목표 지향적 생각이라는 개념을 전달한다. 이러한 도식은 장기 기억에 이미 저장돼 있는 지식에 의존하고, 인출해야 하는 개념의 복잡성에 비했을 때 보다 낮은 인지 부하를 요구한다.

본질적 인지 부하

'본질적 인지 부하(germane cognitive load)'는 배우는 사람이 쏟아부을 수 있는 작업 기억의 자원을 의미한다(Sweller, 2010). 외재적 인지 부하가 높으면, 본질적 인지 부하가 줄어든다. 왜냐하면 작업 기억에 요구가 늘어나기 때문이다. 개입을 신중하게 설계했다면, 본질적 인지 부하를 극대화하는 것이 가능하다. ID 진단을 받은 사람들은 본질적 인지 부하 수준에 영향을 미치는 인지 손상이 있다. 따라서 인지 부하를 최소화하고 인지 기능과 학습을 최대화할 수 있는 효능을 보이도록 개입을 설계해야 한다. CLT는 정보의 효과적인 통합을 저해하는 외재적 처리에 주목한다.

인지 기능을 저해하는 요인

다음은 인지 기능을 저해하는 다섯 가지 요인이다(Sweller, 1988).

정보의 동시 처리

동작, 시각 자극, 청각 정보를 동시에 통합해야 할 때 동시 처리가 일어난다. 예를 들어, 보드 게임을 할 때는 시각, 청각, 운동성 정보를 다뤄야만 게임을 할 수 있다. 이 활동은 장기 및 작업 기억 용량을 사용하고 더하여 이에 사회관계와 맥락이라는 정보를 처리하는 과정도 포함되어 있다.

정보의 고용량과 상호작용

① 많은 양의 상호작용 정보를 회상하거나 다룰 때, ② 요소 사이의 미묘한 차이와 유사점을 평가할 때, ③ 전체의 각기 다른 부분 사이의 복잡한 관계를 이해할 때(특히 해당 주제에 관한 일반 지식이 부족할 때) 인지 부하는 높아진다. 기술 시스템의 침착할 때만 기술은 가장 상호작용이 높은 과제이기 때문에, 자원을 극대화하기 위해서 정서 수준이 낮을 때에만 쓰도록 제안한다.

확산 정보의 인출

다양한 시간, 그리고 아마도 다양한 맥락에서 학습했을 때 정보는 '확산된다'. 예를 들어, 만약 집단 안에서 특정 정보를 배우고 해당 경험의 특정 요소와 그 정보를 연합시켰다면, 이 정보를 근무 환경에서 회상하기란 어렵다. 그래서 하나의 정보를 다양한 맥락과 연결 짓도록 돕는 다중의 단서가 필요하다.

주제 전환 없이 급속도로 넘어가기

한 주제에서 다른 주제로 혹은 한 맥락에서 다른 맥락으로 빠르게 움직이면 인지 부하가 높아진다. ID 진단을 받은 사람들은 하나의 사건, 장소, 활동, 관계에서 다음으로 전환하는 데 어려움이 있다. 예를 들어, 직업 장면에서 교대를 바꾸거나 이직을 할 때 어려울 수 있다. 맥락 전환을 다루는 데에는 인지 자원이 필요하다. 변화를 준비시키면 전환이 요구하는 인지 부하를 감소시키는 데 도움이 된다. 기술 시스템 고리의 구조와 실행을 계속 복습하고 반복한다면 작은 전환들을 이어 가는 움직임을 촉진할 수 있다. 친숙성은 인지 부하 요구를 줄이고 숙달을 발전시킨다.

정보에 대한 혹은 정보 처리 과정에서의 강한 정서 반응

정보 처리 과정에서 강한 정서 반응을 겪는다면 인지 요구는 높아진다. 예를 들어, 기술 집단에서의 언급, 질문, 혹은 요점 설명이 '뜨거운' 주제(예: 장애와 살아가기, 피해, 상실, 과거 행동 문제를 처리하기)를 다룬다면 인지 부하를 높이는 강한 감정이 나타날 수 있다.

지적 장애를 위해 표준 DBT 응용하기

DBT는 핵심 원리로서 내담자에게 '되는 일을 하라.'고 가르친다. 같은 원리가 ID 진단을 받은 사람들을 위한 치료 도구로서 기술 시스템에 영향을 주었다. 기술 시스템에서 몇 가지 표준 DBT 용어는 유지되고 있지만, 이해를 돕고 일반화를 촉진시키기 위해 대부분의 DBT 개념을 다시 꾸렸다. 다음은 응용 과정을 설명한 것이다.

나는 1999년 DBT의 집중 훈련을 받은 직후 표준 DBT 기술 교육 과정(Linehan, 1993b)을 쓰인 대로 사용하는 데 전념했다. 얼마 안 있어, 필수적인 기술의 습득, 강화 및 일반화를 달성하기 위해 개선이 필요하다는 점이 분명해졌다. 변화를 최소화하고자, 표준 DBT의 용어와 형식을 응용하기보다는 개선된 교습 전략을 적용하여 맞추는 과정에서 1년 이상의 시간이 걸렸다. 각 모듈에서 보다 적은 수의 기술을 가르치는 것이 하나의 방법이었다. 그러자 핵심 개념을 희생해야 했다. DBT가 근거 기반 치료이기 때문에 요소들을 생략하는 일은 주저됐다. 복잡한 추상 용어를 계속 쓰기 위해(예: 평가 없이, 이성, 강화) 기술을 부분 요소로 쪼개어 각 용어의 의미를 깊이 있게 가르치는 시도를 해 보았다. 이러한 과제 분석 과정은 개별 개념을 단순화시켰지만 상당량의 정보를 확산시켜 인지 부하를 높이고 일반화를 저해하였다. IQ가 45~70점 범위에 있는 사람들에게 최대한 많은 DBT 개념을 제공하기 위해 큰 개념에서 발췌를 하고 여기에 다른 이름을 붙여야 했다.

대중의 접근성을 높이기 위해 위대한 작업을 응용한 전례는 있다. 예를 들어, 기독교 전통에서 아이를 양육할 때에는 아이가 추상적인 종교 개념에 접근하고 학습을 극대화하도록 하기 위해 특정 용어를 담아 아동용 성경이나 이야기를 읽힌다. 킹 제임스 영역 성서의 낯선 언어와 막대한 정보량은 오히려 부모가 핵심 기반 원리라고 생각하는 바를 전달하는 것을 방해한다. 이와 다르지 않게, DBT 개념이 용어보다 더 핵심적이다. 정서, 인지, 행동 조절의 어려움을 겪는 ID 진단을 받았을 때에도 핵심 DBT 전법에 마땅히 접근할 수 있어야 한다.

기술 시스템은 한 바퀴를 완성했다. 이 모형의 첫 번째 판은 몇 가지 변형을 통합한 여러 핵심 DBT 용어를 담고 있었다. 표준 용어를 보급하는 저작권을 얻는 데 갈등이 있었고, 때문에 모든 DBT 용어를 다 제거하고 DBT 개념에만 의존해야 했다. 2014년, 길퍼드 출판사와의 협력으로 기술 시스템의 기능을 증폭시키는 DBT 용어를 다시 통합할 수 있는 승인을 얻었다. 다행히 많은 부분을 다시 들여왔고, 들여오지 못한 부분은 영혼을 담아 왔다!

저작권 제한은 당시 매우 괴로웠지만 궁극적으로는 기술 시스템이 기능하게 해 주는 핵심이 되었다. 기능이 정해진 형식을 따르는 게 아니라 형식이 기능을 따라야 했다. 핵심 DBT 개념을 추출하여 학습과 회상을 촉진하는 방식으로 재정렬해야 했다. CLT는 용어와 틀 혹은 '시스템' 접근을 만들어 내는 데 길잡이가 되었다. 용어는 작업 기억의 인지 부하를 줄이기 위해서 보편 지식의 언어에서 직접 나오도록 단순화시켰다. 모든 개념의 개수는 줄여야 했고 개념적으로 연결되어야 했다. 중도 ID의 사람들도 기술 이름만 학습하는 방법으로 핵심 DBT 개념을 습득할 수 있도록 여러 층으로 시스템을 구성했다. 불안정한 실행 기능 역량을 지탱하기 위해 구조화된 정서조절 과정이 필요했고 동시에 이 틀은 반응 유연성을 촉진해야 했다. 변증법의 추상 개념을 내용, 과정, 교습법에 암묵적으로 포함시켜, ID 진단을 받은 사람들이 무형의 개념을 외현적으로 이해할 필요 없이 변증법 관점을 배울 수 있도록 하였다.

DBT 개념 통합

구체적으로, '관찰하기' '기술하기' '참여하기'의 마음챙김 기술(Linehan, 2015a, p.166)은 원리 기반 모형에서 벗어나 모든 기술 고리에 통합된 손에 잡히는 단계로 탈바꿈되었다. '평가 없이' '온전히 하나'와 같은 용어(Linehan, 2015a, p. 166)는 너무 복잡하기 때문에 암묵적으로 가르쳐야 했다. 팩트 체크를 한 단계씩 체계적으로 사용하는 데 주목하도록 연쇄적으로 안내하는 과정은 평가 없이, 온전히 하나를 실행하도록 만든다. 기술 시스템의 전체적인 주제는 '효과적으로' 행동하도록 돕는 데 있다. 하지만 이 한 단어의 추상적 용어는 외재적 인지 부하를 높이므로 쓰이지 않는다. '마음 상태'와 관련해서(Linehan, 2015a, p. 166), '감정 마음'은 유용하지만 나머지 두 용어나 겹친 원은 추상적이다. '지혜로운 마음'(Linehan, 2015a, p. 167)이 DBT의 핵심 개념이므로, 각 기술 고리에 암묵적으로 엮었다. 사진 찍기, 길 따라 생각, 길 따라 행동 기술의 고리는 지혜로운 마음의 행동을 촉진하도록 설계되었고, 또한 변화와 수용의 과정을 이어 나가도록 구체적 단계를 만들어 변증법 관점을 통합하였다. 사진 찍기의 여섯 단계는 마음챙김과 '감정 기술 모형'(Linehan, 2015a, p. 335)의 요소를 합쳐 효과적인 대처에 기반이 되는 중요한 과정을 자각할 수 있도록 했다.

기술 시스템은 DBT 원리를 대표하는 적응적 사고를 각 기술 고리에 굳혀 넣어야 했다. 표준 DBT 기술 모듈(Linehan, 2015a)에는 'DBT 관점'의 예시들이 관통하고 있다. 예를 들어, '효과적으로' '지혜로운 마음' '원하는 것 효율성' '관계 효율성' '자기존중 효율성' '응원하기' '요청하거나 거절하기에서 조건 따져보기' '대인관계에서 목표를 명료화하기' '감정 기술 모형' '긍정 정서 쌓기' '이 순간의 마음챙김-정서적 괴로움 놓아주기' '감정 관찰 기술하기' '고통스러운 감정 완화 단계' '장단점 찾기' '미리 연습하기' 그리고 '마음 돌리기'와 같은 활동 주제는 모두 적응적 인지 과정을 다룬다. ID가 있다면 무수히 다양한 자원에서 개념을 추출할 수 없다. 따라서 'DBT 식 사고'를 각 상황마다 쓸 수 있는 단순한 진행 방식으로 응축시킨 인지 틀(길 따라 생각)을 응용해야 했다. 또한 ID가 있는 사람들이 조절된 상태에서만 쓰는 기술(침착할 때만 기술)과 강도 높은 정서 상태에서도 효과적으로 쓸 수 있는 기술(언제나 기술)의 차이점을 이해하도록 돕는 게 중요했다. '지혜로운 마음' '응원하기' '반대로 행동하기' '문제 해결' '장단점 찾기' '미리 연습하기' 그리고 '마음 돌리기' 용어는 기술 시스템 교습법에 통합하였다.

ID가 있는 사람들은 무수한 요인[예: 자기무시(self-invalidation), 낮은 자기효능감, 부정 정서 예측]으로 인해 행동을 활성화하지 못하는 어려움도 종종 보인다. 효과적인 행동을 활성화하고, 도전을 회피하는 대신 '기꺼이' 하기 연습은 DBT의 중요한 요소로 일반화를 위해 각 기술 고리에 포함해야 했다(길 따라 행동). 길 따라 행동하기는 '온전한 수용' '반대로 행동하기' '몸돌보기로 마음돌보기' '정서적 괴로움 놓아주기'(Linehan, 2015a) 역시 통합하였다.

ID가 있는 사람들이 보이는 높은 비율의 행동 조절 문제를 감안한다면, 위기 상황을 효과적인 방법으로 다루기 위해서는 각 기법을 명료히 정의해야 한다. 안전 계획은 상황에 대한 이해를 높이고 장기 목표를 달성하기 위해 다중의 내적·외적 요인들을 균형 잡는 역동적 과정을 제안한다. 예를 들어, 위험 수준을 정확히 평가하도록 촉진하는데, 이는 위험을 과대평가하여 오히려 접근할 때 이득이 되는 상황조차 피하는 행동을 강화하지 않도록 돕는다(간이 노출).

활동은 살 만한 삶을 세우는 중요한 요소이다. 새로운 나 활동은 DBT의 정서조절과 고통 감싸기(distress tolerance) 요소를 결합하였다. 새로운 나 활동은 '즐거운 활동'(Linehan, 2015a)을 조절 기능에 따라 범주로 구분하여 효율을 높이는 전략적 선택을 격려한다. 또한 새로운 나 활동은 '지혜로운 마음으로 주의환기' '자기위안'의 고통 감싸기 측면을 통합하였다. '현실 수용' 기술(Linehan, 2015a)은 사진 찍기(숨 알기)와 새로운 나 활동에서 다루는데, 주의의 초점을 높이는 활동 면에서 그렇다. 새로운 나 활동은 '1235' 고리에서 쓰이므로 길 따라 행동하기에서 온전한 주의와 마음챙김이 핵심 요소임을 배우게 된다.

문제 해결은 핵심 DBT 전략으로 비장애인들에게도 높은 인지 부하를 요구하는 다단계로 이루어졌다. 기술 시스템의 문제 해결 기술은 이 요소를 부분으로 쪼개는 단순한 틀을 제공한다. 또한 균형, 융통성, '효과적으로'의 개념을 통합한다.

자기표현은 DBT 대인관계 효율성 기술(예: 원하는 것 얻기, 관계 유지하기, 자기존중 지키기) (Linehan, 2015a)의 기반 요소이다. ID 진단을 받은 사람들은 의사소통 역량을 발전시키고 개선하기 위한 기본 훈련이 필요하다(나 표현하기). 이에 더하여 ID가 있는 사람들은 다른 사람들로부터 원하는 바를 얻기 힘들어한다. 인지 결함, 의사소통의 어려움 그리고 관계에서의 권력 차이는 개인의 욕구를 충족하는 데 부정적인 영향을 미친다. DBT의 원하는 것 얻기 기술의 약자는 ID가 있는 사람들에게는 너무 복잡하여 적용하거나 회상하기 어렵다. 알맞게 하기는 사용자 친화적 형태로 손에 잡히는 정보를 제공하기 위해 파생되었다. 기술 시스템은 '정체성' '상호성' '역할' '자기존중' '강도 조절하기'와 같은 대인관계 효율성 개념을 ID가 있는 사람들에게 적절하도록 관계 돌봄(그리고 다른 침착할 때만 기술) 기술 안에 구축하고자 시도했다.

●

4장으로 넘어가며

이 장에서는 기술 훈련 지도자가 기술 시스템 설계를 이해할 수 있도록 정서조절, DBT, CLT의 개념을 탐색하였다. 다음 장에서는 훈련 지도자를 위한 지도 방법을 제공한다. 4장에서는 기술 집단 구성, 기술 집단 실행 계획, E-나선 틀 그리고 12주 교육 과정에 대한 아이디어를 제시한다. 그리고 덜 구조화된 지도 접근법 두 가지와 기술 지식 습득을 개념화하는 방법을 소개한다.

Chapter 04

기술 시스템
지도법 구조

복잡한 학습 문제를 가진 이들을 만날 때는 기술 지도(instruction)의 모든 면에 주의를 기울여야 한다. DBT 기술 훈련과 기술 시스템을 가르칠 때에는 많은 부분이 비슷하지만 차이점도 있다. 예를 들면, DBT 기술 훈련의 네 가지 기술 모듈을 기술 시스템의 아홉 가지 기술과 세 가지 시스템 도구로 변화시키니 기술 훈련의 기본 구성 방식이 변형되었다. 또한 지적 장애를 가진 참여자를 가르치려면 기술 시스템 지도자가 기억력을 지속적으로 극대화하는 방법을 반드시 써야 한다. 이 장에서는 심각한 인지 장애가 있는 참여자들에게 기술 시스템을 가르칠 때 고려할 구조적 요인에 대해 살펴볼 것이다.

첫 절에서는 개인 또는 집단 기술 훈련을 구성할 때 지도자가 참고할 수 있는 정보를 제공한다. 그다음에는 기술 시스템 교습 모형의 세 가지 요소인 E-나선 틀, 기술 시스템 회기 구성 그리고 12주기 교육 과정을 소개한다. 두 가지 부가적 교습 전략인 기술 파도타기와 체험형 접근을 접근 구조의 대안으로 소개한다. 이 장의 마지막 절에서는 기술 훈련 지도자들이 참여자의 기술 시스템 지식과 능력이 향상되는 과정을 이해하는 데 도움이 되는 지식 획득의 체계를 소개한다.

『DBT 기술 훈련 매뉴얼』(제2판)(Linehan, 2015a)의 3장 '기술 훈련 회기 구조'에는 DBT 치료자들에게 유용한 치료 전 절차, 기술 훈련 회기 조직 그리고 한계 관찰(observing limits)에 대한 정보가 나와 있다. DBT 구조와 이 장에서 다루는 지적 장애를 가진 참여자를 위한 수정판 구조 모두 숙지해야 기술 시스템 지도자가 DBT를 기반으로 하여 지적 장애를 가진 참여자의 구체적 욕구에 맞게 기술 훈련을 조정할 수 있을 것이다.

개인 기술 훈련과 집단 기술 훈련

기술 시스템이 DBT 치료 모델 안에서 사용된다면 『DBT 기술 훈련 매뉴얼』(제2판)(Linehan, 2015a)에 명시된 DBT 집단 규칙과 절차를 따르는 게 좋다. 만약 기술 시스템을 다른 치료 맥락에서 쓰거나 기술 시스템만 치료 개입으로 사용할 때는 지도자가 참여자들과 사전에 만나 기술 훈련에 참가할 것을 약속하는 시간을 가진다. 이러한 사전 만남을 통해 참여자에게 집단을 소개하고, 동의서를 검토하고, 치료 목표를 논의하고, 참가 약속을 받아내고, 집단 세부 사항을 전달하고, 집단의 규칙을 함께 살펴보는 시간을 가진다.

기술 시스템 집단 규칙은 DBT 기술 훈련 집단 규칙과 유사하다. 참여자들은 서로 지지해 주고 자신과 타인을 해치지 않고 기물을 파손하지 않기로 동의해야 한다. 지각하거나 불참하는 경우 미리 알리는 관계 돌봄 행동을 해야 한다. 마약이나 술에 취해 집단에 오는 것은 허용되지 않는다. 이런 행동을 할 위험이 있는 참여자들은 위험한 상황과 그에 대한 대처 방법을 명시한 안전 계획을 작성해야 할 것이다. 두 명의 참여자가 서로 사귀게 되는 경우, 한 사람은 다른 집단으로 옮기도록 한다. 지적 장애가 있는 참여자들은 집단 밖 관계가 많지 않기 때문에 종종 집단 안에서 친구를 만든다는 사실을 알고 있어야 한다. 하지만 이런 관계들이 집단에 부작용을 줄 수 있기 때문에, 집단 내 관계의 영향을 항상 살피도록 한다.

참여자가 보호 시설에 거주하는 경우, 기술 훈련 지도자와 시설 관계자 사이의 관계를 잘 살펴야 한다. 참여자가 중심이기 때문에 시설 관계자와 연락하기 전에 이를 참여자와 의논해야 한다. 예를 들어, 지도자가 참여자의 교통편을 시설 관계자와 논의하고 싶을 때 참여자로부터 동의를 얻을 필요가 있다. DBT의 '내담자에게 묻기(consultation to the patient)' 전략이 지도자와 시설 관계자 사이의 연락에 매우 도움이 된다(Linehan, 1993a, pp. 410-411). 이미 행동주의 치료 계획을 세운 참여자인 경우, 기술 훈련 집단에서 어떻게 행동을 다룰지 의논하도록 한다.

집단 내 대인관계 환경을 감당하면서 기술을 학습하기가 어렵다고 판단되는 경우에는 우선 개인 기술 훈련을 한다. 개인 회기에서 기초 기술을 배우면, 집단 참여를 가능하게 하는 기본 자기조절 기술을 발달시킬 수 있다. 어떤 참여자들은 개인 기술 훈련부터 시작하는 게 도움이 되기는 하지만, 궁극적 목표는 집단에서 기술을 배우는 데 있다. 기술 훈련 집단은 기술 사용의 일반화를 촉진하는 학습 경험을 제공한다.

기술 훈련 집단의 주요 목표는 적응적 대처 기술을 쌓는 데 있다. 이 목표의 중요성이 긍정적 집단 문화를 유지시키는 지침이 되도록 한다. 예를 들어, 기술 학습을 지지하는 행동은 격려하고, 학습에 도움을 주지 않는 행동은 적절히 개입하여 줄여 나간다. 문제 행동에 개입하는 방법은 5장의 '수반성 관리' 절(p. 137)에 있다.

집단 구성

기술 시스템 집단은 구체적인 참여자 수가 정해져 있지 않다. 참여자들의 필요를 충족시키는 크기의 집단을 선택할 수 있다면 이상적이다. 2~4명 사이의 작은 집단은 더 많은 개별 지도와 코칭이 가능하다. 4~7명 크기의 집단은 개인 참여도 가능하고 대인 간 상호작용을 할 기회도 제공한다. 7~10명 정도의 큰 집단은 참여자들이 배운 기술을 좀 더 복잡한 대인관계 환경에서 연습할 수 있는 기회를 준다. 이렇게 큰 집단에서는 서로 자신의 이야기를 나누거나 연습을 해 보는 시간이 상대적으로 적다. 안타깝게도, 현실적 상황이 집단 크기를 결정하게 되는 경우가 많다. 이때 학습에 영향을 주는 요인에 대한 이해를 바탕으로 기술 훈련 지도자가 학습 효과를 최대화하는 집단 크기를 제안하고 요청해야 한다.

DBT 기술 훈련 집단에는 두 명의 지도자가 있다. 두 명이 기술 시스템 집단에도 최적이다. 주 진행자는 수업 진행 역할을 맡고 다른 진행자는 집단을 살피고 잘 따라오지 못하는 참여자들을 돕는다. 참여자의 가족이나 참여자가 거주하는 시설 관계자가 집단 참가를 원하는 경우도 있다. 기술 훈련 참여자들이 솔직하게 힘든 상황을 말하고 효과적인 기술 고리를 연결하는 것이 중요하기 때문에, 가족이나 시설 관계자가 집단에 함께 있으면 이들과의 관계를 다루는 데 중요한 요소를 탐색하기가 힘들다. 간헐적으로 외부인을 초청하기보다는 DBT 청소년 다중 가족 집단처럼 처음부터 그들을 포함할지 말지를 결정하고 정한 대로 진행하여야 한다(Miller, Rathus, & Linehan, 2006). 가족과 관계자 집단을 따로 만들어 진도를 맞추는 방법이 더 나은 집단 구성이 될 수 있다.

집단 시간표

집단은 대개 매 주 1시간씩 만난다. 집단 기술 훈련은 참여자들과 집단 지도자 모두에게 많은 인지적·정서적 에너지를 쓰게 만든다. 집단 시간이 1시간보다 더 길어지면 피로가 문제가 된다. 참여자들이 지내고 있는 시설에서 집단을 진행하는 경우에는 1시간 집단을 주중에 여러 번 운영하면 도움이 된다. 주 2회 이상 만나면 시스템 개념의 통합과 기술의 일반화에 도움이 된다. 집단을 주 1회 하고 문제 해결, 알맞게 하기, 또는 새로운 나 활동 등의 주제에 대한 짧은 집단을 진행하면 참여자들이 연습을 할 수 있는 기회가 생긴다. E-나선 학습 과정의 모든 부분에 충분한 시간을 쓰도록 기술 집단을 설계하여야 한다.

12주기 교육 과정 반복

기술 시스템을 익혀 가는 속도는 개인마다 다르다. 일반적으로 인지적 어려움이 있는 참여자들이 12주 집단에 한 번 참가해서 기술 시스템 교육의 기본 내용을 습득하기는 어렵다. 지적 장애가 있는 참여자들은 기술 시스템 교육 과정을 반복해야 학습과 일반화가 가능하다. 따라서 심각한 학습 문제가 있는 참여자인 경우 집단에 최소 1년 참가하기를 권한다. 1년 동안 참여자들은 교육 과정을 4번 반복하게 되고, 이렇게 하면 참여자들이 기술 시스템의 기초 개념을 반복하여 익힐 수 있다.

참여자들이 기술 집단에 오랜 기간 참여하는 것은 도움이 된다. 정서조절과 대인관계 기술이 향상된 참여자는 종종 일상에서 더 많은 역할을 수행할 수 있게 된다. 예를 들면, 직업 훈련소에서 일하던 참여자가 지역사회에서 직업을 얻을 수도 있다. 기술 집단은 참여자들이 더 어려운 과제를 수행하는 데 필요한 대처 기술을 익힐 수 있게 도와준다. 한 가지를 해내면 새로운 도전이 기다리기 마련이다. 기술 집단은 참여자들이 새로운 도전에 대응하여 자신의 목표를 이루도록 돕는다. 이와 같이 오래 참가할 때는 월 1회 또는 격주로 참가하는 방법도 가능하다.

개방형 대 폐쇄형 집단

개방형 집단과 폐쇄형 집단 형식 모두 가능하다. 기술 시스템 집단에서는 출석이 지속적이지 못한 경우가 종종 생긴다. 참여자를 집단에 데려올 수 없는 경우가 많아 자주 결석하거나 탈퇴하게 된다. 때문에 한 번 결석하고 돌아왔을 때 따라잡기가 힘들지 않도록 집단을 계획할 필요가 있다. 또한 새 참여자를 받는 것도 중요하다. 이러한 변화에 맞추어 수업을 진행해야 하는데, 이런 출석이나 새 구성원의 참가는 대체로 기술 훈련 과정에 부정적 영향을 미치지 않는다.

새 참여자가 들어올 때, 기술 자료집과 기술 시스템 자료를 사전에 주도록 한다. 기술 훈련 지도자와의 사전 회기에서 기술에 대한 기본 지식을 전달하는 것도 가능하다. 참여자가 미리 기술 자료를 볼 수 있도록 해도 좋다.

기술 시스템 회기의 구성 방식과 12주기 교육 과정은 참여자들이 복습할 수 있는 기회를 충분히 제공한다. 새 참여자가 들어오면 기술 훈련 지도자는 복습 단계(review phase)에서 논의를 진행하여 새로운 참여자가 기술 시스템의 기본 개념 학습을 준비할 수 있도록 한다. 지도자는 새 참여자뿐 아니라 5년이 된 참여자도 잘 배울 수 있도록 각 참여자가 기술을 익히는 데 필요한 바를 얻을 수 있도록 가르쳐야 한다. 오래된 참여자들은 종종 새 집단원에게 기술을 가르쳐 주고 코칭해 주기를 좋아하는 편이다.

동질 집단 대 이질 집단

지도자는 집단이 동질 집단인지 또는 이질 집단인지를 결정해야 한다. 대개 참여자들은 한 영역에서 공통점이 있고 다른 영역에서는 서로 다르다. 예를 들면, 내가 일하는 곳은 참여자 모두 지적 장애 진단을 받은 동질 집단을 운영한다. 동시에 이 참여자들은 정신장애 진단명, 지적 능력 그리고 학력에서 이질적이다. 개인 치료자, 기술 훈련 지도자 그리고 참여자가 함께 적절한 집단에 속해 있는지를 평가한다. 참여자마다 처한 상황이 특별하기 때문에 집단 구성을 일방적으로 결정하지 않고 개별 요소를 고려할 필요가 있다. 안타깝게도, 제한된 서비스 자원 때문에 참여자들이 다양하게 선택하지 못하는 경우가 대다수이다.

학습 기능 수준에 따라 집단을 나누면 도움이 될 수 있다. 이렇게 집단을 구성하면 조금 더 인지 능력이 있는 참여자들의 집단은 기술 자료를 조금 더 빠르고 심도 있게 배울 수 있다. 비록 읽고 쓰는 능력이 집단 참가를 위한 필수 조건은 아니지만, 읽고 쓰기가 되는 참여자들로 구성된 집단에서는 지도자가 학습을 촉진시킬 수 있는 방법을 더 다양하게 쓸 수 있다. 예를 들어, 참여자들에게 집단에서 배운 주제를 보강하기 위한 쓰기 과제를 내 줄 수 있다.

성별을 구분하여 집단을 구성하는 것도 도움이 된다. 만일 참여자들이 심한 정서, 인지, 행동 조절 문제가 있을 경우, 성별이 다양한 집단은 대인관계 역동을 만들어 내어 기술을 배우는 데 방해가 될 수 있다. 예를 들어, 지적 장애가 있는 참여자의 집단에서 성적 피해를 경험한 사람과 가해를 경험한 사람이 동시에 있는 경우가 종종 발생한다. 해결되지 않은 트라우마를 가진 참여자와 통제가 잘 안 되는 행동 일탈 문제를 가진 참여자 사이의 상호작용은 위험한 상황을 이끌 수 있다. 성별에 따른 구체적 필요에 맞추어 집단 프로그램이 존재한다. 많은 종류의 성별 혼합 집단과 단일 성별 집단이 참여자들의 다양한 필요를 충족시켜 줄 것이다.

기술 시스템 교습 모형: E-나선 틀

E-나선은 기술 시스템 교육 과정 지도의 기반이 되는 교습 체제이다. E-나선은 지도자가 학습 과정의 여러 국면을 기억할 수 있는 전반적인 안내와 틀만 제공한다. 기술 훈련 회기 중에 E-나선의 네 가지 국면(기존 지식 기반 탐색, 입력, 정교화, 효능)을 밟아 나간다.

1국면인 기존 지식 기반 탐색 국면에서는 소개하는 주제에 관해 과거에 배운 바를 복습한다. 활발한 논의는 과거 학습의 회상을 촉진시켜 새로운 학습이 일어날 수 있도록 준비시킨다. 이 국면의 목표는 학습이 일어날 수 있는 맥락을 만드는 데 있다.

2국면인 입력 국면에서는 기술 훈련 지도자의 강의와 다양한 실습 활동을 통해 기술을 배운다. 이 국면의 목표는 새 정보를 가르치는 데 있다.

3국면인 정교화 국면에서는 연습과 논의를 통해 새로 학습한 내용을 기존 지식 기반에 연결한다. 정교화 과정은 기술에 대한 이해를 높여 주는 꼭 필요하면서도 즐거운 국면이다. 따라서 이 국면의 목적은 배운 기술을 잘 기억하도록 지식을 연결하고 확장하는 데 있다.

4국면인 효능 국면에서 참여자들은 일상생활에 기술을 통합할 수 있는 학습 활동을 통해 숙달감과 자신감을 지속적으로 쌓는다. 역할 연기, 실제 생활에서 연습하기, 연습을 결심하기 그리고 어려움 해결은 기술 일반화에 도움이 될 것이다. 지적 장애가 있는 참여자들이 학습 과정에서 자기효능감을 느끼는 것은 매우 중요하다. E-나선은 기억력과 기술 일반화를 극대화할 수 있는 맥락 학습의 기회를 제공하도록 설계되었다.

12주 기술 시스템 교육 과정(7장에 소개됨)은 E-나선의 각 국면을 다루도록 나누어져 있는 강의 계획안을 제공한다. 참여자들이 각 국면을 따라가면서 학습 주제에 대한 지식은 넓어지고 깊어진다. 이러한 학습 과정은 기술 정보가 참여자들의 단기 기억에서 장기 기억으로 자연스럽게 옮겨지는 단계를 밟게 해 준다. E-나선의 다중 학습 경험(multilayered learning experience)은 지적 장애가 있는 참여자들이 기술 일반화를 향상시키는 숙달감을 얻게 해 준다.

E-나선은 기술 훈련 지도자의 수업에서 지침이 된다. 집단에서 일어나는 문제나 시간의 부족은 회기 진행에 조정이 필요하게끔 하는 반면, E-나선은 효과적인 교습 전략을 조직화하는 틀로서 기능한다. 기술 훈련 지도자는 E-나선 틀에 따라 시간이 부족할 때라도 빨리 이전에 배운 바를 복습하고, 새로운 개념을 가르치고 연습시키고, 실제 활용으로 연결하는 지도를 할 수 있다. 기존 지식과 새로운 정보를 층층이 쌓는 이런 반복 수업 진행 방식은 학습을 심화하고 기억력을 높인다. 기술 훈련 지도자가 이 원리를 잘 기억한다면 교습 과정의 일부를 생략하느라 학습 통합을 어렵게 만드는 실수를 하지 않을 것이다.

기술 시스템 교습 모형의 이점

12주기 교육 과정은 기술 지식의 폭을 넓히고, E-나선은 학습을 깊이 있게 만든다. 기술 훈련 지도자는 이 두 가지를 동시에 활용한다. 학습의 확장과 심화는 기술 일반화에 도움이 되는 장기 기억의 토대를 만든다. [그림 4-1]은 이러한 교습 기법을 사용하여 지식이 거미줄 모양으로 성장해 나가는 모습을 보여 준다.

사람이 정보를 학습하고, 연습하고, 일반화하면서 기술 사이의 연결 고리가 시간에 따라 점차 강해진다. 점차 지식 기반의 연결성이 높아지면서 정보의 회상과 재인이 향상된다. 적응 반응이 더 자동으로 나와 인지 자원을 써야할 필요성이 줄어든다. 참여자들이 지식 기반을 쌓아 가면서, 기술 사용에 필요한 인지 부하가 줄어든다. 기술 지식 기반이 통합된 결과로 보다 복잡한 기술 행동에 능숙해진다.

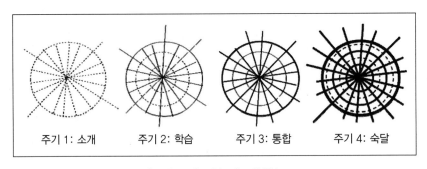

주기 1: 소개   주기 2: 학습   주기 3: 통합   주기 4: 숙달

[그림 4-1] 기술 시스템 학습

기술 시스템 회기 형식

기술 시스템 회기는 E-나선의 국면별로 다양한 과제를 제시하는 형식을 갖추고 있다. 기술 훈련 지도자는 이 지침을 따라 E-나선 국면마다 기능을 충족시키는 활동을 계획해야 한다. 참여자가 한 가지 논의나 활동을 마치고 그다음 주제나 활동으로 이어가면 학습이 일어난다. 참여자가 이러한 틀을 알아야 할 필요는 없으나, 학습 과정에 대한 메타인지 이해를 높이는 경우 자기자각, 자기효능감 그리고 동기가 높아질 수 있다. 〈표 4-1〉에는 E-나선 국면 교육 과정의 과제가 제시되어 있다.

〈표 4-1〉 기술 집단 E-나선 국면별 과제

1. 기존 지식 기반 탐색: 과거 학습 떠올리기
   - 주의 집중을 위한 마음챙김 활동: 경험을 기술하기
   - 기술 시스템 용어 복습과 기술 연습 복습
   - 새로운 기술 소개
   - 논의: 기존 지식 평가, 기술 필요성 강조
   - 새로 배우는 기술을 관련 맥락에 연결 짓기
2. 입력: 새로운 주제 가르치기
   - 직접 지도: 강의, 칠판에 적기, 유인물과 예시
   - 논의: 학습 내용 이해 정도를 평가하기, 참여자가 분명히 알고 있는지 질문함
   - 다양한 수업 도구 사용: 도표, 단서 그림, 몸짓, 물건, 동영상
3. 정교화: 새로 배운 것을 연습하고 과거에 배운 것과 연결하기
   - 연습: 연습 활동, 활동지
   - 논의: 경험을 기술하기, 자기공개, 자각을 확장하기
   - 기술 고리: 새 기술을 기술 고리의 다른 기술과 연결하기
4. 효능: 실생활과 연결하기
   - 맥락 학습 활동: 역할 연기, 심리극, 실제 연습
   - 논의: 장애물 강조하기, 기술을 사용할 것을 결심하기, 기술 사용에서 발생할 수 있는 어려움 해결하기
   - 가정 학습 활동 계획하기
   - 집단 마치기: 호흡 마음챙김

기술 지도자는 집단 안에서 일어나는 사건에 유연하게 반응하는 자세를 유지함과 동시에 참여자의 이해와 통합을 위해 필요한 단계를 숙지해야 한다. 아주 이상적으로는 네 단계에 각기 동등한 시간을 배분하면 좋다. 하지만 현실에서는 네 가지 국면이 모두 체계적으로 진행되는 경우가 드물다. 때에 따라 특정 논의와 활동에 더 집중할 필요가 생기고, 여기에 더 많은 시간을 사용할 수 있다. 집단이 작을수록 E-나선 과제를 마칠 가능성이 높아진다. 기술 훈련 지도자는 학습 기회를 극대화하기 위해 집단 활동과 시간을 어떻게 관리할지 결정해야 한다.

기술 시스템 12주기 교육 과정

기술 시스템 교육 과정은 12주기로 반복한다. 매 주기에 참여자들은 지난 주기에서

배운 친숙한 개념을 다시 익혀 기술에 대한 이해와 자각을 깊이 한다. 장기 기억에 더 정교한 정보를 저장한다. 이러한 나선형 과정을 통해 참여자는 계속해서 기술의 새로운 면을 통합하게 된다. 기술을 배우고 연습해 가면서 점점 더 복잡한 상황에서 기술을 사용하는 능력이 생긴다. 12주 교육 과정의 주제는 다음과 같다. 이 주제를 복습하고, 소개하고, 연습하고, 통합하는 자세한 방법은 7장에서 소개한다.

- 1주: 기술 목록
- 2주: 시스템 도구
- 3주: 사진 찍기
- 4주: 길 따라 생각하기
- 5주: 길 따라 행동하기
- 6주: 안전 계획
- 7주: 새로운 나 활동
- 8주: 문제 해결
- 9주: 나 표현하기
- 10주: 알맞게 하기
- 11주: 관계 돌봄
- 12주: 기술 복습

기술 시스템 진도 나가기

1시간 내에 참여자들이 기술을 완전히 익히는 건 현실적으로 불가능하다. 12주기 교육 과정은 계획에 따라 진도를 빼 주어야 한다. 기술 훈련 지도자는 몇 주를 쓰더라도 기술 하나를 보다 제대로 가르치고 싶은 마음을 가질 수 있다. 몇 주에 걸쳐 하나의 기술을 심도 있게 가르치기보다, 12주기 교육 과정은 기술에 대한 지식을 넓히는 데 중점을 둔다. 각 기술을 깊이 익히면 도움이 되기는 하지만, 기술 훈련 지도자는 5장과 6장에 나온 교습 전략을 12주 교육 과정 안에 통합해야 한다. 그렇게 해야 지적 장애를 가진 참여자들이 오랜 시간에 걸쳐 학습의 폭과 깊이를 확장할 수 있다.

전체적으로 기술 시스템은 방대하다. 기술 훈련 지도자는 기술 시스템을 다 알고 있어야 하지만, 집단 참여자들마다 학습 속도가 다르다. 인지 부하를 줄이고 내용을 잘 기억하도록 돕기 위해서 기술 시스템 자체와 교습 과정을 적절한 크기의 정보로 쪼개었다. 기술 훈련 지도자는 집단에 영향을 주는 다양한 요인을 잘 이해하고, 임상 판단을 통해 기술에 관한 작은 단위의 정보를 어떻게 소개하고 연습할지 결정해야 한다.

참여자들의 이해도를 평가하는 것은 쉽지 않다. 지도자가 묻거나, 코칭하거나, 힌트를 주지 않았는데도 참여자가 기술 이름을 사용하는 것은, 배운 바를 이해하고 있음을 알리는 첫 신호이다. 참여자가 일상에서 일어나는 일을 기술 이름으로 표현하고 일상에서 기술을 사용한 경험을 나누는 것은, 기술 일반화가 일어나고 있다는 긍정적 신호이다. 기술 시험 보기와 같은 보다 형식적인 평가를 해 볼 수도 있고 기술 훈련 지도자가 기술 학습 정도를 점검하기 위해 직접 기술 시스템 능력 평가를 만들 수도 있다. 궁극적으로는 삶의 질이 나아지고 행동 통제력과 연관된 요인들이 향상되었다면, 그것이 기술 이해와 일반화 수준을 알려 주는 지표라고 할 수 있다. 기술 훈련 지도자는 매주 회기를 계획하면서 집단 참여자들이 어느 정도 따라오고 있는지 염두에 두어야 한다.

기술 훈련 지도자는 한 주 기술 주제의 일부분을 끝마칠 수 있도록 계획을 짠다. 집단의 첫 번째 주기에서는 전체적으로 살펴보는 방식으로 기술의 여러 측면에서 정보를 짚어 준다. 조금 경험이 있는 집단은 기술의 뉘앙스를 탐색하는 것이 가능하다. 기술 훈련 지도자는 집단의 능력 수준에 따라 집단 진도를 조절해야 한다.

회기 중에는 예상하지 못한 기회와 어려움이 생길 수 있다. 이런 실제 상황에서 일어나는 학습이 인지 부하를 높이기는 하지만, 이런 상황을 잘 이용해야 한다. 기술 훈련 지도자는 수업 중에 생길 수 있는 돌발 상황에 대해 준비해야 한다. 기술 시스템의 모든 기술을 훤히 알고 있어야 하고, 돌발 상황에서 사용할 수 있는 다양한 교습 요령을 갖추어야 한다.

대안 교습 형식

5장에서는 즐겁고 유연한 학습 경험을 만드는 다양한 교습 전략을 소개한다. 안타깝게도, 지도자들이 참여를 촉진시키는 다양한 기법을 사용하더라도 가끔은 더 과감한 조정이 필요할 때가 있다. E-나선 12주 교육 과정은 명료하고 구조가 분명하지만, 어떤 경우에는 다른 접근이 필요하다. 특정 참여자 또는 집단 구성 특성 때문에 기술 회기를 다시 설계해야 하는 경우가 생긴다.

기술 자료집을 사용하지 않기

7장에 나오는 12주 교육 과정은 부록 A에 있는 자료를 사용한다. 이 수업 자료는 어떤 참여자들에게는 많은 도움이 되지만, 어떤 참여자들에게는 학습에 장애물이 된다. 기술 훈련에 적극적으로 참여하지 않는 참여자들은 기술 자료나 자료집을 사용하는 것을 싫어할 수 있다. 자료가 너무 단순하거나 유치하다고 생각하기도 하고, 이런 자료가 자신을 통제하거나 자신의 개성을 무시한다고 느끼기도 한다. 기술 훈련 자료집이 과거에 학교 장면에서의 실패나 트라우마 경험을 떠올리는 단서가 될 수도 있다. **자료가 반드시 필요하지는 않다.** 대신, 화이트보드를 사용할 수 있다. 수업에 잘 참여하지 않는 참여자를 다루는 첫 단계로 자료집에 대한 이들의 반응을 평가해 본다. 특정 자료나 예시를 보여 주고 활동지 작업을 하지 않는 것도 해결책이 될 수 있다. 조성(shaping)을 사용하는 것도 한 가지 방법인데, 활동지를 수업 시간에 조금씩 사용하기 시작해서 점진적으로 과제로 해 오도록 한다. 기술 훈련 지도자가 기술 시스템에 대해 아주 잘 알고 있는 경우에는 자료에 전적으로 의지하지 않고 가르치는 방법도 가능하다. E-나선의 기술 복습하기, 새로운 기술 가르치기, 기술 연습하기, 실생활과 연결하기의 개념을 따라가는 과정을 지침 삼아 교습을 개조하면 된다.

기술 파도타기

E-나선과 12주 교육 과정은 참여자가 기술에 가까워지도록 설계되었다. 이러한 전략은 참여자가 기본 수준의 관심이나 안정성만 갖추어도 참여자를 협조적이고 동기 있는 학습 행동으로 이끈다. 반면에, 어떤 참여자들은 발달, 정신 건강, 또는 환경 요인 때문에 이런 학습 경험에 성공적으로 적응하기가 어렵다. 참여자를 기술로 초대하는 다양한 창의적 시도가 실패한 경우, 반대로 **기술을 참여자에게 맞추는** 전략으로 바꾸면 좋다.

이 중 한 가지 전략을 기술 파도타기라고 하는데, 이는 E-나선과 기술 개념을 참여자 삶의 맥락 안에서 소화시키는 방법이다.

첫째, 서핑 보드 고르기

기술 훈련 지도자는 자유 주제 집단, 혹은 12주 교육 과정의 한 주제를 다루는 등 주제가 정해진 집단 중 하나를 선택한다. 이미 정해진 주제가 있다면(예: 3주차 주제 사진 찍기), 지도자는 여섯 단계의 사진 찍기 자료를 나누어 주거나 화이트보드 한쪽에 적어 둔다. 이렇게 하면 참여자에게 위협을 주지 않는 방식으로 배울 주제에 관한 정보를 소개할 수 있다. 다시 말하건대 참여자들이, 더 적극적이고 직접적인 기술 훈련 전략을 감내해 나갈 수 있도록 조성하면 좋다.

만약 기술 훈련 지도자가 상급 단계 집단 또는 고집이 센 초급 단계 집단을 진행한다면 특정 주제 없이 자연스럽게 진행하는 전략이 유용할 수 있다. 이런 형식으로 진행할 때에는 사전에 결정한 주제 없이 시작하여 자연스럽게 나타나는 기술 주제를 다룬다. 기술 훈련 지도자 또는 참여자 한 명이 화이트보드에 논의 혹은 연습 활동에서 나온 개념을 적는다. 지도자가 순간마다 적절한 개입을 만들어 내야 하기 때문에 자유 진행 집단을 계획하기란 쉽지 않다. 이런 예측 불가능성을 잘 활용하면 활기차고, 창의적이며, 즉흥적인 학습 환경을 만들 수 있다. 기술 훈련 지도자가 기술 시스템을 깊이 알수록 그때그때 도움이 되는 학습 경험을 제공할 수 있다.

파도를 기다리거나 만들기

기술 훈련 지도자는 논의를 촉진하는 질문으로 집단 회기를 시작하고, 가르칠 기술 개념을 토론에 통합한다. '직장에 첫 출근한 날은 어떨까?'와 같은 실제 상황에 따른 주제가 될 수 있다. 노래를 듣고 가사와 집단 주제가 어떻게 연관되는지 이야기해 볼 수도 있다. 기술 훈련 지도자가 최근 시사 문제이나 연예계 소식에 관한 주제로 토론을 활기차게 만들 수도 있다. 또는 참여자들에게 이번 주에 있었던 힘든 일에 대해 나누도록 제안할 수도 있다. 이때 자기공개가 참여자들의 정서 반응을 높이고 이것이 인지 부하 요구를 만든다는 것을 고려해야 한다.

논의를 진행하면서 주제의 파도가 만들어진다. 이때 기술 훈련 지도자는 예시 상황에서 어떤 요인이 감정 조절과 목표 달성을 어렵게 하는지 강조하고 정리한다. 이 파도 만들기 과정은 기술을 배우기 위한 적절한 준비 단계가 된다. 간접적으로 이 작업은 E-나선 틀의 1국면인 기존 지식 탐색의 역할을 한다.

파도타기

기술 훈련 지도자는 파도 만들기 논의를 진행하며 2국면인 입력으로 갈 수 있는 기회를 살핀다. 기술을 가르칠 수 있는 적절한 순간이 오면 재빠르게 끼어들어 조금씩 기술을 가르친다. 가능하다면 참여자에게 방금 배운 것을 연습해 보게 한다(3단계: 정교화). 연습 활동은 길게 할 필요는 없지만 재미있어야 한다. 이전에 배운 것이 어떻게 새로운 정보에도 적용될 수 있는지 이야기해 보는 것도 정교화에 도움이 된다. 어떤 형태로든 연습을 한 후, 지도자는 참여자들이 배운 기술을 일상에서 어떻게 사용할 수 있는지 연결해 주어 4국면의 실생활과 연결하기를 완료한다. 예를 들어, 참여자들은 직장에서 또는 논쟁 중에 어떻게 호흡하기를 사용할 수 있는지 이야기해 볼 수 있다. 기술 파도타기를 할 때는 특정 주제를 깊게 탐색하지 않고 일련의 축약된 E-나선 과정을 진행한다.

기술 파도타기는 장단점이 있다. 장점은 형식이 흥미진진하고, 유연하고, 유동적이라는 점이다. 반면, 교습이 덜 체계적이고 정리되어 있지 않다. 참여자들이 서로 이야기하고 의견을 나눌 수 있게 하는 기술 파도타기의 장점은 어떤 참여자나 집단에게는 늘 필요한 요소이기도 하다. 나는 청소년을 가르치면서 참여자가 집단 활동에 적극적으로 참여하여 집단을 이끌어 가도록 하면 참여도가 높아짐을 알게 되었다(예: 칠판에 적기, 자료를 소리 내어 읽기, 토론을 진행하기, 활동 규칙 정하기). 참여자들은 집단 활동을 이끌 수 있는 권한을 지닐 때 구조화된 수업을 더 잘 견딜 수 있다.

체험 중심 접근

기술 훈련 지도자는 기술 개념을 체험 형식으로 가르치는 일련의 활동을 계획해서 기술 훈련 교과 내용과 연결할 수 있다. 기술 파도타기와 마찬가지로, 이 전략도 E-나선 틀과 12주 교육 과정을 그대로 따르지는 않지만, 틀과 과정의 요소들을 체험 학습의 길잡이로 사용한다. 체험 활동은 조금 더 구조화된 접근에 끼워 넣을 수도 있다. 사진 찍기 기술을 창의적이고 다양한 방법으로 가르치는 집단 회기의 예를 다음에 소개하겠다.

사진 찍기 기술을 체험 형식으로 가르치기

사진 찍기 기술을 가르치기 위해 기술 훈련 지도자는 음식을 먹는 마음챙김 활동으로 집단을 시작하여 자각이라는 개념을 논의한다. 초콜릿, 막대사탕, 또는 과일을 사용하여 재미있게 활동할 수 있다. 지도자는 모든 여섯 단계의 사진 찍기를 칠판에 적고, 몸느낌 알기 기술에 밑줄을 쳐서 조금 전에 했던 체험 활동에 연결시킬 수 있다. 이때 참여자들은 신체를 자각하면 어떻게 이 순간의 다른 내면 경험(감정, 사고, 충동)을 알아차릴 수 있는지 이해하기 시작한다.

그다음 지도자는 참여자에게 대중매체에 나오는 인물 사진을 여러 장을 보여 준다. 이때 다양한 상황과 다양한 사람의 사진을 쓰면 좋다. 여섯 단계의 사진 찍기 기술 카드를 만들어서 참여자들이 사진 속 인물의 경험을 가장 잘 설명해 주는 카드를 그 사진 옆에 놓는다. 사진에 대한 다양한 해석을 함께 논의하는 것은 변증법 관점을 가르칠 수 있는 좋은 기회이다.

그다음 참여자들이 함께 짧은 산책을 하며 여러 지점에 멈추어 사진 찍기를 할 수 있다. 조용히 각자 산책하며 내면과 환경 경험의 변화를 알아차린다. 다시 집단으로 돌아와 관찰한 바를 함께 나누면서 여섯 단계의 사진 찍기 경험을 기술해 본다.

마지막 집단 활동으로 동영상을 함께 본다. 예를 들어, 영화 〈스타워즈 에피소드 5: 제국의 역습〉 중에서 요다가 자신의 힘을 사용하여 우주선을 늪에서 들어 올리는 유튜브 영상(5분 길이)이 있다. 루크 스카이워커가 주의 집중을 하지 못할 때, 요다가 그에게 주의 배치를 가르쳐 주면서 루크가 경험을 재평가하게 도와준다. 이 장면은 사진 찍기 기술을 재미있게 이야기해 볼 수 있는 기회를 제공하고 길 따라 생각하기 기술로 이행하는 하는 데에도 도움이 된다.

기술을 가르치는 창의적 방법은 무수히 많다. 기술의 핵심 개념과 원리를 보존하는 것이 중요하기는 하지만, 참여자들에게 기술에 대한 정보를 전달하는 방법은 다양하다. 기술 훈련 지도자는 기술 시스템 자격증을 취득하면서 기술 시스템 모델의 기본 원리와 개념을 잘 따르는 방법을 배울 수 있다.

●

기술 지식 통합

기술 시스템을 배우고 사용하는 방법은 사람마다 다르다. 어떤 사람은 12주 교육 과정을 따라가며 체계적으로 과정을 밟아서 점진적으로 기술에 대한 지식을 쌓아 가는 반면, 어떤 이들은 조금 더 목표 지향적인 학습 경험이 필요하다. 충동적이고 파괴적인 행동을 보이며 심한 인지 기능 문제가 있는 참여자의 경우, 기술 시스템 학습 과정에서 한두 개의 개념을 가르치는 데 집중하는 게 최선일 수 있다. [그림 4-2]는 이런 참여자가 어떻게 하나의 기술(예: 피하기) 학습에서 시작하여 시간이 지나면서 더 정교한 반응을 할 수 있는지 보여 준다.

이 참여자의 경우 사진 찍기, 길 따라 생각하기, 길 따라 행동하기 기술부터 시작하지 않는데 이들 기술이 너무 어렵기 때문이다. 이 참여자는 조건화된 반응을 멈출 수 있는 구체적 단계를 배워야 한다. 위험한 상황에서 멀어질 수 있는 피하기 같은 적응 반응부터 시작하는 게 위험 행동을 줄이는 데 도움이 된다. 안전 계획 기술 전체를 배우기에는 너무 복잡하고 인지 부하 요구가 크다. 그다음 단계로 내면 경험에 주의를 돌리는 것은 후기 단계 이차 국면 과정을 촉진시킨다. 사진 찍기 기술 전부를 사용하기보다는 충동 알기에 초점을 맞추는 것이 문제 행동의 연쇄와 가장 관련이 높다. 길 밖 행동을 하기 전에 충동 확인과 피하기를 연결하면 더 나은 발전이 이루어진다. 그다음에

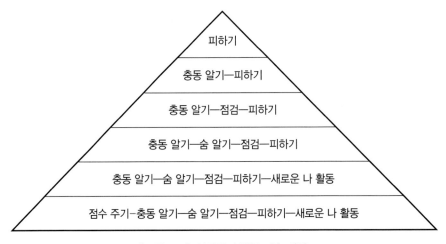

[그림 4-2] 안전하기 행동 기술 예시

는 상황 평가를 위해 점검 기술의 엄지 척과 엄지 꽝을 사용할 수 있도록 가르친다. 기술을 더 배워 가면서 피하기를 사용한 뒤 숨 알기와 새로운 나 활동과 같은 다른 기술을 더한다. 시간이 경과하면서 기술 고리는 개인의 필요와 능력에 따라 길어지게 된다.

기술 습득 평가

사람마다 기술을 배우는 속도와 깊이가 다르다. 교육학에서 지식의 수준을 정하는 체계인 Bloom(1956)의 분류법이 속도와 깊이의 발전 과정을 잘 이해할 수 있게 돕는다. 이 분류법은 지적 장애 진단을 받은 이들의 기능 역량에 맞추어 암묵 지식과 외현 지식을 다 포함하도록 확장하였다. 비록 학업 기술이 손상되었더라도 암묵적 방법으로 자각과 기술 능력을 향상시킬 수 있다. 〈표 4-2〉에 여러 이해력 수준에서 가능한 능력을 기술하였고, 기술 시스템 초보자부터 전문가 사이의 지식 수준을 정리하였다.

〈표 4-2〉 Bloom의 분류법을 사용한 기술 지식

이해 수준	(학습 진행에서) 암묵 지식 개념	(학습 진행에서) 외현 지식 개념
지식	은유, 비유, 그리고 암묵 학습 경험을 통해 기술의 전반적 개념을 이해한다. • 기술 이름으로 알 수 있는 기술의 기능에 대한 개념적 이해를 할 수 있다 • 집단 학습 경험을 통해 자신을 더 잘 자각하게 된다[예: 전반적 자각의 향상 대 기술 용어를 언어화할 수 있는 능력의 발전(외현적)]. • 자신에 대한 자각을 표현하고 집단 지도자 및 다른 참여자들의 강화를 받아 더 많은 노력과 성과 그리고 암묵 및 외현 지식 기반의 발달에 대한 동기가 생긴다. • 더 다양한 정서조절 전략을 사용한다(예: 전반적 기술 개념 대 구체적 기술 고리 만들기).	인지와 행동 과제를 나타내기 위해 체계적인 방법으로 언어와 수를 사용한다. • 기술 이름 • 기술 그림 • 목표 길 따라/길 밖 • 여섯 단계의 사진 찍기 • 0~5점 척도 • 언제나 기술과 침착할 때만 기술 • 기술 요리법 • 기술 1, 2, 3 • 기술 4, 5 • 기술 6~9 • 기술 고리: 123, 1234, 1235, 1234, 1236, 1237, 1238, 1239, 1236789 • 한 기술의 하위 기술들을 기억할 수 있는 능력(예: 여섯 단계의 사진 찍기)

이해	암묵 지식은 외현적 지시를 통하지 않고 비공식적으로 획득된다. 따라서 학생이 잘 설명하기는 어렵다.	용어와 개념을 설명할 수 있는 능력이 있다. • 질문에 관련된 기술에 대해 정확하게 대답한다. • 시나리오에서 기술 개념을 골라낼 수 있다.
적용	지식 획득의 증거는 용어와 개념을 설명하는 능력의 향상보다는 향상된 과제 수행으로 나타난다. 대인관계와 행동 기능이 향상된다.	일상생활에서 기술을 써서 대처한다. • 복잡한 사회 상황에서 기술 고리를 계획하고 실행할 수 있다.
분석		기술 구성 요소를 찾고, 비교하고, 대조할 수 있다. • 다양한 우선순위, 욕구, 목표에 따라 다르게 사용할 수 있는 기술을 설명할 수 있다. • 기술 코칭을 할 수 있다.
통합		다양한 출처의 정보를 조합하여 지식 기반을 향상시킬 수 있다. • 기술 집단을 운영할 수 있고 기술의 개인 지도도 가능하다.
평가		기술 훈련 프로그램을 만들 수 있다. • 기술 훈련 코치를 훈련시킬 수 있다. • 체계 전반의 적용과 실행에 관련된 쟁점에 대해 이해하고 있다.

5장으로 넘어가며

5장에서는 기술 시스템을 가르칠 때 필요한 기초 교습 전략을 소개한다. 신속 평가는 기술 훈련 지도자가 참여자들이 경험하는 인지 부하 용량의 변화를 추적 관찰하고 그 변화에 적응하는 데 사용할 수 있는 간단한 틀이다. 5장에서는 기술 학습을 향상시키는 기본적인 행동 전략도 살펴보겠다.

Chapter 05

기본 교습
전략

『DBT 기술 훈련 매뉴얼』(제2판)(Linehan, 2015a)의 4장 '기술 훈련 치료 목표 및 절차'에 행동 목표, 기술 훈련 목표 달성, 그리고 과제 관리에 대한 설명이 나와 있다. 표준 DBT와 마찬가지로 기술 시스템도 기술 습득, 강화 그리고 일반화를 최대화시켜야 한다. 상당한 학습 장애를 가진 이들은 이 목표를 이루기 위해 높은 수준의 학습 지원을 받아야 하지만, 기술 시스템은 명료한 설명, 기술 자료 사용, 모델링, 행동 시연, 행동 전략, 피드백 주기, 코칭, 과제 주기, 과제 점검, 행동 시연/활성화, 결심하기, 어려움 해결과 같은 DBT 교습법의 요소를 기반으로 하여 개입한다. 표준 DBT 수업 자료는 기술 시스템 지도자들이 DBT 관점을 유지하면서 기술 훈련을 적절히 수정해 갈 수 있는 기본 정보를 제공한다.

복합적인 정신건강 문제를 지닌 내담자를 치료할 때, 기술 훈련 집단 환경에서 치료 관계를 전략적으로 관리해야 한다. 『DBT 기술 훈련 매뉴얼』(제2판)(Linehan, 2015a)의 5장 '행동 기술 훈련에서 기본 DBT 전략 적용하기'는 기술 훈련 지도자와 참여자의 관계를 학습과 발달에 도움이 되는 방향으로 다룰 수 있는 방법을 담고 있다.

이 장에서는 지적 장애를 가진 참여자의 인지 부하 요구를 관리하고, 개별 참여자의 필요에 맞추어 개입하기 위해 쓰는 기술 훈련 회기 전반에서의 교습 전략을 소개한다. 이 정보는 기술 훈련 지도자들의 '공구함'이 될 것이다.

기본 교습 전략은 기술 훈련 지도자가 기술 시스템 수업의 모든 단계에 걸쳐 활용하는 몇 가지의 하위 전략을 포함한다. 신속 평가는 기술 지도자가 ① 특정 개입의 본질적인 인지 부하, ② 특정 순간 참여자의 인지 부하 정도, 그리고 ③ 인지 부하 요구를 줄이기 위해 교습 개입에 어떤 수정이 필요한지를 평가할 수 있게 돕는다. 이에 더하여 조성, 정적 강화 그리고 수반성 관리와 같은 행동주의 기법을 기술 훈련 회기 중에 사용한다. 이러한 기본 전략의 이해는 기술 지도자가 유연하게 행동하고 참여자들의 학습 기회를 최대화할 수 있게 돕는다.

신속 평가

신속 평가는 지도자가 기술 훈련 개입을 평가, 설계 그리고 조정하기 위해 활용하는 전략이다. 이 전략은 기술 시스템 집단에서 유용하고, 또한 표준 DBT 집단에서 참여자가 학습 내용을 어려워할 때 도움이 된다. 평가는 세 단계 과정으로 이루어진다.

1단계: 개입의 인지 부하 평가

기술을 가르치거나 치료 개입을 하기 전에 내재 인지 부하를 고려해야 한다. 지도자는 기술 훈련 회기 전에 기술 관련 정보의 크기와 복잡성을 평가해야 한다. 또한 교습 전략이 요구하는 인지 부하가 높은지 또는 낮은지 빠르게 평가해야 한다. 높은 내재 인지 부하(가르칠 내용의 복잡성) 그리고/또는 높은 외재 인지 부하(잘 설계하지 못한 개입)는 본질 인지 부하(효과적인 처리)를 줄인다. 동시 정보 처리, 많은 양의 정보 상호작용, 다양한 정보의 인출, 한 주제에서 다른 주제로의 쉼 없는 전환, 또는 정보에 대한 강렬한 감정 경험은 인지 부하 요구를 높인다. 이때는 가르치는 양을 줄여서 인지 부하 요구를 낮출 수 있다.

2단계: 인지 기능 평가

신속 평가의 두 번째 단계에서 기술 지도자는 개입 전, 개입 도중 그리고 개입 후에 참여자가 인지적으로 잘 조절된 상태인지 평가한다. 특정 개입이 참여자에게 요구하는 인지 부하가 낮으면 인지적으로 잘 조절되어 있을 가능성이 더 크다. 비록 학습에 인지 자원을 소모했지만, 이 경우 참여자는 기술 학습 과정에 참여할 수 있다. 반대로 교습 개입의 인지 부하가 너무 높은 경우, 참여자는 인지 과부하를 경험하게 된다. 인지 부하량이 증가하고 정보 처리 능력이 감소하면 혼동과 혼란을 경험할 수 있다. 인지 과부하 상태는 좌절, 화, 두려움, 수치심을 불러일으킬 수 있고, 이런 감정 상태는 인지 부하 능력을 더 감소시킨다. 싸우기-도망치기 반응과 같이 압도적인 감정을 조절하기 위한 기능을 하는 부적응 행동이 기술 훈련을 방해한다.

인지 과부하 신호
참여자가 인지 조절 문제를 경험할 때 보이는 행동은 다음과 같다.

- **혼란**: 집중하지 못하는 것처럼 보인다. 수업을 잘 따라오지 못하거나, 자료집을 마구 뒤적거리거나, 틀린 대답을 하거나, 또는 수업에 참여하지 않는다.
- **회피**: 멍하게 허공을 응시하거나, 질문에 대답하지 않거나, 또는 생각해 보려고 하지 않고 질문이 끝나자마자 "모르겠어요."라고 대답한다.
- **충동성**: 주의가 산만하고, 충동적 행동을 보이고, 가만히 앉아 있지 못하거나, 정신이 없어 보인다. 집단 규칙을 따르지 않고, 주제와 상관없는 말을 하고, 물건을 만지작거리고, 교실 안을 서성이고, 다른 사람들을 쳐다보거나 아니면 다른 참여자들과 수업 중에 떠든다.
- **심리적 불편감**: 짜증, 적대감, 울음, 공황을 경험하고 표현하거나 또는 수업 참여를 거부하고 나가 버릴 수 있다. 감정이 둔해 보이거나, 불편하다고 행동으로 표현할 수도 있다.

참여자가 자신의 인지 처리 능력이 줄었다고 지도자에게 말해 주는 경우는 거의 없다. 사실, 잘 따라가지 못하거나 혼란스러운 느낌과 연결된 수치심을 경험하지 않기 위해서 잘 하는 척할 수 있다. 참여하고 싶지만 자기 어려움을 기술 훈련 지도자에게 잘 설명하는 기술이 없을 수도 있다. 기술 훈련 지도자는 이런 반응을 저항이라고 잘못 판단할 수 있다(이것은 인지 부하 요구를 잘 관리하지 못한 지도자 행동의 결과일 수 있다). 일반적으로 기술 훈련 집단 회기는 가장 인지 능력이 낮은 집단원에게 맞추어 준비해야 한다. 이 전략은 다른 참여자의 자기효능감을 키운다. 지도자는 또한 인지 능력이 더 높은 참여자들에게 구체적이고 조금 더 수준이 높은 질문을 던져 그들의 학습 욕구를 채울 수 있다.

3단계: 개입을 선택하고 만들기

기술 훈련 지도자는 한 기술 훈련 회기 내내 개입을 만들어 간다. 개입의 인지 부하 요구가 낮을수록 참여자들이 그 정보를 습득할 수 있는 인지 자원이 늘어난다. 개입이 잘 만들어지면 단일 개념들과 그들 간의 연합을 학습할 가능성이 더 높아진다. 장기 기억에서 더 많은 연합의 입력은 기억에 도움을 준다. 장기 기억에서 지식 기반이 더 광범위하게 통합되어 있을수록 참여자가 일상에서 기술을 기억해 내고 일반화하는 능력이 커진다.

참여자가 혼란스러워하거나, 회피하거나, 충동적 행동을 하거나, 불편해 보일 때는 기술 훈련 지도자는 반드시 수업을 조정해야 한다. 참여자의 불편함 때문에 물러서서 회피 행동을 강화하는 지도자의 행동과, 매우 높은 강도의 인지 활동을 계속하여 참여자를 압도하는 지도자의 행동 사이에서 절묘한 균형을 잡는 방법을 익혀야 한다. 다음 절에서는 기술 지도자가 학습을 향상시키기 위해 개입 방법 자료를 조정하는 전략에 대해 알아보도록 하겠다.

인지 부하 요구를 줄이기 위해 개입 방법에 변화를 주기

기술 훈련 개입의 인지 부하 요구를 관리하기 위해서는 여러 가지 기술을 사용할 수 있다. 그중 단순화, 과제 분석, 암기법, 활동 예시, 새 주제를 준비하고 전환하기를 소개한다.

단순화

인지 장애가 있는 사람들은 추상적이고, 복잡하며, 상호 연관된 정보를 처리하기 어렵다(American Psychiatric Association, 2013). 어려운 주제에서 언어와 개념을 손봐서 단순화시키면 인지 부하 요구를 줄일 수 있다. 단순화란 참여자가 쉽게 이해할 수 있고, 발음할 수 있고, 기억해 내고 적용할 수 있는 용어를 찾는 과정이다. 예를 들면, 기술 시스템은 자신이 원하는 것을 얻기 위해 다른 사람들에게 보상하는 개념을 가르칠 때 '설탕을 뿌려'(알맞게 하기 기술에서)라는 말을 사용한다. 참여자들은 설탕이 감미료라는 사전 지식을 가지고 있다. "설탕을 조금 더 써 보세요."라고 말하면, 참여자들은 이 말의 뜻이 조금 더 상대에게 맞춰 주고 잘해 주라는 뜻인 줄 안다. '보상(reinforcement)'이라는 용어(DBT 기술 원하는 것 얻기 기술의 '보상하기')는 길고 발음하기 어려운 단어일 뿐아니라 이해하기 어려워 참여자들이 기억하기 쉽지 않다. 복잡한 용어는 인지 부하 요구를 늘리고 참여자가 기술을 사용할 수 있는 능력을 감소시킨다. 이미 장기 기억에 있는 지식에 기반을 둔 쉬운 단어를 사용하면 저장과 인출을 하는 데 도움이 된다.

과제 분석

과제 분석에서 기술 지도자는 복잡한 과제를 구성 요소의 여러 부분으로 쪼갠다. 다중 요소 개념을 단일 요소들의 연쇄 과정으로 바꾸면, 참여자는 한 번에 한 걸음씩 나아가서 결국 과제 전체를 다 해낼 수 있다. 예를 들어, 데이트를 신청하는 방법을 가르친다고 가정하자. 이 과제를 성공적으로 해내기 위한 여러 가지의 유형, 무형의 하위 과제가 존재하므로, 기술 지도자는 참여자와 함께 목표를 이루는 데 필요한 구체적인 행동 단계를 정한다. 참여자는 각 단계의 행동을 배우고, 한 단계에서 다음 단계로 나아가는 법을 연습한다.

암기법

암기법은 인지 부하를 줄이기 위해 정보를 조직하는 기법이다. 기술 개입을 만들 때 사용하기 좋은 몇 가지 암기법이 있다. 예를 들어, 작은 단위로 묶기(chunking), 은유, 단서 그림, 앞 문자 따기(acronym)는 입력을 돕고 기억을 최대화한다.

'정보를 작은 단위로 묶는다'는 것은 정보를 다시 부호화하여 단기 기억을 향상시키는 방법으로 개념을 정리한다는 뜻이다. 예를 들어, 무작위 문자 ㅁ, ㅅ, ㄱ을 외우려면 세 개의 단위로 처리되는 반면, 물, 수, 건은 세 글자의 조합이 우리가 사용하는 물건과 연합되기 때문에 한 개의 단위(물수건)로 처리된다.

'은유'는 배우는 사람의 직관과 기존 지식에 의지한 '가교 전략'이다. 은유는 '의미 없는 정보를 구체적이고 의미 있는 대용물로 탈바꿈시킨다'(Mastropieri, Sweda, & Scruggs, 2000). 은유는 언어, 물건, 또는 몸짓이 될 수도 있다. 이 전략들은 의미 지식(semantic knowledge) 기반을 길러 주고, 상황이 어떻게 돌아가는지 가르쳐 준다. 예를 들어, 목적지를 향해 선로를 타고 가는(길 따라 가는) 기차는 목표 지향 행동을 보여 주는 사람에 대한 은유이다. 기술 시스템은 목표를 향해 길 따라 가기와 길 밖으로 가기의 비유를 사용한다. 기술 지도자는 몸짓을 통합하여 의미를 더 강조할 수 있다. 기차 선로에 서 있는 척하는 자세에서 몸을 한 방향으로 기울여 거의 중심을 잃는 자세를 만들면, 이 몸짓은 어떻게 우리가 길 밖으로 들어서게 되는지 보여 줄 수 있다.

기억을 불러일으킬 때 쓰는 '단서 그림'은 시각 자극을 사용해서 새로운 정보를 기존 지식과 연결시킨다. 따라서 단서 그림은 회상을 촉발시키고 시각 부호화를 돕는다. 예를 들어, TV 그림은 사진 찍기 기술을 뜻하고, 참여자가 기술 자료집에서 TV 그림을 보면 사진 찍기 기술을 사용해야 한다고 알 수 있다.

'앞 문자 따기'는 단어를 구성하는 한 글자 한 글자가 다른 개념을 의미하도록 만들어진 단어이다. 만들어진 말이 다른 개념들과 연관이 있어 기억하기 좋으면 최상이다. 하지만 글을 읽지 못하는 참여자들에게는 별로 도움이 되지 않는다. 이때에는 단서 그림을 쓰거나 연관된 소리 또는 동작으로 단서를 준다면 회상을 촉진시킬 수 있다.

활동 예시

활동 예시란 개념이나 문제를 완성한 형태를 나타낸다(Sweller, 1988, 2010). 예를 들어, 정서조절 기술 시스템 자료집에서 활동지 대부분에 예시가 들어 있다. 예시는 정확한 정보 전달을 돕고 장기 기억 맥락에서 정확한 정보를 회상할 가능성을 높여 준다. 예시를 사용하면 '수단-목표 분석'의 사용을 불필요하게 만들어 인지 부하가 줄어든다. 수단-목표 분석은 "문제에서 중요하지 않은 측면에 주의를 기울여 많은 인지 부하를 부과하면서 도식 형성과 규칙의 자동 적용을 방해한다"(Sweller, 1989, p. 457).

Sweller(1989, p. 457)는 학습을 증진하는 데 도식 형성과 규칙의 자동 적용이 중요하다고 강조한다. 적응적인 도식을 만드는 방법 중 하나는 '활동 예시'를 사용하는 것인데(p. 457), 이는 학습자가 정확한 정보를 통합하도록 돕는다. 이미 푼 문제를 살펴보거나 효과적인 행동을 본보기로 보여 주면 참여자들이 기술이 어떻게 기능하는지를 관찰할 수 있는 기회가 된다. 이 과정은 기술 개념의 맥락적 이해를 촉진한다. 활동 예시 공부는 자각, 지식 기반 그리고 숙련도를 높여 주고 불필요한 인지 부하를 줄여 준다.

이에 더하여 지적 장애를 가진 참여자들은 다양한 상황에서의 효과적인 기술 사용의 본보기를 반복해서 접하는 데에서 큰 도움을 얻는다. 여러 가지 방법으로 배운 바를 복습하면 참여자가 배우는 기술의 의미와 관련된 지각을 발달시키도록 돕는다. 이런 의미 부호화는 부족한 지각 기술(perceptual skills)에 의존하기보다는 참여자의 강점을 사용하게 할 수 있다. 상황이 어떻게 돌아가는지 아는 능력을 높이는 의미 지식은 한 장면에서 사용할 지식을 다른 장면에서 일반화할 수 있게 해 준다. 참여자가 자기 마음속 개념과 대인 간 개념의 연합(associations)을 만들어 감에 따라 다양한 상황에서 적응적인 대처가 가능해진다.

활동 예시는 기술 훈련 전반에 걸쳐 일반적인 예시와 개별화된 예시 모두 사용하는 게 좋다. 가상 인물에 대한 가상 상황은 제시된 사례와 참여자 개인 사이에 거리를 제공하여 인지 부하 요구를 줄여 준다. 참여자의 능력이 커지면서 자신의 사례를 사용하게 되면 자기 문제와의 관련성이 높아져 동기가 향상되고 맥락 학습(contextual learning)이 일어난다. 개인 사례는 주의 집중에는 도움이 되지만 감정을 각성시키기 때문에, 기술 지도자는 신속 평가를 사용해서 집단원의 욕구에 맞추는 교습법으로 조정해 나가야 한다.

새 주제를 준비하고 전환하기

주제를 바꾸거나 새로운 개념을 가르치기 전에 준비하기는 중요한 단계이다. 지적 장애를 가진 참여자들은 종종 한 주제에서 다른 주제로의 전환을 어려워한다. "연습 아주 잘했어요. 시간을 조금 가지고 이 활동이 여러분에게 어땠는지 얘기해 볼까요?"라는 식의 준비하기는 사회적 맥락을 이해하도록 도와서 혼란과 인지 부하 요구를 줄일 수 있다. 준비하기는 모르는 것에 대한 두려움을 줄여 학습을 돕는다. 기술 능력이 향상되면 참여자들은 주제나 활동 간의 전환을 더 효율적으로 다룰 수 있게 된다.

준비하기는 기술 시스템 교습 모델의 핵심 요소이다. 기술 훈련 지도자는 계속해서 참여자들을 다음 단계에 준비시킨다. 예를 들면, 지도자는 배울 주제와 그것이 몇 쪽에 나와 있는지 명확하게 알려 주어야 한다. 수업 자료를 어디에서 찾을 수 있는지 명확하게 설명함으로써 말뿐이 아닌 행동으로도 나타나는 기능적 타당화(functional validation)를 제공한다. 참여자들에게 유인물을 보여 주어 그들이 현재 진행되는 활동에 준비되어 있는지 확인하는 것도 도움이 된다.

이에 더하여 준비의 일환으로 참여자들에게 다음 주제로 넘어가도 되는지 물어볼 수 있다. "모두들 다음 주제를 배울 준비가 되셨나요?"라고 물어보면 참여자들이 다음 활동이나 주제로 전환하기 전에 준비할 수 있는 기회를 얻는다. 서둘러 다음 활동으로 넘어가거나 또는 준비가 되었다고 추정해 버리는 것은 참여자들을 혼란스럽게 하고 참여도를 떨어뜨린다. 참여자들의 허락을 구하는 행동은 기술 훈련 지도자와 참여자들의 관계를 힘의 격차가 있는 교사와 학생의 관계가 아닌 양쪽 모두 서로에게 영향을 줄 수 있는 평등한 상호 관계로 만든다.

참여자들이 자기결정과 선택의 기회를 가지면 배우고 싶은 마음이 더 생긴다. Carlin, Soraci, Dennis, Chechile와 Loiselle(2001)은 지적 장애를 가진 사람이 자기가 기억할 물건을 선택할 수 있으면 부호화와 자유 회상률이 높아진다고 보고하였다. 기술 훈련 지도자가 참여자들에게 선택의 기회를 제공하면, 참여자들은 부지불식중 자기 타당화(self-validation)를 배우고 자기결정권을 보여 줄 수 있는 기회를 갖게 된다. 준비하기는 부호화를 향상시키고 활동 간 전환을 도울 뿐 아니라 참여자들의 전면적 참여를 이끌어 낸다. 전면적 참여는 정서 학습과 개인의 성장을 극대화한다.

신속 평가 실시하기

기술 훈련 지도자는 참여자 개인의 현재 조절 정도에 맞게 개입을 개별화한다. 예를 들면, 인지적으로 잘 조절되어 있으면서 활발히 참여하고 있는 참여자에게는 조금 더 복잡한 질문을 할 수 있다(예: "사진 찍기의 여섯 가지 단계는 무엇인가요?"). 혼란스럽거나 잘 참여하지 못하는 참여자들에게는 그들의 상태에 맞게 질문해야 한다. 간단한 질문(예: "기술 시스템의 첫 번째 기술이 무엇이죠?")은 주의 집중과 자신감 향상으로 이어질 수 있다. 지도자가 인지 과부하를 경험하는 참여자에게 복잡하고 어려운 개입을 하면 길 밖 행동이 나타날 수 있다.

기술 훈련 지도자는 수업을 따라가기 힘들어하는 참여자를 위해 개입을 조정할 필요가 있다. 열린 질문(예: "그것에 대해 어떻게 느끼세요?")을 피하고 간단한 닫힌 질문(예: "그것이 도움이 된다고 생각했나요?")을 하면 참여를 도우면서 감정적으로 힘들어지지 않게 할 수 있다. 참여자가 인지 과부하를 경험하고 있다면 힘든 주제를 꺼내거나 개인적인 질문을 하여 참여자가 더 힘들어지게 하면 안 된다. 수업에 잠시 참여하지 않고 혼자 시간을 갖고 평정을 되찾게 하는 것도 도움이 된다.

행동 전략

『DBT 기술 훈련 입문』(Linehan, 2015a, pp. 90-95)에 기술 훈련에서 사용하는 수반성 관리 기법이 정리되어 있다. 수반성 강화, 자연적 강화물, 조성, 소거, 처벌, 한계 관찰, 노출, 인지 재구성, 수반성 명료화에 대한 설명이 제시되어 있다.

기술 훈련 지도자는 기본 행동 전략을 이해하고 있어야 한다. 여기서 나는 기술 훈련 지도자에게 행동주의를 가르치려 하기보다는 기술 시스템을 가르칠 때 행동주의 요소를 통합하는 방법을 강조하고자 한다.

조성

학습 장애가 있는 참여자는 복잡한 과제를 점진적 과정을 통해 배워야 한다. '조성'은 연속적 접근의 단계를 강화하는 행동 기법이다. 참여자는 큰 목표를 향한 작은 단계의 목표에 도달할 때마다 보상을 받는다. 회상을 촉진하기 위해 E-나선의 입력 국면에서 조성의 원리를 사용하도록 한다. 학습을 A, B, AB, C, ABC의 순서로 단계별로 진행하는 것이 한 가지 예이다. 이런 식의 연습은 인지 장애가 있는 참여자가 정보를 통합할 수 있도록 돕는다. 이런 반복된 조성 패턴으로 도식 형성이 가능해진다. 그냥 ABCDEFG를 가르치는 경우, 더 많은 정보를 접할 수는 있지만 각 단계 사이의 연결이 강화되지 않아 정보 통합과 회상이 쉽지 않다.

개인 또는 집단 기술 훈련에서 다중 요소 개념의 모든 필수 요소를 가르치기 어려울 때가 있다. 지도자는 즉각적인 상황에서 가장 도움이 되는 요소들을 분리해 내고 우선순위를 정해야 한다. 그 순간에 가장 중요한 것만 다루고, 나머지 요소에 대한 학습은 다음 기회로 미룬다. 참여자는 현재 상황과 관련된 내용을 더 쉽게 배우기 때문에, 관련성이 없는 정보에 인지 자원을 낭비하지 않을 수 있다.

정적 강화

기술 훈련 지도자는 회기 중에 참여자들이 보이는 길 따라 행동을 강화해야 한다. 참여자들을 계속해서 살펴보고 노력을 보이거나 향상된 점이 있는지 알아차린다. 능숙한 행동에 대해 명확하게 기술 이름을 붙여 주고, 그 행동이 나온 맥락을 강조하고, 정적 강화를 하여야 한다. 예를 들어, "자료집을 밀어 두고 집단 활동으로 주의 전환을 하는 모습을 보았어요. 훌륭한 길 따라 행동하기의 길 바꾸기 기술이네요!"라고 말할 수 있다. 작든 크든 성취를 알아차리고 강화하는 것은 매우 중요하다.

수반성 관리

　참여자들은 가끔 집단에 해가 되지는 않지만 함께 배우는 분위기를 방해하는 행동을 한다. 참여자의 행동이 집단 과정에 도움이 되지 않을 때, 지도자는 소거(extinction)를 사용한다. 간헐적으로 방해 행동을 강화하는 일이 생기지 않도록 그 행동에 반응하지 않아야 한다.

　어떤 참여자는 문제 행동 또는 수업 방해 행동을 해서 집단 과정에 부정적 영향을 줄 수 있다. 이런 행동으로 인해 지도자가 잘 가르치는 게 힘들어지거나 참여자들의 배움이 어려워지는 경우, 지도자는 당사자에게 문제를 알려 주고 기술 코칭을 통해 문제를 해결한다.

타당화 후 문제를 언급하기

　기술 지도자는 일단 문제 행동을 한 참여자가 문제를 자각하지 못하거나 상황을 효과적으로 다룰 수 있는 기술이 없어서 그렇다고 가정한다. 따라서 수반성 관리에 들어가기 전에 코칭을 해 준다. 너무 이른 수반성 관리는 학습 과정을 중단시킨다. 타당화를 한 후 문제를 언급하는 것이 개입의 첫 단계이다. 예를 들어, "팀, 빨리 토론에 뛰어들고 싶어 한다는 것을 알아요. 그리고 팀의 생각도 좋고요. 그런데 대화를 끊으면 다른 사람들의 생각을 못 듣습니다. 그리고 사람들의 말을 따라가기도 어려워요. 어떤 뜻인지 이해하셨나요?"라고 말할 수 있다. 참여자가 문제를 알아차릴 수 있다면 스스로 행동 수정을 해 볼 기회가 생긴다. 행동을 조정하도록 도울 때 유머를 사용하면 가벼운 분위기를 유지할 수 있다. 수용(타당화)과 변화 사이를 오가는 DBT 접근은 자기무시(self-invalidation)를 줄이고 대립되는 관점의 통합을 촉진한다.

기술 코칭하기

　문제 행동이 계속되면 문제 행동 알려 주기, 교정적 피드백, 효과적 대안 행동 코칭을 더해야 한다. "팀, 다른 사람의 말을 조금 덜 끊는 것 같아요. 그런데 아직은 우리에게 영향을 주네요. 저나 다른 참여자들이 기술 코칭을 해 드릴까요?"라고 말할 수 있다. 기술 지도자는 기술을 가르치는 목표에 주의를 기울이고, 참여자의 길 밖 행동에 대해

정적 강화를 주지 않아야 한다. 이상적으로는 보조 진행자가 이 문제를 다루고 지도자는 나머지 참여자들과 계속 집단을 진행할 수 있으면 좋다.

집단 시간 도중 코칭은 짧고 간결해야 한다. 사진 찍기와 길 따라 생각하기를 빨리 복습하면 때로 문제를 해결해 준다. 다음과 같은 질문이 도움이 된다.

- "숨을 크게 쉬어 볼까요?"(사진 찍기)
- "느낌 점수가 지금 몇 점이지요?"(사진 찍기)
- "어떤 행동을 하고 싶은 충동이 드나요?"(사진 찍기)
- "……을 하고 싶은 충동이 도움이 되나요(엄지 척), 안 되나요(엄지 꽝)?(길 따라 생각하기)
- "지금 어떤 행동이 자신에게 도움이 될까요?"
- (어떤 기술을 사용해야 할지 스스로 결정하기 힘들어한다면) "다른 참여자들이 아이디어를 내면 어떨까요?"
- "지금 할 수 있는 길 따라 행동에 무엇이 있을까요?"

기술 지도자는 가능하다면 당사자가 상황을 낫게 하는 계획을 짜도록 지도한다. 이런 상황이 문제 행동을 한 참여자와 다른 사람들에게 기술을 가르칠 수 있는 좋은 기회이기는 하지만, 혹시 이런 개입이 문제 행동을 한 참여자의 길 밖 행동을 강화하지는 않는지 살펴야 한다. 전체 수업 진행이 어려워지면 문제 행동을 한 참여자는 잠시 나가서 마음을 가다듬도록 한다. 이때 보조 진행자가 집단실 밖에서 개인 코칭을 해 줄 수 있다. 감정이 자주 격해지는 참여자들이 안전 계획을 써 두고 집단 회기 중에 계획을 따르도록 하면, 힘든 감정을 느끼는 참여자들이 집단에 미치는 부정적 영향을 줄이면서 동시에 기술을 연습해 보는 기회를 줄 수 있다.

6장으로 넘어가며

6장에는 12주 기술 시스템 교육 과정에서 사용하는 교습 전략을 소개한다. 전략의 개입과 진행을 배우면, 기술 훈련 지도자는 자신이 사용할 수 있는 교습 도구를 더 많이 지니는 셈이다. 많은 자원을 갖춘 기술 지도자는 높은 효능감을 가지며 참여자들이 배울 기회를 최대화하는 유연한 방식으로 수업을 진행할 수 있다.

Chapter 06

E-나선
교습 전략

이 장에서는 7장의 12주 교육 과정에서 강조하는 다양한 교습 전략과 활동을 소개한다. 이는 E-나선의 여러 국면과 엮여 학습 과정을 증진시킨다. 5장에서 살펴본 신속 평가와 행동 전략 또한 기술 시스템을 지도하는 데 통합하였다.

기술 훈련 회기 준비하기

기술 훈련 지도자는 집단 전에 활동, 자료, 연습, 그리고 회기 안에서 일어나게 될 논의를 조직하는 교습 계획을 만든다. 어떤 훈련 지도자들은 교육 과정을 복사하여 초점을 맞출 부분에 강조 표시를 하고 집단을 안내하기도 한다. 특정 회기에 사용할 E-나선 활동의 목록이 있으면 촉진자 역할을 하면서 읽어 나가기 쉬울 수 있다. 여러 아이디어를 가지고 있다면 훈련 지도자가 필요한 만큼 길 바꾸기를 하는 데 도움이 될 것이다. 이러한 종류의 계획은 훈련 지도자가 잘 조직하여 진행하도록 하고, 집단 중간에 계획이 바뀌어야 한다면 효과적으로 전환할 수 있도록 돕는다. 만약 훈련 지도자가 허

등대거나 체계적이지 못하다면, 집단 구성원의 조절 문제 수준을 가속시킬 수 있다. 훈련 지도자가 경험이 더 많다면 수업 내용의 기록 없이도 교습 기회를 극대화하는 데 필요한 응용력을 발휘할 수 있을 것이다.

발달 차이

경험을 통해 나는 청소년과 성인에게 기술을 가르치는 과정에는 어마어마한 차이가 있음을 알게 되었다. 청소년을 가르칠 때에는 주의 집중, 관련성 연결, 학습이 계속 일어나도록 개입을 적용할 준비가 되어 있어야 한다. 자율성, 정체성, 독립을 향한 청소년기의 발달 욕구는 전략적으로 다루어야 한다. 성인 훈련 지도자와 청소년 사이에는 말해지지 않은 권력 차이가 있고 이는 기술 지도에 대한 청소년의 반응을 방해하는 부수적 갈등을 일으킬 수 있다. 집단이 활동, 논의, 연습을 이끌도록 하는 연습은 노력을 개선해 준다.

성인 집단의 속도는 더 느린 것 같다. 성인 집단은 보다 완만한 속도로 움직이고, 훈련 지도자와 집단 사이에 성찰과 협력을 더 가능하게 해 준다. 훈련 지도자가 이러한 발달 차이를 이해하는 것은 중요하고, 그에 따라 전략을 응용해야 한다. 기술 훈련 지도자는 12주 교육 과정을 쓰면서 주기적으로 기술 파도타기 모형으로 전환할 수 있다. 모든 기술 훈련 지도자와 집단은 각기 독특하다.

자료를 다루어 나가기

12주 교육 과정 형식을 쓰면서 기술 시스템 자료를 살피는 첫 주기 동안에는 기술 정보의 기본을 소개하는 게 중요하다. 예를 들어, 개념을 전반적으로 개괄하기 위해서 몇 개의 자료를 최소한의 깊이로 살펴보는 계획을 세울 수 있다. 연습이나 논의는 더 간단할 수 있다. 자료를 깊이 있게 탐색하는 일은 이후 주기에서 일어날 것이다. 기술 시스템 교육 과정의 여러 주기를 진전해 나가면서, 주제에서 뻗어 나간 가지를 탐색하는 데 더 많은 시간을 들인다. 이때는 제시하는 자료의 양보다는 개념을 통합하도록 돕는 논의와 연습의 질이 더 중요해진다.

교습 계획은 집단 회기를 진행하면서 맞춰 나간다. 집단 초기에 참여자들이 다양한 개괄과 논의 속에서 개인 정보를 나눌 때, 훈련 지도자는 참여자의 경험을 새로운 주제와 어떻게 연결 지을 것인지 구성해 나간다. DBT 치료자가 변화와 수용 전략 사이를 오가는 것처럼(Linehan, 1993a), 기술 시스템 훈련 지도자는 과거와 현재의 학습을 엮어 나간다. 훈련 지도자는 기존의 강점에서부터 쌓아 나가며, 연관성을 통해 참여자들에게 동기를 부여하는 방식으로 가르친다. 따라서 과제를 수행해 나가는 일은 매우 역동적인 과정이 된다. 기술 훈련 지도자는 변화하는 집단의 욕구에 맞추기 위해 지속적으로 교습 계획을 수정한다.

다음은 기술 시스템 집단의 일반 구조를 보여 준다. 이는 집단 형식을 구성할 때 쓸 수 있는 제안이고 원리이다. 집단 구성과 구조에 영향을 미치는 변인은 많다(예: 연령, 성별, 정신건강 프로파일 그리고 지적 기능). 각 훈련 지도자는 집단의 욕구에 맞추어 기술 지도를 설계해야 한다. 교습 전략을 맞춰 나가는 것처럼 집단 형식 역시 실험해 나가는 게 필요하다. 나 혹은 경력 있는 다른 기술 시스템 집단 리더의 자문을 구하면 도움이 될 수 있다.

E-나선 1국면: 기존 지식 기반 탐색

〈표 6-1〉은 E-나선의 첫 국면에 관한 개요이다. 기존 지식 기반 탐색과 교습 전략이다.

환영하기

기술 훈련 회기에서 사람을 맞이하는 방식은 중요한 기본 요소이다. 훈련 지도자는 참여자와 유쾌하고 평등한 관계를 시작하기 위한 명랑한 대화를 이끈다. 이러한 비구조화된 상호작용 시간 동안 기술 훈련 지도자는 기술 훈련 활동을 시작하기 전에 신속 평가를 하여 각 참여자의 상태를 평가한다. 예를 들어, 기술 훈련 지도자가 수다를 하기 시작하면, 참여자의 느낌 점수를 평가할 수 있다. 훈련 지도자는 인지 과부하를 점

〈표 6-1〉 E-나선 1국면: 기존 지식 기반 탐색

기존 지식 기반 탐색: 과거 학습 회상하기(복습)

- 환영하기
- 주의 초점을 위한 마음챙김 활동
  - 기술하기 질문
- 기술 시스템 복습
- 숙제 검토
  - 드러내기 질문
  - 명료화 질문
- 새로운 기술 주제 소개
- 논의: 새로운 주제에서 기존 지식 탐색
  - 평가하기 질문
- 논의: 새로운 주제와 관련 맥락 짓기
  관련 맥락 질문

검하고 참여자의 현재 상태를 반영하는 개입을 조성해 나가는 과정을 즉시 시작한다.

집단 참여는 강한 정서를 유발할 수 있다는 점을 반드시 인식해야 한다. 집단 전에 참여자가 부정적 행동이 강해지는 게 보인다면, 안전 문제가 유발되기 전에 다루는 것이 가장 좋다. 참여자가 조용한 곳에 앉거나, 새로운 나 활동을 하거나, 잠시 산책을 하여 각성을 낮추도록 안내할 수 있다.

집단 과정 준비

집단 참여자가 모든 자리에 앉으면, 훈련 지도자는 집단 규칙을 훑으며 실행 계획을 설명한다(예: 시간표, 일정, 화장실 사용, 휴대전화 사용, 휴식 시간, 간식, 교통 수단 등). 또한 집단은 관련된 다른 여러 사항을 논의하고, 모두가 확실히 이해하도록 한다. 훈련 지도자가 집단 구조를 안내하는 데 E-나선 틀을 사용한다면, 매 회기에 기본 진행 형식을 소개할 것이다.

지도자가 배우는 네 가지 E-나선의 공식 명칭을 직접 쓴다면 말이 어렵고 높은 인지 부하를 주므로 도움이 되지 않는다. 전반적인 준비를 위해서 용어를 단순화시키는 게 유용하다. 집단의 첫 부분은 복습(기존 지식 기반 탐색), 둘째 부분은 새 학습(입력)이다.

세 번째 부분은 연습(정교화), 마지막 네 번째 부분은 실생활(효능)이다. 훈련 지도자는 칠판에 단순화시킨 용어를 적어 활동을 전환시킬 때 집단을 준비시킬 수 있다.

어떤 집단에서 이러한 틀은 필요하지 않고 오히려 외재 인지 부하를 유발시킬 수 있다. 또 어떤 집단은 학습 과정에 대한 메타인지 자각이 증진되어 이득을 볼 수도 있다. 따라서 훈련 지도자는 활용할 수 있는 여러 도구를 가지고 있어야 하고, 집단의 필요를 평가하며, 학습 경험을 최적화하기 위해 융통성 있게 일해야 한다.

마음챙김 활동

기술 훈련 회기는 보통 마음챙김 활동으로 시작하여 참여자가 현재 순간에 주의 초점을 두도록 돕는다. 개별 활동은 7장에서 교육 과정 예시를 통해 설명한다. 이 연습을 하는 것은 참여자를 현재 맥락으로 유도하고, 동시에 주의를 통제하는 기술을 가르치기 위해서이다.

교육 과정의 마음챙김 연습은 티베트 볼(Tibet singing bowl, 나는 '종'이라고 부르는)을 두드리면서 시작하거나 끝맺고, 혹은 연습 중간에 두드려서 주의 단서를 제공한다. 사실 종 없이도 마음챙김 연습을 할 수 있지만 모두들 종을 쓰는 것 같다. 티베트 볼을 사고 싶다면 온라인에서 구할 수 있다.

마음챙김 활동에 이어, 참여자들은 연습 동안 관찰한 바를 나누며 논의한다. 모든 참여자가 경험을 기술할 기회를 허용하면서, 그들은 자기자각(관찰)과 자기표현(기술)을 연습한다. 자기자각 행동(나 알기)의 숙달은 자기수용(나 받아들이기), 자기가치(나 소중하게) 그리고 자기신뢰(나 믿기)를 발달시키는 핵심 첫걸음이다.

기술 훈련 지도자가 모든 활동을 충분히 설명하는 건 매우 중요하다. 명료한, 한 땀 한 땀의 지시는 참여자가 활동이 무엇이고 자신이 무엇을 해야 하는지 충분히 이해하는 데 필요하다. 참여자가 경험할 수 있는 어려움이나 가능한 해결책을 짚어 주어도 도움이 된다. 예를 들어, 호흡 활동을 하는 방법을 설명할 때, 훈련 지도자는 주의가 호흡에서부터 멀어지는 점을 이야기할 수 있다. 주의가 배회함을 알아차리고 호흡으로 다시 돌아오는 방법으로 해결한다.

'기술하기' 질문

'기술하기' 질문은 집단 활동이나 경험과 관련된 참여자의 관찰을 촉진하기 위해 묻는다. 예를 들어, 마음챙김 호흡 훈련을 한 후, 기술 훈련 지도자는 개별 구성원의 활동 경험을 이끌어 내기 위해 기술하기 질문을 한다. "이 활동을 하면서 무엇을 알아차렸습니까?"

기술 시스템 복습

마음챙김 활동을 나눈 후에는 기술 목록과 시스템 도구를 복습한다. 훈련 지도자는 기술 시스템 복습 질문(p. 310)으로 복습하거나, 기술 이름과 숫자, 느낌 점수, 기술 구분, 기술 요리법의 회상을 촉진할 수 있는 재미있는 게임을 만들 수 있다. 새로 온 구성원에게 기술 자료집이나 기술 계획 지도(부록 B, p. 432)를 살펴보는 시간을 주면 참여를 증진하는 활동 예시를 제공할 수 있다.

사람들에게는 힌트가 필요할 수 있다. 그림 단서, 몸 동작, 기술 첫 문자 주기, 소리 내기 등을 통해 복습 시간에 재미있게 회상을 촉진할 수 있다. 기술 복습의 목표는 기술 지식을 장기 기억에 저장하는 것이다. 이는 새 구성원에게도 유용한데, 중간에 집단에 합류한 사람이라면 이전에 다룬 기술을 살펴볼 수 있게 된다.

훈련 지도자는 기술 복습 활동으로 개별 참여자의 기술 지식을 평가할 수 있다. 따라서 모든 집단 구성원이 이 과정에 참여하는 게 유용하다. 참여자가 시각 단서에 의존하다가 점차 자료 없이도 대답할 수 있다면 가장 좋은 결과이다. 참여자가 몇 가지 기술만 아는 상태에서 점차 모든 기술을 알게 되는 게 훈련 지도자의 희망이다. 용어의 지식이 넓어지고 단독으로 회상하는 능력이 생기면 일상 환경에서도 기술을 사용할 가능성이 높아진다.

집단 구성원은 외현 기술 지식의 습득 면에서 다양한 수준을 보이는데, 이는 정보를 끄집어낼 수 있는 능력에 반영되어 나타난다. 그러나 지적 장애로 진단받은 어떤 사람들은 외현 지식이 아닌 암묵 지식을 발달시킨다는 점이 중요하다. 암묵 지식을 습득하는 사람은 정서를 다루는 방식을 통해 변화를 만들어 가겠지만, 그 과정을 말로 설명하지는 못할 수 있다. 훈련 지도자는 개별 참여자의 각기 다른 학습 양상에 마음챙김을 해야 하고, 그에 따라 평가 과정을 달리해야 한다.

숙제 검토

기술 시스템 복습에 이어 사람들은 전 주에 연습하도록 배정된 기술을 활용한 경험을 나눈다. 목표는 개별 일상 환경에서 효과적인 기술 사용을 발달시키는 것이다. 이는 기술 일반화에 영향을 미치는 내외적 요인을 논의할 중요한 기회이다.

DBT 치료 맥락에서 기술 일기 카드(부록 A, p. 309)는 한 주 동안 연습한 기술을 매일 기록하기 위해 쓴다. 기술 연습을 격려하기 위함은 물론이고, 일기 카드는 집단 내에서 숙제를 복습하는 동안 회상을 촉진한다. 기술 시스템 일기 카드에 매일 하나의 상황, 느낌 점수, 그리고 그 상황을 다루기 위해 사용한 기술 고리를 적어 둔다.

집단에서 숙제 검토를 할 때, 각자의 이름과 성취를 칠판에 적어 두면 도움이 된다. 적응적인 기술 사용과 각자의 진전을 긍정적으로 강화하는 것이 중요하기 때문이다. 정보를 적어 두면 지도자가 개인의 경험에서 서로 공통되는 지점을 연결 짓기 편할 수 있다.

숙제 검토 과정은 새로운 학습을 준비하기 위해 기술 정보를 기억에서 인출하고 점화시키는 역할을 한다. 인지 결함이 있는 사람은 기존의 지식 도식 위에 무언가를 쌓아 올릴 때 가장 효과적으로 배운다. 복습은 장기 기억의 개념 사이를 연결 짓는 데 도움이 되고, 계속 기술을 사용하면서 점차 인지 부하가 적은 상태에서 재인과 회상을 촉진받는다.

집단에서 공유한 각자의 경험이 유용한 교습 예시인지에 대해 신속 평가를 내려야한다. 한 주제가 흥미롭고 잘 맞는다면, 집단의 주의를 유지하는 동시에 기술 적용의 좋은 예시를 제공하는 균형을 잡을 수 있다. 반대로 주제가 지나치게 자극적이고 강한 감정을 유발한다면, 인지 부하 요구가 증가하여 학습에 방해가 된다.

드러내기 질문

훈련 지도자는 집단 만남에서 숙제 검토 시간에 각자 기술을 사용한 예시를 묻는다. "이번 주 숙제는 길 따라 생각하기였지요. 이 기술을 쓴 이야기를 나눠 주실 분?" 훈련 지도자는 참여자가 한 주 동안 특정 기술을 쓰고 그것을 다른 기술과 연결 지은 상황을 기술하도록 한다. 개인 정보 공개보다는 기술 통합에 핵심이 있다.

드러내기 질문은 집단의 다양한 E-나선 국면에서 계속 쓰인다. 개별 예시는 집단이 학습을 넓히고 맥락을 연결 짓도록 돕는다. 예를 들어, "다른 사람에게 원하는 것을 요청하는 데 어려웠던 적이 있나요?" "무슨 일이었어요?" "원하는 대로 잘 요청했나요?"와 같은 질문은 일상 환경에서 다뤄야 하는 어려움과 요소들에 관해 교육을 제공한다.

각자가 자기공개에 능숙해지도록 돕는 것은 매우 중요하다. 지도자는 집단 논의가 초점이 맞춰져 있고 모든 사람이 참여하도록 하기 위해 내용과 시간 관리를 안내해야 한다. 발표자의 문제를 다루는 것이 때로 필요하지만, 지나치게 개인적이거나 각성을 주는 사건을 구체화시켜 버리면 집단 구성원에게 조절 문제를 야기할 수 있다. 훈련 지도자는 특정 주제를 개인 치료자와 혹은 집단이 끝나고 훈련 지도자와 상의하도록 요청할 수 있다. "메리, 아주 힘든 상황으로 보이네요. 우리 둘만 집단 끝나고 얘기하면 가장 좋겠다는 생각이 드는데 어때요?" 만약 참여자가 집단 안에서 이야기하겠다고 주장하면, 지도자는 주제에 다시 주목시키고 집단이 끝나고 이야기를 나눌 때까지 기다리기 위한 기술 코칭을 제공할 수 있다. 예를 들어, "이 문제에 대해 이야기하고 싶고, 그리고 기다리기가 때론 힘들다는 걸 잘 알겠어요. 우리가 나중에 이야기할 텐데, 그 전까지 집단에 집중하는 데 도움이 되는 기술이 무엇이 있을까요?"와 같이 말할 수 있다. '그리고'라는 단어를 쓰는 게 도움이 된다. 이는 상황에 대한 타당화와 수용의 메시지를 전달함과 동시에 효과적인 행동을 활성화하는 전환점을 제공한다.

명료화 질문

숙제 복습 동안 명료화 질문을 사용하면 한 주제에 대해 보다 깊고 구체적인 이해를 촉진시킨다. 예를 들어, 참여자가 한 주 동안 있었던 상황을 기술하고자 할 수 있다. 그런데 구체적인 이야기나 시간 순서가 따라잡기 어렵거나 모호할 수 있다. 이 경우 지도자는 명료화 질문을 한다. "우리가 더 또렷이 이해할 수 있도록 그것에 대해 조금 더 이야기해 줄래요?" "이해하게끔 도와주세요. 화요일에 처음 동료와 다투었고, 수요일에 상사에게 전화를 했다고요?" 참여자가 순서 정렬에 어려움이 있다면 사건의 연결 고리를 회상하는 데 도움이 필요할 수 있다.

더욱이 명료화 질문은 자기자각을 개선하는 데 도움이 된다. 예를 들어, "상사와 만나러 들어가기 직전에 어떤 몸 느낌을 알아차렸나요?"와 같이 물을 수 있다. 기술 훈련 지도자는 참여자와 집단이 명료하고 개선된 이해를 보이도록 돕는다. 더 명료해지는 과정을 경험하는 것은 학습에서 중요한 측면이다.

훈련 지도자는 기술하기, 드러내기 및 명료화 질문을 하여 참여자 경험 사이의 공통점을 짚어 연결하는 설명을 할 수 있다. "케빈, 제임스, 메리 셋이 모두가 이번 주에는 동료 사이의 어려움을 겪었어요." 지도자는 핵심을 짚고 집단이 다룰 기술 주제에 관한 논의로 이어 간다. 예를 들어, 한 주간 배울 기술에서 직장 관계를 관련 맥락으로 초점을 두는 방법이다. 공통 지점을 찾아 다양한 원천에서 나온 재료 위에 잘 통합된 전체를 만들어 낼 수 있다. 이에 더하여 연결을 통해 서로가 비슷한 경험을 한다는 타당화를 제공한다.

새로운 기술 주제 소개

이전 주의 기술 사용을 복습했다면(예: 3주 – 사진 찍기), 이제 새로운 학습을 위한 주제를 소개할 시간이다(예: 4주 – 길 따라 생각하기). 지도자는 주제에 관한 간단한 개요만을 제공한다. 소개의 목표는 자료를 가르치기보다는 새 주제와 연관된 기존 지식 탐색 과정을 시작하는 데 있다.

논의: 기존 지식 탐색

훈련 지도자는 새 주제에 관한 논의를 일으켜 숙제 검토에서 나온 정보를 확장시킨다. 예를 들어, 숙제 검토에서 사진 찍기 경험을 다루었다고 하면, 새 주제(길 따라 생각)로 전환하는 논의에서는 참여자가 각자의 상황에서 자신의 생각이나 충동에 대해 무엇을 알아차렸는지 깊이 있게 탐색해 보도록 각 사건을 짚는다. 구체적으로 생각과 충동에 주의하면 길 따라 생각하기에서 점검의 기본 정보를 찾을 수 있다. 지도자가 기존 지식 기반에서 주제를 확장하여 관련된 새로운 정보를 소량 포함시키면, 관련 없는 다른 주제로 전환할 때보다 인지 부하 요구가 낮다.

집단 구성원과 훈련 지도자가 함께하는 논의는 기술 시스템 지도에서 유용한 개입이다. 참여자는 자신을 성찰하고 표현할 기회를 갖게 될 때 다양한 측면에서 성장한다. 첫째로, 각자가 기술 행동을 취하는 셈이다. 더구나 논의에 참여하고 기술 탐색을 같이 하면서 진짜 나(나 알기, 나 받아들이기, 나 소중하게, 나 믿기)를 작동시킬 기회를 얻는다. 예를 들어, 다른 사람을 알게 되고 성취감을 느끼면, 나 알기가 강화된다. 유사하게, 다른 사람에게 경청하고, 다른 사람이 자신에게 경청하면, 나 받아들이기가 쌓인다. 나 소중하게와 나 믿기는 훈련 회기 동안 상호작용하고 기술을 쓰면서 발달한다. 각자가 다른 관점을 지니는 동시에 집단 구성원이 함께 존재하고 안전하게 협력할 수 있다는 점에서 변증법에 관한 암묵적인 배움을 얻는다.

평가하기 질문

평가하기 질문은 주어진 주제에서 기존 지식을 평가하기 위해 쓴다. 예를 들어, 길 따라 생각하기가 주제이면 다음과 같이 물을 수 있다. "생각과 충동 사이의 차이점이 무엇일까요?" 기술 훈련 지도자는 각자의 지식과 능력을 평가하기 위해 기본 정보를 촉진시킨다.

참여자는 논의하는 동안 부정확한 정보를 내보일 수 있다. 지도자는 참여한 점에서 정적 강화를 제공하고, 더 정확한 답이 여전히 필요하다고 소통한다. 예를 들어, "좋아요! …… 거의 다 됐어요." "점점 더 가까워졌는데 아직 남았어요. 계속 시도합시다." 훈련 지도자는 신속 평가 과정을 사용하여 질문을 만들거나 힌트를 더 주어 참여자들이 원하는 답이 무엇인지 이해하도록 한다. 구성원이 어떤 정보가 정확한지 알도록 하기 위해, 훈련 지도자는 핵심을 재차 말하고, 정적 강화를 제공하며, 칠판에 정확한 문장을 적는다.

훈련 지도자는 효과적인 행동을 강화하기 위해 언어로 칭찬한다. 집단 구성원이 함께 협력하여 맞는 답을 찾았다면, 집단을 칭찬한다. 만약 한 사람이 맞는 답을 말했다면, 그에게만 칭찬하는 것이 가장 좋다. 훈련 지도자는 집단 안에서 길 따라 행동이 발생하는 즉시 강화하여 적응 행동을 보다 격려한다.

기술 훈련 지도자는 피드백을 신중하게 구성하여 변증법 관점을 가르칠 수 있다. 예를 들어, "네, 저도 전에 그렇게 생각했어요."는 "당신이 맞아요."와 다른 메시지를 전달한다. 전자는 변증법 관점을 보다 취하고 있고, 가치와 진실이 다양한 관점에 있다는 점을 전달한다. 이는 한 상황에서 여러 측면이 있고, 단지 옳고 그름만 있지 않음을 가르친다. 이 변증법 태도는 참여자가 상호 관계(정체성을 유지하면서 다른 사람들과 연결되기)에 참여하는 능력을 증진시키는 기초 관점을 가르친다. 지적 장애를 진단받은 사람에게 변증법은 외현보다는 암묵으로 가르치는 게 더 효과적이다. 지도자는 흑백의 양극 관점에 초점을 맞추기보다는 상황의 회색 지대를 논의하도록 안내한다.

관련 맥락 짓기

관련 맥락 질문

동기와 흥미는 학습의 핵심 재료이다. 관련 맥락 질문에는 새로운 기술이 어떻게 목표 달성을 도울 수 있을지 강조하려는 의도가 있다. 예를 들어, "길 밖 충동이 어떻게 직장에서 문제가 될까요?" "상사에게 월급 인상을 바랄 때, 길 밖 충동대로 행동한다면 어떤 일이 벌어질까요?" 정서, 생각, 행동을 잘 다룰 때 실생활 요소를 전략적으로 개선할 수 있다는 점이 눈에 보인다면, 동기가 증가할 수 있다.

흥미를 촉진하는 데 더하여, 집단 논의에서 맥락에 맞는 시나리오를 사용하면 개인, 특정 맥락, 보다 일반적인 사회 맥락에 관한 중요한 정보를 장기 기억에 저장하는 데 도움이 된다. 시나리오를 구성하는 무수한 내외적 측면을 집단 안에서 논의하면 행동 및 해결 분석 과정이 맞춰지고 보다 완전한 자각이 이루어진다. 상황에 대한 정보 조각들과 기술이 도식으로 통합되는 과정이다.

지각 추론 결함은 지적 장애의 진단 기준에 해당한다(American Psychiatric Association, 2013). 관련 도식 형성이 증진되면 다른 영역의 기능 결함을 개선하는 기반이 만들어진다. 예를 들어, 자각의 작동을 확장하고 기술 지식 기반을 쌓으면 지각 추론과 문제 해결을 개선할 수 있는 기반이 마련된다. 이를 위해 집단의 첫 국면에서 나눈 정보를 이후 E-나선형 입력, 정교화, 효능 단계의 논의와 연결 짓는다면 학습과 기능에 강한 영향을 미칠 수 있다.

관련 맥락을 논의하는 동안, 훈련 지도자는 중요한 장면(예: 직장)에 주목하도록 안내한다. 집단 구성원은 그 맥락에서 효과적이거나 효과적이지 못한 행동에 대한 지각을 탐색한다(예: 집중하는 행동은 길을 따르는 것이고, 동료에게 소리 지르는 행동은 길에서 벗어 났다). 업무에서 집중을 높이고 동료들과 갈등을 줄이도록 돕는 기술을 배운다면 고용 주로부터 월급 인상을 받을 가능성이 높아진다는 점을 이해하게 될 수도 있다. E-나선 의 기존 지식 기반 쌓기 국면은 새로운 학습과 정교화가 확장되고 강화될 수 있는 도식 을 쌓는 기반을 제공한다.

어떤 집단, 특히 청소년 집단과 같은 경우 정서조절 문제가 높은 수준일 수 있다(예: 트라우마와 연합된 과각성). 실제 삶의 맥락을 탐색하다 보면 강한 정서를 촉발할 수 있 고 즉각적인 인지 과부하의 원인이 될 수 있다. 이때에는 개입을 조정하고 관련된 가상 시나리오를 만들 필요가 있다. 물론 통상적인 상황은 실제 삶의 상황만큼 동기를 작동 시키지 못한다. 그렇다면 미디어 속 이야기나 유명인 이야기를 사용하여 인지 부하를 충분히 감당할 만큼 거리를 유지하는 동시에 학습을 유지할 수 있는 흥미 역시 자극할 수 있다.

E-나선 2국면: 새 주제를 가르치는 활동 입력

〈표 6-2〉는 E-나선 2국면의 개요이다. 집단 구성원이 기존 지식 기반을 탐색한 뒤 에는 새로운 정보를 학습할 준비가 되었다. E-나선의 입력 국면의 목적은 새로운 기술 정보를 정확히 배우는 데 있다. 기술 시스템 교습 모형에는 광범위하고 다양한 입력 활 동을 쓴다.

직접 지시와 요점 설명도 필요하지만, 다양한 방법의 전략 역시 핵심이다. 다양한 방법의 교습 전략은 언어적·비언어적 자극의 '이중 입력(dual coding)'을 제공하여 (Najjar, 1996, p. 14) 회상을 개선할 수 있다. 수업 자료, 도표, 단서 그림, 제스처, 물건 등의 사용은 정보 입력을 촉진하는 일반적인 전략이다. 훈련 지도자는 재료를 통합할 때 드는 인지 부하 요구에 반드시 주의해야 한다. 보조 정보는 확장된 정보를 제시하기 보다는 친숙한 지점을 뒷받침해야 한다. 기술 시스템을 지도할 때에는 관련 주제와 연 관된 시각, 공간, 청각 그리고 의미 정보를 입력하도록 한다. 이러한 다양한 방법의 접 근은 학습 손상이 있어도 정보를 입력, 보유, 인출할 수 있도록 돕는다.

〈표 6-2〉 E-나선 2국면: 입력

입력: 새로운 주제를 가르치기(새 학습)
• 입력을 증진하는 직접 지도 　-요점 설명 　-수업 자료: 요약지, 소개지, 활동 예시 　-도표 　-제스처 　-물건 • 입력을 증진하는 논의 　-내용 질문

입력을 증진하는 직접 지도 활동

요점 설명

요점은 7장의 12주기 교육 과정에서 제공하는 발췌 부분이다. 이 요점은 인용문으로 제시하였다. 인용은 요점 설명에서 똑같이 말해야 한다기보다는 기술 훈련 지도자를 위한 활동 예시를 제공한다. 요점 설명은 기술 개념을 어떻게 설명해야 하는지에 관한 예시이다. 이 발췌는 그대로 읽으라고 주어졌다기보다는 훈련 지도사가 스스로의 언어로 해석하는 원리를 제공하기 위함이다. 요점 설명을 단순히 읽는다면 집단이 지루해지고 동기가 저하된다.

기술 시스템 지도는 강의 형식을 지양하며 질문-대답 시간에 더 집중한다. 입력 과정 동안 정확한 정보가 생성되도록 한다. 따라서 훈련 지도자는 명료하게 지시적인 질문을 하여 정확한 답을 유발한다. 예를 들어, "감정이 몹시 상했다면 마음이 보통 선명할까요, 흐릿할까요?"와 같이 질문할 수 있다. 대부분의 참여자는 '흐릿하다'가 더 정확한 답이라고 말할 것이다. 발견을 인도하는 질문은 퀴즈가 아니다. 참여자의 기존 지식을 확장하여 참여와 동기를 높이는 방법이다. 훈련 지도자는 질문과 대답 사이에 개념에 관한 요점을 설명한다. 입력과 개인 성장이라는 이득에 더하여, 이 질문-대답 형식을 통해 참여자의 개념 통합 정도를 효과적으로 검토할 수 있다.

직접 지도 이후에는 이해도를 평가하는 게 유용하다. 기억의 쇠퇴는 다양한 이유로 발생할 수 있다. 참여자가 요점을 정리할 수 있도록 질문하면 지도자가 통합 정도를 평가할 수 있다. 한 주제에서 다른 주제로 넘어갈 때 요약을 해 주면 학습을 강화하는 데 도움이 된다.

수업 자료

수업 자료는 기술 시스템 지도의 핵심 측면일 수 있고 7장의 교육 과정에서 기본이 된다. 모든 집단 구성원은 수업 자료 완성본을 가지고 있어야 한다. 요약지, 소개지, 활동 예시는 입력 단계에서 유용하다. 요약지는 집단에서 유용성이 덜하지만 가정 학습이나 상담원 훈련에서 도움이 될 수 있다. 각 영역을 시작할 때 수업 자료는 중요한 소개 정보를 제공한다. 활동 예시는 기술 개념을 설명할 때 논의하거나 활동지를 어떻게 채워야 하는지 안내하는 데 쓰인다. 개인의 이해 수준은 다양할 수 있지만, 수업 자료는 집단 학습 경험을 촉진하는 데 쓰일 수 있다. 중도에서 심각도 지적 장애를 진단받은 사람이 수업 자료를 읽을 수는 없을지라도, 자료의 시각적 보조 요소는 입력과 회상을 촉진시켜 준다.

기본 수업 자료는 부록 A에 제시되어 있으나, 집단과 개인 기술 훈련에서 기술 훈련 지도자들이 새롭게 만들기를 바란다. 예를 들어, 기술 훈련 지도자가 고유한 수업 자료를 가지면 좋다. 디지털 시각 자료를 통합하거나 재미있는 클립아트를 쓰기, 사진 스캔하기 등이 유용하다. 임상가는 시각 도구가 단순하고 분명하도록 주의하여, 재료가 야기하는 인지 부하 요구를 최소화하도록 돕는다.

수업 자료 개괄

수업 자료를 개괄하는 일은 대개는 기술 훈련 지도자와 참여자의 상호작용 과정이다. 훈련 지도자는 수업 자료의 글을 읽도록 참여자를 초대할 수 있고, 시각 자료가 무엇을 뜻하는지 아이디어를 제안할 수도 있다. 시간 제약이 있거나 집단이 명료히 알아듣도록 정보를 읽어 줄 사람이 없다면, 훈련 지도자가 읽을 수도 있다. 집단과 기술 훈련 지도자는 첫 장을 넘어가기 전에 수업 자료를 어떻게 볼지 계획을 세운다. 학습 과정에 모든 사람을 참여시키는 것이 중요하고, 이를 통해 관심과 자기효능감을 키울 수 있다.

기술 훈련 지도자는 집단에서 수업 자료를 잘 활용하도록 주의한다. 수업 자료가 정보의 틀과 시각적 부호화를 제공할지라도, 개인이 동시에 여러 활동을 해야 하면(예: 수업 자료 보기, 훈련 지도자의 말 듣기, 대답하기) 인지 부하가 증가한다는 점을 주의한다. 훈련 지도자는 신속 평가를 하고 조정한다. 예를 들어, 말없이 수업 자료를 보는 데 먼저 몇 분을 쓸 수 있다. 그리고 나서 지도자가 질문할 수 있고, 필요하다면 자료를 다시 볼 수 있는 충분한 시간을 준다. 전환은 인지 부하를 높인다. 따라서 안내 없이 한 자료에서 다른 자료로 빠르게 전환하는 경우 인지 부하를 높이고 학습을 낮춘다.

도표

논의 시간에 칠판이나 화이트보드, 전지에 도표를 그린다면 유용하다. 도표는 정보의 시각 입력을 제공한다. 예를 들어, 안전 계획을 어떻게 쓸지를 논의할 때, 훈련 지도자는 상승하는 곡선에 0, 1, 2, 3, 4, 5를 써서 1수준의 감정에서 5수준의 감정(자기, 타인, 물건을 해치기)까지 어떻게 올라가는지 보여 줄 수 있다. [그림 6-1]은 손에 잡히지 않는 개념을 보다 분명하게 설명할 수 있는 단순한 그림의 예시이다.

그림은 한 수준에서 다른 수준으로의 변화와 관련 행동을 보여 줄 수 있다. 집단은 결과를 바꾸기 위해 어떤 기술을 쓸 수 있었을지 논의할 수 있다. 새로운 곡선을 그려 효과적인 기술을 미리 썼다면 어떻게 진전됐을지 보여 줄 수 있다. 상황의 지형을 시각적으로 보여 줄 때 이해를 도울 수 있는데, 그림은 다양한 요인 사이의 관계를 암묵적으로 가르칠 수 있기 때문이다.

여러 색을 쓰면 활동이 더 재미있다. 다양한 색의 마커를 쓰면 개념 사이의 연관성을 이해하는 데 도움이 된다. 예를 들어, 사진 찍기에서 주황색을 쓰면 사진 찍기와 주황색 사이에 연합이 생긴다. 길 따라 생각에 빨강을 쓰면 주황색과 빨간색의 정보 간의

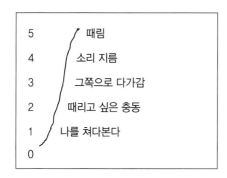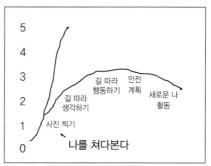

[그림 6-1] 화이트보드 도표의 예시

차이를 보도록 돕는다. 색상 그림은 정보의 정리를 돕고 외현 및 암묵 학습을 증진시킨다(Gold, 1972).

제스처

제스처는 가르칠 때 유용한 기술이다. 왜냐하면 추상 개념을 손에 잡히는 표상으로 만들어 주기 때문이다. 도움이 되는(목표로 가는 길) 행동을 엄지 척으로, 도움이 안 되는(길 밖) 행동은 엄지 꽝으로 이어 주는 제스처가 하나의 예시이다. 제스처는 인지 부하를 최소화하는 일반 지식을 이끌어 낸다.

물건

물건은 재미있고 유용하다. 예를 들어, 티베트 볼이나 종은 기술 시스템 집단에서 기본 도구이다. 벨 소리는 마음챙김 활동에서 주의를 유도하는 단서이고, 여러 벨 소리를 들으면 2국면 처리를 시작할 수 있다. 치어리더 방울 같은 물건은 응원하기 생각에, 빨간 깃발은 위험을 신호하는 데 쓸 수 있다. 기술 훈련 지도자는 기술 시스템의 요소를 대표하는 여러 물건을 사용하여 회상을 촉진시킨다.

입력을 증진하는 논의

내용 질문

내용 질문은 이전에 소개했던 정보를 회상할 수 있는 질문이다. "사진 찍기 기술에서 첫 단계는 무엇이죠?" 집단에게 정보 리허설을 여러 번 해 주는 게 중요하다. 이를 통해 자료가 장기 기억에 저장된다. 정보의 개별 단위에 대해 질문하는 것은 개념을 배우고 이를 기술 고리로 나열할 수 있는 가능성을 높인다. 만약 틀린 답을 하더라도, 지도자는 긍정을 잃지 않는다. "아니, 틀렸어요."보다는 "거의 비슷해요!" "다 왔어요. 다시 해 봐요!"와 같은 언급이 도움이 된다.

E-나선 3국면: 정교화를 증진하는 활동

〈표 6-3〉은 E-나선 3국면의 개요이다. 정교화란 확장된 입력 과정으로 "원 기억을 인출하는 개인의 능력을 개선하는 추가 기억 기록이다"(Najjar, 1996, p. 14). 정교화에는 두 가지 중요한 측면이 있다. ① 지식 확장과 ② 지식 연결이다. 정교화 국면에서 참여자들은 기술 개념을 연습하고, 기존의 기술 지식과 새로운 학습을 통합한다.

〈표 6-3〉 E-나선 3국면: 정교화

정교화: 새 학습을 연습하고 기존 학습에 연결 짓기(연습)
• 정교화를 증진하는 활동 　-활동지 　-연습 활동 　-협력하는 피드백 　-개별 지도 • 정교화를 증진하는 논의 　-연결하기 질문 　-드러내기 질문 　-확장하기 질문

정교화를 증진하는 활동

활동지

이 책의 부록에는 여러 활동지가 포함되어 있다. 기술 훈련 지도자들은 참여자를 위해 다른 활동지를 만들 수도 있다. 고유한 활동지를 만들면 활동의 연관성과 영향력을 높일 수 있다. 집단 안에서 활동지를 작성한다면 말 그대로 힘들고 시간을 소모하게 되므로, 활동지는 숙제로 내 줄 때에 이점이 있다.

기술 시스템 집단의 구성원들은 학업 능력 수준에서 매우 다양할 수 있다. 지도자들은 개별 참여자에 따라 활동지를 완성하는 방법을 달리해야 한다. 누군가는 활동지를 혼자서 완성할 수 있겠지만, 다른 누군가는 도움이 필요할 수 있다. 어떤 사람은 상담원, 집단 구성원, 친구, 가족들이 활동지 완성을 도와줄 수도 있다. 개인 치료자가 활동지 작성을 도우면서 이점을 볼 수도 있다. 기술 훈련 지도자는 집단을 마치기 전에 참여자들에게 숙제를 어떻게 완성할지에 대한 계획을 묻도록 한다.

연습 활동

연습 활동은 학습 과정의 핵심 측면이다. 예를 들어, 집단에서 호흡에 대해 배울 때, 호흡을 연습하는 것이 중요하다. 호흡에 대해 이야기를 나누면 주제를 배울 수는 있지만, 호흡 연습을 경험한다면 나아가 더 넓고 깊은 수준을 배울 수 있다. 인지 부하를 주지 않는 맥락 학습은 인출과 일반화를 촉진한다. 기술 훈련 지도자는 집단에서 매 순간 창의적으로 연습 활동을 계획하여 관련된 맥락과 다뤄야 할 내용을 통합하도록 한다. 훈련 지도자는 여기 교육 과정에서 제공하는 연습 활동에 전적으로 의지해서는 안 된다. 예를 들어, 딱 소리에서 목소리 톤에 대한 논의를 하고 있다면, 훈련 지도자는 각 집단 구성원이 뭔가를 울먹이거나, 공격적이거나, 주장하는 톤으로 말해 보는 즉흥 연습을 만들어 낼 수 있다.

협력하는 피드백

연습 활동을 하는 동안이나 마치고 나서 개인에게 피드백을 주면 도움이 된다. 피드백을 주기 전에 그가 피드백을 원하는지를 물어본다면, 상황에 대한 통제감을 제공할 수 있고 그와 훈련 지도자 사이에 협력적인 상호작용을 만들어 낼 수 있다. 예를 들어, "브라이언, 목소리 톤에 대해서 혹시 피드백을 받고 싶나요?"라고 물을 수 있다. 훈련 지도자는 그가 집단에게서 피드백을 받고 싶은지도 물어본다. 협력하는 피드백은 개인이 연습에서 한 활동이 그가 원하는 결과에 도달하는 데 도움이 될지 탐색하기 위한 의도를 지닌다. 협력하는 접근의 예는 "브라이언이 주장하려고 노력하지만 아래를 쳐다보면서 말한다는 점을 알게 됐어요. 브라이언도 알았어요?"라고 말하는 것이다. 훈련 지도자는 브라이언에게 더 구체적인 질문을 할 수도 있고, 이 주제를 간접적으로 다루기 위해 집단에게 질문을 던질 수도 있다.

개별 지도

논의나 연습 활동 중에 특정 참여자들에게는 개별 지도를 제공할 필요가 있다. 요점 설명이 상대적으로 간단하다면, 집단 안에서 개별로 가르칠 때 개인이나 집단 모두에게 유익하다. 다른 참여자도 비슷한 문제를 가질 수 있으므로, 누군가가 명료화하는 것을 옆에서 들으며 도움을 얻을 수 있다. 만약 개인이 특정한 어려움이 있거나 이를 다루는 것이 집단을 방해한다면, 집단이 끝난 다음에 기술 훈련 지도자와 별도로 계획을 세우는 방법이 더 좋다.

정교화를 돕는 논의

논의는 정교화를 발전시키는 또 다른 중요한 도구이다. 집단이 기술 연습을 한 뒤에, 기존 학습과 현재 학습을 연결 짓는 논의를 한다면 도움이 된다. 이 국면에서 기술 훈련 지도자는 정보를 연결 짓고, 개별 드러내기를 증진하며, 주제에 대한 인식을 확장하는 질문을 던진다.

연결하기 질문

연결하기 질문은 새로운 학습을 과거 학습과 연결하는 방법을 통해 정교화를 촉진한다. 예를 든다면, "집단을 시작할 때 친구가 노려봐서 걔를 때렸다고 말했죠? 오늘 안전 계획에 대해서 배웠는데 그 상황에서 어떻게 도움이 될지 생각해 볼까요?"라고 질문할 수 있다. 논의 중에는 평가하지 않도록 한다. 원하는 결과를 가져다주는 행동을 강조하는 말은 개인의 선택이 좋거나 나쁘다는 말과는 다르다. 기술 훈련 지도자는 경험에 대해 제언할 수 있지만, 설교나 과잉 통제는 효과적인 전략이 아니다.

연결하기 질문은 집단이 기술 고리를 구성하도록 격려하는 데 쓰이기도 한다. 예를 들어, "메리가 이 상황에서 안전 계획을 한다면 다른 어떤 기술이 또 도움이 될까요? (예: 새로운 나 활동)"라고 질문할 수 있다. 유사하게, 기술 고리 개수를 묻는 것도 연결을 만든다. 훈련 지도자는 안전 계획은 1234이고, 새로운 나 활동을 얹는다면 12345가 된다는 점을 이해시킬 수 있다. 이러한 수리 활동은 처음에는 도전이 되지만, 연습을 해 나가면 기술과 관련된 수리 추론이 개선될 수 있다.

확장하기 질문

확장하기 질문은 개념의 이해 폭을 확장시키기 위함이다. 예를 들어, 기술 훈련 지도자는 다음과 같이 묻는다. "이 상황에서 어떤 다른 기술을 쓸 수 있을까요?" '만약에~' 질문은 다양한 선택지와 상황에 대한 영향력을 배울 수 있게 돕는다. 참여자들은 다양한 상황에 따라 서로 다른 활동이 적합하다는 점을 배워야 한다. 확장하기 질문은 보통의 접근이 효과적이지 못한 특수한 상황을 이해하도록 돕는다. 예를 들어, 다른 사람에게 소리 지르는 행동은 어떤 상황에서는 중요한 기술이라는 점을 알아야 한다. 중요한 점은 알맞은 때에 알맞은 기술을 쓰는 데 있다. 이는 다양한 맥락에 맞추어 기술을 일반화하는 방법을 배우는 학습의 중요한 측면이다.

E-나선 4국면: 효능을 높이는 활동

〈표 6-4〉는 효능을 높이는 활동의 개요이다. 효능 지향 활동은 개인이 자연스러운 환경에서 기술을 쓸 수 있는(그리고 쓰고 싶어 하는) 가능성을 높이도록 설계하였다. 이 국면에는 중요한 두 가지 요소가 있다. ① 맥락 안에서 기술을 쓸 수 있기, ② 기술 사용

〈표 6-4〉 E-나선 4국면: 효능

효능: 실생활과 연결(실생활)
• 효능을 증진하는 활동 　–역할 연습 　–사이코드라마 　–실제 연습 • 효능을 증진하는 논의 　–장애물 질문 　–지혜 질문 　–결심 질문 　–코칭 질문 • 집단 마무리 활동 　–숙제 　–마음챙김 호흡

을 결심하기이다. 학습하는 맥락과 인출하는 맥락이 유사하다면 정보 인출은 개선된다. 상황 학습을 통해서 개인이 실제 생활에 준비하도록 한다면 일반화와 자기효능을 높일 수 있다. 불행히도, 맥락 학습이나 실생활 기술 적용은 높은 인지 부하를 요구한다. 그래서 역할 연습, 사이코드라마, 실제 연습을 통해서 행동을 조성할 필요가 있다. 맥락 학습은 개선된 기술 통합을 증진할 수 있지만, 이러한 활동은 높은 수준의 정서를 촉발할 수도 있다. 맥락 학습 활동을 신중하게 검토하여 인지 부하 요인을 다루어야 한다.

효능을 증진하는 활동

역할 연습

기술 시스템을 가르칠 때 역할 연습 활동은 중요한 자리를 차지한다. 모든 참여자가 참여할 기회가 있다면 가장 이상적이다. 그런데 시간 제약이 이러한 활동에 영향을 줄 수 있다. 짝을 짓거나 작은 집단으로 나눈다면 참여 기회를 늘릴 수 있다.

기술 훈련 지도자와 참여자는 협력하면서 역할 연습 시나리오에서 선택지와 해결책을 논의한다. 지도자는 참여자가 다양한 행동 선택지를 연습하여 다양한 요인과 결과를 직접 보도록 도울 수 있다. 집단은 역할 연습을 통해 상황이 어떻게 돌아가고 자연스러운 반응은 무엇인지 탐색할 수 있다. 이러한 과정은 타당화와 더불어 자기효능을 높이는 경험을 제공한다.

사이코드라마 기법

사이코드라마는 다른 집단 구성원이 연할 연기에 참여하여 한 상황 안에서 다양한 내적·외적 요소를 보여 줌으로써 기본적인 역할 연습을 확장시킨다. 예를 들어, 지배인과 대화하는 역할 연습을 할 때, 한 집단 구성원이 길 따라 생각을 연기하고 다른 구성원은 길 밖 생각을 연기할 수 있다. 이러한 역할 연습의 확장은 도움이 된다. 왜냐하면 참여자가 두 가지 종류의 생각을 모두 듣고 길 따라 의사 결정을 내려 볼 수 있기 때문이다. 이러한 기법은 손에 잡히지 않는 것들(예: 생각)을 손에 잡히도록 만든다. 더욱이 이 연습은 기술을 써야만 하는 맥락 속에서 실질적인 삶의 압박감과 감각을 경험하도록 돕는다. 만약 이 연습 중에 어려움을 겪는다면, 집단 구성원들에게 기술 코칭 목소리가 되어 달라고 도움을 요청할 수 있다. 맥락 조건 아래 행동 리허설을 하면 집단 밖에서도 기술을 쓰는 개인 역량을 증진하는 데 도움이 된다.

사이코드라마의 복잡성은 천천히 만들어 나가도록 한다. 이는 인지 부하 요구를 다룰 수 있기 위해서이다. 지도자는 구성원이 점차적으로 참여하게 하여 집단을 과도하게 자극하지 않도록 한다. 한 번에 한 사람만 말하기와 같은 규칙을 제안하면 유용하다. 사이코드라마 기법은 "단독 언어 통로만 사용하기보다, 감각과 정서의 통로를 자극하는 활동/상호작용의 기법을 사용한다"(Tommasulo, 2005, p. 1). 이 과정에서 감각, 정서 측면을 관여시키는 것이 이득이 될지라도, 기술 훈련 지도자는 심각한 조절 문제를 경험하는 사람들에게 이를 조심스럽게 발전시켜야 한다.

실제 연습

실제 연습은 환경을 조작하기보다는 참여자의 실제 생활 요소를 활용한다. 실제 연습을 위해 개인 기술 훈련 회기에 지지자나 가족 구성원을 초대할 수도 있다. 예를 들어, 기술 훈련 지도자는 참여자에게 대기실에 있는 직원과 함께 기술을 연습하고 싶은지 물어볼 수 있다. 지도자는 기술 코치로 있어 준다.

이 연습에 이어, 참여자와 지도자는 경험을 처리하는 풍부한 기회를 갖게 된다. 기술 훈련 지도자는 양쪽 사람에 대한 직접 관찰을 얻게 되고 참여자에게 더 효과적인 기술 코치가 되어 줄 수 있다. 실제 연습은 일상생활과 관계에서 기술 일반화의 중요한 수단이 된다.

효능을 증진하는 논의

논의는 효능을 증진하기 위해 설계할 수 있다. 예를 들어, 참여자는 기술 사용과 관련된 일반적인 어려움을 논의하거나, 각자 자신의 기술 사용 결심에 관해 이야기 나눌 수 있다. 이 논의를 통해 참여자들은 자기 견해를 소통하고, 결심을 드러내고, 각자 삶 속에 기술을 통합하는 계획을 세우면서 개인의 진짜 나를 강화시킬 수 있다.

장애물 질문

기술 일반화는 독특한 개별 상황에서 마주하는 장애물 때문에 어려워진다. 정서, 생각, 행동 충동 그리고 외부 압력은 서로 영향을 미쳐 개인에게 어려움을 만들어 낸다. 사람이 장애물을 인식하는 법을 배워야 수반성 계획이 가능해진다. 장애물 질문은 개인이 직면할 수 있는 문제를 현실적으로 인식하는 능력을 개발하도록 설계하였다. 예를 들어, 훈련 지도자는 다음과 같이 물을 수 있다. "내일 직장에서 그 사람과 얼마나 같이 일해야 하나요?" "그 사람을 보게 되면 길 따라 있기가 더 힘들어질까요?" 사건 직전이나 동안에 그리고 그 직후에 일어나는 요인 중에서 개인의 집중력이나 기술 수행에 영향을 미치는 구체적 요인들을 탐색하면 유용하다.

모든 사람이 작은 일에 영향을 받는다는 사실을 개인이 이해한다면 좋다. 모든 사람은 매일 문제와 기술 장애물에 맞닥뜨린다. 자기타당화를 하지 못한다면 자기효능이 낮아져 자신이 다른 사람들보다 훨씬 기능을 하지 못한다고 지각하게 된다. 장애물 질문은 자연스러운 환경에 대한 지식 기반을 확장하고, 타당화를 제공하며, 현실적인 기대를 만드는 아주 좋은 방법이다.

지혜 질문

지혜 질문은 특정 주제에 대해 자기 관점을 나누도록 해 준다. "어떤 선택지가 가장 적절할 거라고 느껴요?" 혹은 "이 여러 선택지 중에 무엇이 자신에게 맞아요?" 사람이 자기반성 능력을 키우고, 자신의 관점을 고려하고, 지혜를 찾는 것은 중요한 자기타당화 행동이다.

결심 질문

결심 질문은 개인이 특정 행동을 실행할지 여부를 결정할 수 있도록 안내하는 여러 질문이다. 질문은 우선 그 사람이 그 행동을 중요하게 여기는지 물으면서 시작한다. 예를 들어, 지도자는 이렇게 묻는다. "제임스, 알맞게 하기는 언제 연습할 건가요?" 만약 기술 사용을 결심한다면, 훈련 지도자는 그가 행동 계획하기를 결심하도록 시도한다. "제임스, 상사에게 알맞게 하기를 연습하고 싶다고 했지요? 계획은 뭔가요?" "상사에게 기술을 써 보겠다고 결심한 것처럼 들려요. 자세한 계획은 뭐예요?" 훈련 지도자는 장애물을 짚어 주고 그가 계획을 시작하고자 하는지, 준비가 됐는지, 그리고 할 수 있는 지를 반복해서 점검한다. 예를 들어, "어려운 점들에 대해 우리가 전부 다 얘기를 해 봤는데요, 한번 해 볼 준비가 확실히 됐나요?"와 같이 점검할 수 있다. 어려움에 직면했을 때 기술 코칭 요청법을 알고 있는지도 매우 중요하다.

코칭 질문

코칭 질문에서는 어떤 상황에서 어떤 기술이 도움이 될지 생각해 보도록 참여자를 격려한다. 효능 국면에서 참여자가 기술을 쓰겠다는 결심을 드러냈을 때, 코칭 질문은 유용하다. "제임스, 상사와 이야기하는 중에 감정이 3점을 넘어선다면 어떤 기술을 쓸 건가요?" 코칭 질문은 기술을 쓰기 어려운 때를 위한 계획을 세우도록 돕는다.

코칭 질문은 참여자가 기술 훈련 집단에서 스트레스를 경험할 때 역시 도움이 된다. 예를 들어, 지도자는 다음과 같이 묻는다. "이 연습을 해 나가는 데 어떤 기술이 도움이 될까요?" 개인의 기술 지식 수준에 따라 지도자는 참여자에게 제안을 해 볼 수도 있다. "지금 안전 계획을 하면 도움이 될까요?" 3점 이상의 감정에 있을 때, 지도자는 대기실로 가거나 지지자를 개별적으로 만나도록 요청할 수도 있다. 4점 이상의 감정에 이르고 안전에 위협이 될 때라면, 다른 참여자들을 다른 공간으로 이동시키는 것이 필요할 수도 있다.

집단 마무리 활동

숙제 연습 기회를 짚어 주기

집단을 마무리할 때, 지도자는 숙제를 내 주어 회기 사이에 완성하도록 한다. 숙제는 기술 지식, 일반화, 효능을 높일 수 있다. 기술에 관한 지식이 증가하면서, 일상에서 스스로 주도하는 기술 행동에 계속 참여하도록 격려받는다. 기술 훈련 지도자는 기술 행동을 유지하는 개인의 내적 동기와 결심을 키워 내는 데 초점을 맞춘다. 다음의 활동은 몇 가지 숙제 선택지로, 훈련 지도자가 내줄 수 있고 개인이 스스로 학습에 사용할 수도 있다.

기술 책

모든 참여자는 기술 훈련에 들어서면서 기술 책을 받는다(부록 A, p. 286). 책자(부록 A)는 모든 기술과 숙제 자료를 담고 있다. 개인은 활동지, 일지, 혹은 안전 계획을 들고 다니는 용도로 책자를 쓴다. 참여자는 책자에 관한 의사 결정에서 가능한 여러 권한을 가져야 한다. 기술 책을 기술 공부에 쓸 수도 있고, 기술 코치에게 기술과 관련해 가르치는 데 쓸 수도 있다. 기술 책(부록 A)과 다른 공부 자료는 기술 시스템 웹사이트(www.guilford.com/skills-system) [학지사 홈페이지(www.hakjisa.co.kr)에서도 가능 – 역자 주]에서도 구할 수 있다.

숙제

기술 시스템의 기본 숙제는 기술을 연습하기 위함이다. 특히 해당 주의 새로운 기술을 연습하기 위해서이다. 예를 들어, 문제 해결 기술을 배웠다면, 다음 집단 시간 전까지 1236 기술 고리를 쓰는 숙제를 낸다. 맥락 안에서 기술 고리를 시도하고 그 과정, 결과, 어려움을 이야기 나누면 자연 환경에서 기술을 일반화하는 데 좋다.

이에 더하여 훈련 지도자는 활동지나 연습 활동(이 책에 제공된 활동 혹은 훈련 지도자가 제작한 활동)을 숙제로 내 줄 수도 있다. 각자는 이 활동지를 혼자서 혹은 도움을 받으면서 완성한다. 이 과제의 초점은 읽고 쓰기가 아닌 활동지의 내용에 있다. 종이에 작성해 오는 것 자체는 중요하지 않다. 숙제를 내 주면, 각자 어떻게 그것을 완성할지 계획을 세운다. 기술 시스템 숙제는 대체로 간단하게 만들어, 숙제를 하는 데 성공할 수 있도록 한다. 훈련 지도자는 특정 구성원에게는 개별 공부를 위한 특별 숙제를 내 줄 수도 있다.

기술 카드

기술 카드는 재미있는 숙제이고 집단 활동이다. 기술 플래시 카드는 개인(혹은 집단)이 각 기술의 요소와 기술 도구를 배우는 데 도움을 준다. 카드는 기술과 관련된 이름, 숫자, 그림을 익히는 데 손에 잡히는 방식으로 참여하도록 한다. 개인이나 집단은 큰 탁자나 바닥에 기술 카드를 순서대로 내려놓는다. 카드는 기술 사용을 나타내는 기술 고리로 조합할 수 있고 혹은 시나리오에 맞게 사용할 수 있다. 집단에서 훈련 지도자는 퀴즈를 낼 수도 있고 개인은 기술 카드에서 그에 맞는 답을 골라 답한다. 연습을 재미있게 만들면 기술 정교화와 일반화를 높일 수 있다.

각자는 가족, 친구, 지지자들과 함께 활동을 하면서 모두의 기술 역량을 높일 수 있다. 기술 시스템은 공동의 기술 언어를 만들어 주고, 개인과 상대의 상호 관계를 증진시킨다. 개인은 자기 주변의 사람을 가르치면서 숙달감과 자기효능감을 키울 수 있다.

기술 게임

기술 게임은 연습에 아주 좋은 방법이다. 여러 게임을 기술 게임으로 만들 수 있다. '기술 백만장자는 바로 누구지?' 혹은 '기술 단어 맞추기'는 재미있는 기술 상식 활동이다. 훈련 지도자와 참여자는 기술 질문을 만들고 게임쇼 형식으로 진행한다. 다른 게임들 역시 기술 연습을 위해 바꿀 수 있다. 기술 질문에 대한 정답을 말하면 보드 게임의 말을 전진시키거나 토큰을 얻는 식의 규칙을 만들 수 있다.

기술 일기

참여자는 일기 쓰는 법을 선택할 수도 있다. 나 알기, 나 표현하기, 기술 기록하기는 상당히 어려울 수 있다. 과거나 현재의 문제를 곱씹는 건 별로 도움이 되지 않는다. 문제를 찾아서 어려움을 효과적으로 다루는 데 쓸 가능한 기술을 적어 보는 방식이 더 도움이 된다.

전화 자문과 기술 코칭

기술 시스템을 DBT와 결합하여 쓴다면, 개인 치료자의 전화 기술 코칭을 치료 모형에 통합할 수 있다(Linehan, 1993a). 이 치료 방법은 자연 환경에서 기술의 일반화를 촉진시킨다. 기술 코칭 전화에 대해서는 상호 동의하는 규칙을 세우고 따르는 게 중요하다.

7장으로 넘어가며

7장은 12주 교육 과정의 예이다. 기술 훈련 지도자는 집단을 시작하기 전에 전체를 미리 읽어야 한다. 매주, 훈련 지도자는 한 주 자료에 초점을 두고 이 책 4~6장의 정보를 통합하여 기술 집단을 위한 효과적인 교습 계획을 세운다.

Chapter 07

기술 시스템
12주기 교육 과정

이 장은 12주기 교육 과정의 예를 담고 있다. 이 틀의 매주 자료는 구체적
인 지도 계획과 다음 주기 회기에서 쓸 다양한 선택지를 포함하고 있
다. 기술 훈련 지도자로서 보면 지도할 내용과 설명이 인용문으로 되어 있다는 점을 알
수 있다. 이러한 형식은 특정 문구를 말하도록 지시하기보다는 활동의 예시를 제공하
기 위해서이다. 기술 시스템의 모든 시각 보조 자료는 부록 A(p. 286에서 시작)에 제시
되어 있다.

집단이 교습 계획을 완성할지 예측하기란 불가능하다. 장면마다 집단 회기를 진행하
는 데 주어진 시간 틀은 서로 다르다. 게다가 기술 훈련 지도자들은 집단 구성원의 지
적 능력이 독특하다는 점을 기억해야 한다. 따라서 각 기술 집단의 종합 역량은 다양할
것이다. 이 교육 과정은 지도자를 위한 대략의 안내이다. 집단에게 주어진 시간 내에
모든 활동이 완성될 가능성은 적다.

기술 시스템 훈련 지도자들은 창의적이어야 한다. 기술 집단 지도자는 집단 구성원
의 역량, 흥미, 맥락을 반영한 다양한 기술 연습, 게임, 연습 활동을 개발하도록 한다.
활동은 단순하고 명료해서 구체적 요점이 전달되어야 한다. 과도하게 복잡한 개입은
인지 부하를 높일 뿐만 아니라 가르치고자 하는 핵심 요점을 혼탁하게 한다. DBT 용어

인 '하나의 마음' 혹은 '한 번에 하나'(Linehan, 2015a, p. 447)는 기술 훈련 지도자가 단일 요소에 개별 초점을 두도록 돕고 그로부터 최대의 이득을 거두도록 한다.

한 회기에서 자료를 다 완성하지 못한 경우, 훈련 지도자는 다음 회기에 다 못한 자료로 돌아갈지, 아니면 진도를 빼야 할지 결정해야 한다. 만약 진도를 나가기로 한다면, 지난주에 다 못한 자료는 교육 과정의 다음 주기에서 이 주제로 돌아올 때 다룰 수 있다. 자료를 끝마치지 못한 채 진도를 나가려 하면 쉽지 않지만, 장기적으로는 가장 좋은 대안일 수도 있다. 개인이 기술 시스템에 대한 광범위한 이해를 발달시키는 게 중요하고, 기술 시스템 주제의 전 범위에서 자각을 넓혀야 한다. 부분 요소에 초점을 두어 깊이 들어가면 각 주제에 대한 이해를 높일 수는 있을지라도, 전반적인 정서조절 역량의 발달과 기술 시스템 개념의 일반화는 방해받게 된다. 어려울지라도, 끝내지 못한 주제는 놔두고 다음 주 지도로 넘어가도록 한다. 기술 훈련 지도자가 기술 시스템과 기술 집단에 대한 이해가 보다 완전해지면 현실적이고 효과적인 지도 계획을 더 잘 세우게 될 것이다.

12주기 교육 과정은 구체적인 지도안을 제공한다. 참여자는 활동과 논의 질문에 대해 다양한 반응을 보일 수 있다. 여기에 제시된 스크립트는 집단에 합의하고 잘 참여하는 구성원을 가정하지만, 현실에서 기술 훈련 회기의 양상은 이와 매우 다를 수 있다. 예를 들어, 훈련 지도자는 참여자들의 침묵, 부분적 응답, 벗어난 태도, 적대, 혹은 해리를 동시에 마주할 수 있다! 기술 훈련 지도자는 집단을 진행하는 동안에 스스로 기술을 사용하여 학습 목표의 길 위에 있어야 한다. 다음의 제안은 집단이 잘 진행되지 않을 때 기술 훈련 지도자에게 도움이 될 수 있다.

훈련 지도자를 위한 꿀팁

- 숨을 고르고 현재 순간의 사진 찍기를 하면 도움이 된다.
- 훈련 지도자는 자신의 사고 방식, 말투, 개입이 길 위에 있는지 자기성찰을 한다. 훈련 지도자의 태도는 문제가 되는 변환 작용과 집단의 저항을 촉발할 수 있다. 이 경우, 점검, 돌아오기, 응원하기는 시도할 만하다. 집단이 끝나고 더 신중한 연쇄

분석을 한다면 이후 집단 전략에서 변화를 만드는 데 도움이 될 것이다.

- 신속 평가를 사용하여 개입을 평가하고 조정하는 게 중요하다. 높은 인지 부하를 조장하는 개입은 집단 구성원에게 인지 과부하를 일으킨다. 인지 과부하는 집단의 조화를 방해하는 무수한 현상을 낳는다. 훈련 지도자는 주제를 단순화시키고 나아가 쪼개는 필요한 조정을 한다. 예를 들어, 참여를 독려하기 위해 질문을 하거나 요점을 만들어 주는 방법이 있다.

- 훈련 지도자는 스트레스를 경험하는 사람에게 기술 코칭을 제안해 볼 수 있다. 훈련 지도자는 첫 단계로 사진 찍기와 길 따라 생각을 촉진하는 질문을 할 수 있다. 만약 조절이 더 어려운 상태라면, 훈련 지도자는 길 따라 행동을 하도록 도울 수 있다. 그 사람의 목표, 역량, 기술을 상기시켜 다시 길로 돌아오도록 도울 수 있다. 이는 자연스러운 경험이고, 새로운 기술을 배우는 일이란 원래 아주 어렵다고 확인시켜 주면 유용하다.

- 간단한 호흡 훈련으로 시작한다면 참여자와 훈련 지도자가 집중을 개선시키는 데 도움이 된다. 게임 형태로 전환하면 길 바꾸기를 도와줄 수도 있다. 훈련 지도자는 행동주의 원리에 마음챙김을 한다. 길에서 벗어난 구성원이 집단의 계획을 통제하게 되면 장기적으로 어느 누구에게도 이득이 되지 않는다.

- 구성원이 정서, 인지, 행동 면에서 조절을 하는 상태라면(3점 미만), 변화시켜야 할 상황의 요소를 다루기 위하여 문제 해결 기술에 초점을 둘 수 있고, 상황에 대해 의사소통하기 위해 나 표현하기에 초점을 둘 수도 있다. 보조 진행자나 기술 코치가 있다면 이들이 개인 기술 코칭을 맡는 게 최선이고, 이를 통해 지도자는 오직 집단에 주목할 수 있다.

- 만약 참여자가 3점을 넘긴 감정을 느낀다면, 안전 계획이 보다 효과적이다. 새로운 나 활동(예: 집단에 주목하기, 집단에서 집중 새로운 나 활동을 하기)에 집중하거나, 방의 다른 곳으로 이동할 수 있다. 집단을 아예 뜨는 것도 도움이 될 수 있다. 대기실에서 집중 새로운 나 활동(예: 퍼즐이나 카드 맞추기)을 하고, 길 위로 돌아오면 다시 집단에 들어오면 된다.

- 만약 참여자가 자리를 뜨기 거부한다면, 집단이 방에서 나와야 할 수도 있다. 훈련 지도자가 공격적인 행동을 할 수 있는 사람이 보이는 초기 위험 신호를 알아차려

야 한다. 예방에 유의하는 능숙한 개입은 다른 집단 구성원의 웰빙을 보호하기 위해 필요하다. 집단실에 두 개의 출입구를 두는 방법도 있다. 집단에서 문제 사건이 일어난 뒤에는 다른 집단 구성원들에게 상황을 설명하고 그 사건을 감당하기 위해 각자가 사용한 기술을 논의하면 도움이 된다.

- 훈련 지도자는 적절한 주제에 해당하지 않는 개인 기술 코칭으로 집단 시간을 쓰는 데 신중할 필요가 있다. 조절되지 않는 집단원에게 대기실로 나가서 지지자와 같이 안전 계획을 하라고 요청하는 게 필요하다. 집단을 마치고 훈련 지도자는 그와 같이 사건을 되돌아보고 집단에 참여하기 위한 길 따라 행동 계획을 마련할 수 있다.

어느 치료 집단이나 촉진하는 일은 도전거리이다. 개별 사람들이 어떻게 반응할지 알기란 불가능하다. 보조 진행자나 다른 직원이 자원이 된다면 어려운 상황에서 도움이 될 수 있다. 훈련 지도자가 혼자일 때에는 조절되지 않은 상태로 집단을 뜨는 사람들을 모니터하기가 어려울 수 있다. 이러한 위기 문제가 있다면, 위험한 상황을 다루기 위한 절차를 미리 마련하는 게 중요하다.

다음은 기술 집단을 진행하는 데 있어 선택안을 제시하겠다. 초보 기술 훈련 지도자는 집단 전에 이를 살펴보고 지도 계획을 마련해야 한다. 훈련 지도자는 한 주의 교육 과정을 정리하고, 핵심 요점과 수업 자료를 준비한다. 훈련에 이미 능한 집단을 진행하는 훈련 지도자는 이 책의 교육 과정을 따르면서 수업 요점을 읽어 나갈 수 있다. 이는 보다 협력적인 학습이 될 수 있다. 경험이 더 많고 기술 시스템 개념을 잘 아는 훈련 지도자는 덜 계획적인, 자연스러운 접근을 취할 수도 있다. 일반적으로 12주 교육 과정 계획은 안내일 뿐이며, 개별 개인이나 집단에 적절하지 않다면 그대로 문구를 읽기만 해서는 안 된다.

1주: 기술 목록

집단 준비하기

수업 자료

✓ 기술 시스템 복습 질문 (부록 A, p. 312)

✓ 기술 시스템 수업 자료 1 (p. 288)

✓ 기술 시스템 수업 자료 2 (p. 289)

E-나선 1국면: 기존 지식 기반 탐색(복습)

➔ **환영하기.** "여러분, 안녕하세요! 오늘 잘 지내고 있나요? [반응을 기다린다.] 좋아요. 모두 만나니 반갑습니다. 여러분과 기술 집단을 시작하게 돼서 무척 기대가 되어요. 서로 알아 갈 준비가 되었나요? 서로 소개하면서 우리의 첫 번째 길 따라 행동하기에 뛰어들 거예요. 좀 수줍다고 느끼면 느낌을 알아차리고, 그래도 이름은 얘기해 주세요! 누가 정말 용감하게 먼저 시작하겠어요?"

참고: 기술 훈련 지도자는 친절하고 긍정적인 방식으로 집단에 들어서고 참여자들을 맞이할 수 있다. 가벼운 수다에 참여한다면 기술 훈련 지도자가 구성원이 어떤 사람이고, 무엇이 중요하고, 현재 어떻게 감정을 조절하는지 이해하는 기회가 될 수 있다. 훈련 지도자는 이 정보를 사용하여 개별 집단 구성원에 대한 신속 평가 과정을 시작할 수 있다.

집단을 막 시작하거나 새로운 구성원이 들어올 때, 참여자들은 서로 소개를 해야 한다. 훈련 지도자는 서로 통성명을 하면서 시작할 수 있다. 지도자는 또한 재미있는 개인 정보를 나누도록 할 수도 있다. 예를 들어, "무슨 피자를 가장 좋아하지요?" 혹은 "가장 좋아하는 TV쇼는 무엇이죠?"라고 물어볼 수 있다. 만약 구성원들이 이미 서로 친숙하다면, 지도자는 모든 사람이 다음과 같은 질문에 대답하도록 요청할 수도 있다. "이 집단에서 무엇을 배우고 싶은가요?" 혹은 "목표 하나를 얘기해 주세요." 지도자는 편안하고 안전한 치료 환경을 제공하려는 의도를 갖는다. 새로운 집단을 시작하는 어려움을 타당화해 주는 것은 도움이 된다.

이름을 소개하고 난 뒤, 집단 목표에 대해서 구성원들이 이야기 나누는 게 중요하다. 지도자는 몇 가지 단순한 질문을 한다. "이 집단에서 무엇을 배우죠?" 혹은 "왜 배워야 하죠?" 모든 구성원이 왜 집단에 왔는지 알지는 못한다. 게다가 구성원이 자발적으로 오지 않았을 수도 있다. 훈련 지도자는 집단 참여의 어려움을 타당화해 주고 각자의 목표를 달성하는 데 도움을 주겠다는 열의를 보여 줄 수 있다.

➡ 마음챙김 활동 준비하기: 숨 알기. "좋아요. 모두 기술 배울 준비가 됐나요? 멋져요, 시작합시다. 숨 알기로 시작할 거예요."

참고: 소개 이후 집단 지도자는 첫 번째 집단 활동으로 집단을 준비시킨다. 기술 훈련 지도자들은 초대에 대해 '아니요.'라고 말하는 내담자를 다루는 데 준비가 돼 있어야 한다. 그런 경우 초대를 한 채로 적극적으로 참여하는 사람과 상호작용하는 쪽으로 옮겨 간다. 필요하다면 집단이 끝난 뒤 참여하지 않았던 사람과 문제 해결을 위해 확인을 해 보면 도움이 된다. 이에 더하여 앞의 장에서 언급했듯이 이 교육 과정은 티베트 볼을 마음챙김 활동에서 사용한다. 이 청각 단서는 참여자들이 과제를 시작하고 끝내는 데 도움을 준다. 종을 쓰지 않거나 다른 도구를 쓴다면 이러한 지시 사항을 조정할 수 있다.

마음챙김 활동 지도. "매번 집단을 마음챙김 연습으로 시작할 거예요. 오늘 우리는 간단한 숨 연습으로 시작합니다. 우리가 숨에 주의를 집중하면, 우리는 마음챙김을 하는 겁니다. 마음이 숨에 집중하도록 하는 것이지요. 문제는, 우리 마음은 항상 조절하기 쉽지 않다는 거예요. 그래서 마음챙김하는 연습을 해야 합니다. 멋진 점은, 우리가 마음챙김을 할 때 바로 지금 일어나는 일에 매우 집중할 수 있다는 거예요. 숨을 알아차리는 기술은 정말 중요한데 진짜 간단합니다. 숨을 알아차리면, 알아차리고 집중하는 능력에 도움이 되어요. 스트레스가 많고 감정적인 상황에서도 말입니다. 어떻게 하는 건지 들을 준비가 됐나요? 이 연습에 100% 참여할 준비가 됐어요? 좋아요. 먼저 눈을 뜨고 편안한 자세로 앉아 보세요. 그리고 종을 여섯 번 울리겠습니다. [나무 막대로 종을 친다.] 첫 종을 들으면 숨 알기를 시작하세요. 공기가 들어오고 나가면서 몸 느낌이 어떤지 알아차리세요. 숨을 입으로 쉬는지, 코로 쉬는지 알아차리세요. 대체로 우리 마음은 다른 곳으로 가 버리려고 해요. 때로 우리는 과거나 미래를 생각하지요. 마음이 어디로 가는지 알아차리고 마음을 부드럽게 데려와서 숨을 알아차리세요. 느낌을 알아차릴 수도 있어요. 감정을 알아차리고 주의를 숨으로 다시 돌려놓으세요. 우리의 목표는 주의를 조절하고 바꾸는 방법을 배우는 겁니다. 이 활동으로 연습할 수 있습니다. 질문이 있나요?"

참고: 과제에 대한 그리고 어떻게 다시 주의를 돌리는지에 대한 신중하고 구체적인 설명이 중요하다. 연습을 한 뒤에, 집단 구성원은 마음챙김 활동을 복습하고 무엇을 알아차렸는지 구체적 내용을 나눈다. 훈련 지도자는 칠판에 관찰 내용을 적을 수도 있다. 노력과 참여를 강화하는 게 중요하다. 이 연습을 하는 것은 주의 자각과, 숨으로 다시 주의를 돌리는 활동을 가르치기 위함이다.

기술하기 질문. 몇 가지 질문을 할 수 있다. "코로 숨 쉬었나요, 입으로 숨 쉬었나요?" "몸속 어디에서 숨을 느꼈나요?" "여러 곳에서 알아차렸나요? 코, 가슴, 혹은 배?" "숨이 변했나요?" "종소리를 알아차렸나요?" "주의가 떠 다니는 것을 알아차렸나요?" "주의를 돌리기 위해 어떻게 했나요?"

➜ **기술 시스템 복습 준비하기.** "설명도 멋지고, 나눔도 멋져요. 매주 마음챙김을 연습한 뒤에는 기술 목록과 다른 중요한 기술 시스템 정보를 복습할 겁니다. 오늘은 첫 주이니까, 바로 새로운 배움으로 넘어가겠습니다. 다음 주에는 이 시간에 기술을 복습할 거예요."

참고: 다른 주기에서 1주를 진행할 때에 기술 복습은 기술 시스템 복습 질문(p. 312)에 답하거나, 각 기술 이름과 숫자, 느낌 점수 주기, 기술 구분, 기술 요리법을 회상하는 창의적인 기술 복습 활동을 할 수 있다. 훈련 지도자는 복습 과정을 통해 참여자가 얼마나 정보를 통합해 나가는지 평가할 수 있다. 매주 평가는 훈련 지도자가 개별 참여자의 기술 지식 기반을 형성시키고 확장시키도록 돕는다.

➜ **기술 연습 준비하기.** "훌륭해요! 기술의 이름과 숫자를 기억해야 하고, 집에서 기술 쓰는 연습을 해야 합니다. 매주 한 주 동안 기술을 써 본 일에 대해 서로 나눌 거예요. 그러니까 매주 숙제로 기술을 써 보고, 그다음 주 집단에서 기꺼이 얘기를 나눠 봅시

다. 기술을 더 많이 쓸수록 더 잘하지요! 괜찮나요? 좋습니다."

드러내기 질문. "많은 분이 힘든 상황을 다루기 위해 기술을 쓸 거예요. 이번 주 힘든 시간을 어떻게 다루었는지 누가 얘기해 보고 싶은가요? 어떻게 하는 것이 도움이 되었나요?"

참고: 첫 번째 주기 1주에 집단은 지난주 사용했던 기존 대처 기술에 대해 논의한다. 그러면 지도자는 그 기술에 기술 시스템 이름을 붙여 줄 수 있다. 예를 들어, 참여자가 감정에 이름을 붙여 주었다면, 훈련 지도자는 "사진 찍기가 아주 잘됐네요."라고 할 수 있다. 기존 대처에 기술 이름을 붙이는 활동은 참여자가 이미 자신에게 기본 역량이 있고 이를 더 증진시킬 수 있다는 점을 이해하는 데 도움을 준다. 아니면 집단 주기 후반부에는 전 주의 과제에 따라 보다 구체적으로 물어볼 수 있다. "이번 주에 사진 찍기를 어떻게 썼나 얘기 나눠 봅시다."

→ 새로운 기술 주제 준비하기. "제 생각에는 이미 많은 분이 기술을 쓰고 있네요. 그런 줄 모르고 있었지요! 오늘 우리는 스트레스 상황을 다루는 다양한 방법에 대해 얘기를 나눌 겁니다. 수줍게 느껴질 수 있지만, 두 발로 뛰어들어서 생각과 견해를 나누어 주세요. 준비 됐나요?"

참고: 제공한 질문은 예시이다. 훈련 지도자는 한 가지 이상을 선택하거나 선택하지 않을 수 있다. 각 집단은 자료를 다양하게 다루어 나가고, 훈련 지도자는 가용한 배움의 순간을 극대화한다.

새로운 주제에 관한 기존 지식 논의하기

평가하기 질문. "스트레스란 무엇이지요?" "감정이란 무엇이지요?" "감정이 강해지면 어떤 느낌인가요?"

관련 맥락 질문. "어떤 상황이 우리에게 스트레스를 주지요?" "이러한 상황에서는 도움이 되는 행동을 하기가 때로 어려운가요?" "왜 그럴까요?"

→ 새로운 주제와 관련 맥락 짓기. "좋은 논의였어요. 모두 고맙습니다. 힘든 상황에서 우리 모두 도움이 되는 행동과 도움이 되지 않는 행동을 전부 해 보았네요. 사는 건 우

리 모두에게 어렵지요. [집단에서 앞서 얘기된 구체적 예를 든다.] 우리가 얘기 나눴듯이, 우리 생각과 감정은 너무 커서 다루기 힘들 수 있어요. 기술 시스템은 사는 게 스트레스가 되어도 우리가 길 위에 있도록 도와줄 겁니다. 이미 오늘 중요한 기술을 배웠어요. 숨 알기예요. 이 기술이 스트레스 상황에서 도움이 될 수 있습니다. 우리는 이미 기술의 달인이 되어 가고 있어요."

E-나선 2국면: 새 주제를 가르치는 활동 입력

➡ **새로운 학습 준비하기: 기술 목록.** "기술 시스템은 우리가 행동을 조절하는 방법을 가르쳐 주고 목표를 이룰 수 있게 해 줍니다. 아홉 가지 기술은 기분을 나아지게 하고 원하는 것을 얻도록 도와줍니다. 지금은 아홉 가지 기술의 이름, 숫자 그리고 그림을 배울 거예요. 기술 시스템에는 몇 가지 기술이 있지요? [집단: "아홉 개!" 훈련 지도자: "다 같이. 몇 개요?" 집단: "아홉 개!"] 좋아요. 보세요, 이미 잘 알고 있지요? 할 수 있을 줄 알았어요! 상황을 어떻게 잘 다루는지 더 배울 준비가 됐나요? 좋습니다."

입력 활동 지도. "기술 시스템 수업 자료 1을 찾아보세요. 288쪽에 있고 이렇게 생겼어요. [자료를 보여 주어 계속하기 전에 모든 참여자가 찾도록 한다.] 누가 읽으시겠어요? 아니면 제가 읽을까요? 우리 각 기술의 숫자와 이름을 읽을 거예요. 우리 각 기술 그림과 그것이 무슨 뜻인지 얘기해 볼 거예요. 질문 있나요?"

참고: 각 기술을 읽은 뒤에 집단은 각 기술 그림에 대해 이야기를 나눈다. 기술과 그림의 관련성에 대해 논의한다. 집단 구성원이 읽으면서 소통이 명료하지 않을 때, 기술 훈련 지도자는 그 부분을 반복하여 각 집단 구성원이 정보를 분명히 이해하도록 한다. 집단은 교습 자료의 진도를 나아가야 한다. 지도자는 만약 정보의 진전을 방해한다면 집단원이 읽는 것을 제한해야 한다.

➡ **기술 시스템 수업 자료 2 준비하기.** "좋아요. 멋집니다. 이제 우리는 기술 시스템 수업 자료 2를 읽어야 해요. 기술이 우리에게 어떤 도움이 될까요? 289쪽에 있고 이렇게 생겼어요. 누가 읽어 주시겠어요?"

참고: 이 수업 자료는 집단 구성원에게 각 기술의 기능을 소개하기 위한 개요이다. 이

는 자세한 교습 도구로 쓰이지 않는다. 시간이 된다면 각 기술에 대해 간단히 설명하는 것도 유용하다.

➔ **입력 국면 마무리 준비하기.** "이 수업 자료에 대한 질문 있나요? 좋습니다. 이제 우리가 배운 내용을 몇 개 연습해 볼 겁니다."

E-나선 3국면: 정교화를 증진하는 활동

➔ **정교화 활동 준비하기.** "우리가 기술 목록을 한번 보았어요. 이제 더 연습을 해서 배우고 기억하도록 하겠습니다. 여러 번 볼수록, 필요할 때 기술을 기억하기가 더 쉬워요."

정교화 활동 지도. 참고: 다음에 연습 예시 A~F를 제시하였다. 한 번의 주기마다 하나의 연습을 선택한다. 정교화 연습은 참여자가 기술 자료를 맥락 없이 재인하고 회상하는 연습을 하도록 돕는다. 이 국면은 참여자가 효과적으로 자신의 역량을 확장하여 점차 지원이 없이도 과제를 수행하는 데 초점을 둔다.

다음 활동은 시각 보조 자료와 함께 혹은 자료 없이도 완성할 수 있다. 집단은 수업 자료의 예시를 보며 시작할 수 있고, 그다음 자신감이 생기면 점차 단서 없이 해 볼 수 있다. 기술 훈련 지도자는 자료를 보고 할지, 안 보고 할지 스스로 결정하도록 하지만, 각자 보지 않고도 시도해 보도록 격려하면 어떤 시점에서는 도움이 된다.

아래 연습은 순서에 따라 점차 어려워진다. 따라서 교육 과정의 초반 주기에서는 쉬운 연습을 사용하여 인지 부하 요구를 최소화한다. 연습을 잘 설명하여 집단 구성원이 활동을 분명히 이해하도록 한다. 지도자와 집단은 참여자의 학습 욕구에 적절한 재미있는 방법으로 기술 숫자와 이름을 연습하는 방법을 만들어 낼 수 있다.

기본 복습 활동 선택지

A. 기술 훈련 지도자는 1부터 9까지 숫자를 부르고 집단은 수업 자료에서 기술 이름을 읽는다. 집단 구성원은 연습을 거듭하면서 점점 **빠르고** 정확하게 읽도록 시도한다.

B. 수업 자료를 안내 삼아, 집단 구성원은 기술의 숫자, 그림, 첫 글자 그리고 이름이

적힌 카드를 순서대로 정리한다.

C. 지도자는 개인이나 팀별로 게임을 만든다. 기술 카드 중 하나를 들어 올리고 기술의 다른 요소에 대해 질문한다. 예를 들어, '2'가 적힌 카드를 들면, 집단은 맞는 기술 이름을 말하거나, 기술 그림을 묘사하거나, 아니면 첫 글자를 말해야 한다. 맞추는 팀이 점수를 얻는다.

D. 집단 구성원은 책을 덮는다. 지도자는 칠판에 1부터 9까지 적는다. 집단 구성원은 빈칸을 채워야 한다.

E. 시각 보조 자료 없이, 지도자는 아홉 가지 기술 순서를 묻는다.

F. 시각 보조 자료 없이 지도자가 숫자를 말하면, 집단 구성원은 해당 기술을 말한다.

G. 한 집단 구성원이 첫 기술을 말하고 난 후 그 옆 사람이 두 번째 기술을, 말하는 식으로 아홉 가지 기술을 모두 말하게 한다.

기술하기 질문. "이 연습이 어땠나요?"

➜ **논의 준비하기.** "모두들 이 연습을 아주 잘 해내셨어요. 이제 같이 기술에 대해 얘기를 나누고, 조금 더 이해해 보겠습니다."

참고: 정교화가 지향하는 논의의 목표는 연결하고, 개인에게 맞추고, 새로운 학습과 관련된 참여자의 의미 기억을 확장시키는 과정을 시작하는 데 있다. 과거와 현재의 학습을 연결시키면 자료의 통합을 증진할 수 있다.

연결하기 질문. "과거에 이런 기술을 써 본 분이 있나요?"

드러내기 질문. "과거에 생각과 감정을 다루는 문제가 있었던 때를 이야기해 보겠어요?"

확장하기 질문. "비슷한 경험을 한 다른 분 있나요?" "기술을 알면 목표를 이루는 데 도움이 될 때가 있다고 생각하나요?"

참고: 이 논의는 외상 기억이나 구체적인 사건 요소를 파기 위한 목적이 없다. 기술 훈련 지도자는 구체적 요점을 경청하고, 모든 참여자에게 적용될 만한 일반적 진술을 만든다. 예를 들어, "직장 동료와의 상황이 어렵게 느껴지네요. 그렇다면 직장 동료와의 상황은 우리가 기술을 쓸 상황일까요? 직장 동료와 힘들었던 다른 분이 있나요?"

➜ **정교화 국면 마무리 준비하기.** "이미 기술에 대해서 이만큼 알고 있다니 놀라워요. 기술 시스템을 모두 아주 잘할 것 같아요."

E-나선 4국면: 효능을 높이는 활동

➜ **효능 활동 준비하기.** "배우는 동안 재미있어야 합니다. 그러면 좋아할 수 있게 됩니다. 이제 게임을 할 거예요."

참고: 집단 구성원이 활동에 참여하도록 하는 게 중요하다. 기술 시스템 교육 과정의 첫 주기에서 게임, 수업 자료, 역할 연습은 간단하고 짧다. 시간이 흐를수록, 지도자는 보다 복잡하고 긴 활동을 계획하여 기술 정보의 일반화를 높일 수 있다.

효능 활동 지도. "제가 질문을 하겠습니다. 답을 아는 경우에는 손을 들어 주세요. 수업 자료를 보고 하셔도 좋습니다. 준비됐나요?"

"우리 문제를 고쳐 주는 기술은 무엇이지요?"

"나의 안과 밖에서 일어나는 일을 알게 도와주는 기술은 무엇이지요?"

"만약 내가 차와 간식을 맛있게 먹는다면 이건 무슨 기술이지요?"

"길 위로 돌아가기 위해서 무언가를 한다면 무슨 기술이지요?"

"누군가에게 나의 느낌을 말한다면 무슨 기술이지요?"

"상황을 다루는 방법을 생각하는 기술은 무슨 기술이지요?"

"원하는 것을 얻으려 할 때 쓰는 기술은 무엇이지요?"

"위험한 상황을 다루도록 도와주는 기술은 무엇이지요?"

"내가 친구를 염려한다는 마음을 보여 주는 기술은 무슨 기술이지요?"

참고: 이 활동은 정답을 촉진하기 위함이다. 만약 틀렸을 때, 기술 훈련 지도자는 "가까워요." "거의 비슷해요." "한번 더 해 보세요."라고 말한다. "아니, 틀렸어요."라고 하지 않는다. 집단이 정확한 답을 말하도록 힌트를 주는 건 필요하다. 이러한 질문은 제안이며, 훈련 지도자는 참여자가 잘 답할 수 있는 질문을 만들 수 있다.

복습 질문. "게임이 어땠나요?" "기술을 기억하기 어려웠나요?"

➔ **논의 준비하기.** "모두 다 잘했다고 생각해요. 오늘 마무리하기 전에 이야기를 몇 분 나눠 볼 거예요."

참고: 효능 지향 질문의 목표는 주제와 관련된 현실적 어려움을 이해하도록 돕는 데 있다. 논의는 학습에 대한 자기성찰의 기회를 제공한다. 참여자가 기술을 자기 삶에 통합하기 위한 개별 전념과 계획을 만들도록 초대한다.

장애물 질문. "지금까지 기술 시스템을 배울 때 무엇이 어려웠나요?"

지혜 질문. "기술을 배우는 것이 중요하다고 생각하나요?"

결심 질문. 결심 질문을 하나 이상 한다면 동기를 높이는 데 도움이 된다. "새로운 시도를 해 보는 데 기꺼이 도전해 보겠어요?" "집단에서, 일상에서 기꺼이 기술을 배우고 연습해 보겠어요?" "집단 숙제를 기꺼이 해 오겠어요?"

코칭 질문. "기술을 배우고 연습하기 위해 스스로 어떻게 코치할 거예요?"

➔ **숙제 준비하기.** "기술을 배우는 건 어렵지요. 물론 연습을 하면 우리가 기술을 더욱 잘 쓰게 될 것을 알고 있지요. 숙제는 별로지만, 연습에 뛰어들 수 있도록 도와줄 길 따라 행동하기 기술이 있다는 것은 행운입니다! 이번 주 숙제로 기술 배우기를 시작할거예요. 기술 수업 자료를 다시 살펴보세요. 다음 주에 집단에서 기술을 복습할 거예요. 그리고 이번 주에 가능한 한 많이 숨을 알아차려 보세요. 숨을 알아차렸을 때 어땠는지 이야기를 나눠 볼 거예요. 질문이 있나요?"

"이번 주에 집에서 기술을 공부하고 싶은 사람은 기술 시스템 활동지 1과 2(pp. 290-291)를 해 보세요. 오늘 수업 자료를 다시 살펴봐도 좋아요. 기술 시스템 복습 질문(p. 312)을 보아도 도움이 많이 됩니다. 상담 선생님과 이 종이를 같이 봐도 좋습니다. 상담 선생님들이 기술을 배우게 되면, 우리를 위해 기술 코치를 해 줄 수 있어요. 집단 끝나고 저와 같이 보고 싶으면 오세요."

참고: 집단 구성원이 숙제 자료의 위치를 잘 알도록 확인한다. 기술 시스템 활동지 1, 2, 3(pp. 290-292)과 기술 시스템 복습 질문(p. 312)은 이후 주기에서 자율 학습이나 숙제로 완성할 수 있다. 집단이 끝나고 활동지를 완성할 계획을 세우기 위해 참여자와 일대일로 만날 수 있다.

➜ **집단 마무리 준비하기.** "오늘 모두 아주 잘하셨어요. 집단 끝에는 종을 여섯 번 울립니다. 우리의 숨을 알아차릴 시간이에요. 다른 일을 하기 전에 잠시 마음을 집중하는 순간입니다. 오늘은 누가 종을 울리고 싶은가요?"

이후 주기 복습이나 가정 학습을 위한 기술 시스템 활동지

✓ 기술 시스템 활동지 1 (p. 290)
✓ 기술 시스템 활동지 2 (p. 291)
✓ 기술 시스템 활동지 3 (p. 292)

●

2주: 기술 도구

집단 준비

수업 자료
✓ 기술 시스템 복습 질문 (p. 312)
✓ 기술 시스템 수업 자료 3 (p. 293)
✓ 느낌 점수 주기 수업 자료 1 (p. 294)
✓ 기술 구분 수업 자료 1 (p. 300)
✓ 기술 요리법 수업 자료 1 (p. 305)
✓ 2주차 연습 활동 예시 (p. 309)
✓ 2주차 연습 활동지 (p. 310)

E-나선 1국면: 기존 지식 기반 탐색(복습)

➜ **환영하기.** "모두 만나서 반가워요. 잘 지내셨나요? 기술을 배울 준비가 되었나요?"

◆ 마음챙김 활동 준비하기: 코로 오가는 공기 알아차리기. "집단에서 제일 처음에는 무엇을 하지요? 맞습니다. 종을 칩니다. 왜 그럴까요? 맞습니다. 마음을 집중하기 위해서입니다. 좋아요. 오늘은 숨에 대해서 더 배울 겁니다. 숨을 쉬면서 공기가 코로 들어오고 나가는 것을 알아차릴 거예요."

마음챙김 활동 지도. "지난주에는 종을 친 다음에 숨을 알아차렸지요. 오늘은 종을 6번 치고 나서 숨을 다시 알아차릴 거예요. 이번에는 코로 공기가 들어오고 나가는 것을 알아차려 보겠습니다. 우리의 주의를 100% 들여서 코에 집중할 거예요. 가끔 우리 마음은 강아지 같아서 마구 돌아다니지요. 우리는 마음의 주인이 되어야 해요. 그래서 우리가 가라는 대로 주의가 가도록 해야 합니다. 그래서 만약 주의가 코가 아닌 곳으로 흘러가면 다시 감아올려요. [낚시하는 제스처를 취한다.] 그리고 코로 공기가 오가는 것을 알아차리세요. 다른 생각이나 느낌도 알아차릴 거예요. 알아차리고, 지나가도록 하고, 다시 주의를 코로 데려오세요. 우리가 집중을 통제할 수 있어야 하기 때문에 이 연습은 중요해요. 우리에게 도움이 되는 쪽으로 마음을 데리고 와야 합니다. 우리 강아지가 말을 잘 듣도록 해야 합니다. 질문 있나요? 종을 울리면 시작하겠습니다."

기술하기 질문. "코에 공기가 들어오고 나가면서 무엇을 알아차렸나요?" "주의가 어디로 또 가던가요?" "숨으로 다시 집중하였나요?" "주의를 어떻게 다시 데리고 왔나요?"

참고: 알아차린 점에 대해서 구체적으로 나눈다. 지도자는 나눈 바를 칠판에 쓸 수 있다.

◆ 기술 시스템 복습 준비하기. "잘하셨어요! 이제 기술 목록과 기술 도구를 복습할 거예요."

참고: 훈련 지도자는 1주차 A~G 활동 중 하나를 선택할 수 있다(p. 176 참조).

◆ 기술 연습 준비하기. "좋아요. 훌륭합니다. 진짜 기술의 달인이 되어 가시는군요! 자, 이제 새로 이번 주에 기술을 연습한 부분을 나누어 봅시다. 숨 알기 숙제였지요."

숨에 관한 드러내기 질문. "이번 주에 숨을 알아차릴 때 어땠는지 누가 얘기해 주실래요?" "무엇을 알아차렸나요?"

기술 공부에 관한 드러내기 질문. "기술 공부를 연습해 온 사람이 있나요?" "책을 살펴본 분이 있나요?"

참고: 자원하는 사람들부터 발표하면 논의가 시작되므로 도움이 된다. 그러나 자기 효능감이 낮으면 자원하기가 어렵다. 내담자가 나누기를 하는 동안 지도자는 덜 참여하는 사람에게 더 단순하고 직접적인 질문을 하여 자원할 수 있도록 장해물을 낮출 수 있다. "빌, 이번 주에 숨을 알아차려 본 적이 있어요?" "잘하셨네요. 언제 해 보았어요?" "좋아요. 무엇을 알아차렸어요?"

➔ **새로운 기술 주제 준비하기.** "좋습니다! 우리가 강한 감정을 다룰 때 이미 쓰고 알고 있는 기술에 대해 얘기할 거예요. 몇 가지 질문을 해 보겠습니다. 알겠지요?"

💬 **새로운 주제에 관한 기존 지식 논의하기**

평가하기 질문. "스트레스나 강한 감정이 사람에게 어떤 영향을 주지요?" "강한 감정이 우리 행동에 어떤 영향을 주지요?"

관련 맥락 질문. "사람들은 너무 혼란스러울 때 생각해 보지도 않고 행동할 때가 있지요. 그렇게 생각하나요?"

명료화 질문. "그럴 때를 본 적이 있나요?" "그 사람은 어떻게 됐나요?"

➔ **새로운 주제와 관련 맥락 짓기.** "오늘 우리는 세 가지 중요한 기술 시스템 도구에 대해 배울 거예요. 첫 번째는 느낌 점수 주기, 두 번째는 기술 구분 그리고 세 번째는 기술 요리법입니다."

E-나선 2국면: 새 주제를 가르치는 활동 입력

➔ **새로운 학습 준비하기: 기술 도구.** "어떤 상황에서 무슨 기술을 쓸지 알려면 느낌 점수 주기, 기술 구분, 그리고 기술 요리법을 사용합니다. 이 세 가지 도구로 아주 스트레스 많고 혼란스러운 상황도 다룰 수 있습니다. 우리 모두에게 사는 건 아주 혼란스럽지요. 주의를 집중할 수 있고 전환할 수 있다면 우리 자신과 삶을 통제하는 데 도움이 됩니다. 무슨 일이 일어나는지 알게 되면 길 위에 있을 수 있어요. 그런데 집중을 잃으면

길 밖으로 벗어나게 되어요. 집중을 하면 기술을 잘 쓰는 데 도움이 됩니다."

입력 활동 지도. "괜찮나요?" "좋아요. 수업 자료 4개를 같이 보겠습니다. 질문이 있거나 잘 못 찾겠으면 손을 들어주세요. 293쪽의 기술 시스템 수업 자료 3을 보세요. 이 수업 자료를 어떻게 읽을까요?"

참고: 기술 훈련 지도자는 여러 가지 방법으로 수업 자료, 활동 예시, 활동지를 다뤄 나갈 수 있다. 이 지도 계획은 기술 도구의 기초를 소개하는 기본 네 가지 수업 자료를 다룬다. 다음에는 이 기본 수업 자료에서 다루는 개념의 확장판을 제공하는 여러 활동 예시와 활동지를 제시하였다. 보조 자료는 기술 시스템 교육 과정 다음 주기에서 활용할 수 있다. 지도자가 이 자료를 어떻게 활용하는지는 집단의 상태에 따라 결정한다.

이 부분에서는 네 가지 수업 자료를 살펴본다. 다음 지도 요점 정보는 훈련 지도자를 위한 학습 도구로, 집단에서 읽을 자료는 아니다. 지도자가 기술 개념을 이해해 나가면서, 집단에서는 더 단순한 설명을 제공하여 지루함 없이 핵심 요점을 제시해야 한다.

➜ 기술 시스템 수업 자료 3 준비하기. "자, 준비가 되셨으면, 기술 시스템 수업 자료 3을 보겠습니다. 이렇게 생겼어요."

☆ A 지도 요점. "첫 번째 시스템 도구는 느낌 점수 주기입니다. 우리 감정이 얼마나 강한지 점수를 주는 도구입니다. 아주 조금 마음이 상했다면, 느낌 점수는 1점입니다. 마음이 아주 상했다면 4점입니다. 마음이 아주 많이 상해서 스스로를 해치거나, 다른 사람을 해치거나, 물건을 상하게 하면, 느낌 점수는 5점입니다. 다음 수업 자료에서 느낌 점수 주기를 더 배우겠습니다. 질문 있나요?"

☆ B 지도 요점. "두 번째 시스템 도구는 기술 구분입니다. 기술 1, 2, 3, 4, 5는 언제나 기술입니다. 이 기술은 언제라도, 느낌 점수가 0에서 5까지 어떤 점수일 때에도 쓸 수 있습니다. 기술 6, 7, 8, 9는 침착할 때만 기술입니다. 침착할 때만 기술은 우리가 침착할 때에만 쓸 수 있습니다. 만약 느낌 점수가 3점보다 크면 우리는 기술 6, 7, 8, 9를 쓸 수 없습니다. 어떤 기술을 언제 쓸 수 있는지 배우고, 기술을 쓰기 위해서 언제 침착할 때까지 기다려야 하는지 배우겠습니다. 기술 구분 수업 자료 1에서 더 자세히 배우겠습니다. 질문 있나요?"

☆ C 지도 요점. "기술을 기술 고리로 하나하나 연결하는 것이 아주 중요합니다. 특히 우리 감정이 아주 강할 때요. 기술 요리법은 감정이 더 셀 때 더 많은 기술을 연결하도록 가르쳐 줍니다. 기술의 달인은 기술 요리법에서 쓰라고 하는 기술보다 더 여러 개의 기술을 씁니다! 기술을 더 많이 쓸수록, 목표를 향한 길 위로 더 갈 수 있게 됩니다. 질문 있나요?"

➜ **느낌 점수 주기 수업 자료 1 준비하기.** "잘하셨어요! 자 이제 느낌 점수 주기에 대해서 잠시 배울 겁니다. 느낌 점수 주기 수업 자료 1을 찾아보세요."

☆ 느낌 점수 주기 수업 자료 1 지도 요점

- "느낌 점수가 0점일 때는 그 감정이 없을 때입니다. 예를 들어, 지금 슬픔이 0점이라는 건 지금 슬프지 않다는 뜻입니다."
- "느낌 점수가 1점은 아주 작은 감정입니다. 1점 감정일 때 우리 반응은 아주 작습니다. 예를 들어, 슬픔이 1점이면 가슴에서 빈 느낌이 들고 땅을 바라보고 싶은 느낌이 듭니다."
- "느낌 점수가 2점은 작은 감정입니다. 2점 감정에서는 여러 몸 느낌을 알아차릴 수 있습니다. 2점 슬픔에서는 얼굴 표정이 변하고, 미소가 사라지고, 무거움이 느껴져서 어깨가 처질 수 있습니다. 심장이 더 뛰고, 숨이 달라질 수 있습니다. 고통스러운 감정이라면, 2점 상태에서는 조금 불편할 수 있습니다.
- "느낌 점수가 3점은 중간 감정입니다. 3점 감정은 몸 느낌을 바꿉니다. 예를 들어, 3점 슬픔에서는 배가 아플 수 있고, 움직이고 싶은 충동이 들고, 근육이 긴장될 수 있습니다. 이때는 말을 하거나 들을 수 있고 아직 길 위에 있습니다. 3점에 있을 때는 집중하기가 더 어렵고, 길 밖으로 벗어나고 싶은 충동이 들 수도 있습니다. 하지만 지나가도록 할 수 있고 나의 목표를 위해 무엇이 좋은지에 집중할 수 있습니다. 3점 감정에서는 언제나 기술과 침착할 때만 기술을 모두 쓸 수 있습니다. 그러나 점수가 더 올라가는지 주의해야 합니다. 감정이 3점보다 아주 조금 올라가도, 침착할 때만 기술을 쓰지 못하고 언제나 기술만 쓸 수 있습니다.
- "4점 감정은 강한 감정입니다. 고통스러운 감정일 때, 아주 불편할 겁니다. 예를 들

어, 슬픔이 4점이라면 울게 됩니다. 그리고 나를 슬프게 한 일에 대해 화를 내고 싶을 수도 있습니다. 소리 지르고, 욕하고, 막 뛰어다니고 싶은 충동이 생길 수 있습니다. 이 점수에서는 집중하기 어렵고, 행동 충동은 아주 강합니다. 4점 감정에서 침착할 때만 기술은 쓰지 않습니다. 쓰고 싶은 충동이 들더라도 쓰지 않습니다. 3점 감정 아래로 내려갈 때까지 기다립니다."

• "5점 감정은 완전히 강한 감정입니다. 5점에서는 자신이나 다른 사람, 물건을 해칠 수 있습니다. 5점에서 우리는 언제나 기술을 사용하여 다시 통제하는 상태로 와야 합니다. 질문 있나요?"

내용 질문. "1점 감정은 어떨 때 생길까요?" "감정은 무엇일까요?" "몸 느낌은 어떨까요?" "2점 감정은 어떨 때 생길까요?" "감정은 무엇일까요?" "몸 느낌은 어떨까요?" "3점 감정은 어떨 때 생길까요?" "감정은 무엇일까요?" "몸 느낌은 어떨까요?" "4점 감정은 어떨 때 생길까요?" "감정은 무엇일까요?" "몸 느낌은 어떨까요?" "5점 감정은 어떨 때 생길까요?" "감정은 무엇일까요?" "몸 느낌은 어떨까요?"

➔ **기술 구분 수업 자료 1 준비하기.** "느낌 점수 주기는 지금 원래보다 좀 더 어렵게 느껴질 수 있어요. 곧 잘 알게 될 겁니다. 이제 우리는 기술 구분 수업 자료 1에서 기술 구분에 대해 더 배울 겁니다. 이렇게 생겼습니다. 다 준비됐나요?"

➔ **기술 구분 수업 자료 1 살펴보기**

☆ **지도 요점.** "기술 구분에는 두 가지가 있습니다. 기술 1, 2, 3, 4, 5는 언제나 기술입니다. [집단에게 기술 1~5가 무엇인지 물어볼 수 있다.] 이 기술은 어떤 느낌 점수에서도 쓸 수 있습니다. 0, 1, 2, 3, 4, 심지어 5에서도 쓸 수 있습니다. 다른 기술 구분은 침착할 때만 기술입니다. 이것은 오직 느낌 점수가 0점에서 3점 사이일 때에만 쓸 수 있습니다. 3점에서 조금이라도 올라가면 침착할 때만 기술을 쓰지 않습니다! 질문 있나요?"

평가하기 질문. "만약 4점인데 나 표현하기를 쓰면 어떨까요?" "4점인데 문제를 해결하려고 한다면 어떤 행동을 하게 될까요?"

➔ **기술 요리법 수업 자료 1 준비하기.** "마지막 수업 자료는 기술 요리법 수업 자료 1입니다. 이렇게 생겼어요. 모두 준비됐나요?"

☆ **지도 요점.** "기술 요리법은 어떤 상황에서 최소한 몇 가지 기술이 필요한지를 알려 줍니다. 느낌 점수 0점부터, 느낌 점수에 최소한 하나를 더한 기술 고리를 만듭니다. 0점에서 우리는 무슨 일이 일어나는지 알기 위해서 사진 찍기를 씁니다. 1점 감정에서 최소한 2개의 기술을 연결해야 합니다. 1점에서 우리는 사진 찍기와 길 따라 생각하기를 씁니다. 이것을 12 기술 고리라고 합니다. 2점 감정에서 우리는 최소한 3개의 기술을 써야 합니다. 사진 찍기, 길 따라 생각하기를 쓰고, 길 따라 행동을 합니다. 이것은 123 기술 고리입니다. 3점 감정에서 최소한 4개의 기술을 연결합니다. 다시 한 번, 사진 찍기, 길 따라 생각하기, 길 따라 행동하기를 쓰고, 이에 더해서 우리 목적을 달성하는 데 도움이 될 최소한 한 개의 기술을 씁니다. 만약 4점 감정이라면, 최소한 5개의 기술을 씁니다. 이 5개의 기술은 반드시 기술 1~5 중에 하나여야 하는데, 왜냐하면 4점 감정에서는 침착할 때만 기술은 쓸 수 없기 때문입니다. 5점 감정일 때, 우리는 최소한 6개의 기술을 써야 합니다. 다시 한 번, 5점 점수일 때에는 침착할 때만 기술을 쓸 수 없기 때문에, 모든 6개의 기술은 다 언제나 기술이어야 합니다. 때로는 길 따라 행동하기나 새로운 나 활동을 여러 가지 사용해서 집중을 돕고 기분을 더 낫게 합니다. 질문 있나요?"

내용 질문. "1점일 때에는 몇 개의 기술이 필요하지요?" "2점일 때는요?" "3점일 때는요?" "4점일 때는요?" "5점일 때는요?"

➔ **입력 국면 마무리 준비하기.** "오늘 정말 많은 것을 배웠습니다. 기술을 어떻게 붙여 쓸지 배웠어요. 이 도구를 어떻게 쓸지 이해하는 데에는 시간이 필요합니다. 그래서 연습이 아주 중요합니다."

E-나선 3 국면: 정교화를 증진하는 활동

➔ **정교화 활동 준비하기.** "준비되었으면 2주차 연습 활동 예시라고 위에 쓰인 종이를 봅시다. 이렇게 생겼습니다. 다 준비됐어요? 같이 읽겠습니다. [활동 예시를 집단이 함께

읽는다.] 다음 2주차 연습 활동지를 같이 완성할 거예요. 우리가 같이 얘기해 볼 수 있게 누가 이번 주에 일어난 스트레스 상황에 대해 나누어 주시겠어요?"

참고: 훈련 지도자는 주제 하나를 결정한다. 주제는 집단의 주의를 붙잡아 둘 만큼 흥미로워야 한다. 동시에 집단 중 누구에게라도 인지 과부하를 일으킬 만큼 강해서는 안 된다.

기술하기 질문. "이 연습이 어떠셨나요?"

→ **논의 준비하기.** "재미있었어요. 이렇게 같이 하는 건 무슨 기술이라고 하지요? 네, 맞습니다. 관계 돌봄! 이제 끝나기 전에 마지막으로 이야기를 나눌 겁니다."

연결하기 질문. "과거에 감정을 다루는 방식과 지금 기술 시스템을 쓰는 방식은 다른가요?"

드러내기 질문. "과거에 스트레스 상황에서 어떻게 해야 할지 몰라 혼란스러웠던 때가 있었나요?" "어떻게 하셨나요?" "잘 되었나요?"

확장하기 질문. "마음이 상하거나 혼란스러울 때 느낌 점수 주기, 기술 구분, 기술 요리법이 어떻게 도움이 될까요?"

→ **정교화 국면 마무리 준비하기.** "좋은 논의였어요. 다른 활동을 할 준비가 된 것 같습니다. 어떤가요?"

E-나선 4국면: 효능을 높이는 활동

→ **효능 활동 준비하기.** "느낌 점수 주기, 기술 구분, 기술 요리법을 연습하기 위한 게임을 할 거예요."

"제가 감정과 점수를 이야기할 거예요. 예를 들어, 화가 3점이라면 같이 어떤 기술을 쓸 수 있을지 찾아볼 거예요. 화가 3점일 때, 언제나 기술과 침착할 때만 기술을 다 쓸 수 있어요. 맞나요? 그다음에 우리가 최소한 몇 가지 기술을 써야 하는지 알아볼 거예요. 기술 요리법을 써야 하겠지요. 그래서 3점일 때에는 네 가지 기술을 써야 해요. 맞나요? 좋습니다. 슬픔이 2점이라면?"

참고: 훈련 지도자는 여러 감정과 점수를 제시하여 집단이 모든 기술을 쓸 수 있는지 혹은 언제나 기술만 써야 하는지, 그리고 몇 가지 기술이 필요한지 결정하는 연습을 하도록 한다. 집단 구성원도 질문을 만들고 다른 구성원이 답해 볼 수 있다. 집단의 인지 능력에 따라서, 훈련 지도자는 기술 구분을 칠판에 적거나, 더 어려워하는 사람들은 수업 자료를 볼 수 있도록 한다.

복습 질문. "이 연습이 어땠나요?"

➔ **논의 준비하기.** "훌륭합니다! 쉽지 않네요! 이제 이런 기술을 쓸 때의 어려움에 대해서 얘기해 보겠습니다. 괜찮나요?"

장해물 질문. "지금까지 느낌 점수 주기, 기술 구분, 기술 요리법을 쓸 때 무엇이 어려웠나요?"

지혜 질문. "이 도구를 쓸 수 있게 되고 싶나요?"

결심 질문. "이 도구를 기꺼이 배우고 연습할 건가요?" "살면서 언제 이 도구를 쓸 건가요?"

코칭 질문. "이 도구를 쓰는 연습을 할 때 어떻게 스스로 코치할 거예요?"

➔ **숙제 준비하기.** "좋은 논의였어요. 고맙습니다. 무엇이 어려운지 제가 이해하는 데 도움이 되었어요. 이번 주 숙제는 느낌 점수, 기술 구분, 기술 요리법을 쓰는 연습을 하는 거예요. 생각날 때, 느낌에 이름을 주고 점수를 줘 보세요. 느낌 점수가 3점 이하인지, 3점을 넘는지 생각해 보세요. 스스로에게 물어보세요. 말하고 들을 수 있는지, 길 위에 있을 수 있는지요. 어떤 기술 구분을 쓸 수 있는지, 그리고 몇 개의 기술을 쓰는 게 도움이 될지 생각해 보세요. 질문 있나요?"

"그리고 집에서 공부해 보고 싶다면, 같이 살펴본 수업 자료를 다시 보세요. 활동 예시를 봐도 좋습니다. 활동지를 해도 좋아요. 집에서 공부할 계획을 세우고 싶으면 집단 끝나고 저에게 오세요."

➔ **집단 마무리 준비하기.** "오늘 모두 아주 잘 하셨어요. 집단 끝에는 종을 여섯 번 울립니다. 우리의 숨을 알아차릴 시간이에요. 다른 일을 하기 전에 잠시 마음을 집중하는

순간입니다. 오늘은 누가 종을 울리고 싶은가요?"

이후 주기 복습이나 가정 학습을 위한 기술 시스템 활동지

✓느낌 점수 주기 수업 자료 2 (p. 295)

☆지도 요점. 이 수업 자료는 참여자와 지지자를 위한 가정 학습 도구로 느낌 점수 주기를 복습할 수 있다. 느낌 점수 주기를 이해하게 되면 더 체계적으로 정리할 수 있고 정서 각성 수준이 낮을 때 기술을 통합할 수 있다. 4점 감정과 5점 감정을 구분하는 법을 배우는 것이 중요하다. 4점에서 끔찍한 느낌을 가질 수 있지만, 통제를 벗어난 상태는 아직 아니다. 5점에서는 자신, 타인, 혹은 물건을 해치는 행동을 한다. 참여자는 거의 통제를 벗어난 상태를 표현하기 위해 4.5점이라고 말할 수도 있다. 만약 집단 안에서 현재 점수가 5점이라고 한다면, 지도자는 "지금 자신, 다른 사람, 아니면 물건을 해치고 있나요?"라고 묻는다. 그렇지 않다면 점수를 다시 4점으로 조정할 수 있다. 이때 극도로 불편하지만 해로운 행동은 하지 않기 때문이다.

✓느낌 점수 주기 활동 예시 1 (p. 296)

☆지도 요점. 집단에서 활동 예시를 같이 살펴본다. 이는 상황이 어떻게 다른 느낌 점수를 유발하는지 보여 준다. 하나의 시나리오에 맞게 답을 하면서 감정과 상황이 어떻게 서로 상승시키는지 배울 수 있다.

✓느낌 점수 주기 활동지 1 (p. 297)

☆지도 요점. 이 활동지로 사건과 느낌 점수를 연결 짓는 연습을 할 수 있다. 느낌 점수 주기 활동지 1은 이전 활동 예시와 달리 특정 상황을 기술하지 않아도 된다. 참여자는 서로 연관되지 않은 개별 사건에 맞는 해당 느낌 점수를 적어 볼 수 있다. 예를 들어, 열쇠를 잃어버린 사건은 좌절감 2점, 아이를 잃어버린 사건은 슬픔 5점이라고 적는다.

✓느낌 점수 주기 활동 예시 2 (p. 298)

☆지도 요점. 이 활동 예시는 하나의 감정이 어떻게 상승할 수 있는지에 초점을 둔다.

이는 초반에 기술 개입을 하는 장점을 이해하는 데 도움이 된다.

✓느낌 점수 주기 활동지 2 (p. 299)

☆지도 요점. 이 활동지는 감정이 올라가면서 자신에게 어떤 영향을 미치는지 자각해 보도록 질문한다.

✓기술 구분 활동지 1 (p. 301)

☆지도 요점. 이 활동지에는 기술 이름과 구분을 적어 본다.

✓기술 구분 활동 예시 1 (p. 302)

☆지도 요점. 이 활동지는 각기 다른 느낌 점수에서 쓰이는 기술 구분을 보여 준다.

✓기술 구분 활동지 2 (p. 303)

☆지도 요점. 이 활동지에는 각기 다른 느낌 점수에서 쓰는 기술 구분에 동그라미를 친다.

✓기술 구분 활동지 3 (p. 304)

☆지도 요점. 이 활동지에는 어떤 감정과 점수를 쓰도록 한다. 그리고 해당 상황에서 어떤 기술 구분을 쓸지 동그라미 친다.

✓기술 요리법 활동 예시 1 (p. 306)

☆지도 요점. 이 활동 예시는 각기 다른 느낌 점수에서 몇 개의 기술이 필요한지 보여 준다.

✓기술 요리법 활동지 1 (p. 307)

☆지도 요점. 이 활동지에는 감정과 점수가 나열되어 있다. 필요한 기술 개수에 동그라미 치도록 한다.

✓기술 요리법 활동지 2 (p. 308)

☆지도 요점. 이 활동지에는 감정과 점수를 적고, 해당 느낌 점수에서 몇 개 기술이 필요한지 동그라미 친다.

●

3주: 사진 찍기

집단 준비하기

수업 자료
✓기술 시스템 복습 질문 (p. 312)
✓사진 찍기 수업 자료 1 (p. 314)
✓사진 찍기 활동 예시 1 (p. 316)

E-나선 1국면: 기존 지식 기반 탐색(복습)

➔ **환영하기.** "여러분, 안녕하세요. 오늘 다들 어떠신가요? 기술을 배울 준비가 되었나요? 집단을 시작할 때 어떻게 하는지 아시는 분? [답을 기다린다.] 맞습니다. 종을 울립니다. 왜 그렇게 하지요? [답을 기다린다.] 아주 좋아요. 마음을 집중하고 싶기 때문이지요. 오늘은 숨에 대해서 더 많이 배울 겁니다!"

➔ **마음챙김 활동 준비하기: 배에 차는 공기 알아차리기.** "지난주에 종을 울리고 숨을 알아차렸지요. 코에 공기가 들어오고 나가는 데 주의를 돌리는 법을 배웠습니다."

마음챙김 활동 지도. "오늘도 종이 울리면 숨에 주의를 둘 거예요. 코로 숨을 쉴 텐데, 이번에는 배 속 깊이 공기가 들어가는 것을 느껴 보도록 하겠습니다. 배로 숨을 쉬면, 배가 커지는 것을 느낄 수 있어요. 배 위에 손을 올리면 그곳에 집중하는 데 도움이 될 겁니다. 배에 공기가 가득 차면서 바지나 벨트가 더 조이는 느낌을 알아차릴 수 있어요. 종을 울리기 전에 같이 몇 번 해 보는 건 어때요? [각 참여자를 관찰한다.] 잘 하고 있습니다. 자, 이제 종을 여섯 번 울리겠습니다. 주의를 배 숨으로 돌리겠습니다. 배 숨에서부터 주의가 떠나가면, 배 숨으로 다시 집중해 보도록 하세요. 감정을 알아차리면, 다시 숨으로 주의를 돌리세요. 다른 생각을 알아차리면, 가만히 집중을 어디로……? [답을 기다린다.] 맞습니다. 배 숨으로 오세요! 우리 강아지들을 잘 통제해 봅시다. 우리 마음의 주인이 되는 연습을 해 보는 거예요. 다 준비됐어요? 질문 있나요?"

참고: 지도자는 참여자를 관찰하고 숨 쉬기 과제에 어려움을 보이는 사람에게 개별 지도를 제공한다. 이에 더하여 주의를 돌린다는 말을 할 때 두 손으로 자동차 핸들을 돌리는 제스처를 쓰면 도움이 될 수 있다. 바퀴를 돌리기 힘든(녹이 슬었거나 힘이 부족할 때처럼) 연기를 추가하면 비유를 확장시킬 수 있고, 주의를 전환하기 어려울 때의 예를 보여 줄 수 있다.

기술하기 질문. "배에 공기가 차면서 무엇을 알아차렸나요?" "주의가 또 어디로 가던가요?" "배 숨으로 집중을 다시 돌렸나요?" "주의를 어떻게 돌아오게 했나요?"

참고: 집단 구성원은 알아차린 점을 구체적으로 나눈다. 지도자는 나눈 바를 칠판에 적을 수 있다.

➔ **기술 시스템 복습 준비하기.** "매주 우리는 기술 목록, 느낌 점수 주기, 기술 구분, 기술 요리법을 복습할 거예요. 이것들을 안팎으로 그리고 앞뒤로 배우는 것이 중요해요."

참고: 집단 지도자는 기술 시스템 복습 질문(p. 312)을 쓰거나, 다른 방법으로 이 자료를 살펴볼 수 있다. 목표는 정보를 회상하는 데 있고, 이로써 용어와 개념을 학습하고 차차 자동적으로 쓸 수 있도록 한다. A~G의 기본 복습 활동은 아홉 가지 기술의 이름과 숫자를 다룬다. 아래 목록은 기술 이름과 기술 시스템 도구를 합친 더 포괄적인 선택지이다. 훈련 지도자와 집단은 집단의 요구에 어떤 복습 활동이 가장 적절할지 고를 수 있다.

고급 복습 활동 예시

• 훈련 지도자는 기술 시스템 복습 질문에 적힌 질문을 집단에게 한다.
• 훈련 지도자는 집단에게 각 기술의 이름, 숫자, 첫 글자, 구분 그리고 기능을 이야기해 보도록 묻는다.

- 훈련 지도자는 감정과 점수를 하나 얘기한다. 집단은 어떤 기술 구분을 쓸 수 있는지, 그리고 요리법에 따라 최소한 몇 개의 기술이 필요한지 대답한다.
- 집단은 기술 구분 카드 아래 순서대로 기술 카드와 하위 기술 카드를 정리해 본다 (예: 사진 찍기 카드 아래 여섯 단계의 사진 찍기 카드를 내려놓기).
- 훈련 지도자는 집단에게 기술 계획 도식(부록 B)을 보여 주고 기술 고리 만들기에 관한 여러 기술 질문을 한다.

➜ **기술 연습 준비하기.** "우리 잘 하고 있는 것 같아요. 시간은 당연히 필요합니다. 연습을 더 할수록, 기억하기가 더 쉬워질 거예요. 이번 주 숙제는 느낌 점수 주기, 기술 구분, 기술 요리법 연습하기였어요. 맞지요?"

드러내기 질문. "느낌 점수 주기를 써 본 일에 대해 얘기해 주실 분 있나요?" "기술 구분 연습에 대해서 얘기해 주실 분 있나요?" "누가 기술 요리법 쓴 얘기를 해 주시겠어요?"

➜ **새로운 기술 주제 준비하기.** "훌륭합니다! 사진 찍기에 대해 우리가 이미 무엇을 알고 있는지 볼까요?"

💬 새로운 주제에 관한 기존 지식 논의하기

평가하기 질문. "우리가 집중하고 있을 때, 우리 마음은 또렷한가요, 흐릿한가요?"

관련 맥락 질문. "또렷한 마음일 때에는 어떻게 행동하나요?" "흐릿한 마음일 때에 사람들은 어떻게 행동하지요?" "흐릿한 마음일 때 우리 감정은 어떻게 되지요?"

명료화 질문. "또렷한 마음은 목표를 달성하는 데 어떤 도움이 되지요?" "흐릿한 마음은 목표를 달성하는 걸 어떻게 방해하지요?" "감정 마음은 무슨 뜻일까요?" "감정 마음일 때 우리는 어떻게 생각하지요?" "감정을 다룰 때 숨 알기가 어떻게 도움이 될까요?" "숨 알기는 길 밖으로 벗어난 생각을 다루는 데 어떤 도움이 될까요?"

➜ **새로운 주제와 관련 맥락 짓기.** "우리가 이야기를 나눠 보니, 모두들 감정과 생각이 완전히 강하게 커질 수 있다는 데 동의하시는 것 같네요. 때로 우리는 감정을 막고 피하기도 합니다. 하지만 그건 상황을 더 나쁘게 만듭니다. 감정과 생각을 알아차리면 우

리 안과 밖에서 실제 무엇이 일어나는지 알 수 있게 됩니다. 우리가 또렷할 때, 우리가 어디로 가고 있는지 잘 보이지요. 하지만 흐릿할 때에는 잘 볼 수 없습니다. 상황과 우리 자신에 대한 또렷한 정보는 목표를 달성하는 결정을 내리는 데 도움을 줍니다. 사진 찍기 기술은 또렷한 마음을 갖도록 도와주고, 목표에 도착할 수 있는 행동을 하도록 도와줍니다. 질문 있나요?"

E-나선 2 국면: 새 주제를 가르치는 활동 입력

➡️ **새로운 학습 준비하기: 사진 찍기.** "오늘 우리 기술 시스템의 첫 번째 기술에 대해 배울 거예요. 1번 기술은 사진 찍기입니다. 기술 이름에서 알 수 있듯이, 또렷하게 마음의 사진을 찍는 법을 배울 거예요."

입력 활동 지도. "준비가 됐으면 사진 찍기 수업 자료 1을 볼까요? [수업 자료를 보여 준다.] 이렇게 생겼습니다. 좋아요, 어떻게 살펴볼까요? 누가 읽어 주시겠어요?"

참고. 집단 구성원이 읽을 때, 집단원들이 정보를 분명히 전달받도록 지도자가 용어를 다시 말해 주는 게 중요하다.

➡️ **사진 찍기 수업 자료 1 살펴보기**

☆ **사진 찍기 수업 자료 1 지도 요점.** "우리가 사진 찍기를 잘하면, 지금 우리 안과 밖에서 일어나는 일에 100% 집중하게 됩니다. 무엇이 일어나는지에 주의를 기울이면 상황에 대한 사실을 이해할 수 있습니다. 사실이 또렷하면, 기술 계획을 세워서 목표로 다가갈 수 있습니다. 만약 흐릿하거나, 사실을 바꾸려고 한다면, 결국 길 밖으로 벗어나게 됩니다."

"사진 찍기는 여섯 가지를 찍어 나가면서 완성합니다. 사진 찍기는 이 순간 우리 안과 밖에서 무엇이 일어나는지 알기 위해 합니다. 숨 알기, 주위 알기, 몸 느낌 알기, 느낌에 이름 주고 0~5점으로 점수 주기, 생각 알기, 충동 알기입니다. 하나씩 찍어 나가면, 바로 지금 여기에서 무엇이 일어나는지에 대한 전체 사진이 완성됩니다. 즉석 사진 같은 거예요. [손가락을 튕겨 얼마나 빠르고 쉽게 할 수 있는지 보여 준다.]"

"상황의 사진을 또렷하게 찍는 게 아주 중요합니다. 그래야 어떻게 해야 할지 찾아낼 수 있습니다. 이는 탄탄한 기술 계획을 세우는 데 도움이 됩니다. 만약 사진이 흐릿하다면, 보통 잘 안 될 일을 하게 되고 맙니다. 우리 자신과 다른 사람 그리고 상황에 대한 사진 찍기를 잘하여 목표에 도착할 수 있는 길 따라 선택을 내려야 합니다."

→ 사진 찍기 활동 예시 1 준비하기. "이 수업 자료에 대한 질문이 있나요? 좋습니다. 이제 사진 찍기에 대해 더 자세히 배우겠습니다. 사진 찍기 활동 예시 1을 펴 봅시다. 이렇게 생겼습니다. [들어서 보여 준다.]" "누가 읽어 주겠어요?"

→ 사진 찍기 활동 예시 1 살펴보기. 집단은 활동 예시를 살펴본다. 집단의 특징과 관련 없는 활동 예시이면, 기술 훈련 지도자가 사진 찍기 활동지 2에 새로운 활동 예시를 만들 수 있다. 집단 지도자는 각 개념을 설명하여 참여자들이 사진 찍기의 각 단계를 잘 이해할 수 있도록 한다. 참여자가 각 개념을 별도로 회상할 수 있어야 하는 건 아니다. 사진 찍기를 반복하면서 지식 기반은 차차 쌓일 것이다.

→ 입력 국면 마무리 준비하기. "사진 찍기에 대해 질문 있는 분?" "좋습니다. 이제 배운 바를 연습할 준비가 되었나요?"

E-나선 3국면: 정교화를 증진하는 활동

→ 정교화 활동 준비하기. "좋습니다, 사진 찍기를 연습해 볼까요?"

연습 활동 지도. "사진 찍기의 여섯 단계 중 한 개를 말하고 종을 울릴 겁니다. 종을 울리면 그 사진을 한번 찍어 보세요. 예를 들어, '숨 알기'라고 말하면 종소리를 잘 듣고 숨에 주의를 둘 겁니다. 그다음 제가 종을 울리고 '주위 알기'라고 합니다. 종소리가 사라지면서, 우리 주변에서 무엇이 일어나고 있는지 알아차릴 겁니다. 그리고 몸 느낌 알기, 느낌 이름 주기와 점수 주기, 생각 알기, 충동 알기도 해 보겠습니다. 다 같이 여섯 번 종을 듣고, 여섯 가지 사진 찍기를 해 보겠습니다. 만약 어려우면, 어려운 마음을 알아차리고 다음 종을 따라오세요. 질문 있나요? [답변을 기다린다.] 좋습니다. 해 보겠습니다."

기술하기 질문. "숨에 대해 무엇을 알아차렸나요?" "주변을 알아차릴 때 무엇을 알게
됐나요?" "몸 느낌 알기를 할 때 무엇을 알아차렸나요?" "어떤 감정을 알아차렸나요? 얼
마나 강했나요?" "어떤 생각을 알아차렸나요?" "어떤 충동을 알아차렸나요?"

➔ **논의 준비하기.** "잘 하셨습니다. 이제 사진 찍기가 어떤지 잠시 얘기를 나눠 보겠습
니다."

연결하기 질문. "과거에 사진 찍기를 해 본 적이 있나요?" "그때 어떻게 행동했나요?"
"감정 마음이었을 때가 있었나요?" "그때 어떻게 행동했나요?"

드러내기 질문. "나의 안과 밖을 더 잘 알게 되니까 어떤가요?" "실제로 어떤지 잘 보는
게 어려울 때가 있을까요?" "실제 일어나는 일을 잘 보기 어려울 때 어떻게 하나요?"

확장하기 질문. "사진 찍기와 어떤 기술을 같이 쓸 수 있을까요?" "사진 찍기를 하면 목
표를 달성하는 데 어떤 도움이 될까요?" "흐릿한 사진이 목표를 이루는 데 도움이 될까
요? 또렷한 사진은 목표를 이루는 데 도움이 될까요?" "왜 그럴까요?"

➔ **정교화 국면 마무리 준비하기.** "좋은 논의였어요. 실제 생활에서 사진 찍기를 어떻게
쓰는지 잘 가르쳐 주는 이야기를 읽어 보는 게 도움이 될 것 같습니다."

E-나선 4국면: 효능을 높이는 활동

➔ **효능 활동 준비하기: 이야기 읽기.** "제가 이야기를 읽고, 그다음에 몇 가지 질문에 답
해 볼 겁니다. 모두 준비됐나요?"

효능 활동 지도. 이야기: "로버트라는 남자가 있어요. 22세입니다. 로버트는 마켓에서
물건을 정리하는 일을 합니다. 어느 날 로버트는 무릎을 꿇고 선반 아래에 캔을 정리하
고 있었어요. 갑자기 어느 할머니가 일하고 있는 그를 카트로 밀었습니다. 로버트는 할
머니가 다가오는 것을 보지 못했고, 카트에 치인 느낌을 받았습니다. 로버트는 몸 느낌
알기를 해서 등 쪽의 날카로운 통증을 알아차렸습니다. 바로, 사진 찍기를 해야 한다는
걸 알았어요. 왜냐하면 4점으로 혼란스러움을 느꼈기 때문입니다. 그는 '조심해요! 뭐
하는 짓이죠! 여기 제가 안 보였나요?' 하고 소리 지르고 싶은 충동을 느꼈어요. 그리고

일어나서 무슨 일이 일어났는지 보면서 숨을 쉬었습니다. 주위를 알아차렸고 할머니가 스파게티 소스 쪽으로 가는 모습을 보았습니다. 그는 생각을 알아차렸습니다. '할머니는 나와 부딪힌 사실을 모르는 것 같네.' 로버트는 몸 느낌 알기를 다시 했습니다. 등 쪽의 통증은 거의 사라졌습니다."

복습 질문

"로버트가 상황에 대한 사진 찍기를 잘했나요?"

"여섯 가지 사진을 짚어 보겠어요?" [일어난 순서대로 칠판에 적는다.]

"언제 숨을 쉬었지요?"

"로버트가 사진 찍기를 다 완성할 때까지 얼마나 걸렸지요?"

"로버트가 결국 할머니에게 소리를 질렀을까요?"

"로버트가 다음에 어떤 행동을 했을까요?"

"만약 로버트가 할머니에게 소리를 질렀다면 무슨 일이 벌어졌을까요?"

"사진 찍기가 로버트의 목표에 도움이 되었을까요?"

➜ **논의 준비하기.** "로버트가 기술의 달인이 되어 가는 것 같네요. 오늘 마치기 전에, 간단한 이야기를 나눠 보겠습니다. 괜찮지요?"

장애물 질문. "짬을 내어 사진 찍기를 할 때 어려움은 무엇일까요?" "사진 찍기는 매일 써야 합니다. 어떤 어려움이 있을까요?"

지혜 질문. "여섯 가지 사진 찍기가 도움이 될까요?" "사진 찍기를 쓰고 싶은가요?"

결심 질문. "언제 사진 찍기를 쓸 건가요?"

코칭 질문. "매일 항상 사진 찍기를 쓰려면 어떻게 스스로 코칭해야 할까요?"

➜ **가정 학습 준비하기.** "이번 주 숙제는 두 발로 뛰어들어서 사진 찍기를 연습하는 것입니다. 최대한 여러 번, 짬을 내어 숨, 주위, 몸 느낌, 감정, 생각, 충동을 알아보세요. 더 연습할수록, 여섯 가지를 더 빨리 찍을 수 있다는 사실을 알게 될 거예요. 딱 소리 나게 빨리 하게 될 거예요. [손가락을 튕겨 소리를 낸다.] 처음에는 여섯 가지를 다 외우기가 어려울 겁니다. 행동을 하기 전에 잠시 나의 안과 밖에서 무엇이 일어나는지 알아차려

보도록 하세요. 행운을 빌어요. 다음 주에 이야기를 나누겠습니다. 만약 집에서 기술을 공부하고 싶으면, 지금까지 한 수업 자료를 복습해 오세요. 사진 찍기 활동지 1에서 여섯 가지 사진 찍기를 적는 연습을 할 수 있고, 사진 찍기 활동지 2에서는 무엇을 알아차렸는지 적어 볼 수 있습니다. 필요하면 적는 데 도움을 부탁하세요."

➡ **집단 마무리 준비하기.** "아시다시피, 집단이 끝나면 종을 여섯 번 울립니다. 사진 찍기를 하나 할 때마다 종을 울립니다. 바로 지금 우리 안과 밖에서 무엇이 일어나는지 알아차릴 기회입니다. 다른 일을 하기 전에 잠시 사진 찍기를 해 보겠습니다. 오늘은 누가 종을 울려 주실 건가요?"

이후 주기 복습이나 가정 학습을 위한 사진 찍기 수업 자료

참고: 기술 훈련 지도자는 수업 자료, 활동 예시, 활동지를 사용하여 기술 시스템 교육 과정 이후 주기에서 쓸 교습 계획을 개발할 수 있다. 계속되는 주기 동안 다양한 재료로 가르치기 위해 준비하기, 질문, 연습, 기술 연습을 개발한다.

✓사진 찍기 요약지 (p. 313). 이 요약지는 요점 개념을 설명하기 위해 입력 단계에서 쓸 수 있다. 집단에서 읽기에는 지루할 수 있으나, 각 구성원이 나누어서 읽으면 덜 지루할 수 있다. 요약지는 가정 학습이나 기술 코치에게 기술 가르치기를 할 때 도움이 된다.

✓사진 찍기 활동지 1 (p. 315)
☆지도 요점. 이 활동지는 여섯 가지 사진 찍기를 회상하는 연습에 도움을 준다.

✓사진 찍기 활동지 2 (p. 317)
☆지도 요점. 이 활동지는 집에서 사용할 때 도움이 된다. 그림을 통해 숨 알기, 주위 알기, 몸 느낌 알기, 느낌 이름과 점수 주기, 생각 알기, 충동 알기를 촉진한다. 사진 찍기를 하고자 할 때 유용한 활동이다.

✓사진 찍기 복습: 숨 알기 수업 자료 1 (p. 318)

☆지도 요점. 사진 찍기 숨 알기 수업 자료 1은 고통을 감싸기 위해서 숨에 주의를 집중하도록 안내한다. 스트레스 상황에서 주의를 숨에 대한 자각으로 돌리도록 한다. 숨의 자각은 지금의 숨을 자각하기에서 횡격막 호흡이나 배 호흡으로 전환한다. 배 호흡은 생각을 잘할 수 있도록 조절하는 데 도움을 준다. 마지막 단계에서는 규칙적인 호흡을 연습하는데, 들숨에 4까지 세고 날숨에 4까지 세는 방법이다.

✓사진 찍기 복습: 주위 알기 수업 자료 1 (p. 319)

☆지도 요점. 이 수업 자료는 주위 환경을 어떻게 관찰하는지 이해하도록 돕는다. 연습 활동은 감각 자각 활동을 포함한다.

✓사진 찍기 복습: 주위 알기 활동 예시 1 (p. 320)

☆지도 요점. 이 활동 예시는 주위 환경을 사진 찍기 하는 방법을 이해하도록 돕는다.

✓사진 찍기 복습: 주위 알기 활동지 1 (p. 321)

☆지도 요점. 이 활동지는 주위 환경 사진 찍기 하는 방법을 이해하도록 돕는다.

✓사진 찍기 복습: 몸 느낌 알기 활동 예시 1 (p. 322)

☆지도 요점. 이 활동 예시는 몸의 각기 다른 부위에 느낄 수 있는 다양한 감각을 기술한다.

✓사진 찍기 복습: 몸 느낌 알기 활동지 1 (p. 323)

☆지도 요점. 이 활동지는 다양한 상황에서 몸의 각기 어떤 부분에서 무엇이 관찰되는지 기술할 때 쓰인다.

✓사진 찍기 복습: 몸 느낌 알기 활동 예시 2 (p. 324)

☆지도 요점. 이 활동 예시는 다양한 점수의 분노 상태일 때 나타날 수 있는 몸 감각을 살펴본다.

✓사진 찍기 복습: 몸 느낌 알기 활동지 2 (p. 325)

☆지도 요점. 이 활동지는 참여자가 신체 감각과 정서를 연결하도록 돕는다. 자각을 높이면 정서에 이름 주고 점수 주기를 해 보도록 도와줄 수 있다.

✓사진 찍기 복습: 몸 느낌 알기 연습 (p. 326)

☆지도 요점. 몸의 각기 다른 부분을 긴장하고 이완하도록 돕는 점진적 이완 연습이다.

✓사진 찍기 복습: 느낌 이름과 점수 주기 수업 자료 1 (p. 327)

☆지도 요점. 이 수업 자료는 열한 가지 정서를 소개한다. 사람이 경험할 수 있는 여러 가지 정서를 기술하는 출발점으로, 다양한 정서의 목록을 브레인스토밍하면 집단에서도 재미있다.

✓사진 찍기 복습: 느낌 이름과 점수 주기 수업 자료 2 (p. 328)

☆지도 요점. 이 수업 자료는 정서의 기능을 가르쳐 준다. 사건이 정서를 촉발한다는 점을 이해할 수 있다. 정서가 일어날 때, 몸 안에서 화학적 변화가 일어난다는 것을 배울 수 있다. 사람은 안에서 일어나는 정서를 얼굴 표정과 신체 언어로 소통한다. 이러한 요소를 자각하는 것이 자신과 다른 사람을 더 잘 이해하는 데 도움이 된다. 참여자는 정서가 행동 충동을 만들어 낸다는 점을 이해해야 한다. 이는 '싸우기-도망치기' 반응을 교육할 수 있는 기회이기도 하다. 이러한 힘을 자각하면서, 생각 없이 빠르게 반응하기보다는 이를 관찰하고, 기술하고, 의사 결정할 수 있게 된다.

✓사진 찍기 복습: 느낌 이름과 점수 주기 활동 예시 1 (p. 329)

☆지도 요점. 이 활동 예시는 다양한 정서 반응을 촉발할 수 있는 사건을 제시한다.

✓사진 찍기 복습: 느낌 이름과 점수 주기 활동지 1 (p. 330)

☆지도 요점. 이 활동지는 특정 정서를 유발하는 상황을 적도록 한다. 이 활동을 통해 촉발 사건과 정서 반응의 연결 고리를 이해할 수 있다.

✓사진 찍기 복습: 생각 알기 수업 자료 1 (p. 331)

☆**지도 요점.** 이 수업 자료는 뇌가 생각을 끊임없이 생산해 낸다는 것을 가르쳐 준다. 어떤 생각은 도움이 되지만, 또 어떤 생각은 그렇지 않다는 점을 이해하는 게 중요하다. 목표는 생각을 관찰하고, 도움이 되지 않거나 길에서 벗어난 생각은 행동하지 않고 지나가도록 내버려 두는 데 있다. 시내버스 비유는 도움이 된다. 목적지로 향하는 버스만 타야 하는 것이다. 버스를 잘못 타거나, 길에서 벗어난 생각에 반응하면, 목표에 도달하는 데 방해가 된다.

✓사진 찍기 복습: 생각 알기 활동 예시 1 (p. 332)

☆**지도 요점.** 이 활동 예시는 특정 정서를 유발하는 생각을 짚어 준다. 생각하는 양상이 정서 상태에 영향을 미친다는 점을 이해하는 게 중요하다.

✓사진 찍기 복습: 생각 알기 활동지 1 (p. 333)

☆**지도 요점.** 이 활동지는 특정 정서를 유발하는 생각을 적어 볼 기회를 준다.

✓사진 찍기 복습: 충동 알기 활동 예시 1 (p. 334)

☆**지도 요점.** 이 활동 예시는 상황이 생각과 정서를 만들어 내고, 그것이 행동 충동으로 이어진다고 알려 준다.

✓사진 찍기 복습: 충동 알기 활동지 1 (p. 335)

☆**지도 요점.** 어떤 충동이 일어날 수 있는 상황, 생각, 느낌을 적어 본다.

✓사진 찍기 복습: 충동 알기 활동 예시 2 (p. 336)

☆**지도 요점.** 이 활동 예시는 특정 정서 상태일 때 경험할 수 있는 충동의 예시를 보여 준다.

✓사진 찍기 복습: 충동 알기 활동지 2 (p. 337)

☆**지도 요점.** 이 활동지는 특정 정서를 경험할 때 알아차린 충동을 적어 보도록 한다.

정서와 충동의 자각이 높아지면 행동 충동을 관리하는 능력이 촉진된다.

✓ 사진 찍기 복습: 충동 알기 활동 예시 3 (p. 338)

☆ 지도 요점. 이 활동 예시는 감정이 강해지면서 충동 역시 높아지는 과정을 보여 준다.

✓ 사진 찍기 복습: 충동 알기 활동지 3 (p. 339)

☆ 지도 요점. 이 활동지는 높아지는 느낌 점수에 따라 행동 충동을 관찰하도록 한다. 이 활동은 정서 경험에 대한 자각을 개선하는 데 도움이 된다. 정서 경험 초기에 자각을 잘하면 미리 기술을 사용할 수 있게 된다.

4주: 길 따라 생각하기

집단 준비하기

수업 자료
✓ 길 따라 생각하기 수업 자료 1 (p. 342)
✓ 길 따라 생각하기 활동 예시 1 (p. 343)
✓ 길 따라 생각하기 활동지 1 (p. 344)
✓ 길 따라 생각하기 활동지 2 (p. 345)
✓ 길 따라 생각하기 활동 예시 2 (p. 346)
✓ 길 따라 생각하기 활동지 3 (p. 347)
✓ 길 따라 생각하기 집단 연습 활동 (p. 348)

E-나선 1국면: 기존 지식 기반 탐색(복습)

➜ **환영하기.** "모두 안녕하세요! 만나니 반갑습니다! 오늘 다들 어떠신가요?"

◆ 마음챙김 활동 준비하기: 종소리에 맞추어 숨 쉬기. "다들 마음챙김 숨 쉬기를 할 준비가 되셨나요?"

마음챙김 활동 지도. "오늘은 몸과 마음의 주인이 되는 연습을 해 보겠습니다. 숨을 알고 조절하는 연습을 하겠습니다. 제가 종을 울리면 종소리가 이어지는 동안 배로 숨을 들이쉬고 내쉬기를 할 겁니다. 종소리가 완전히 사라질 때까지 기다리겠습니다. 종소리가 사라지면 또 종을 울리고, 이때 우리는 두 번째 배 숨을 쉬겠습니다. 소리가 몇 초간 계속된다는 것을 알 수가 있지요. 그러니 종소리에 맞추어서 들숨과 날숨을 느리게 해야 합니다. 다음 종이 칠 때까지 숨을 너무 참지 않아도 되게 숨 쉬는 속도를 잘 조정해 보세요. 여섯 번 해 보겠습니다. 다른 곳으로 마음이 떠나간다면, 부드럽게 종소리와 배 숨으로 마음을 돌려놓으세요. 숨 쉬는 시간을 맞추기 힘들면, 스스로를 판단하거나 어떤 느낌이 들 수 있습니다. 감정을 느끼시면, 알아차리고 다시 종소리와 숨으로 주의를 돌려놓으세요. 우리의 목표는 종소리와 100% 함께 있는 것이고, 다른 것들은 연습이 끝날 때까지 기다리면 됩니다. 질문 있나요? 종소리 길이에 맞춰 들숨과 날숨을 쉬는 방법을 잘 알기 위해서 먼저 연습을 몇 번 해 보겠습니다."

기술하기 질문. "어떠셨나요?" "종소리와 함께 숨 쉴 수 있었나요?" "무엇이 어려웠나요?" "마음이 어수선할 때 숨과 종소리로 다시 주의를 돌릴 수 있었나요?"

◆ 기술 시스템 복습 준비하기. "정말 잘 하고 있습니다. 숨 알기는 중요한 기술입니다. 우리가 항상 숨 쉬고 있다는 사실은 정말 멋진 일이에요. 주의 집중이 필요할 때, 그저 숨으로 주의를 두기만 하면 돼요. 자, 이제 기술 복습을 할 시간입니다."

참고: 기술 훈련 지도자는 1주차의 기본 복습 활동이나 3주차의 고급 복습 활동을 선택하거나, 새로운 활동을 만들어 낼 수 있다.

◆ 기술 연습 준비하기. "좋습니다. 우리 다 잘 하고 있습니다. 자, 이제 이번 주 사진 찍기 연습을 어떻게 했는지 이야기해 볼까요?"

드러내기 질문. 사진 찍기 복습을 위해 다음의 질문을 할 수 있다. "누가 사진 찍기를 해 보았나요?" "어떻게 했는지 얘기해 주겠어요?" "여섯 가지 사진 찍기 중 무엇을 하셨나요?" "여섯 가지 중 무엇을 안 했나요?" "사진 찍기가 도움이 되었나요?"

➔ **새로운 기술 주제 준비하기.** "기술을 쓰면 집중이 더 잘 되고 기분이 나아지는 것 같네요. 그리고 우리가 기술을 쓰지 않으면 통제를 잃거나 불편해질 수 있네요. 불행히도, 길에서 벗어나면 목표에 도달하기 너무 어렵습니다. 길 따라 생각하기에 대해서 우리가 이미 알고 있는 것을 나누고자 질문을 몇 가지 하겠습니다."

💬 새로운 주제에 관한 기존 지식 논의하기

평가하기 질문. "혼란스러울 때 어떤가요?" "어떤 상황이 혼란스러움을 주지요?" (브레인스토밍을 하여 칠판에 적는다.)

관련 맥락 질문. "혼란스러울 때에는 어떤 계획을 세우게 되지요?" "흐릿한 마음일 때에는 어떤 행동을 하게 되지요?" "또렷한 마음일 때에는 어떤 계획을 세우게 되지요?" "집중할 때에는 어떤 행동을 하게 되지요?"

명료화 질문. "흐릿하거나 집중 없이 행동하면, 결국 어떤 일이 생기나요?" "집중하고 또렷할 때 행동하면, 어떤 일이 생기나요?"

➔ **새로운 주제와 관련 맥락 짓기.** "길 따라 생각하기 기술은 중요합니다. 우리가 알다시피, 사는 건 아주 혼란스럽습니다. 우리는 매일 스트레스와 강한 감정을 경험합니다. 우리가 거꾸로 있거나 정신이 없을 때 목표를 이루기는 어렵습니다. 목표를 이루기 위해서는 정신을 차리고 좋은 계획을 세워야 합니다. 정리가 잘 되어 있으면 스트레스 상황을 잘 다룰 수 있습니다. 길 따라 생각하기는 우리가 또렷하게 생각하도록 도와서 목표를 이루기 위해 우리 안과 밖에서 일어나는 것을 잘 다룰 수 있게 해 줍니다. 질문 있나요?"

E-나선 2국면: 새 주제를 가르치는 활동 입력

➔ **새로운 학습 준비하기: 길 따라 생각하기.** "좋아요. 오늘은 2번 기술인 길 따라 생각하기를 배우겠습니다. 사진 찍기를 한 다음에는 길 따라 생각하기를 씁니다. 길 따라 생각하기는 충동을 점검하고, 길 따라 생각을 만들고, 기술 계획을 써서 모든 상황을 다루도록 도와줍니다."

입력 활동 지도. "이제 길 따라 생각하기의 여러 부분에 대해 배울 겁니다. 길 따라 생각하기 수업 자료 1을 펴 보세요."

참고: 기술 훈련 지도자는 수업 자료를 읽는다.

➜ 길 따라 생각하기 수업 자료 1 살펴보기

☆길 따라 생각하기 수업 자료 1 지도 요점. "사진 찍기를 하면 어떤 상황에서 우리 안과 밖에서 무엇이 일어나는지 알게 됩니다. 그다음 어떤 행동을 하기 전에 우리는 길 따라 생각하기를 할 거예요. 움직이기 전에 길 따라 기술 계획이 있는지 확실해야 합니다. 행동하려는 충동을 알게 되면, 먼저 멈추고 점검을 합니다. 시간을 조금 들여 이 충동이 우리에게 도움이 되는지 안 되는지 점검할 거예요. 이렇게 스스로에게 묻습니다. "내가 이렇게 행동하면, 목표를 이루는 데 도움이 될까?" 도움이 되는 행동에는 엄지 척을 주고, 도움이 안 되는 행동에는 엄지 꽝을 줄 거예요. 충동이 도움이 되지 않는다면, 돌아오기 생각을 만듭니다. 돌아오기 생각은 길에서 벗어난 행동을 하지 않도록 우리를 코치해 줍니다. 길에서 벗어난 행동을 한다면 벌어질 모든 부정적인 일을 생각하면서 돌아오기를 할 수 있습니다. 내가 스스로 새로운 나로 코치하면 돌아오기를 할 수 있습니다. 길에서 벗어난 버스는 타면 안 됩니다. 왜냐하면 우리가 가고 싶은 곳으로 가지 않으니까요! 점검하고, 돌아오고, 엄지 척 하고, 응원합니다. 때로 길 위에 계속 있기가 어렵고, 길 밖으로 벗어난 생각이 다시 찾아올 수 있습니다. 그래서 목표로 가기 위해서 응원하기를 많이 써야 합니다."

"쉰 김치로 김치찌개 끓이기는 중요한 길 따라 생각하기입니다. 삶이 우리를 힘들게 할 때(쉰 김치), 거기에 맛있는 재료를 넣고 끓여 밝은 쪽을 바라봅니다. 사진 찍기를 했는데 어려운 상황이라면, 그것을 긍정적으로 보도록 노력합니다. 김치찌개를 만드는 것은 어려운 상황을 다루는 데 도움이 되고, 기분을 나아지게 합니다."

"점검하고 길 따라 생각으로 돌아왔다면, 기술 계획을 만듭니다. 어떤 상황에서 우리에게 도움이 될 기술을 생각해 봅니다. 첫 번째, 기술 구분을 써서 침착할 때만 기술을 쓸 수 있는지 점검합니다. 감정이 3점을 넘을 때 언제나 기술을 씁니다. [언제나 기술과 침착할 때만 기술을 각각 말해 보게 한다.] 그다음, 기술 요리법을 씁니다. 몇 개의 기술을 써야 하는지 봅니다. 충분한 기술을 써야 합니다. 그리고 나서 목표를 이루는 데 또 어떤 기술이 도움이 될지 생각합니다. 안전 계획을 써야 하는지 생각해 봅니다. 안전 계획은 위험한 상황을 다룰 때 도움이 됩니다. 새로운 나 활동이 도움이 될 수도 있습니다. 새로운 나 활동은 우리를 바쁘게 하고 집중하도록 돕습니다. 점수가 3점 아래일 때는 문제를 고치기 위해 문제 해결을 쓸 수 있고, 소통하기 위해 나 표현하기를 쓸 수 있고, 원하는 것을 얻기 위해 알맞게 하기를 쓸 수 있고, 관계에 균형을 찾기 위해 관계 돌봄을 쓸 수 있습니다. 길 위에 있도록 언제나 스스로를 응원합니다! 질문 있나요?"

내용 질문. "길 따라 생각하기의 단계에는 무엇이 있나요?"

➥ 길 따라 생각하기 활동 예시 1 준비하기. "길 따라 생각하기에는 배울 부분이 많습니다. 다 같이 길 따라 생각하기 활동 예시 1을 봅시다. 이렇게 생겼습니다."

참고: 길 따라 생각하기 활동 예시 1은 읽어 보면 알 수 있다. 기술 훈련 지도자는 집단과 같이 활동지를 읽는다.

➥ 길 따라 생각하기 활동 예시 2 준비하기. "자, 이제 우리의 목표를 이루기 위해 점검, 돌아오기, 응원하기 생각을 어떻게 쓰는지 자세히 살펴봅시다. 길 따라 생각하기 활동 예시 2를 보겠습니다. 이렇게 생겼습니다."

참고: 집단 구성원은 충동대로 행동한다면 목표에 어떻게 반하는지에 대해 논의한다. 돌아오기 생각이 목표로 나아가는 데 어떻게 도움이 되는지, 응원하기가 길 위에 있는 데 어떻게 도움이 되는지에 대해 이야기할 수 있다.

➥ 입력 국면 마무리 준비하기. "아주 훌륭합니다! 지금까지 길 따라 생각하기에 대해 질문 있나요?"

E-나선 3국면: 정교화를 증진하는 활동

➥ 길 따라 생각하기 활동지 2 준비하기. "좋습니다. 길 따라 생각하기를 연습할 준비가 됐나요? 다 같이 길 따라 생각하기 활동지 2를 적어 보겠습니다. 이렇게 생겼습니다."

활동지 지도. "이 활동지는 충동을 점검하는 연습입니다. 제가 여덟 가지 충동을 읽어 보겠습니다. 잘 듣고 이 순간에 그 충동이 도움이 되는지 안 되는지 생각해 보세요. 도움이 되면 엄지 척에 동그라미 치세요. 도움이 되지 않으면 엄지 꽝에 동그라미 치세요. 읽기가 어려우면 옆 사람의 도움을 구하거나, 손으로 집단에게 엄지 척이나 엄지 꽝을 보여 주면 됩니다. 질문 있나요?"

☆길 따라 생각하기 활동지 2 지도 요점. "우리 각자가 길 위에 있는지, 길에서 벗어났는지 결정해야 합니다. 무엇이 맞는지 아무도 말해 줄 수 없습니다. 답은 스스로 찾아야 합니다. 이 활동지는 충동이 도움이 될지 안 될지 아는 연습을 하도록 도와줍니다. 우리 목표는 달라지므로, 매 순간 무언가가 도움이 되는지 안 되는지 마음 깊이 점검하도록 합니다. 모든 상황마다 다릅니다. 그래서 길 따라 생각하기를 쓸 때마다 충동을 점검하는 것이 좋습니다. 질문 있나요?"

드러내기 질문. "이 연습이 어땠나요?" "충동이 도움이 되는지 안 되는지 어떻게 결정했어요?" "충동을 점검하는 데 얼마나 걸렸나요?" "전에도 돌아오기와 응원하기를 써 본 적이 있나요?" "어려운가요?"

➡ **논의 준비하기.** "정말 잘 하셨어요. 길 따라 생각하기에 대해서 우리 잠시 얘기를 나눠 볼 겁니다."

연결하기 질문. "과거에 생각했던 방식과 길 따라 생각하기는 어떻게 다른가요?"

드러내기 질문. "생각을 쭉 해 보지 않고 급하게 행동한 적 있나요?" "잘 되던가요?"

확장하기 질문. "길 따라 생각하기와 함께 어떤 다른 기술을 쓸 수 있나요?" "길 따라 생각하기가 삶에서 어떤 도움이 될까요?"

➡ **정교화 국면 마무리 준비하기.** "자, 이제 길 따라 생각하기에 대해 배웠으니, 이야기를 함께 읽어 볼까요?"

E-나선 4국면: 효능을 높이는 활동

➡ **집단 연습 활동 준비하기.** "연습 활동을 위해서 이야기를 같이 읽고 사진 찍기와 길 따라 생각하기를 어떻게 같이 쓰는지 보겠습니다. 길 따라 생각하기 집단 연습 활동을

펴 보겠습니다."

효능 활동 지도. "줄리의 이야기를 같이 읽겠습니다. 줄리는 직장에 지각했어요. 같이 빈칸을 채워 보겠습니다."

기술하기 질문. "모든 단계를 어떻게 붙이는지 잘 보았나요? 이야기가 도움이 되었나요?"

➡ **논의 준비하기.** "진짜 멋지게 해냈어요. 오늘 수업 자료를 많이 했고, 아주 잘 따라오셨어요. 기술은 쉽지 않지만, 연습을 하면서 점점 더 쉬워질 겁니다. 길 따라 생각하기는 가장 어려운 기술입니다! 오늘 마치기 전에 기술 쓰는 데 어려운 점에 대해서 몇 가지 이야기해 봅시다."

장애물 질문. "길 따라 생각하기를 쓰는 데 무엇이 어렵나요?"

지혜 질문. "길 따라 생각하기를 쓰는 것이 중요할까요?"

결심 질문. "길 따라 생각하기를 쓸 건가요?"

코칭 질문. "길 따라 생각하기를 쓰도록 하려면 어떻게 할까요?"

➡ **가정 학습 준비하기.** "기술 쓰기는 어렵지만 그래도 써야 하는 것 같습니다. 우리가 이걸 이해하게 된다면 진짜 기술의 달인이 될 수 있습니다. 기술의 달인은 집단 밖에서도 기술을 연습합니다. 이번 주에는 길 따라 생각하기를 연습하겠습니다. 사진 찍기나 길 따라 생각하기를 쓸 기회가 있을 때마다 연습하세요. 행운을 빌어요!"

"집에서 기술을 공부하고 싶으면, 지금까지 배운 수업 자료를 복습하세요. 길 따라 생각하기 활동지 1을 해도 좋습니다. 상황을 선택해서 활동지에 적어 보세요. 혼자 할 수도 있고 선생님에게 도움을 구할 수도 있습니다. 질문 있나요?"

➡ **집단 마무리 준비하기.** "아시다시피, 집단이 끝나면 종을 여섯 번 울립니다. 여섯 가지 사진 찍기마다 종을 한 번씩 울립니다. 바로 지금 우리 안과 밖에서 무엇이 일어나는지 알 수 있는 좋은 기회입니다. 다른 일을 하기 전에 사진 찍기를 잠시 합니다. 오늘 누가 종을 울려 줄 건가요?"

이후 주기 복습이나 가정 학습을 위한 길 따라 생각하기 수업 자료

✓ 길 따라 생각하기 요약지 (p. 340). 이 요약지는 요점 개념을 설명하기 위해 입력 단계에서 쓸 수 있다. 집단에서 읽기에는 지루할 수 있으나, 각 구성원이 나누어서 읽으면 덜 지루할 수 있다. 요약지는 가정 학습이나 기술 코치에게 기술을 가르칠 때 도움이 된다.

✓ 길 따라 생각하기 활동지 1 (p. 344). 살펴볼 상황을 하나 선택해서 각 질문을 완성한다.

5주: 길 따라 행동하기

집단 준비하기

수업 자료

✓ 길 따라 행동하기 수업 자료 1 (p. 351)

✓ 길 따라 행동하기 수업 자료 2 (p. 352)

✓ 길 따라 행동하기 수업 자료 3 (p. 353)

✓ 길 따라 행동하기 수업 자료 4 (p. 354)

✓ 길 따라 행동하기 수업 자료 5 (p. 355)

✓ 길 따라 행동하기 수업 자료 6 (p. 358)

✓ 길 따라 행동하기 활동 예시 2 (p. 360)

✓ 길 따라 행동하기 활동지 2 (p. 361)

E-나선 1국면: 기존 지식 기반 탐색(복습)

➔ **환영하기.** "오늘은 다들 잘 지내고 있나요? 자, 기술을 배울 준비가 되었나요? 좋습니다! 집단을 시작할 때 무슨 활동을 하지요? [답을 기다린다.] 정확해요. 종을 울립니다.

자, 됐나요?"

➔ **마음챙김 활동 준비하기: 몸 느낌 알기.** "오늘은 숨을 알아차린 뒤에 몸 느낌 알기를 할 겁니다. 몸 느낌 알기를 연습하면 스스로 잘 알아차리는 데 도움이 됩니다. 우리 안에서 뭐가 일어나는지 잘 알아차릴수록 더 또렷해질 것입니다. 어떤 상황에서 우리 몸이 어떻게 반응하는지 알아차리면 느낌에 이름과 점수 주기에 도움이 됩니다."

마음챙김 활동 지도. "자, 제가 종을 울리면 숨을 알아차리는 것에서부터 시작합니다. 두 번째 종이 울리면 다른 몸의 느낌을 알아차리는 데 주의를 돌릴 겁니다. 앉아 있는 의자의 촉감이나 발 밑에 바닥의 딱딱함 같은 것을요. 결림, 통증, 근육 긴장을 느낄 수도 있습니다. 몸에서 근육이 이완하는지, 평온한지도 알아차릴 수 있습니다. 몸에서 일어나는 무엇이든 알아차립니다. 몸 느낌 알기에서 마음이 떠나가면, 부드럽게 몸 느낌으로 마음을 돌려놓으세요. 제가 여섯 번 종을 울릴 겁니다. 그러고 나서 우리가 알아차린 점을 나눕시다. 질문 있나요?"

기술하기 질문. "몸 느낌 알기를 하면서 무엇을 알아차렸나요?"

참고: 칠판에 여러 가지 관찰 내용을 적으면 도움이 될 수 있다.

➔ **기술 시스템 복습 준비하기.** "멋집니다! 이제 기술 시스템 복습에 들어가 볼까요?"

참고: 기술 훈련 지도자는 1주차의 기본 복습 활동이나 3주차의 고급 복습 활동을 선택하거나, 새로운 활동을 만들어 낼 수 있다.

➔ **기술 연습 준비하기.** "좋습니다! 점점 할 만하지요? 자, 이제 숙제를 나눠 봅시다. 이번 주에 사진 찍기와 길 따라 생각하기를 연습하기로 했습니다."

드러내기 질문. "사진 찍기와 길 따라 생각하기를 이번 주에 어떻게 썼는지 나눠 보실 분?" "어떻게 됐나요?" "조금 달리해 보고 싶은 것이 있었나요?"

➔ **새로운 기술 주제 준비하기.** "좋은 출발입니다. 이제 길 따라 행동하기에 대해 나눠 볼까요?"

💬 **새로운 주제에 관한 기존 지식 논의하기**

평가하기 질문. "길에서 벗어나고 싶은 충동이 들 때가 있나요?" "무엇 때문에 길에서 벗어나고 싶은 마음이 들까요?" "때로 통제할 수 없다고 느낄 때가 있나요?" "왜 그런 일이 일어날까요?" "지혜란 무엇일까요?"

관련 맥락 질문. "길에서 벗어나는 느낌은 어떻지요?" "길에서 벗어난 상태로 갇혀 버린 느낌이 든 적이 있나요? 다시 길로 돌아가기 어려운 느낌이 든 적이 있나요?" "길 위로 돌아가고 싶지만 그러기 위해 아무것도 안 한 적이 있나요?"

명료화 질문. "길에서 벗어난 행동이 목표를 달성하는 데 도움이 될까요?" "길에서 벗어난 행동은 우리를 어디로 데리고 가나요?" "길 따라 행동은 목표 달성에 도움이 될까요? 어떻게요?"

참고: 길에서 벗어난 충동의 단기적 이득에 대해 안내하여 충동을 타당화하는 것도 도움이 된다. 그러고 나서 장기적 결과를 강조하면 참여자들이 충분히 안 상태에서 결정을 내릴 수 있다.

➡ **새로운 주제와 관련 맥락 짓기.** "우리 논의를 보아 하니, 우리 모두 길에서 벗어난 충동이 있다는 것을 알게 됐어요. 길 위에 있기란 힘드네요. 길 위에 있기 위해서 우리는 사진 찍기와 길 따라 생각하기를 써야 합니다. 길 따라 생각하기는 반드시 행동으로 이어져야 합니다. 행동을 취한다는 건 길 위에서 무언가 한다는 뜻입니다."

E-나선 2국면: 새 주제를 가르치는 활동 입력

➡ **새로운 학습 준비하기: 길 따라 행동하기.** "좋은 논의였습니다. 오늘 우리는 길 따라 행동하기를 배울 겁니다. 사진 찍기를 어떻게 하는지, 길 따라 생각하기는 어떻게 쓰는지, 그리고 목표로 가기 위해 길 따라 행동하기를 어떻게 행하는지 배울 겁니다. 이를 123 기술 고리라고 합니다. 기술 123을 사용하면, 지혜로운 마음으로 행동하는 데 도움이 됩니다. 길 따라 행동하기 수업 자료 1을 봅시다. 이렇게 생겼어요. 다들 준비됐나요?"

입력 활동 지도. "좋습니다. 수업 자료를 같이 살펴보겠습니다. 주요 부분에 대해 제가 좀 말씀드리고, 그다음에 같이 논의하겠습니다. 좋아요?"

☆길 따라 행동하기 수업 자료 1 지도 요점. "사진 찍기와 길 따라 생각하기는 길 따라 행동하기에 도움을 줍니다. 첫째, 우리는 1번 기술인 사진 찍기를 써서 우리 안과 밖에서 무엇이 일어나는지 압니다. 2번 기술인 길 따라 생각하기에서는 우리의 감정, 생각, 충동을 점검하고 돌아오기를 합니다. 그다음에 기술 계획을 만들어서 목표에 달성하기 위한 우리의 3번 기술인 길 따라 행동하기가 무엇이 될지 찾아봅니다. 기술 1, 2, 3으로 시작하면, 대체로 목표에 맞는 길 위에 있을 수 있습니다. [별로 이어지는 선을 가리킨다.] 기술 123을 같이 쓰면 지혜로운 마음에 있을 수 있습니다. 지혜로운 마음에서 우리는 감정을 느끼는 동시에 길 위에 있는 또렷한 생각도 합니다. 때로 우리가 감정 마음에 있을 때에는 흐릿한 사진을 찍게 됩니다. 때로 우리가 감정이 넘칠 때, 길에서 벗어난 생각을 하게 되고 결국 길 밖으로 벗어난 행동을 하게 됩니다. [추락 지점으로 이어지는 선을 가리킨다.] 좋은 소식은 만약 우리가 길에서 벗어나 있더라도 1, 2, 3 지혜로운 마음을 쓰면서 다시 길 위로 돌아갈 수 있다는 겁니다. 자, 기술 1, 2, 3이 무엇이지요? 맞아요. 사진 찍기, 길 따라 생각하기, 길 따라 행동하기입니다! 길 위에 있는 것은 [모두 함께 1, 2, 3이라고 말한다.] 네, 123을 세기만큼 쉽습니다. 좋아요. 1, 2, 3! 질문 있나요?"

➡ **길 따라 행동하기 수업 자료 2 준비하기.** "자, 이제 길 따라 행동하기에 대해 더 배웁시다. 길 따라 행동하기 수업 자료 2는 이렇게 생겼습니다. 준비됐나요?"

☆길 따라 행동하기 수업 자료 2 지도 요점
① "길 따라 행동하기에는 여러 종류가 있습니다. 길 따라 행동하기는 우리 목표를 향한 첫걸음입니다. 예를 들어, 만약 기술을 배우고 싶다면, 집에서 연습하는 행동은 길 따라 행동입니다. 연습을 하면 우리가 기술의 달인이 될 수 있습니다. 쓰레기통에 기술 책을 버린다면 길 밖으로 벗어난 행동이겠지요." (선택: 길 따라 행동하기 수업 자료 3 참조)
② "때로 길 따라 행동하기를 하다가 길에서 벗어나려고 한다면 길 바꾸기를 해야 할 수도 있습니다. 길 바꾸기를 할 때에는 길에서 벗어난 충동과 반대로 하는 길 따라 행동이 도움이 됩니다. 충동과 반대로 행동하면, 곧 반대로 행동하기가 됩니다."

평가하기 질문. "'반대'라는 말의 뜻이 무엇이지요?"

"예를 들어, 파티에 가서 새로운 친구를 사귀고 싶다면, 구석에 서 있으면 안 됩니다. 구석에 숨기보다는 친절하게 행동하거나, 사람들에게 자기소개를 해야 합니다. 숨고 싶은 충동이 있을지라도 반대로 행동하기를 해서 사람들 사이에 두 발로 뛰어들어야 합니다. 반대로 행동하기는 목표를 달성하는 아주 좋은 방법일 수 있습니다." (선택: 길 따라 행동하기 수업 자료 4 참조)

③ "길 따라 행동 계획을 세워도 도움이 됩니다. 우리를 건강하고 행복하게 하는 길 따라 행동을 매일 한다면, 기분이 좋아지고 길 따라 선택을 하게 됩니다. 예를 들어, 우리가 밥을 잘 먹고, 운동하고, 적절하게 잠을 자면, 기분이 상하거나 나빠질 가능성이 적습니다. 우리가 기분이 좋을 때는 길 따라 가기가 더 쉽습니다." (선택: 길 따라 행동하기 수업 자료 5 참조)

④ "때로 우리는 상황을 받아들여야 합니다. 어떤 상황에서 최선을 다했어도 일어나는 일을 그저 받아들여야 할 때가 있습니다. 우리가 원치 않더라도 받아들여야만 한다는 것을 깨달아야 합니다. 다행인 점은 상황이 나아지도록 기다릴 수 있는 기술이 있다는 점이지요! 기술의 달인은 아주 안 좋은 상황에서 최선을 만들거나, 아니면 삶이 우리에게 쉰 김치를 줄 때 김치찌개를 만드는 법을 배웁니다." (선택: 길 따라 행동하기 수업 자료 6 참조)

⑤ "때로는 넘어가기를 해야 할 때도 있습니다. 예를 들어, 좋아하는 컵을 깨뜨렸을 때 잠시 동안 슬플 수 있습니다. 그러나 어떤 측면에서는 문제를 곱씹는 행동이 됩니다. 문제를 너무 오래 곱씹게 되면, 감정이 더 커질 수 있습니다. 우리는 얼마만큼 하면 충분한지 멈추는 법을 배워야 합니다. 또 우리는 멈춰 있고 싶은 충동을 느낄 수도 있지만, 멈춰만 있으면 목표로 가기가 어려워질 수 있습니다. 질문 있나요?" (선택: 길 따라 행동하기 수업 자료 7 참조)

참고: 시간이 된다면, 길 따라 행동하기 수업 자료(3~6)를 복습한다.

☆길 따라 행동하기 수업 자료 3(p. 353) 지도 요점. 이 수업 자료는 길 따라 행동하기의

첫 유형인 '목표를 향한 첫걸음'을 보여 준다. 집단은 수업 자료에서 사진 찍기, 길 따라 생각하기를 하고, 목표를 달성하기 위해 피하기 안전 계획을 써서 길 따라 행동하기를 하는 그림을 볼 수 있다. 그다음 길 따라 행동은 새로운 나 활동(혼자서 놀기)을 하여 집중해 보는 것이다. 글상자는 0~5점 감정이나 0~3점 감정일 때 어떤 길 따라 행동 기술을 선택할 수 있는지 보여 준다.

☆길 따라 행동하기 수업 자료 4(p. 354) 지도 요점. 이 수업 자료는 길 따라 행동하기, 길 바꾸기를 설명한다. 예시는 읽어 보면 알 수 있다. 두 발로 반대로 행동하기에 뛰어드는 예시를 제공하면 도움이 된다.

☆길 따라 행동하기 수업 자료 5(p. 355) 지도 요점. 이 자료는 길 따라 행동 계획의 다양한 요소를 보여 준다. 균형 대 절대 규칙의 개념에 주의하는 것이 중요하다. 삶이 바뀌면서 조정해 나가는 것이 필요하다.

☆길 따라 행동하기 수업 자료 6(p. 358) 지도 요점. 이 수업 자료는 받아들이기를 연습할 상황을 설명한다. 집단 구성원은 각 상황을 보며 예시를 논의한다.

☆길 따라 행동하기 수업 자료 7(p. 359) 지도 요점. 집단 구성원이 수업 자료를 함께 보고 넘어가기와 관련된 과정과 어려움에 대해 논의한다.

➡ **입력 국면 마무리 준비하기.** "길 따라 행동하기는 우리의 친구입니다! 길을 따라 가도록 도와줍니다. 길 따라 행동하기를 연습할 준비가 되었나요?"

E-나선 3국면: 정교화를 증진하는 활동

➡ **정교화 활동 준비하기: 길 따라 행동하기 활동 예시 2와 활동지 2.** "자, 같이 활동지를 적어 보겠습니다. 그 전에 예시를 같이 보고 어떻게 하는지 배워 봅시다."

참고: 집단은 활동 예시의 답을 같이 읽고 각각이 어떤 길 따라 행동하기인지 논의한다. 길 따라 행동하기 활동지 2를 완성하는 방법은 여러 가지이다. 지도자는 각 답을 칠판에 쓸 수 있고, 아니면 각자가 완성하여 나눌 수도 있다. 재미있는 대안으로, 훈련 지도자는 다섯 가지 길 따라 행동하기와 활동지에 적힌 다른 여섯 가지 기술을 종이에 적어 바구니에 넣는다. 구성원 중 하나가 바구니에서 종이 한 장을 꺼내면 집단원은 알맞

은 길 따라 행동하기를 브레인스토밍한다. 수업 자료를 살펴보는 방식으로 이러한 형식의 연습을 다양하게 쓸 수 있다.

드러내기 질문. "연습이 어땠나요?"

→ 논의 준비하기: "좋아요. 길 따라 행동하기에 대해 더 얘기해 봅시다."

연결하기 질문. "이것은 123 기술 고리입니다. 무슨 뜻이지요?" "과거에 했던 방식과는 어떻게 다른가요?"

드러내기 질문. "길 따라 행동하기가 어려웠던 때는 언제였나요?" "어렵게 만든 이유가 무엇이었나요?"

확장하기 질문. "길 따라 행동하기와 같이 쓰는 기술에는 무엇이 있지요?" "길 따라 행동하기가 삶에서 도움이 될까요?" "집에서는요?" "직장에서는요?" "관계에서는요?" "가족들과 같이 있을 때는요?"

→ 정교화 국면 마무리 준비하기. "좋은 논의였습니다. 어려운 상황에서 기술을 어떻게 써야 할지 이해하는 것은 중요합니다. 힘든 상황에서는 길에서 벗어나기 쉽고 목표를 이루기 어렵습니다."

E-나선 4국면: 효능을 높이는 활동

→ 효능 활동 준비하기: 역할 연습 시나리오. "자, 이제 역할 연습을 해 보겠습니다. 우리는 아주 작은 다툼을 해 볼 겁니다. 제가 일부러 여러분을 괴롭힐 거니까, 여러분은 사진 찍기, 길 따라 생각하기, 길 따라 행동하기를 연습해 보세요. 누가 먼저 해 볼까요?"

효능 활동 지도. "제가 앞으로 다가가서 제 CD를 훔쳤다고 지적할 겁니다. 제가 말하는 동안 재빠르게 사진 찍기를 하고 길 따라 생각하기를 해 보세요. 제가 말을 너무 많이 하지는 않을 거예요. 왜냐하면 무엇을 할지 생각해 볼 시간을 드리고 싶기 때문입니다. 기술 계획을 만들고 나서는 길 따라 행동하기를 해 보세요. 필요할 때 언제라도 집단에게 도움을 구하세요. 자, 다른 분들은 제안이 있을 때 손을 들어 주세요. 발표자가 허락하면 조언을 줄 수 있습니다. 무엇을 해 보라고 할 수도 있고, 직접 해 볼 수도 있습니다. 천천히 하면서 기술을 붙이는 연습을 하겠습니다. 질문 있나요?"

참고: 기술 훈련 지도자는 멈춰 가면서, 집단 구성원들이 발표자에게 맞추어 서로 여섯 가지 사진 찍기, 길 따라 생각하기, 길 따라 행동하기를 도와주도록 격려한다. 사이코드라마 형식을 쓴다면, 각기 다른 구성원이 각 기술 코칭을 제안할 수 있다(예: 사진 찍기와 길 따라 생각하기). 집단의 기술 지식 수준에 맞추어, 훈련 지도자는 얼마나 깊이 들어갈지, 얼마만큼 지지를 제공할지 결정한다.

드러내기 질문. "사진 찍기를 해 보았나요?" [여섯 가지 사진 찍기를 복습한다.] "점검을 했나요?" "돌아오기를 했나요?" "응원하기는요?" "기술 계획은 무엇이었나요?" "길 따라 행동 했나요?" "지혜로운 마음이었나요?"

➜ **논의 준비하기.** "역할 연습을 아주 잘했습니다. 길 따라 행동하기에서 어려운 점에 대해 잠시 짧은 논의를 해도 될까요?"

장해물 질문. "길 따라 행동하기에서 어려운 점은 무엇인가요?"

지혜 질문. "살면서 길 따라 행동하기를 쓰는 것이 중요할까요?"

결심 질문. "언제 길 따라 행동하기를 쓰실 건가요?"

코칭 질문. "막혔다고 느낄 때 스스로 길 따라 행동하기를 쓰도록 어떻게 코칭할 건가요?"

➜ **가정 학습 준비하기.** "길 따라 행동하기에 대한 논의가 아주 좋았습니다. 자, 숙제 시간입니다! 이번 주에는 길 따라 행동하기를 연습하겠습니다. 목표를 향한 첫걸음 행동을 시도해 봅시다. 또 길에서 벗어난 충동을 느낄 때 길 바꾸기를 연습해 보세요. 집에서 기술을 공부하고 싶으면 지금까지 본 수업 자료를 모두 복습해 봅시다. 길 따라 행동하기 활동 예시 1을 보고 길 따라 행동하기 활동지 1을 완성해 보세요. 필요하면 도와줄 누군가를 찾아보세요. 질문 있나요?"

➜ **집단 마무리 준비하기.** "아시다시피, 집단이 끝나면 종을 여섯 번 울립니다. 종소리 한 번에 여섯 가지 사진 찍기 하나씩 합니다. 바로 지금 우리 안과 밖에서 무엇이 일어나는지 알아차릴 좋은 기회입니다. 다른 일을 하기 전에 잠시 사진 찍기를 하겠습니다.

오늘 누가 종을 울려 주시나요?"

이후 주기 복습이나 가정 학습을 위한 길 따라 행동하기 수업 자료

✓ 길 따라 행동하기 요약지 (p. 350). 이 요약지는 요점 개념을 설명하기 위해 입력 단계에서 쓸 수 있다. 집단에서 읽기에는 지루할 수 있으나, 각 구성원이 나누어서 읽으면 덜 지루할 수 있다. 요약지는 가정 학습이나 기술 코치에게 기술을 가르칠 때 도움이 된다.

✓ 길 따라 행동하기 수업 자료 3~7 (pp. 353-355, 358-359). 집단에서 수업 자료 3~7 을 하지 못했다면, 이후 주기에서, 개인 치료에서, 혹은 집에서 완성할 수 있다.

✓ 길 따라 행동하기 활동 예시 1과 길 따라 행동하기 활동지 1 (pp. 356-357). 활동 예시를 살펴보면서 길 따라 행동 계획의 개념을 더 잘 이해한다. 그다음 스스로 길 따라 행동 계획을 세우면서 활동지를 작성한다.

✓ 길 따라 행동하기 활동지 3 (p. 362). 이 활동지는 여러 가지 길 따라 행동을 기술 고리로 연결하는 연습이다.

●

6주: 안전 계획

집단 준비하기

수업 자료
✓ 안전 계획 수업 자료 1 (p. 365)
✓ 안전 계획 활동 예시 1 (p. 366)
✓ 안전 계획 수업 자료 2 (p. 368)
✓ 안전 계획 활동 예시 2 (p. 369)
✓ 안전 계획 수업 자료 3 (p. 371)
✓ 안전 계획 수업 자료 4 (p. 372)

✓안전 계획 활동 예시 3 (p. 374)

✓안전 계획 활동지 4 (p. 375)

E-나선 1국면. 기존 지식 기반 탐색(복습)

➔ **환영하기.** "돌아온 것을 환영합니다! 오늘 다들 어떠세요? 우리 시작해 볼까요?"

➔ **마음챙김 활동 준비하기: 주위 알기.** "마음챙김 연습을 할 준비됐나요? [반응을 기다린다.] 좋습니다!"

마음챙김 활동 지도. "좋아요. 제가 종을 울리면 숨 알기부터 시작하겠습니다. 제가 두 번째 종을 울리면 우리의 주의를 숨 알기에서 주위 알기로 옮기겠습니다. 주위 알기는 여섯 가지 사진 찍기 중 하나입니다. 무엇이 보이고, 들리고, 무슨 냄새가 나고, 무슨 맛이 나고, 어떤 감촉이 있는지 오감을 사용하여 알아차려 봅니다. 숨과 주위로부터 마음이 다른 곳으로 흘러가면, 부드럽게 다시 돌려놓으세요. 무엇이 일어나는지 사진 찍기를 해 놓으면 길 따라 선택을 내리는 데 도움이 됩니다. 우리 주위를 흐릿하게 찍는다면 길에서 벗어나는 데 도움이 됩니다."

기술하기 질문. "이 연습을 하면서 무엇을 알아차렸나요?" "마음이 떠내려가던가요?" "마음을 돌려놓을 수 있었나요?"

➔ **기술 시스템 복습 준비하기.** "좋은 관찰입니다. 자, 기술 시스템 복습을 해 볼까요?"

참고: 기술 훈련 지도자는 1주차의 기본 복습 활동이나 3주차의 고급 복습 활동을 선택하거나, 새로운 활동을 만들어 낼 수 있다.

➔ **기술 연습 준비하기.** "잘 하셨습니다. 점점 좋아지고 있습니다! 이제 기술 연습을 복습하겠습니다. 지난주에 길 따라 행동하기를 연습했습니다. 사진 찍기와 길 따라 생각하기를 해야 하는 것도 잊지 맙시다."

드러내기 질문. "누가 이번 주에 길 따라 행동하기를 사용한 이야기를 해 주시겠어요?" "길 따라 행동에서 어떤 긍정적인 것들을 했나요?" "길 바꾸기를 해 보신 분 있나요?"

"길에서 벗어난 충동과 반대로 무엇을 했나요?" "123 지혜로운 마음을 써 보신 분?" "이번 주에 무엇을 받아들이셨나요?" "이번 주에 넘어가기를 해 보신 분이 있나요?"

➡ **새로운 기술 주제 준비하기.** "훌륭합니다! 이번 주에 새로운 기술을 시작하기 전에 스스로 안전하게 하기 위해 이미 알고 있는 것들을 얘기해 볼까요?"

💬 새로운 주제에 관한 기존 지식 논의

평가하기 질문. "'위험'이란 말은 무슨 뜻일까요?" "어떤 상황이 위험한 상황일까요?"

관련 맥락 질문. "위험한 상황에는 어떤 예시들이 있나요?" "상황이 안전하지 않다는 것을 어떻게 알지요?" "피하면 더 좋은 상황에는 어떤 예시들이 있나요?"

명료화 질문. "위험한 상황으로 다가가면 어떤 일이 벌어지나요?" "위험한 상황을 피하면 어떤 일이 벌어지나요?"

➡ **새로운 주제와 관련 맥락 짓기.** "때로는 살면서 어려운 상황들이 생깁니다. 대부분은 어려운 상황에 도전하면서 어려움을 다루는 방법을 배웁니다. 어떤 경우에는 피하면 상황이 더 나빠집니다. 그러나 어떤 경우에는 상황을 피해야 합니다. 문제를 일으킬 수 있는 위험이 있다면 피해야 합니다. 이러한 상황에서는 안전 계획을 씁니다. 이때 사진 찍기와 길 따라 생각하기를 사용하여 중요한 결정을 내립니다."

E-나선 2국면: 새 주제를 가르치는 활동 입력

➡ **새로운 학습 준비하기: 안전 계획.** "안전 계획은 기술 시스템의 네 번째 기술입니다. 안전 계획은 위험한 상황을 다룰 때 도움이 됩니다. 몇 가지 수업 자료를 살펴보겠습니다. 많아 보입니다! 오늘 안전 계획을 전부 다 배울 수는 없지만, 세 가지 유형의 안전 계획, 위험의 세 수준, 그리고 위험을 알아차릴 때 해야 할 세 가지를 배우겠습니다."

입력 활동 지도. "안전 계획 수업 자료 1(p. 365)을 시작하겠습니다. 이렇게 생겼습니다. 준비 됐나요?"

참고: 기술 훈련 지도자가 수업 자료를 읽는다.

☆안전 계획 수업 자료 1 지도 요점. "안전 계획은 우리 안과 밖에서 찾아오는 위험을 다루도록 돕습니다. 우리 안의 위험은 우리 몸속에서 일어납니다. 길에서 벗어난 생각, 충동, 감정, 상상이 생기면 안전 계획을 써야 합니다. 길에서 벗어난 마음은 길을 따라 가기 어렵게 만듭니다.

"사람, 장소, 물건은 밖의 위험이 될 수 있습니다. 특정한 사람, 장소, 혹은 물건은 문제를 일으킬 수 있습니다. 이러한 밖의 위험은 우리에게 길에서 벗어난 생각, 충동, 감정, 상상을 주고, 다른 사람이나 우리 자신을 위험하게 할 수 있습니다. 질문 있나요?"

➜ **안전 계획 활동 예시 1 준비하기.** "366쪽에 있는 안전 계획 활동 예시 1을 보겠습니다. 이렇게 생겼습니다."

☆안전 계획 활동 예시 1 지도 요점. "이 활동지를 같이 읽고 안과 밖의 위험에 대해 더 배워 봅시다."

➜ **안전 계획 수업 자료 2 준비하기.** "좋아요. 출발이 좋습니다. 이번에는 세 가지 위험 수준을 배웁시다. 368쪽을 펴 보세요. 안전 계획 수업 자료 2는 이렇게 생겼습니다."

참고: 지도자가 집단과 함께 수업 자료를 읽는다.

☆안전 계획 수업 자료 2 지도 요점. "위험 수준에는 세 가지가 있습니다. 낮은, 중간, 높은 위험입니다. 위험을 알기 위해서 스스로에게 묻습니다. ① 이 위험이 얼마나 큰 피해를 줄지, 그리고 ② 우리와 얼마나 가까운지. 높은 위험 상황에서는 심각한 피해가 생길 수 있고, 위험은 우리와 아주 가깝습니다. 중간 위험 상황에서는 위험이 문제를 만들 수 있고 우리 주변에 있습니다. 낮은 위험 상황에서는 위험이 스트레스를 줄 수 있고 우리와는 멀리 있습니다."

"무언가가 더 많은 피해를 줄수록 위험은 더 높아집니다. 위험이 우리와 더 가까이 있을수록, 위험은 더 높아집니다. 예를 들어, 방울뱀이 우리 바로 옆에 있다면 높은 위험입니다. 방울뱀이 30미터 밖에 있다면 위험은 낮아집니다. 질문 있나요?"

➜ **안전 계획 활동 예시 2 준비하기.** "자, 이렇게 생긴 활동 예시를 봅시다."

◆ **안전 계획 수업 자료 3 준비하기.** "좋습니다! 안전 계획에서 배울 내용이 아주 많습니다. 배우는 데에는 시간이 걸립니다. 한 번에 한 걸음씩 갑니다. 자, 이제 371쪽에 있는 세 가지 유형의 안전 계획을 보겠습니다."

☆**안전 계획 수업 자료 3 지도 요점.** "세 가지 유형의 안전 계획을 같이 배우겠습니다. 상황이 더 위험해질수록, 안전 계획이 더 필요합니다. 예를 들어, 낮은 위험 상황에서는 안전 계획 생각하기만 해도 됩니다. 중간 위험 상황에서는 안전 계획 생각하기와 말하기를 둘 다 쓰는 것이 좋습니다. 높은 위험 상황에서는 안전 계획 생각하기, 말하기, 글쓰기를 해서 위험을 확실히 다루는 게 도움이 됩니다."

참고: 지도자나 다른 구성원이 집단과 함께 수업 자료를 읽는다.

◆ **안전 계획 수업 자료 4 준비하기.** "지금까지 우리는 낮은, 중간, 높은 위험을 배웠습니다. 또 생각하기, 말하기, 글쓰기 안전 계획 짜기를 배웠습니다. 이제 우리는 이런 상황에서 위험을 다루기 위해 무엇을 하는지 안전하기 방법을 배울 겁니다. 372쪽을 펴 보세요. 안전 계획 수업 자료 4는 이렇게 생겼습니다."

참고: 지도자나 다른 구성원이 집단과 함께 수업 자료를 읽는다.

☆**안전 계획 수업 자료 4 지도 요점.** "낮은 위험일 때에는 우리가 하는 새로운 나 활동에 집중할 수 있습니다. 예를 들어, 작은 문제가 멀리 있을 때는 그냥 나의 활동에 집중합니다. 나는 문제를 무시하지 않습니다. 다만 도움이 되는 활동에 집중하기로 선택한 것입니다. 만약 위험이 더 가까이 있거나 나한테 문제를 만든다면, 나와 위험 사이에 거리를 두기 위해 피하기를 합니다. 예를 들어, 누가 나를 괴롭힌다면 자리를 옮긴 다음에 새로운 나 활동에 집중하기를 계속합니다. 만약 높은 위험일 때라면 그 자리를 완전히 떠날 수 있습니다. 내가 위험을 듣거나, 보거나, 말하거나, 만지지 않도록 확실히 해야 합니다. 예를 들어, 방으로 들어가서 문을 닫을 수 있습니다."

내용 질문. "위험을 보거나, 듣거나, 말하거나, 만지면 왜 위험할까요?" "피하거나 떠나기를 할 때 어디로 갈지 어떻게 아나요?" "새로운 나 활동을 하는 것은 왜 좋은가요?" "어떤 새로운 나 활동이 집중을 도와줄까요?" "피하기를 할 때에는 얼마나 멀리 가야 하나요?" "위험이 낮을 때 나의 활동에 어떻게 주의 집중하나요?" "상황을 피하는 안전 계획을 할지 그리고 상황에 맞서는 게 최선일 때는 언제인지 어떻게 알 수 있나요?"

➔ 입력 국면 마무리 준비하기. "안전 계획 기술에는 위험 수준, 안전 계획 짜기 방법, 안전하기 방법과 같은 여러 부분이 있습니다. 이제 안전 계획 연습으로 넘어가 볼까요?"

E-나선 3국면: 정교화를 증진하는 활동

➔ 정교화 활동 준비하기: 안전 계획 활동 예시 3. "자, 우리가 배운 것을 다 합쳐 안전 계획 쓰기를 해 보겠습니다. 안전 계획 활동 예시 3은 이렇게 생겼습니다."

연습 활동 지도. "안전 계획에 대해 함께 읽고 이야기를 나눠 보겠습니다."

드러내기 질문. "안전 계획에 대해 어떻게 생각하시나요?"

➔ 논의 준비하기. "자, 과거에도 안전 계획을 해 보셨지요? 얘기를 조금 해 볼까요?"

연결하기 질문. "1234 기술 고리는 무슨 뜻일까요?" "지혜로운 마음에서 안전 계획을 한다면 어떨까요?" "과거에 했던 방법과 안전 계획은 어떻게 다른가요?"

드러내기 질문. "안전 계획을 쓰지 못했지만 쓰고 싶었던 때가 있었나요?" "무슨 일이 일어났나요?"

확장하기 질문. "안전 계획과 함께 쓰는 기술에는 무엇이 있지요?" "안전 계획을 쓸 만한 때가 있으신가요?" "직장에서?" "집에서?" "가족과 있을 때?" "친구와 있을 때?"

➔ 정교화 국면 마무리 준비하기. "안전 계획을 써야 할 때가 있는 것 같군요. 오늘 이걸 배우다니 다행입니다!"

E-나선 4국면: 효능을 높이는 활동

➔ 효능 활동 준비하기: 안전 계획 활동지 3. "자, 같이 안전 계획을 해 볼 준비가 된 것 같습니다. 373쪽을 펴 보세요. 안전 계획 활동지 3은 이렇게 생겼습니다. 이번 주에 있었던 위험 상황에 대해 누가 나누어 주시겠어요? 같이 살펴보면서 안전 계획을 해 보겠습니다. [반응을 기다린다.] 아주 용감합니다! 고맙습니다!"

참고: 흥미 있는 동시에 발표자나 집단을 지나치게 각성시키지 않는 시나리오를 고르

도록 한다. 중간에서 낮은 위험 상황이 가장 좋다.

효능 활동 지도. 훈련 지도자는 안전 계획을 이끌어 나간다. 훈련 지도자는 끝까지 안전 계획을 마치는 데 집중한다. 중간에 나 표현하기나 문제 해결을 하고자 멈추지 않는다. 집단의 참여를 격려한다. 훈련 지도자와 집단은 다양한 대안 생각을 촉진하고 각각이 어떻게 맞을지 질문을 한다. 훈련 지도자, 발표자, 집단이 모두 함께 안전 계획을 만든다.

드러내기 질문. "이 안전 계획이 어떤가요?" "안전 계획이 도움이 됐을까요?" "안전 계획에 관한 질문 있나요?"

➜ 논의 준비하기. "아주 잘 하셨습니다. 모두 큰 도움이 되었습니다. 우리 마치기 전에 안전 계획을 할 때의 어려움에 대해 같이 이야기 나눠 보겠습니다."

장해물 질문. "안전 계획을 쓸 때 어려운 점은 무엇인가요?" "우리가 좋아하지만 동시에 위험한 상황에서 빠져나올 때에는 느낌이 어떨까요?" "우리가 좋아하는 일을 단지 다른 사람 때문에 그만해야 한다는 느낌은 어떨까요?"

지혜 질문. "안전 계획을 쓰는 것이 중요할까요?"

결심 질문. "살면서 언제 안전 계획을 쓸 수 있을까요?"

코칭 질문. "스스로 안전 계획을 쓰도록 어떻게 코칭할 건가요?"

➜ 가정 학습 준비하기. "오늘 아주 잘 하셨습니다! 안전 계획에는 배울 내용이 많습니다. 연습이 정말 도움이 될 겁니다. 그러니 이번 주에는 위험한 상황을 알아차리는 연습을 해 봅시다. 위험이 낮은 수준인지, 중간 수준인지, 높은 수준인지 생각해 봅시다. 안전 계획 짜기 중에서 생각하기, 말하기, 혹은 글쓰기를 해야 할지 생각해 봅시다. 또, 다시 집중하거나, 피하거나, 자리를 완전히 떠나기 중에 무엇이 최선일지 생각해 봅시다. 질문 있나요? [반응을 기다린다.] 행운을 빕니다!"

➜ 집단 마무리 준비하기. "아시다시피, 집단이 끝나면 종을 여섯 번 울립니다. 종소리 한 번에 여섯 가지 사진 찍기 하나씩 합니다. 바로 지금 우리 안과 밖에서 무엇이 일어나는지 알아차릴 좋은 기회입니다. 다른 일을 하기 전에 잠시 사진 찍기를 하겠습니다.

오늘 누가 종을 울려 주시나요?"

이후 주기 복습이나 가정 학습을 위한 안전 계획 수업 자료

✓안전 계획 요약지. (p. 363) 이 요약지는 요점 개념을 설명하기 위해 입력 단계에서 쓸 수 있다. 집단에서 읽기에는 지루할 수 있으나, 각 구성원이 나누어서 읽으면 덜 지루할 수 있다. 요약지는 가정 학습이나 기술 코치에게 기술을 가르칠 때 도움이 된다.

✓안전 계획 활동지 1 (p. 367)
☆지도 요점. 안과 밖의 구체적 위험 상황을 적어 본다.

✓안전 계획 활동지 2 (p. 370)
☆지도 요점. 이 활동지에는 구체적인 낮은, 중간, 높은 위험을 적어 본다.

✓안전 계획 활동지 3 (p. 373)
☆지도 요점. 자신에게 일어난 다양한 상황을 생각해 보고 위험의 유형, 위험 수준, 안전 계획 방법, 그리고 어떻게 위험을 다룰지 동그라미 친다.

✓안전 계획 활동지 4 (p. 375)
☆지도 요점. 위험한 한 가지 상황에 대한 정보를 적는다. 혹은 누가 적는 것을 도와줄 수 있다. 그다음 위험 수준을 생각해 보고, 상황을 다루기 위한 길 따라 방법을 생각해 본다.

7주: 새로운 나 활동

집단 준비하기

수업 자료
✓ 새로운 나 활동 수업 자료 1 (p. 378)
✓ 새로운 나 활동 수업 자료 2 (p. 379)
✓ 새로운 나 활동 수업 자료 3 (p. 381)
✓ 새로운 나 활동 수업 자료 4 (p. 383)
✓ 새로운 나 활동 수업 자료 5 (p. 385)

E-나선 1국면: 기존 지식 기반 탐색(복습)

➔ **환영하기.** "안녕하세요. 반갑습니다. 마음챙김 연습으로 시작해 볼까요?"

➔ **마음챙김 활동 준비하기: 감정 알기.** "오늘은 종소리를 들으며 감정을 알아차려 볼 거예요."

마음챙김 활동 지도. "제가 종을 한 번 치면 우리 모두 숨에 주의를 기울입니다. 두 번째 종이 울리면 어떤 감정이 느껴지는지에 주의를 기울여 봅니다. 몸 느낌을 알아차린 다음 어떤 감정인지 이름을 붙여 보세요. 마음이 떠돌기 시작하면 부드럽게 다시 마음을 감정으로 데려옵니다. 감정이 오는 것을 알아차리고 그다음 감정에 너무 집중해서 더 강하게 만들거나 그 감정에 따라 행동할 필요 없이 감정을 보내 보세요. 우리 마음이 감정을 향했다가 감정에서 돌아서는 것을 배우면 감정을 잘 조절할 수 있게 됩니다. 좋아요, 그럼 시작해 봅시다. 질문 있나요?"

기술하기 질문. "어땠어요?" "어떤 감정을 알아차렸나요?" "마음이 떠돌았나요?" "어떤 행동을 하고 싶은 충동을 알아차렸나요?" 다시 마음을 감정으로 돌아오게 할 수 있었나요?"

➔ **기술 시스템 복습 준비하기.** "사진 찍기를 잘했습니다. 이제 기술, 시스템 도구 그리고 여섯 가지 사진 찍기를 복습해 볼까요?"

참고: 기술 훈련 지도자는 1주차의 기본 복습 활동이나 3주차의 고급 복습 활동을 선택하거나, 새로운 활동을 만들어 낼 수 있다.

➔ **기술 연습 준비하기.** "잘 했어요. 이제 과제를 얘기해 볼까요? 이번 주에 어떻게 안전 계획 연습을 했나요?"

드러내기 질문. "이번 주에 해 본 안전 계획 생각하기에 대해 이야기해 주실 분이 있나요?" "이번 주에 해 본 안전 계획 말하기를 나눌 분이 있나요?" "이번 주에 해 본 안전 계획 글쓰기를 나눌 분은요?" "이번 주에 안전 계획 기술을 사용한 걸 나누고 싶은 분 있나요?"

➔ **새로운 기술 주제 준비하기.** "좋은 시작이네요. 안전 계획은 익숙해지는 데 시간이 걸리지요. 모두들 잘 하게 될 거예요. 이제 새로운 나 활동에 대해 알고 있는 것을 얘기해 봅시다."

💬 **새로운 주제에 관한 기존 지식 논의하기**

평가하기 질문. "위험한 상황에서 멀어진 다음에는 무엇을 해야 할까요?" "'새로운 나'는 무슨 뜻일까요?" "'옛날 나'는 무슨 뜻일까요?" "길 따라 가기 위해 할 수 있는 행동은 무엇이 있나요?"

관련 맥락 질문. "길 따라 행동과 길 밖 행동은 어떻게 다를까요?" "어떤 행동이 도움이 되는지 아닌지 어떻게 알 수 있나요?"

명료화 질문. "왜 사람들은 새로운 나 활동을 (선택)할까요?" "왜 사람들은 길 밖 행동을 (선택)할까요?"

➔ **새로운 주제와 관련 맥락 짓기.** "새로운 나 활동은 우리를 여러 가지 방법으로 도와줍니다. 목표를 달성하는 데 도움이 되도록 적절한 때에 적절한 활동을 어떻게 선택할 수 있는지 배워 볼 거예요."

E-나선 2국면: 새 주제를 가르치는 활동 입력

◆ **새로운 학습 준비하기: 새로운 나 활동.** "오늘은 새로운 나 활동을 배워 봅시다! 새로운 나 활동 수업 자료 1부터 5까지 함께 읽어 볼 거예요. 378쪽을 펴세요. 새로운 나 활동 수업 자료 1은 이렇게 생겼어요."

입력 활동 지도. 참여자들은 함께 새로운 나 활동 수업 자료를 읽고 다양한 활동에 대해 이야기 나눈다. "누군가 한번 읽어 볼까요, 아니면 제가 읽을까요?"

☆**새로운 나 활동 수업 자료 1 지도 요점.** "이 자료는 네 가지 종류의 새로운 나 활동을 소개합니다. 어떤 활동은 우리가 집중할 수 있게 도와주고, 어떤 활동은 기분 좋게 해 주고, 어떤 활동은 주의를 딴 데로 돌려주고, 또 어떤 활동은 즐겁게 해 주지요. 다양한 새로운 나 활동을 배워서 우리가 처한 상황에 맞는 활동을 선택할 수 있어야 합니다. 수업 자료 2부터 5에는 이런 활동이 자세히 나와 있어요."

◆ **새로운 나 활동 수업 자료 2(집중) 준비하기.** "이제 집중 새로운 나 활동에 대해 배워 봅시다. 379쪽을 펴세요. 새로운 나 활동 수업 자료 2는 이렇게 생겼어요."

☆**새로운 나 활동 수업 자료 2 지도 요점.** "집중 새로운 나 활동은 주의 집중을 도와줍니다. 이 활동을 할 때는 집중하고 주의를 기울여야 합니다. 자료에 나오는 활동마다 무엇을 할 수 있나 함께 생각해 봅시다."

참고: 모든 참여자가 실생활에서 실제 할 수 있는 활동 목록을 만들도록 한다.

내용 질문. "정리하고 분류하는 놀이에는 무엇이 있을까요?" "청소할 거리는 무엇이 있을까요?" "집중 새로운 나 활동은 언제 쓰면 좋을까요?"

◆ **새로운 나 활동 수업 자료 3(기분 좋게) 준비하기.** "이제 381쪽을 펴세요. 새로운 나 활동 수업 자료 3에는 기분 좋게 새로운 나 활동이 있고, 이렇게 생겼습니다."

◆ **새로운 나 활동 수업 자료 3 살펴보기**

☆**새로운 나 활동 수업 자료 3 지도 요점.** "기분 좋게 새로운 나 활동은 우리에게 편안하고 행복한 느낌을 주는 감각을 사용합니다. 스트레스를 받거나 기분이 좋지 않을 때

우리를 진정시키고 기분을 나아지게 해 주는 활동을 하면 도움이 되지요. 우리 함께 이 자료를 읽고 칠판에 기분 좋게 하는 활동을 적어 봅시다."

내용 질문. "무엇을 바라보기 좋아하세요?" "무엇을 듣기 좋아하나요?" "만지면 기분 좋은 물건은 무엇이 있지요?" "어떤 냄새를 좋아하세요?" "좋아하는 음식은요?" "기분 좋게 새로운 나 활동은 어떤 때에 도움이 될까요?"

➡ **새로운 나 활동 수업 자료 4(다른 데 신경쓰기) 준비하기.** "다른 데 신경쓰기 새로운 나 활동 수업 자료 4로 갑시다. 383쪽에 있어요. 이렇게 생겼습니다."

☆새로운 나 활동 수업 자료 4 지도 요점. "가끔씩은 감정이 완전히 강해서 잠시 열을 식히고 쉬는 것이 필요합니다. 문제를 해결하기 위해 할 수 있는 모든 행동을 다 했다면, 그리고 그렇게 하고 나서도 감정이 격하다면, 어떤 때는 '내 마음 다른 데로'나 '내 몸 다른 데로'가 최선입니다. 다른 데 신경쓰기는 주의를 한 상황에서 다른 상황으로 옮긴다는 뜻입니다. 우리를 힘들게 하는 상황은 넘어가기를 하고, 새로운 활동에 주의를 집중한다는 뜻입니다."

"우리가 할 수 있는 것을 다 해서 잠시 기다리고, 긴장을 풀고, 신경을 끄고 싶을 때 다른 데 신경쓰기 새로운 나 활동을 하도록 합니다. 만일 그 상황의 문제를 해결하고 싶다면 다른 데 신경쓰기는 도움이 되지 않지요. 집중해야 할 때 다른 데 신경 쓴다면 길 밖으로 가게 됩니다. 언제 그리고 어떻게 내 마음 다른 데로 혹은 내 몸 다른 데로를 사용할지 알아야 합니다. 다른 데 신경쓰기 새로운 나 활동이 길 따라 행동인지 아닌지 알려면 사진 찍기와 길 따라 생각하기 기술을 사용하면 됩니다. 이제 함께 다른 데 신경 쓸 수 있는 활동을 생각하고 칠판에 적어 볼까요?"

내용 질문. "문제에서 마음을 떼 놓는 데 무엇이 도움이 될까요?" "다른 데 신경 쓰는 것이 도움이 될 때는 언제인가요?" "다른 데 신경 쓰기가 도움이 안 될 때는 언제인가요?"

➡ **새로운 나 활동 수업 자료 5(즐겁게) 준비하기.** "다음은 즐겁게 새로운 나 활동입니다! 385쪽을 펴세요. 새로운 나 활동 수업 자료 5는 이렇게 생겼습니다."

☆새로운 나 활동 수업 자료 5 지도 요점. "즐거운 활동도 중요합니다. 우리를 즐겁게 하는 활동을 하면 삶의 질이 높아지지요. 기쁨을 주는 일을 하지 않으면 우울해지기 쉽

습니다. 이제 함께 즐거운 활동을 생각해 보고 칠판에 적어 봅시다."

내용 질문. "어떤 운동 경기 관람을 좋아하세요?" "좋아하는 취미가 있나요?" "어떤 공예품 만들기를 좋아하나요?"

참고: 현실적으로 할 수 있는 활동을 논의하도록 한다. 그렇게 해야 참여자들이 생활에서 이런 활동을 통합시킬 수 있다.

➜ **입력 국면 마무리 준비하기.** "오늘 좋은 아이디어가 많이 나왔어요. 이제 연습해 봅시다!"

E-나선 3국면: 정교화를 증진하는 활동

➜ **정교화 활동 준비하기.** "이제 새로운 나 활동을 연습해 봅시다! 오늘은 그림 그리기를 할 거예요. 여기 종이와 색연필이 있습니다. 몇 분 동안 그림을 그려 봅시다."

연습 활동 지도. "그리고 싶은 그림을 그려 보세요. 집, 사람, 차, 나무, 배, 산, 어떤 것이든 좋아요. 잘 못 그려도 괜찮습니다. 두 발로 완전히 뛰어드는 여러분의 기술을 사용해 보세요! 여러분 모두 그리기 새로운 나 활동을 좋아하지 않는다는 걸 알아요. 그림 그리기를 싫어하거나 잘 못 그린다고 생각해서 창피하다고 느끼는 분들을 위해 우리는 길 따라 행동하기 기술을 사용해 그림 그리기에 100%의 노력을 쏟아 볼 겁니다. 그리는 도중 그림이나 자신에 대한 부정적인 마음을 알아차릴 수 있습니다. 이때 이런 길 밖 생각을 그냥 지나가게 하고 부드럽게 주의를 그림 그리기로 다시 돌리면 됩니다. 아까 시작할 때 종소리를 듣고 주의를 한곳에 집중했던 연습과 비슷하지요? 저는 비슷한 것 같아요. 그림에 주의를 집중하고 길 밖 생각이나 감정에는 주의를 기울이지 않도록 합니다. 다른 사람의 그림을 칭찬하기는 무슨 기술이지요? [대답을 기다린다.] 맞아요, 관계 돌봄이죠! 5분간 원하는 것을 그려 보겠습니다. 그린 후 여러분의 그림에 대해 얘기 나눠도 좋습니다. 그림에 대해 이야기하기가 힘들 수도 있는데, 이때 다시 한 번 길 따라 행동을 하여 우리의 100%를 나누기에 쏟아 봅시다. 종이와 색연필 모두 받았나요? 질문이 있습니까?"

참고: 기술 훈련 지도자는 모든 참여자에게 공평하게 그림에 쏟는 노력, 기술 사용 그

리고 그림 자체에 대해 칭찬해 주어야 한다.

드러내기 질문. "그리면서 사진 찍기와 길 따라 생각하기를 사용하였나요?" "그림 그리기 활동은 어땠나요?" "무엇이 도움이 되었나요?" "어떤 것이 어려웠나요?" "길 따라 행동을 해야 할 때가 있었나요?" "두 발로 뛰어들어 그릴 수 있었나요?"

➜ **논의 준비하기.** "좋습니다. 이제 잠시 새로운 나 활동에 대해 이야기를 나눠 보도록 해요."

연결하기 질문. "새로운 나 활동은 1235 기술 고리입니다. 이것은 무슨 뜻일까요?" "지혜로운 마음으로 새로운 나 활동을 할 때 느낌은 어떤가요?" "12345 기술 고리는 무엇이죠?" "새로운 나 활동을 충분히 하지 않아서 지루했던 적이 있나요?" "그때 어땠나요?"

드러내기 질문. "이 활동 중에 기술 1235를 사용했나요?" "새로운 나 활동이 내 기분을 좋아지게 했던 경험을 기술할 수 있는 분이 있나요?" "아무것도 하기 싫을 때 길 따라 행동을 해 본 경험을 기술할 분이 있나요?" "안 맞는 새로운 나 활동을 선택했던 경험을 얘기해 주실 분 있나요?" "어떻게 되었나요?" "새로운 나 활동이 균형 잡혀 있는지 어떻게 알 수 있나요?"

확장하기 질문. "새로운 나 활동과 같이 쓸 수 있는 다른 기술은 무엇인가요?" "새로운 나 활동 기술이 여러분의 목표를 이루는 데 어떻게 도움이 되나요?"

➜ **정교화 국면 마무리 준비하기.** "훌륭한 논의였습니다. 이제 우리가 무엇을 할지 아세요? 새로운 나 활동을 다시 연습합니다!"

E-나선 4국면: 효능을 높이는 활동

➜ **효능 활동 준비하기: 집단 게임.** "좋은 논의였어요. 이제 우리가 무엇을 할지 아세요? 새로운 나 활동을 다시 연습합니다! 게임 시간!"

참고: 참여자들이 즐길 수 있는 게임을 소개한다. 지도자가 창의력을 발휘할 수 있는 기회이다. 참여자들의 인지 능력에 맞는 게임을 가지고 오거나 또는 만들어 낸다. 게임은 간단하고, 짧게 끝나고, 재미있어야 한다. 게임의 목표는 참여와 즐거움 느끼기이

다. 기술맨(Skills Man, 행맨 게임과 비슷한데, 정답 하나마다 몸의 일부를 그려 서 있는 사람 모습을 완성하는 게임) 같은 기술 게임도 좋다. 기술맨 게임을 할 때 한 사람이 기술의 글자 수만큼 괄호를 만들고, 집단원들은 그 안에 들어갈 글자를 맞혀 나가며 궁극적으로는 기술 이름을 알아맞힌다. 기술 빈칸 맞히기를 편을 짜서 하는 게임도 좋다. 기술 훈련 지도자 또는 참여자가 문제를 만든다.

효능 활동 지도. 지도자는 알아듣기 쉽게 한 단계씩 설명해 준다. 시작하기 전에 모든 참여자가 준비되었는지 확인한다.

드러내기 질문. "이 활동은 집중, 기분 좋게, 다른 데 신경쓰기, 즐겁게 새로운 나 활동 중 무엇일까요?" "1235 고리를 사용하였나요?" "(이 활동이 여러분에게) 어땠나요?" "어떤 점이 어려웠나요?"

◆ 논의 준비하기. "새로운 나 활동을 할 때 생기는 어려움에 대해서 이야기해 봅시다."

장애물 질문. "새로운 나 활동에서 무엇이 어려웠나요?" "다른 사람들에게 함께 하자고 말하는 것이 어려운가요?" "이 문제를 어떻게 해결하면 좋을까요?"

지혜 질문. "새로운 나 활동이 여러분에게 중요한가요?" "새로운 나 활동을 더 많이 할 필요가 있다고 생각하세요?"

결심 질문. "어떤 새로운 나 활동을 시도해 볼 건가요?"

코칭 질문. "해 보지 않은 새로운 나 활동을 시도하도록 어떻게 스스로 격려하고 코치할 건가요?"

◆ 가정 학습 준비하기. "오늘 수고하셨어요. 이제 숙제를 알려 드릴 시간이 왔습니다! 이번 주에는 새로운 나 활동 네 가지를 모두 연습해 보세요. 모두 집중 새로운 나 활동 최소 한 가지, 기분 좋게 새로운 나 활동 최소 한 가지, 다른 데 신경쓰기 새로운 나 활동 최소 한 가지, 그리고 즐겁게 새로운 나 활동 최소 한 가지를 해 와야 합니다. 기술의 달인들도 아직 시도해 보지 않은 새로운 나 활동을 해 보세요! 또 387쪽의 문제 해결 요약지를 한 번 읽어 오세요. 질문 있나요?"

"집에서 기술 공부를 하고 싶다면, 지금까지 함께 공부한 자료를 복습하면 됩니다. 활동지 1, 2, 3, 4의 새로운 나 활동을 해도 돼요."

➜ **집단 마무리 준비하기.** "아시다시피, 집단이 끝나면 종을 여섯 번 울립니다. 사진 찍기 하나 할 때마다 종을 울립니다. 바로 지금 우리 안과 밖에서 무엇이 일어나는지 알아차릴 기회입니다. 다른 일을 하기 전에 잠시 사진 찍기를 해 보겠습니다. 오늘은 누가 종을 울려 주실 건가요?"

이후 주기 복습이나 가정 학습을 위한 새로운 나 수업 자료

✓ 새로운 나 활동 요약지 (p. 376). 이 요약지는 요점 개념을 설명하기 위해 입력 단계에서 쓸 수 있다. 집단에서 읽기에는 지루할 수 있으나, 각 구성원이 나누어서 읽으면 덜 지루할 수 있다. 요약지는 가정 학습이나 기술 코치에게 기술을 가르칠 때 도움이 된다.

✓ 새로운 나 활동 활동지 1 (p. 380)
☆지도 요점. 주의 집중에 도움이 되는 집중 새로운 나 활동을 적는다.

✓ 새로운 나 활동 활동지 2 (p. 382)
☆지도 요점. 몸에 좋은 느낌을 주는 기분 좋게 새로운 나 활동을 적는다.

✓ 새로운 나 활동 활동지 3 (p. 384)
☆지도 요점. 주의를 전환할 수 있는 다른 데 신경쓰기 새로운 나 활동을 적는다.

✓ 새로운 나 활동 활동지 4 (p. 386)
☆지도 요점. 즐겁게 새로운 나 활동을 적는다.

8주: 문제 해결

집단 준비하기

수업 자료
✓ 문제 해결 요약지 (p. 387)

✓ 문제 해결 활동 예시 1 (p. 389)

✓ 문제 해결 활동지 1 (p. 390)

✓ 문제 해결 수업 자료 1 (p. 391)

✓ 문제 해결 활동 예시 2A (p. 392)

✓ 문제 해결 활동 예시 2B (p. 394)

✓ 문제 해결 활동 예시 2C (p. 396)

E-나선 1국면: 기존 지식 기반 탐색(복습)

➔ **환영하기.** "안녕하세요. 반갑습니다! 시작해 볼까요?"

➔ **마음챙김 활동 준비하기: 숨 알기와 느낌 점수 주기.** "지난주에는 종이 울리면 감정을 알아차리는 마음챙김을 했지요? 이번 주에도 감정을 알아차려 볼 텐데, 이번에는 감정에 점수를 매깁니다."

마음챙김 활동 지도. "제가 종을 한 번 울리면 우리 모두 호흡에 주의를 기울입니다. 두 번째 종이 울리면 어떤 감정이 느껴지는지에 주의를 기울여 봅니다. 몸 느낌을 알아차린 다음 감정에 '행복한' '슬픈' '불안한' 같은 이름을 붙여 보세요. 그리고 느낌 점수 주기를 써서 감정에 점수를 줍니다. 여섯 번 종을 치는 동안 다른 감정을 하나 더 알아차리고 점수를 줄 수 있으면 그렇게 하시면 됩니다. 감정에 이름과 점수를 준 다음에는 감정을 그냥 흘려보냅니다. 마음이 과거나 미래로 떠나기 시작하면 부드럽게 다시 지금 느끼는 감정으로 마음을 데리고 옵니다. 마음을 한 가지에 집중하도록 합니다. 감정을 알아차리고, 이름을 붙이고, 점수를 매긴 후 하늘의 구름처럼 감정이 흘러가게 내버려 두는 기술이 있으면 우리에게 정말 도움이 됩니다. 질문 있나요?"

기술하기 질문. "어땠어요?" "감정에 점수를 주면서 무엇을 알게 되었나요?" "마음챙김을 하는 동안 주의가 어디에 머물렀나요?"

➡ **기술 시스템 복습 준비하기.** "시스템 도구와 여섯 가지 사진 찍기를 복습할 시간입니다."

참고: 기술 훈련 지도자는 1주차의 기본 복습 활동이나 3주차의 고급 복습 활동을 선택하거나, 새로운 활동을 만들어 낼 수 있다.

➡ **기술 연습 준비하기.** "좋습니다. 이제 이번 주에 했던 새로운 나 활동 과제에 대해 얘기해 볼까요?"

드러내기 질문. "이번 주에 해 본 새로운 나 활동에 대해 이야기해 주실 분이 있나요?" "이번 주에 해 본 기분 좋게 새로운 나 활동을 나눌 분이 있나요?" "이번 주에 해 본 다른 데 신경쓰기 새로운 나 활동을 나눌 분은요?" "즐겁게 새로운 나 활동을 나누고 싶은 분 있나요?"

➡ **새로운 기술 주제 준비하기.** "재미있는 일을 많이 해 본 한 주 같네요. 이제 문제 해결 기술에 대해 우리가 이미 무엇을 알고 있는지 얘기해 봐도 될까요?"

💬 새 주제에 관한 기존 지식 논의하기

평가하기 질문. "문제가 있는지 어떻게 알 수 있을까요?" 감정 마음에 있을 때 문제를 해결하는 느낌은 어떨까요?" "흐릿한 마음에 있을 때는요?" "지혜로운 마음에 있을 때는 어떤가요?"

관련 맥락 질문. "길 따라 가는 문제 해결의 예를 생각해 볼까요?" "길 밖 문제 해결의 예는 무엇이 있을까요?"

명료화 질문. "감정적일 때 문제를 해결하려고 하면 어떤 일이 생길까요?" "여러분의 경험은 어땠나요?" "마음이 또렷할 때 문제 해결을 하면 어떤 일이 생길까요?" "여러분의 경험은 어땠나요?"

➡ 새로운 주제와 관련 맥락 짓기. "언제 그리고 어떻게 문제를 해결하는지 아는 것은 중요합니다. 살면서 어려운 일은 늘 생기지요. 부적절할 시기에 문제 해결을 시도하면 일을 더 그르치게 됩니다. 문제 해결 방법을 잘 모를 때 문제를 해결하려고 하면 상황을 더 나쁘게 만들 수 있어요. 이 기술을 배우는 목적은 우리 삶을 더 나아지게 하고 원하는 것을 이루기 위해서입니다."

E-나선 2국면: 새 주제를 가르치는 활동 입력

➡ 새로운 학습 준비하기. "오늘은 문제 해결 기술을 배워 봅시다. 문제 해결은 6번 기술이고 침착할 때만 기술입니다. 문제 해결 기술을 사용할 때 여러분과 여러분이 대화하는 상대방 모두 점수가 3점보다 낮아야 한다는 뜻이지요. 이 기술은 우리의 문제를 해결하고 목표를 달성하는 데 도움을 줍니다. 언제 그리고 어떻게 문제를 해결하는지 아는 게 중요해요. 과제로 387쪽의 문제 해결 요약지를 읽어 오셨기를 바랍니다."

➡ 문제 해결 활동 예시 1 준비하기. "389쪽의 빨리 해결 예시를 살펴보는 걸로 시작합시다. 이렇게 생겼어요. 빨리 해결은 문제가 간단하고 쉬울 때 사용하면 좋습니다. 문제가 복잡하고 혼란스럽다면 문제 해결의 모든 단계를 다 사용하는 게 좋습니다. 빨리 해결 기술을 배우고 나서 이 단계들을 배울 거예요."

참고: 기술 훈련 지도자는 빨리 해결의 예를 들고 참여자들은 개념과 시나리오에 대해 논의한다. 특정 개념을 설명해야 할 때에는 문제 해결 요약지(p. 387)를 참조한다.

E-나선 3국면: 정교화를 증진하는 활동

➡ 정교화 활동 준비하기: 문제 해결 수업 자료 1. "이제 중간 또는 큰 문제가 있을 때 필요한 문제 해결 기술을 배워 보겠습니다. 391쪽의 문제 해결 수업 자료 1을 보세요. 이렇게 생겼습니다."

☆문제 해결 수업 자료 1 지도 요점. "문제 해결 기술에는 기본 3단계가 있습니다. 첫째 단계는 문제 사진 찍기를 합니다. 둘째 단계는 빨리 감기로 문제 해결을 위한 모든 길을 확인합니다. 셋째 단계는 문제 해결을 위한 계획 짜기 1, 2, 3입니다. 더 배울 준비가 되었나요?"

➡ **문제 해결 활동 예시 2A 준비하기.** "392쪽을 펴서 문제 해결 활동 예시 2A를 보고 문제 사진 찍기에 대해 더 알아봅시다. 이렇게 생겼어요. 다 찾았나요?"

☆문제 해결 활동 예시 2A 지도 요점. "문제 사진 찍기를 위한 네 단계가 있습니다. 첫째, 바라는 것이 무엇인지 생각해 봅니다. 둘째, 원하는 것을 얻는 데 무엇이 방해가 되는지 생각합니다. 셋째, 고치고 싶은 부분 하나에 주의를 집중합니다. 넷째, 문제가 얼마나 큰지 생각해 보면 도움이 됩니다. 어떤 문제들은 다른 문제보다 더 심각합니다. 작은 문제들은 별로 심각하지 않고 느낌 점수도 낮습니다. 중간 문제는 느낌 점수가 더 높고(3~4점) 해결하는 데 더 많은 단계를 거쳐야 합니다. 큰 문제 또는 엄청 큰 문제는 아주 심각하고 우리가 느끼는 점수는 4점 또는 5점입니다. 이 문제들은 몇 주, 몇 달, 또는 몇 년에 걸쳐서 해결되기도 합니다. 이런 문제들은 우리 삶을 크게 바꾸지요."

"어떤 사람이 과자를 사고 싶은데 돈이 모자랍니다. 작은 문제일까요, 중간 문제일까요, 아니면 큰 문제일까요? 만약 이 문제가 마치 큰 문제인 것처럼 반응한다면, 우리는 어떤 행동을 하게 될까요?"

➡ **문제 해결 활동 예시 2B 준비하기.** "좋습니다. 이제 우리가 원하는 것과 무엇이 문제인지 알게 되었어요. 이제 모든 길 확인으로 갑시다. 394쪽을 펴서 문제 해결 활동 예시 2B를 보세요. [보여 주며] 여기입니다."

참고: 기술 지도자와 참여자들은 예시를 읽어 가면서 가능한 문제 해결 방법을 탐색하고, 각 방법에 대해서 빨리 감기를 해서 나온 장점과 단점에 대해 이해한다.

☆문제 해결 활동 예시 2B 지도 요점. "394쪽을 펴세요. 모든 길 확인을 할 때는 한 문제를 해결하기 위한 여러 방법을 생각해 봅니다. 각 방법마다 빨리 감기를 해서 어떤 장단점이 있는지 살펴봅니다. 장점이라 함은 도움이 되는 결과를 말합니다. [엄지 척 제스처를 한다.] 단점은 도움이 되지 않는 결과를 말합니다. [엄지 꽝 제스처를 한다.] 몇 가지

방법을 살펴본 다음 어떤 방법이 가장 좋을지 살펴봅니다."

"문제 해결 기술을 쓸 때는 많이 생각하고 주의를 집중해야 합니다. 가능한 해결 방법 하나씩 빨리 감기를 써서 어떤 결과가 생길지 생각해 보려면 시간과 노력이 필요합니다. 그래서 문제 해결은 침착할 때만 기술입니다. 우리가 침착할 때는 여러 가지 문제 해결 방법과 장단점을 생각할 수 있는 마음의 여유가 있습니다. 감정이 격할 때는 그 순간에만 기분이 나아지는 선택을 서둘러 해 버릴 때가 많습니다. 시간을 가지고 잘 생각해 보지 않지요. 흐릿한 마음에서는 멀리 생각할 때 어떤 결정이 좋은지 주의를 집중하기 힘듭니다."

참고: 어떤 참여자들은 장점과 단점을 빨리 이해하지만, 어떤 참여자들은 풀이된 예제를 살펴보아야 이 개념을 이해할 수 있다.

내용 질문. "다른 문제 해결 방법이 있을까요?" "여러분 아이디어의 장점은 무엇인가요?" "단점은 무엇인가요?" "어떤 방법이 가장 좋을까요?" "지금 당장은 맞지만 미래를 생각하면 맞지 않는다는 것은 어떤 뜻일까요?"

➔ **문제 해결 활동 예시 2C 준비하기.** "한 가지 예를 살펴보면 도움이 될 거예요. 396쪽을 펴고 문제 해결 활동 예시 2C를 보세요. 이렇게 생겼습니다. 문제의 정확한 사진을 찍고, 모든 방법을 확인한 다음 가장 좋은 방법을 찾습니다. 이제 계획 1, 2, 3을 만들 준비가 되었어요."

☆문제 해결 활동 예시 2C 지도 요점. "가장 좋은 방법을 결정한 다음 계획을 세웁니다. 사진 찍기, 길 따라 생각하기, 길 따라 행동하기 기술을 사용합니다. 가장 좋아하는 계획을 계획 1이라고 부릅니다. 문제 해결을 위해서는 몇 가지 단계를 거쳐야 하지요. 누구에게 이야기할지 결정합니다. 그리고 어떤 이야기를 어떻게 할지 계획하지요. 문제를 해결하기 위해 효과적인 데에 초점을 맞춥니다."

"가끔은 계획 1을 해 보다가 잘 안 될 때가 있습니다. 그럴 때는 기분이 나빠지지요. 그래서 계획 2를 만들어 계획 1에 문제가 생겼을 때를 대비합니다. 계획 2는 비상 대책입니다. 문제 해결을 다 해 주지는 못하지만 문제의 일부가 해결될 수 있게 도와줍니다. 계획 1과 2가 실패할 경우 쓸 수 있는 최후의 방법으로 계획 3을 만들어 두는 것도 좋습니다. 계획 3은 목표를 향한 길을 따라갈 수 있게 도와줍니다. 질문 있나요?"

➡ **논의 준비하기.** "여러분이 괜찮다면 문제 해결 기술을 더 잘 이해하기 위해 몇 가지 질문을 하겠습니다."

연결하기 질문. "문제 해결 기술은 기술 고리 1236입니다. 이것은 무슨 뜻이죠?" "지혜로운 마음 상태에서 문제를 해결한다면 어떨까요?"

드러내기 질문. "문제 해결 기술을 써서 나의 목표를 이룬 경험을 이야기해 줄 분 있나요?" "문제 해결 기술을 썼는데 길 밖으로 간 이야기를 해 볼 사람이 있나요?"

확장하기 질문. "길 밖으로 가는 문제 해결을 하고 있다면 어떻게 해야 할까요?"

➡ **정교화 국면 마무리 준비하기.** "재미있는 논의였습니다. 문제 해결은 꽤 어렵고 복잡한 과제입니다. 그래서 느낌 점수가 3점보다 작아야 해요. 시간을 가지고 신중하게 문제를 해결해야 합니다. 좋아요, 이제 한 단계 더 올라가 봅시다. 여러분의 문제를 한번 해결해 보면 어떨까요?"

E-나선 4국면: 효능을 높이는 활동

➡ **효능 활동 준비하기: 문제 해결 수업 자료 1.** "빨리 해결을 사용해서 여러분 중 한 사람의 문제를 해결해 보는 연습을 할 거예요. 391쪽을 펴세요. [보여 주며] 여기입니다. 빨리 해결을 써 볼 수 있는 간단한 문제 하나를 말해 줄 사람 있나요?"

참고: 기술 훈련 지도자는 참여자 한 명이 이야기한 문제를 빨리 해결을 사용해 함께 해결한다. 빨리 해결 방법은 언제 사용해야 효과적이고(예: 해결 방법이 상당히 명백할 때), 더 확장된 문제 해결 기술은 언제 필요한지 이해할 수 있도록 한다.

기술하기 질문. "방금 연습을 하면서 문제 해결 기술에 대해서 무엇을 배웠나요?"

➡ **논의 준비하기.** "이제 오늘 집단이 거의 끝나 가네요. 마치기 전에 문제 해결 기술의 어려운 점에 대해서 잠시 이야기해 볼까요?"

장애물 질문. "빨리 해결을 할 때 어려운 점은 무엇인가요?" "문제 해결 기술의 모든 단계를 다 밟아야 할 때 무엇이 어렵나요?" "빨리 해결과 느린 해결이 어떻게 다른지 이해가 되나요?"

지혜 질문. "어떻게 문제 해결을 하는지 아는 게 여러분에게 중요한가요?"

결심 질문. "문제 해결 기술을 사용할 건가요?"

코칭 질문. "문제 해결 기술을 사용해 보도록 어떻게 스스로 격려하고 코치할 건가요?"

➔ **가정 학습 준비하기.** "오늘 잘 했어요! 이제 과제를 알려 드릴 시간이 왔습니다! 이번 주에는 문제 해결 기술을 연습해 보세요. 그리고 399쪽의 나 표현하기 요약지를 읽어 오세요. 읽기 힘들면 누군가에게 도움을 부탁하세요. 질문 있나요?

"집에서 기술 공부를 하고 싶다면, 지금까지 함께 공부한 자료를 복습하면 됩니다. 활동지 1, 2, 3, 4를 해도 돼요."

➔ **집단 마무리 준비하기.** "아시다시피, 집단이 끝나면 종을 여섯 번 울립니다. 사진 찍기 하나를 할 때마다 종을 울립니다. 바로 지금 우리 안과 밖에서 무엇이 일어나는지 알아차릴 기회입니다. 다른 일을 하기 전에 잠시 사진 찍기를 해 보겠습니다. 오늘은 누가 종을 울려 주실 건가요?"

이후 주기 복습이나 가정 학습을 위한 문제 해결 수업 자료

✓ 문제 해결 요약지 (p. 387). 이 요약지는 요점 개념을 설명하기 위해 입력 단계에서 쓸 수 있다. 집단에서 읽기에는 지루할 수 있으나, 각 구성원이 나누어서 읽으면 덜 지루할 수 있다. 요약지는 가정 학습이나 기술 코치에게 기술을 가르칠 때 도움이 된다.

✓ 문제 해결 활동지 1 (p. 390)

✓ 문제 해결 활동지 2A (p. 393)

✓ 문제 해결 활동지 2B (p. 395)

✓ 문제 해결 활동지 2C (p. 397)

✓ 문제 해결 활동지 3 (p. 398)

9주: 나 표현하기

집단 준비하기

수업 자료

✓나 표현하기 요약지 (p. 399)

✓나 표현하기 수업 자료 1 (p. 401)

✓나 표현하기 활동 예시 1 (p. 402)

✓나 표현하기 수업 자료 2 (p. 404)

✓나 표현하기 수업 자료 3 (p. 405)

✓나 표현하기 수업 자료 4 (p. 406)

✓나 표현하기 활동 예시 2 (p. 407)

✓나 표현하기 활동지 2 (p. 408)

E-나선 1국면: 기존 지식 기반 탐색(복습)

➔ **환영하기.** "안녕하세요. 반갑습니다! 시작해 볼까요? [참여자의 반응을 기다린다.] 좋아요, 이제 종을 치면 시작합시다."

➔ **마음챙김 활동 준비하기: 생각 알기.** "지난주에는 감정을 알아차리고 점수 주기 마음챙김 연습을 했지요? 이번 주에는 여섯 가지 사진 찍기에서 다음 단계인 생각 알기를 연습합니다. 준비되셨어요?"

마음챙김 활동 지도. "제가 종을 한 번 치면 우리 모두 숨에 주의를 기울입니다. 두 번째 종이 울리면 우리 마음에 어떤 생각이 있는지 알아차립니다. 생각을 알아차린 다음 그냥 흘려보내세요. 생각을 알아차리면, 시내버스가 지나가는 모습을 보듯이 바라보세요. 그냥 생각을 바라보고 버스를 타지는 마세요! 떠오른 생각에 대해서 더 생각하지 말고, 생각에 따라 행동하지 말고, 그냥 지나가게 하세요. 버스 한 대가 지나가게 하고 다음 버스를 기다립니다. 생각 알기에서 주의가 딴 데로 가면, 마음을 부드럽게 다시 생각 관찰로 데리고 옵니다. 생각 알기 연습은 우리에게 도움이 됩니다. 그냥 생각을 바라보기만 하고 생각을 행동으로 옮기지 않는 게 필요할 때가 많이 있습니다. 질문 있나요?"

기술하기 질문. "생각을 관찰해 보니 어땠나요?" "주의가 중간에 다른 곳으로 떠돌았나요?" "다시 주의를 생각 알기로 데리고 와서 생각이 왔다가 지나가도록 할 수 있었나요?"

➜ **기술 시스템 복습 준비하기.** "잘 했어요. 이제 복습 시간입니다."

참고: 기술 훈련 지도자는 1주차의 기본 복습 활동이나 3주차의 고급 복습 활동을 선택하거나, 새로운 활동을 만들어 낼 수 있다.

➜ **기술 연습 준비하기.** "모두 점점 더 잘하고 있네요! 이제 이번 주에 했던 문제 해결 과제에 대해 얘기해 볼까요?"

드러내기 질문. "이번 주에 해 본 문제 해결에 대해 이야기해 주실 분이 있나요?" "빨리 해결을 해 본 분 있나요?" "문제 해결 기술을 사용해 본 분 있나요?"

➜ **새로운 기술 주제 준비하기.** "오늘 배울 기술들은 문제 해결, 알맞게 하기, 관계 돌봄에 도움이 됩니다. 잠시 나 표현하기에 대해 이미 알고 있는 것을 얘기해 볼까요?"

💬 **새로운 주제에 관한 기존 지식 논의하기**

평가하기 질문. "자신을 표현한다는 건 무슨 뜻일까요?" "왜 우리는 자신을 표현할까요?" "우리는 어떻게 나 자신을 표현하지요?" "언제 자신을 표현하나요?" "감정 마음일 때 자신을 표현하면 어떻게 되나요?"

관련 맥락 질문. "이번 주에 문제 해결을 하려고 누군가에게 자신을 표현해야 했나요?" "우리 자신을 표현하기 위한 길 따라 방법에는 무엇이 있을까요?" "우리 자신을 표현할 때 길 밖으로 벗어나는 방법이 있을까요?"

명료화 질문. "길 따라 나 표현을 하면 관계에 어떤 영향을 줄까요?" "우리의 목표가 이뤄질까요?" "길 밖 나 표현을 하면 어떤 일이 생길까요? 우리의 목표가 이뤄질까요?"

➧ 새로운 주제와 관련 맥락 짓기. "나 표현하기는 다른 사람과 의사소통을 더 잘할 수 있게 도와줍니다. 또렷한 의사소통은 나 자신과 내 삶 그리고 관계에 대해 더 만족할 수 있게 도와줍니다. 또 문제 해결을 도와주고, 원하는 것을 얻게 해 주고, 대인관계에 균형을 잡게 해 줍니다."

E-나선 2국면: 새 주제를 가르치는 활동 입력

➧ 새로운 학습 준비하기. "오늘은 '나 표현'이 무엇이고, 그것이 왜 도움이 되고, 어떻게 나 표현을 잘하고, 또 언제 사용하면 가장 효과적인지 배울 거예요. 나 표현하기 기술은 침착할 때만 기술이라는 점을 기억하세요. 나 표현하기 기술을 사용할 때 느낌 점수가 0점에서 3점 사이여야 합니다. 시작해 볼까요?"

입력 활동 지도. "401쪽을 펴고 시작해요. 나 표현하기 수업 자료 1은 이렇게 생겼습니다."

☆나 표현하기 수업 자료 1 지도 요점. "이 수업 자료는 '나 표현하기'가 무엇인지 이해하는 데 도움을 줄 거예요. 함께 읽어 보고 논의해 봅시다. 어쩌면 우리의 아이디어를 더할 수 있을지도 몰라요."

➧ 나 표현하기 활동 예시 1 준비하기. "이제 402쪽의 나 표현하기 활동 예시 1을 보겠습니다. 이렇게 생겼어요. 함께 읽어 보고 이야기해 봅시다."

➧ 나 표현하기 수업 자료 2 준비하기. "시작이 좋았어요. 이제 404쪽의 나 표현하기 수업 자료 2를 봅시다. 나 표현하기 기술을 사용하는 이유가 나와 있습니다. [보여 주며] 여기입니다. 모두 준비되었나요?"

➧ 나 표현하기 수업 자료 3 준비하기. "좋아요, 그럼 이제 책에 나온 나 표현하기 방법에 대해서 배우고 함께 논의해 봅시다. 405쪽의 나 표현하기 수업 자료 3을 펴세요."

➧ 나 표현하기 수업 자료 4 준비하기. "다음은 나 표현하기 기술을 언제 사용하는지 배

워 보겠습니다. 406쪽을 펴세요. 함께 읽고 이야기해 봅시다."

➡ **나 표현하기 활동 예시 2 준비하기.** "여기 나왔듯이, 나 표현하기 기술에는 많은 부분이 있습니다. 상대에게 무슨 말을 할지 미리 계획하면 하고 싶은 말을 실제로 하기가 더 쉬워집니다. 이제 407쪽을 펴서 나 표현하기 계획 활동 예시를 보세요. 함께 읽고 이야기 나눠 봅시다."

➡ **입력 국면 마무리 준비하기.** "나 표현하기 계획에 대해 훌륭한 논의를 했어요. 이제 나 표현하기 기술을 연습해 볼까요?"

.

E-나선 3국면: 정교화를 증진하는 활동

➡ **정교화 활동 준비하기.** "오늘은 우리 마음과 가슴에 있는 말과 느낌을 표현하는 연습을 하겠습니다. 403쪽의 나 표현하기 활동지 1을 펴 보세요. 우리 모두 어떻게 생각, 걱정, 필요, 감정, 좋아하는 것, 싫어하는 것, 희망, 꿈을 나눌지 연습할 거예요. 이런 것을 누구에게 말하고 싶은지 그리고 어떻게 말하고 싶은지 이야기해 봅시다."

참고: 이 연습은 적으면서 하는 게 좋다. 기술 훈련 지도자는 글을 적지 못하는 참여자를 위해 칠판에 쓰면서 진행하거나 참여자가 몇 분 동안 각자 자신의 대답을 쓴 다음 발표하게 할 수 있다.

드러내기 질문. "나 표현하기 기술을 사용해 보니 어땠나요?" "표현하기 더 어려운 말이 있었나요?"

➡ **논의 준비하기.** "잘 했어요. 이 연습을 하니 제가 여러분을 조금 더 알게 된 것 같아요! 이제 제가 나 표현하기를 더 잘 이해하도록 도와주는 질문 몇 개를 해도 될까요?"

연결하기 질문. "나 표현은 기술 고리 1237입니다. 무슨 뜻일까요?" "길 따라 나 표현하기를 써 봤던 경험을 이야기해 줄 사람 있어요?" "지혜로운 마음일 때 나 표현하기는 어떨까요?" "길 밖에서 나 표현하기를 했던 경험을 이야기해 줄 사람 있나요?"

드러내기 질문. "길 따라 나 표현을 사용했을 때 결과가 어땠나요?" "여러분 자신과 삶에 대해서 어떤 느낌이 들었나요?" "길 밖에서 나 표현하기를 했을 때는 어떤 결과가 있었나요?" "여러분 자신과 삶에 대해서 어떤 느낌이 들었나요?"

➔ 정교화 국면 마무리 준비하기. "논의 좋았습니다. 나 표현하기는 여러분에게 중요한 기술 같아요."

E-나선 4국면: 효능을 높이는 활동

➔ 효능 활동 준비하기: 활동지. "좋습니다. 이제 나 표현하기를 일상에서 사용할 준비가 된 것 같아요. 이번 주에 나 표현하기 기술을 사용할 계획을 짜 볼 거예요. 407쪽의 나 표현하기 활동 예시 2로 가 봅시다."

효능 활동 지도. "나 표현하기 계획을 어떻게 짜는지 보여 주는 예시를 함께 읽어 볼 거예요. 계획을 세우면 다른 사람들과 나눌 대화를 잘 준비하게 되어 성공적으로 마칠 수 있어요. 이 쪽에 나온 예를 읽어 본 다음 각자 계획을 세워 볼 거예요."

참고: 이 활동은 말로 해도 되고 종이에 적어도 된다. 참여자 한 명씩 모두 계획 세우기 각 단계를 적어 보거나 이야기해 보는 게 이상적이지만 시간이 부족할 수 있다. 참여자 몇 사람이 구두로 발표하도록 하면 좋다. 정교화 활동 단계에서 참여자들이 대화하고 싶은 중요한 말이 무엇인지 이미 연습했기 때문에, 이들 중에 가장 중요한 말을 고르는 활동을 하면 시간을 절약할 수 있다. 이 활동지는 숙제로 내 줄 수 있다.

드러내기 질문. "나 표현하기 계획을 세우는 연습이 어땠나요?" "여러분이 자신을 표현하는 데 도움이 될 것 같나요?"

➔ 논의 준비하기. "오늘 마치기 전에 나 표현하기 기술을 사용할 때의 어려운 점에 대해서 잠시 이야기해 볼까요?"

장애물 질문. "나 표현하기 기술을 사용할 때 무엇이 어려운가요?"

지혜 질문. "나 표현하기 기술을 어떻게 사용할지 배우고 싶나요?"

결심 질문. "언제 나 표현하기 기술을 사용할 건가요?"

코칭 질문. "나 표현하기 기술을 사용해 보도록 어떻게 스스로 격려하고 코치할 건가요?"

→ **가정 학습 준비하기.** "잘 했어요! 숙제를 알려 드릴 시간이 왔습니다! 이번 주에는 나 표현하기 기술을 연습합니다. 나의 생각과 느낌을 말하는 연습을 할 거예요. 나 표현하기 기술은 침착할 때만 기술이라는 점을 꼭 기억하세요. 언제 사용할 수 있는 거죠? [대답을 기다린다.] 맞아요, 나와 상대방 모두 3점이거나 그보다 낮아야 하죠! 잘 되기 바라요! 집에서 기술을 공부하고 싶다면 오늘 읽었던 자료를 복습해 보세요."

→ **집단 마무리 준비하기.** "아시다시피, 집단이 끝나면 종을 여섯 번 울립니다. 사진 찍기 하나를 할 때마다 종을 울립니다. 바로 지금 우리 안과 밖에서 무엇이 일어나는지 알아차릴 기회입니다. 다른 일을 하기 전에 잠시 사진 찍기를 해 보겠습니다. 오늘은 누가 종을 울려 주실 건가요?"

이후 주기 복습이나 가정 학습을 위한 나 표현하기 수업 자료

✓ 나 표현하기 요약지 (p. 399)
✓ 나 표현하기 활동지 2 (p. 408)

●

10주: 알맞게 하기

집단 준비하기

수업 자료

✓ 알맞게 하기 요약지 (p. 409)
✓ 알맞게 하기 수업 자료 1 (p. 410)
✓ 알맞게 하기 수업 자료 2 (p. 411)
✓ 알맞게 하기 수업 자료 3 (p. 412)
✓ 알맞게 하기 수업 자료 4 (p. 413)
✓ 알맞게 하기 수업 자료 5 (p. 414)

E-나선 1국면: 기존 지식 기반 탐색(복습)

➔ **환영하기.** "안녕하세요. 반갑습니다! 기술 실력을 쌓을 준비가 되셨어요? [참여자의 반응을 기다린다.] 좋아요! 마음챙김 연습을 하면서 시작해 볼까요?"

➔ **마음챙김 활동 준비하기: 충동 알기.** "지난주에는 생각 알기 연습을 했지요. 오늘은 여섯 가지 사진 찍기 중 충동 알기를 연습해 볼 거예요. 준비되셨어요?"

　　마음챙김 활동 지도. "좋아요. 제가 종을 한 번 치면 우리 모두 숨에 주의를 기울입니다. 두 번째 종이 울리면 지금 느끼는 충동에 주의를 기울입니다. 충동이란 우리 안에서 일어나는, 어떤 말이나 행동을 하고 싶은 느낌입니다. 충동을 알아차리고, 그 충동을 따라 행동하지 않고 그냥 지나가게 해 보세요. 마음이 충동 알기에서 멀어지면, 부드럽게 마음을 다시 종소리와 충동으로 가져옵니다. 점검을 마칠 때까지 충동을 느끼지만 충동대로 행동하지 않을 수 있어야 합니다. 질문 있나요?"

　　기술하기 질문. "어떤 충동을 관찰했나요?" "충동을 어떻게 했나요?" "주의가 도중에 다른 곳으로 떠돌았나요?" "다시 주의를 충동 알기로 가지고 올 수 있었나요?"

➔ **기술 시스템 복습 준비하기.** "충동을 다스리는 것은 아주 중요합니다. 우리 모두 가끔씩 길 밖으로 나가고 싶은 충동을 느껴요. 길 밖 충동을 알아차리고 그냥 지나가게 하기는 어렵고 그리고 아주 중요해요! 기술을 함께 복습해서 잘 기억하도록 합시다."

　　참고: 기술 훈련 지도자는 1주차의 기본 복습 활동이나 3주차의 고급 복습 활동을 선택하거나, 새로운 활동을 만들어 낼 수 있다.

➔ **기술 연습 준비하기.** "좋아요, 이제 이번 주에 했던 기술 연습을 나눠 볼까요? 이번 주에 나 표현하기 기술을 썼던 이야기를 할 사람 있나요?"

　　드러내기 질문. "나 표현하기 기술을 사용하는 방법에는 무엇이 있지요?" "언제 사용했나요?" "어땠어요?"

➔ **새로운 기술 주제 준비하기.** "잘 했습니다. 오늘은 우리가 원하는 것을 다른 사람들

로부터 얻는 방법에 대해 살펴볼 거예요. 우리가 원하는 것을 얻는 기술에 대해 이미 알고 있는 것을 잠시 나눠 볼까요?"

💬 새로운 주제에 관한 기존 지식 논의

평가하기 질문. "길 따라 방법으로 누군가에게 뭔가 부탁한 적이 있나요?" "어떤 결과가 있었나요?" "길 밖 방법으로 누군가에게 요청한 경험이 있나요?" "어떻게 되었나요?"

관련 맥락 질문. "사람들이 우리를 도와주고 싶어 할 때는 언제일까요?" "우리가 길 따라 행동을 할 때 도와주고 싶을까요, 아니면 길 밖 행동을 할 때 도와주고 싶을까요?" "왜 그럴까요?"

명료화 질문. "도움을 받을 때 어떤 기분이 드나요?" "사람들이 우리의 요청을 거절할 때는 어떤 기분인가요?"

➡ **새로운 주제와 관련 맥락 짓기.** "문제 해결하기, 나 표현하기, 알맞게 하기 기술 모두 우리를 더 행복하게 해 주는 것 같네요. 무엇을 말하고 또 어떻게 말하면 되는지 안다면 우리가 원하는 것을 얻는 데 도움이 됩니다. 알맞게 하기 기술은 더 많은 기쁨을 줍니다. 알맞게 하지 않기는 길 밖으로 나가게 해 버립니다!"

E-나선 2국면: 새 주제를 가르치는 활동 입력

➡ **새로운 학습 준비하기.** "오늘은 알맞게 하기 기술을 배워 볼 거예요. 이 기술은 기술 시스템의 8번 기술입니다. 준비되셨나요? 410쪽에 있는 알맞게 하기 수업 자료 1을 펴세요. [보여 주며] 여기입니다. 모두 찾았나요?"

입력 활동 지도. 기술 훈련 지도자가 자료를 읽는다. 이 자료는 기술에 대한 소개 기능을 한다.

➡ **알맞게 하기 수업 자료 1 준비하기.** "알맞게 하기는 다른 사람들로부터 우리가 원하는 것을 얻는 방법에 대한 기술입니다. 알맞게 하기를 배우기 위해 다섯 개의 수업 자료를 읽어 볼 거예요."

☆알맞게 하기 수업 자료 1 지도 요점. "알맞게 하기는 침착할 때만 기술입니다. 느낌 점수가 3점 이하일 때만 사용해야 한다는 뜻이죠. 우리와 대화하는 사람의 점수도 3점 이하여야 합니다. 따라서 상대가 감정이 격해지면 우리는 한 걸음 물러서서 그 상황을 사진 찍기 해야 합니다. 다음 행동을 결정하기 위해 길 따라 생각하기 기술을 사용해야 하죠. 무언가를 원할 때 우리는 긴장하고 초조해질 수 있기 때문에 조심스럽게 행동해야 합니다. 이런 감정을 느낄 때 서두르면 일을 망칠 수가 있거든요. 알맞게 하기 기술을 너무 서둘러서 하면 잘못된 결과가 나옵니다.

➡ 알맞게 하기 수업 자료 2 준비하기. "딱 마음부터 시작합시다. 411쪽을 펴고 알맞게 하기 수업 자료 2를 찾으세요. [보여 주며] 여기입니다. 모두 찾았나요?"

참고: 참여자들은 딱 마음의 각 요점에 대해 이야기 나눈다. 딱 마음 상태에 있어야 목표 달성을 할 수 있음을 이해해야 한다.

➡ 알맞게 하기 수업 자료 3 준비하기. "좋아요, 계속합시다. 412쪽을 펴고 알맞게 하기 수업 자료 3을 찾으세요. [보여 주며] 여기입니다. 딱 사람에게 말하기에 대해 배울 거예요. 준비됐나요?."

참고: 참여자 또는 기술 훈련 지도자가 읽는다. 참여자들이 특정 문제가 생길 때 누구를 찾아가는지 토론해 보면 도움이 된다. 참여자를 지원하는 사람들은 복잡한 체계를 이루고 있다. 심한 인지 장애가 있는 참여자는 특정 문제에 대해 누구에게 말해야 할지 잘 이해하지 못할 수 있다.

➡ 알맞게 하기 수업 자료 4 준비하기. "잘 했어요! 딱 마음을 가지고 딱 사람에게 말하는 일뿐만 아니라 딱 시간과 딱 장소를 잘 고르는 일도 중요합니다. 413쪽을 펴고 알맞게 하기 수업 자료 4를 찾으세요. [보여 주며] 여기입니다. 준비됐나요?"

참고: 참여자 또는 기술 훈련 지도자가 읽는다. 각 요점에 대해서 논의한다.

➡ 알맞게 하기 수업 자료 5 준비하기. "멋져요! 이제 딱 목소리를 배워 봅시다. 414쪽을 펴고 알맞게 하기 수업 자료 5를 찾으세요. [보여 주며] 여기입니다. 준비됐나요?"

참고: 참여자 또는 기술 훈련 지도자가 읽는다. 각 요점에 대해서 논의한다.

◆ **알맞게 하기 자료 수업 6 준비하기.** "이제 거의 다 왔습니다. 하나만 더 보면 돼요. 딱 말인 '설설원들딱'을 배워 봅시다. '설설원들딱'은 설탕처럼, 설명하고, 원하는 걸 말해요, 들어요, 그리고 딱 도장을 줄인 말입니다. 415쪽을 펴고 알맞게 하기 수업 자료 6을 찾으세요. [보여 주며] 여기입니다. 준비됐나요?"

참고: 참여자 또는 기술 훈련 지도자가 읽는다. 각 요점에 대해서 토론한다.

◆ **입력 국면 마무리 준비하기.** "좋아요, 알맞게 하기에 대해서 더 배워 봅시다."

E-나선 3국면: 정교화를 증진하는 활동

◆ **정교화 활동 준비하기.** "자, 이제 알맞게 하기 기술을 연습해 봅시다. 416쪽의 알맞게 하기 활동 예시 1을 펴세요. 같이 읽어 본 다음 함께 알맞게 하기 계획을 완성해 봅시다."

참고: 활동 예시를 본 후, 참여자들은 알맞게 하기 계획을 짜는 데 관련된 시나리오 하나를 선택한다. 계획이 완성되면, 이 시나리오를 사용해서(예시에 있는 시나리오 대신) 역할 연기를 해도 괜찮다. 가능한 시나리오로는 동료, 룸메이트, 친구, 또는 가족에게 뭔가 해 달라고 하거나 어떤 행동을 멈춰 달라고 요청하는 것이 있다. 매우 감정적인 주제를 선택하면 인지 부하 요구가 커져서 개념 통합이 힘들다. 재미있지만 감정이 많이 동요되지 않는 상황을 선택하는 게 핵심이다.

활동지 지도. "일단 계획을 짜기 전에 내가 무엇을 원하는지 알아야 합니다. 따라서 여러분 주위 사람들이 여러분에게 해 주었으면 하는 것을 우선 생각해 봅니다. 그다음 알맞게 하기 계획을 만들고 역할극을 해 볼 거예요. 누군가 한 사람 우리가 사용할 수 있는 상황을 하나 말해 줄 수 있나요? 질문 있나요?"

참고: 기술 훈련 지도자와 참여자는 집단원들에게 중요하고 역할극에 적절한 보편적인 주제를 선택한다. 참여자들은 함께 선택한 상황에 대한 알맞게 하기 계획의 모든 요소를 다룬다.

➡ **논의 준비하기.** "원하는 것을 얻기에 대해 조금 더 이야기해 봅시다."

연결하기 질문. "알맞게 하기는 기술 고리 1238입니다. 이것은 무슨 뜻일까요?" "누군가에게 뭔가를 받아 본 경험이 있나요?" "어떻게 할 때 효과가 있었나요?" "지혜로운 마음으로 알맞게 하기는 무엇일까요?" "알맞게 하지 않아서 원하는 것을 얻지 못한 경험이 있나요?" "어떤 일이 있었나요?

드러내기 질문. "알맞게 하기 기술 중에서 어떤 것을 잘하나요?" "알맞게 하기 기술 중에서 더 연습이 필요한 기술은 무엇인가요?"

확장하기 질문. "알맞게 하기와 함께 사용하는 기술은 무엇인가요?" "알맞게 하기가 여러분에게 어떤 도움이 될 수 있을까요?" "미래에 필요하거나 원하는 것이 무엇인가요?" "어떻게 그것을 얻을 계획인가요?"

➡ **정교화 국면 마무리 준비하기.** "원하는 것을 어떻게 얻는지 알면 정말 좋지요. 알맞게 하기 기술을 조금 더 연습해 봅시다!"

E-나선 4국면: 효능을 높이는 활동

➡ **효능 활동 준비하기: 활동지.** "역할극을 해 볼까요? 주제를 선택해요. 아까 함께 본 활동 예시 1에 나온 근무 시간을 더 요청하는 상황과 방금 전에 알맞게 하기 계획 짜기 연습을 했던 상황 중에서 고릅시다. 어떤 것을 할까요? 얘기해 보실 분?"

참고: 참여자들이 선택을 마치면 기술 훈련 지도자는 역할극을 준비한다. 예시의 시나리오를 선택한 경우 다음과 같이 지시한다.

효능 활동 지도. "상사에게 일주일에 하루 더 일하고 싶다고 말할 겁니다. 처음에는 제가 상사 역할을 하고 잠시 후에 다른 사람으로 바꿀 거예요. 지금은 일주일에 2일 일하고 있는데, 이것을 3일로 바꾸려고 합니다. 딱 마음 상태인가요? 혹시 3점보다 더 높은 점수인가요? 제가 딱 사람인가요? 지금이 딱 시간, 딱 장소인가요? 미리 저에게 연락해서 회의를 잡았나요? 여러분이 제 사무실로 오는 건가요? 근무 시간을 늘리기 위해서 어떤 장소에서 역할극을 할까요? 어떤 목소리와 어떤 말을 쓸지 생각해 보세요. 설설원들딱(설탕처럼, 설명하고, 원하는 것을 말해요, 들어요, 딱 도장)을 기억하세요. 할 수 있습니다."

참고: 기술 훈련 지도자는 각 참여자에게 맞게 상사의 반응을 조정한다. '잠깐 멈춤' 버튼을 누르면 함께 무슨 일이 일어나고 있는지 이야기하고 피드백과 코칭을 주고받는 기회를 가질 수 있다. 역할극에 참여하는 사람이 효과적인 행동을 할 수 있도록 돕는 게 활동의 목표이다.

드러내기 질문. "역할극 어땠나요?" "알맞게 하기에 대해 무엇을 배웠나요?"

➡ **논의 준비하기.** "오늘 마치기 전에 알맞게 하기 기술을 사용할 때 어려운 점에 대해서 잠시 이야기해 볼까요?"

장애물 질문. "알맞게 하기 기술을 사용할 때 무엇이 어렵나요?" "여러분이 모든 것을 알맞게 했지만 상대가 거절할 때는 어떻게 해야 할까요?"

지혜 질문. "알맞게 하기 기술이 여러분에게 중요한가요?"

결심 질문. "언제 알맞게 하기 기술을 시도해 볼 건가요?"

코칭 질문. "알맞게 하기 기술을 써 보도록 어떻게 스스로 격려하고 코치할 건가요?"

➡ **가정 학습 준비하기.** "과제를 알려 드릴 시간이 왔습니다! 이번 주에는 알맞게 하기 기술을 연습하세요. 알맞게 기술에는 어떤 것들이 있지요? [대답할 시간을 준다.] 정답입니다. 딱 마음, 딱 사람, 딱 장소, 딱 시간, 딱 소리, 그리고 딱 말이지요. 하루 만에 다 기억했네요. 정말 잘했어요!"

"그리고 집에서 기술을 공부하고 싶으면 오늘 읽었던 자료들을 복습해 보세요. 417쪽에 나오는 알맞게 하기 활동지 1을 하는 것도 좋습니다."

"이 활동지는 알맞게 하기를 위한 좋은 계획을 짤 때 정말 도움이 됩니다."

➡ **집단 마무리 준비하기.** "아시다시피, 집단이 끝나면 종을 여섯 번 울립니다. 사진 찍기 하나를 할 때마다 종을 울립니다. 바로 지금 우리 안과 밖에서 무엇이 일어나는지 알아차릴 기회입니다. 다른 일을 하기 전에 잠시 사진 찍기를 해 보겠습니다. 오늘은 누가 종을 울려 주실 건가요?"

이후 주기 복습이나 가정 학습을 위한 알맞게 하기 수업 자료

✓알맞게 하기 요약지 (p. 409). 이 요약지는 요점 개념을 설명하기 위해 입력 단계에서 쓸 수 있다. 집단에서 읽기에는 지루할 수 있으나, 각 구성원이 나누어서 읽으면 덜 지루할 수 있다. 요약지는 가정 학습이나 기술 코치에게 기술을 가르칠 때 도움이 된다.

✓알맞게 하기 활동지 1 (p. 417)

☆지도 요점. 이 활동지는 알맞게 하기를 성공적으로 하기 위해 미리 계획을 짜는 데 도움이 된다. 혼자서 하거나 도움을 받는다.

11주: 관계 돌봄

집단 준비하기

수업 자료

✓관계 돌봄 수업 자료 1 (p. 420)

✓관계 돌봄 수업 자료 2 (p. 421)

✓관계 돌봄 수업 자료 3 (p. 423)

✓관계 돌봄 수업 자료 4 (p. 424)

✓관계 돌봄 수업 자료 5 (p. 425)

✓관계 돌봄 수업 자료 6 (p. 427)

✓관계 돌봄 수업 자료 7 (p. 428)

E-나선 1국면: 기존 지식 기반 탐색(복습)

➡ **환영하기.** "안녕하세요. 반갑습니다!"

◆ **마음챙김 활동 준비하기: 여섯 가지 사진 찍기 하나씩 종소리 울리기.** "오늘은 9번 기술인 관계 돌봄을 배울 거예요! 마음챙김으로 시작할 준비가 되었나요?"

마음챙김 활동 지도. "오늘은 사진 찍기 여섯 가지를 다 경험해 볼 거예요. 제가 '숨 알기'라고 말하면서 종을 울리면 배로 숨을 쉽니다. 그다음 제가 '몸 느낌 알기'라고 말하면서 종을 치면 모두 몸 느낌을 알아차리세요. 그다음 제가 '주위 알기'라고 말하면서 종을 치면 주위를 관찰합니다. 다음에는 '느낌 이름과 점수 주기'라고 말하고 종을 칠 거예요. 그러면 느낌을 관찰하고 0~5점 사이의 점수를 줍니다. 그다음에는 '생각 알기'라고 말한 다음 종을 칠 거예요. 그때는 마음속에 있는 생각을 관찰합니다. 마지막으로, 제가 '충동 알기'라고 말하고 종을 치면, 여러분은 충동을 알아차리면 됩니다. 이 연습은 주의 기울이기, 주의를 한곳에서 다른 곳으로 전환하기, 그리고 사진 찍기 기술 연습을 도와줍니다. 질문 있나요?"

기술하기 질문. "어땠나요?" "지시를 잘 따를 수 있었나요?"

◆ **기술 시스템 복습 준비하기.** "복습할 준비가 되었나요?"

참고: 기술 훈련 지도자는 1주차의 기본 복습 활동이나 3주차의 고급 복습 활동을 선택하거나, 새로운 활동을 만들어 낼 수 있다.

◆ **기술 연습 준비하기.** "좋아요, 이제 지난주에 했던 기술 연습을 복습할 시간입니다. 지난번에는 알맞게 하기를 배웠지요."

드러내기 질문. "알맞게 하기를 사용한 경험을 발표할 분 있나요?" "알맞게 하지 않은 경우가 있나요?"

◆ **새로운 기술 주제 준비하기.** "이미 배웠듯이, 관계는 우리 삶의 중요한 부분입니다. 잠시 시간을 가지고 이미 알고 있는 관계 돌봄 기술에 대해 이야기해 봅시다."

💬 **새로운 주제에 관한 기존 지식 논의**

평가하기 질문. "'관계'라는 건 무엇을 의미할까요?" "'돌봄'이라는 말은 무슨 뜻일까요?" "관계에 균형을 잡는다는 것은 무엇을 뜻할까요?"

관련 맥락 질문. "관계의 균형을 잡거나 관계가 길 따라 가도록 하려면 우리는 무엇을 하지요?" "어떤 행동이 관계를 길 밖으로 벗어나게 할까요?"

명료화 질문. "관계가 길 따라 가고 있을 때 어떤 느낌인가요?" "관계가 길 밖으로 나가면 어떤가요?" "지혜로운 마음에 있을 때 관계에는 어떤 일이 생기나요?"

➦ **새로운 주제와 관련 맥락 짓기.** "관계는 길 따라 가고 있을 때는 좋지만 길 밖으로 벗어나면 힘듭니다. 관계 돌봄은 우리 삶의 질이 향상될 수 있도록 관계를 다루는 방법을 알려 줍니다."

참고: 관계 돌봄은 다른 기술 여러 개를 통합하는 복잡한 기술이다. 기술 훈련 지도자는 어떤 요소가 참여자들에게 가장 중요한지 결정해야 한다. 수업 자료 8개의 요점을 아래 제시하였다. 이 중 몇 개는 관계의 복잡성 때문에 길이가 길다. 어떤 수업 자료를 다루는지에 따라 E-나선 정교화와 효능 단계에서 하는 활동을 결정한다. 여기에는 입력 단계에서 수업 자료 1~6을 살펴보고 짧은 논의를 한 다음, 정교화와 효능 단계에서 공평한 악수에 중점을 두는 전략을 소개하였다.

E-나선 2국면: 새 주제를 가르치는 활동 입력

➦ **새로운 학습 준비하기: 관계 돌봄 수업 자료 1.** "관계 돌봄 기술을 배울 준비가 되었나요? 420쪽을 펴서 관계 돌봄 수업 자료 1을 펴세요. [보여 주며] 여기입니다."

입력 활동 지도. 기술 훈련 지도자는 관계 돌봄 자료를 어떻게 읽어 나가야 최선일지 결정한다. 수업 자료 1은 관계 돌봄의 여러 요소를 개괄한다.

☆**관계 돌봄 수업 자료 1 지도 요점.** "관계 돌봄의 세 가지 종류에 대해서 배울 거예요. 처음에는 어떻게 나 자신과 그리고 다른 사람과 길 따라 관계를 만드는지 배울 거예요. 그다음에는 일방길과 쌍방길 관계로 길 따라 관계 시소타기를 하는 방법을 배웁니다. 마지막으로, 공평한 악수와 책임 계단을 사용해서 길 밖 관계를 바꾸는 법을 살펴볼 거예요."

➦ **관계 돌봄 수업 자료 2 준비하기.** "421쪽을 펴서 관계 돌봄 수업 자료 2를 보세요. [보

여 주며] 여기입니다."

☆**관계 돌봄 수업 자료 2 지도 요점.** "우리가 기술을 배워서 자신을 더 잘 알게 되면 나와 길 따라 관계 쌓기 실력이 커지지요. 우리의 안과 밖에 무슨 일이 일어나고 있는지 이해하게 됩니다. 자신을 알기 시작하면 우리는 다른 사람을 알아 가게 되지요. 우리 자신과 다른 사람과 인생에 대해서 더 많은 것을 알수록 모든 사람에게 가끔은 인생이 힘들어진다는 점도 깨닫게 됩니다. 다른 사람도 나도 모두 완벽하지 않은 인간이라는 걸 알게 되지요. 우리 모두 최선을 다하고 있다는 사실도 깨닫게 됩니다. 그래서 자신을 알고, 받아들이고, 소중하게 여기기 시작합니다. 장점이 있다는 사실을 알게 됩니다. 자기 능력과 기술을 믿기 시작하지요. 새로운 일을 해 보고 새로운 사람을 만나 보기 시작합니다. 매일매일 그리고 하루 종일 기술을 연습해 가면, 우리에게 닥치는 거의 모든 일을 감당할 수 있다고 믿을 수 있습니다. 잠시 멈추고 생각해 보는 사진 찍기 기술을 알고 있습니다. 어떤 일이 일어나더라도 괜찮을 거라고 마음속 깊은 곳에서 믿게 됩니다. 나와 관계 돌봄 기술을 연습하면, 자신을 알고, 받아들이고, 소중하게 느끼고, 믿는 법을 배우게 됩니다."

"또한 다른 사람을 알고, 받아들이고, 소중히 여기고, 믿는 방법도 배웁니다. 사진 찍기와 길 따라 생각하기 기술을 써서 관계가 길 따라 가는지, 아니면 길 밖에 있는지 살펴봅니다. 안전 계획 기술을 사용해서 관계가 안전한지 확인합니다. 길 따라 행동하기 기술을 사용해 관계에 나쁜 영향을 줄 수 있는 길 밖 충동을 작게 만듭니다. 새로운 나 활동 기술은 함께 뭔가를 하는 데 도움이 됩니다. 문제 해결 기술은 함께 서로의 관계나 다른 어려운 문제를 해결할 때 도움을 줍니다. 나 표현하기 기술은 다른 사람의 생각과 감정을 알 수 있게 도와줍니다. 이 모든 기술이 길 따라 관계를 유지하는 데 중요한 조각들입니다. 관계 돌봄 기술은 우리 관계가 길 따라 갈 수 있도록 도와주는 모든 방법을 알게 해 줍니다. 질문 있나요?"

➡ **관계 돌봄 수업 자료 3 준비하기.** "인간관계에는 여러 가지가 있지요. 423쪽을 펴고 관계 돌봄 수업 자료 3을 보면 알 수 있습니다. [보여 주며] 여기입니다."

참고: 참여자는 수업 자료에 나온 여러 종류의 관계에 대해 논의하고 아이디어를 내어 칠판에 적는다. 여러 종류의 관계가 있고 상황마다 유연하고 적절하게 행동해야 한

다는 점을 가르치는 것이 목표이다.

➜ **관계 돌봄 수업 자료 4 준비하기.** "좋아요, 이제 관계 돌봄 수업 자료 4를 볼까요? 우리가 원하는 만큼 관계를 가깝게 또는 멀게 만드는 방법이 나와 있습니다. 424쪽에 있어요. [보여 주며] 여기입니다."

참고: 기술 훈련 지도자가 논의를 이끌면서 순간마다 지혜로운 마음에서 결정을 내릴 필요성이 있음을 강조한다. 자료집에 나오지 않은 다른 방법이 있으면 칠판에 적는다.

➜ **관계 돌봄 수업 자료 5 준비하기.** "이제 관계 돌봄 수업 자료 5로 갑시다. 쌍방길 관계와 일방길 관계에 대해 나와 있어요. 425쪽에 있습니다. [보여 주며] 여기입니다."

☆관계 돌봄 수업 자료 5 지도 요점. "쌍방길 관계는 두 사람이 서로 이야기하고 들어줄 때 생기는 관계입니다. 이때는 두 사람의 관계가 공평해요. 두 사람 모두 상대가 어떻게 생각하고, 느끼고, 말하는지에 관심을 가집니다. 쌍방길 관계는 협동하도록 도와줍니다. 쌍방길 관계를 유지하려면 두 사람 모두의 노력이 필요합니다. 그리고 어떤 때는 아주 많이 노력해도 쌍방길 관계의 균형이 깨질 때가 있지요. 이때는 문제를 해결하기 위해 관계를 고쳐야 합니다. 다른 사람과 돌봄을 주고받으면 인생이 더 풍요로워집니다."

"가끔은 쌍방길 관계를 위해 노력은 하지만 잘 안될 때가 있습니다. 이 경우는 일방길 관계라고 합니다. 나는 관계를 위해 노력하는데, 상대는 내 말을 들어주지 않거나 노력하지 않는다고 느낍니다. 만일 그 사람이 우리를 괴롭히면, 쌍방길 관계를 하지 않습니다. 공평한 주고받기를 멈춥니다. 우리의 관계가 쌍방길인지 또는 일방길인지 알아차리는 것이 중요합니다. 사진 찍기, 길 따라 생각하기 그리고 길 따라 행동하기 기술을 써서 그때그때 관계에 대한 결정을 길 따라서 내립니다."

➜ **관계 돌봄 자료 수업 자료 6 준비하기.** "좋아요. 계속 나가 봅시다. 어떤 때는 길 밖 관계를 바꿔야 할 때가 있습니다. 우선 나와의 관계가 길 밖으로 나갈 때 다시 길 따라갈 수 있는 방법을 배워 봅시다. 준비되었으면 427쪽을 펴고 관계 돌봄 수업 자료 6을 펴세요. [보여 주며] 여기입니다."

참고: 기술 훈련 지도자가 읽고 설명하면서 참여자들의 삶과 연결 지어 짧게 논의하

는 시간을 가진다. 또한 참여자들이 길 밖 관계를 길 따라 관계로 바꿀 때 힘든 점에 대해 토론하도록 한다.

➡ 관계 돌봄 수업 자료 7 준비하기. "가끔은 아주 좋은 관계도 길 밖으로 나갈 때가 있지요. 관계가 벗어났을 때 고치는 방법을 알면 좋습니다. 공평한 악수와 책임 계단 기술이 도움이 됩니다. 함께 428쪽을 펴고 관계 돌봄 수업 자료 7을 봅시다."

☆관계 돌봄 수업 자료 7 지도 요점. "가끔은 관계가 길 밖으로 나가서 나와 그 사람 사이게 뭔가 문제를 느낄 때가 있지요. 공평한 악수는 대화로 서로의 차이점을 풀어 나갈 수 있게 해 줍니다. 공평한 악수를 할 때에는 침착할 때만 기술을 써야 하기 때문에 느낌 점수가 3점 이하여야 한다는 점을 잊지 마세요."

"관계에서 문제를 관찰하게 되면 우선 문제 해결 기술을 써 보는 게 좋습니다 문제에 대해 생각해 보고 문제를 정확히 파악합니다. 할 수 있는 방법을 확인하고 계획 1을 만들었다면, 어떻게 나 표현하기 기술을 사용할지 결정해야 합니다. 만나서 얘기하기, 전화로 대화하기, 편지를 쓰기, 문자를 보내기는 효과가 조금씩 다릅니다. 그리고 우리가 딱 마음 상태인지, 언제가 딱 시간인지, 그리고 딱 소리와 딱 말이 무엇일지 생각해 봅니다."

"설탕을 사용할지 말지, 그리고 나의 걱정과 입장에서 보이는 관계를 어떻게 설명할지 계획합니다. 공평한 악수를 할 때는 두 사람 모두의 입장을 알아야 하기 때문에 상대방의 입장을 이해하기 위해 질문을 해야 합니다. 원하는 것이 있거나 상대가 다르게 행동해 주기를 바란다면 원하는 것을 말합니다."

"이때 한 사람이 또는 두 사람 모두 기분이 나빠질 수 있습니다. 서로 비난할 때는 감정이 강해집니다. '그런 말을 들으니 내게 상처가 돼.'와 같이 '나 전달법'을 쓰는 것은 '너는 정말 예의가 없어.'와 같이 상대를 모욕하는 말을 할 때보다 도움이 됩니다. 대화를 계속하면서 서로의 입장을 더 잘 이해하게 된다면 두 사람 다 만족스러운 결과를 얻지요. 두 사람이 협동해서 길 따라 관계로 다시 바꿀 때 공평한 악수 기술이 성공합니다. 모든 상황은 다 다르기 때문에 관계를 고치려면 여러 기술을 사용해야 할 때가 많습니다. 어떤 경우에는 1236789 기술 고리가 필요해요!"

➡ **관계 돌봄 수업 자료 8 준비하기.** "자, 이제 431쪽을 펴서 관계 돌봄 수업 자료 8을 봅시다."

☆**관계 돌봄 수업 자료 8 지도 요점.** "실수로 어떤 사람에게 상처를 주었을 때에는 책임 계단 기술이 도와줍니다. 이 계단을 밟아 가면 나 자신과 다른 사람을 존중할 수 있습니다. 첫 번째 계단에서 문제를 인정합니다. 내가 한 행동을 상대방에게 말합니다. 내가 한 행동이 상대에게 어떻게 피해를 주었는지 설명합니다. 이렇게 말하기는 정말 어려워요. 잘못을 인정할 때 우리는 수치심을 느끼기 때문입니다."

"두 번째 계단은 잘못했다고 생각되는 바를 사과하기입니다. 어떤 행동을 하지 않은 것을 후회하는지, 어떻게 다르게 행동했기를 바라는지 생각해 보아야 합니다. 세 번째 계단은 변화를 결심하기입니다. 상대방에게 다시는 그런 행동을 하지 않겠다는 것을 알려 줍니다. 이렇게 책임 계단을 다 오른 다음에는 내가 약속을 지킨다는 사실을 그 사람에게 보여 주기 위해서 길 따라 행동을 합니다. 책임 계단은 내가 나를 다시 믿을 수 있게 해 주고 내가 상처를 준 상대방도 다시 나를 믿을 수 있게 도와줍니다. 관계 돌봄 활동지 4 (p. 433)를 해 보면 책임 계단을 익힐 수 있어요."

"어떤 때는 관계가 끝나기도 합니다. 우리가 관계를 끝내기도 하고, 상대가 끝낼 수도 있습니다. 관계가 변하고 끝나는 건 자연스러운 일입니다. 삶의 방향이 달라지기도 하고, 다른 곳으로 이사를 가기도 하고, 죽기도 하지요. 준비가 되지 않은 이별을 잘 견디기 위해서는 필요한 모든 기술을 사용해야 합니다. 슬픔과 상처가 너무 클 때는 기술 코칭을 받도록 합니다."

"어떤 경우에는 우리가 관계를 끝내기로 결정할 때가 있습니다. 관계가 길 밖으로 가고 있고 고칠 수 없을 때는 관계를 끝내는 게 좋습니다. 상대에게 이제 관계를 끝내고 싶다고 말할 수도 있고, 아니면 관계에 신경을 쓰지 않고 자연스럽게 멀어질 수도 있습니다. 사진 찍기 기술을 써서 내가 관계에 대해 어떻게 느끼는지 알고, 길 따라 생각하기 기술을 써서 나에게 맞는 행동을 해야 합니다. 관계의 균형을 잘 맞추고 길 밖 관계를 바꾸는 행동은 자기를 잘 돌보는 행동입니다."

➡ **입력 국면 마무리 준비하기.** "관계는 참 복잡하지요! 관계 돌봄을 위해 배운 모든 기술을 사용해야 합니다. 이제 함께 여러 가지 관계에 대해 더 이야기해 봅시다. 늘 변하

는 다양한 관계를 잘 다룰 수 있는 방법을 배워요."

E-나선 3국면: 정교화를 증진하는 활동

➡ **정교화 활동 준비하기.** "관계 돌봄 활동 예시 1(p. 429)과 관계 돌봄 활동지 3의 공평한 악수 계획(p. 430)을 보세요. 일단 활동 예시를 먼저 볼 거예요. [보여 주며] 여기입니다. 읽으면서 어떻게 관계 문제를 고칠 수 있을지 살펴봅시다."

연습 활동 지도. "좋아요, 이제 우리 중 한 사람의 관계 문제를 예로 사용해서 공평한 악수 계획을 짜 볼 거예요. 계획을 짠 다음에는 역할극도 해 보려고 해요. 고치고 싶은 관계 문제를 얘기해 줄 사람 있나요?"

참고: 기술 훈련 지도자와 참여자들은 가능한 방법에 대해 토론하고 그중 좋은 방법 한 가지를 고른다. 참여자들이 계획의 각 부분을 논의할 때 나온 답은 칠판에 적는다. 아무도 자신의 문제를 꺼내지 않을 때는 집단 훈련 지도자가 적절한 사례를 만든다.

드러내기 질문. "이 활동에서 무엇을 배웠나요?"

➡ **논의 준비하기.** "과거에 어떻게 관계 돌봄을 했는지 조금 더 이야기해 볼까요?"

연결하기 질문. "지혜로운 마음으로 관계 돌봄 기술을 사용하는 경험은 어땠나요?" "이 기술은 1236789 기술 고리입니다. 이것은 무슨 뜻인가요?"

드러내기 질문. "관계에 문제가 있을 때 고쳐 보려고 한 적이 있나요?"

확장하기 질문. "공평한 악수 기술을 누구와 해 볼 수 있을까요?"

➡ **정교화 국면 마무리 준비하기.** "공평한 악수 역할극을 할 준비가 되었나요?"

E-나선 4국면: 효능을 높이는 활동

➡ **효능 활동 준비하기.** "좋아요, 이 역할극은 길 밖 관계를 바꾸는 데 도움이 될 겁니다."
참고: 자기 경험으로 자원한 참여자는 자신을 연기한다. 기술 훈련 지도자는 이 참여자의 상대 역할을 할 참여자의 자원을 받는다. 지도자는 관계 돌봄 활동지 3(p. 430)의

계획대로 역할극을 준비한다.

드러내기 질문. "역할극이 어땠나요?" "관계 돌봄에 대해서 무엇을 배웠나요?"

➔ **논의 준비하기.** "마치기 전에, 관계 돌봄 기술을 사용할 때의 어려운 점에 대해서 잠시 이야기해 볼까요?"

장애물 질문. "나 자신과 관계 돌봄 기술을 사용하는 것에서 어려운 점은 무엇인가요?" "다른 사람과 관계 돌봄 기술을 사용하는 것에서 무엇이 어려운가요?"

지혜 질문. "나 자신과 관계 돌봄을 하는 것이 여러분에게 중요한가요?" "다른 사람과 하는 것은요?"

결심 질문. "나 자신과 어떤 관계 돌봄을 할 건가요?" "다른 사람과 어떤 관계 돌봄을 할 건가요?"

코칭 질문. "나 자신과 관계 돌봄 기술을 사용하기 위해 어떻게 코치할 건가요?" "다른 사람과 관계 돌봄 기술을 사용하기 위해 어떻게 코치할 건가요?"

➔ **가정 학습 준비하기.** "이번 주에는 나와 그리고 다른 사람과 관계 돌봄 기술을 연습하세요. 괜찮나요? 그리고 집에서 기술을 공부하고 싶으면 오늘 읽었던 자료를 복습해 보세요. 활동지 1부터 5까지 풀어 보아도 좋습니다.

➔ **집단 마무리 준비하기.** "아시다시피, 집단이 끝나면 종을 여섯 번 울립니다. 사진 찍기 하나를 할 때마다 종을 울립니다. 바로 지금 우리 안과 밖에서 무엇이 일어나는지 알아차릴 기회입니다. 다른 일을 하기 전에 잠시 사진 찍기를 해 보겠습니다. 오늘은 누가 종을 울려 주실 건가요?"

이후 주기 복습이나 가정 학습을 위한 관계 돌봄 수업 자료

✓관계 돌봄 요약지 (p. 418). 이 요약지는 요점 개념을 설명하기 위해 입력 단계에서 쓸 수 있다. 집단에서 읽기에는 지루할 수 있으나, 각 구성원이 나누어서 읽으면 덜 지루할 수 있다. 요약지는 가정 학습이나 기술 코치에게 기술을 가르칠 때 도움

이 된다.

●

12주: 기술 복습

집단 준비하기

수업 자료

E-나선 1국면: 기존 지식 기반 탐색(복습)

➔ **환영하기.** "모두들 어서 오세요! 드디어 12주를 다 마칩니다! 오늘 기분 어때요? 종소리를 들을 준비가 됐나요?"

➔ **마음챙김 활동 준비하기: 돌아가며 종을 울리고 사진 찍기.** "스트레스 상황에서는 사진 찍기를 할 수 있어야 합니다. 그래야 다른 기술을 사용할 수 있어요. 그래서 오늘 마음챙김 연습에서는 사진 찍기를 더 해 보고 계속 주의를 집중해 보세요. 기술의 달인들은 위기 때도 주의를 집중할 수 있습니다."

마음챙김 활동 지도. "이번에는 조금 어려운 마음챙김을 할 거예요! 여섯 사람이 종을 치면서 여섯 가지 사진 찍기를 말합니다. 첫 번째 사람이 '숨 알기'라고 말한 다음 종을 울립니다. 종소리가 멎으면 두 번째 사람이 종을 받아서 '주위 알기'라고 말하고 종을 칩니다. 종소리가 멎으면 세 번째 사람이 종을 받고 '몸 느낌 알기'라고 말하고 종을 칩니다. 종소리가 멎으면 네 번째 사람이 '느낌 이름과 점수 주기'라고 말하고 종을 칩니다. 종소리가 끝나면 다섯 번째 사람이 종을 받고 '생각 알기'라고 말한 뒤 종을 칩니다. 종소리가 멎으면 마지막 사람이 '충동 알기'라고 말하고 종을 칩니다. 진행되는 동안 우리는 그 순간의 사진 찍기 기술에 주의를 집중합니다. 마음이 다른 곳으로 떠돌기 시작하면 부드럽게 주의를 종소리와 마음챙김 연습으로 가져오세요. 질문 있나요?"

기술하기 질문. "어땠나요?" "주의 집중을 계속할 수 있었어요?" "주의가 흐트러졌을 때 다시 집중할 수 있었나요?"

➜ 기술 시스템 복습 준비하기. "복습할 준비가 되었나요?"

참고: 기술 훈련 지도자는 1주차의 기본 복습 활동이나 3주차의 고급 복습 활동을 선택하거나, 새로운 활동을 만들어 낼 수 있다.

➜ 기술 연습 준비하기. "우리 모두 기술을 정말 잘 배우고 있어요! 이제 기술 연습을 나눠 보는 시간입니다. 이번 주에는 관계 돌봄 기술이 과제였지요. 누가 먼저 시작해 볼까요?"

드러내기 질문. "나 자신과 관계 돌봄 기술을 써 본 경험을 얘기할 사람 있나요?" "다른 사람과 관계 돌봄 기술을 써 본 경험을 말해 줄 사람 있나요?"

➜ 새로운 기술 주제 준비하기. "잘 했습니다. 오늘은 우리가 배운 모든 기술을 복습하는 날입니다. 잠시 여러분이 얼마나 잘 배우고 있는지 이야기해 봅시다."

💬 **새로운 주제에 관한 기존 지식 논의하기**

평가하기 질문. "가장 많이 쓰는 기술은 무엇인가요?" "더 많이 연습해야 하는 기술은 무엇인가요?"

참고: 참여자들의 답변을 칠판에 적으면 도움이 된다.

관련 맥락 질문. "기술을 배울 때 쉬운 점은 무엇이죠?" "어려운 점은 무엇이죠?"

명료화 질문. "기술을 써 보니 삶이 어떻게 달라졌나요?" "기술을 사용하지 않을 때는 어떤가요?"

♦ **새로운 주제와 관련 맥락 짓기.** "기술을 전부 다 기억하는 건 어려워요. 특히 기분이 나빠지면 더 그렇죠. 그래서 연습을 아주 많이 해서 익숙해져야 합니다. 기술을 더 잘 익힐수록 여러 가지 기술을 연결해서 힘든 상황을 잘 헤쳐 나갈 수 있습니다."

E-나선 2국면: 새 주제를 가르치는 활동 입력

♦ **새로운 학습 준비하기.** "오늘은 434쪽의 기술 시스템 기술 퀴즈 1을 풀어 볼 거예요. 퀴즈를 좋아하는 사람은 아무도 없어요. 하지만 풀어 보면 여러분이 어떤 기술을 잘 배 웠고 어떤 기술을 더 연습해야 하는지 알게 되어 좋습니다. 다 풀고 난 후 함께 검토해 볼 거예요. 오늘 12주 교육 졸업을 축하하기 위해 간식을 준비해 왔습니다. 정말 여러 분이 자랑스러워요. 이제 시작해 볼까요?"

입력 활동 지도. "읽고 쓰기가 힘들면 도와드릴게요. 어떻게 퀴즈를 풀지 잠시 계획을 세워 봅시다. 답을 모르면 짐작해서 쓰거나 아니면 그냥 쓰지 않고 칸을 비워 두세요. 일단 마치고 제출하고 나면 간식을 먹을 수 있습니다! 질문 있나요?" (정답은 435쪽의 기 술 시스템 기술 퀴즈 1 정답지에 있다.)

♦ **입력 국면 마무리 준비하기.** "잘 했어요! 오늘 많은 사람이 길 따라 행동을 하는 모습 이 보이네요."

E-나선 3국면: 정교화를 증진하는 활동

♦ **정교화 활동 준비하기.** "자, 이제 문제를 풀어 봅시다."
정교화 활동 지도. "제가 여러분에게 질문을 하면 함께 정답을 맞혀 봅시다."
드러내기 질문: "퀴즈를 얼마나 잘 푼 것 같아요?" "기술을 얼마나 잘 배우고 있다고 생각하세요?"

♦ **논의 준비하기.** "얼마나 기술을 잘 배우고 있는지에 대해 조금 더 이야기해 봅시다."
연결하기 질문. "예전에는 스스로를 조절하는 법을 배우기가 힘들었나요?"

드러내기 질문. "지금은 어떤 효과적인 행동을 하나요?" "해도 여전히 잘 안 되는 것은 무엇인가요?"

확장하기 질문. "기술이 여러분의 삶에 더 도움이 되려면 무엇이 필요한가요?"

➜ **정교화 국면 마무리 준비하기.** "여러분 나 알기를 아주 잘하셨습니다. 이제 기술을 사용해서 힘든 일을 어떻게 헤쳐 나갈 수 있는지 이야기해 볼까요?"

E-나선 4국면: 효능을 높이는 활동

➜ **효능 활동 준비하기: 기술 복습 활동.** "일상에서 다루기 어려운 상황에 대해 이야기해 봅시다. 이런 상황에서 기술을 어떻게 사용할 수 있는지 함께 생각해 보아요."

효능 활동 지도. "우선 여러분이 지난 몇 달 동안 겪었던 힘든 상황을 이야기하고 칠판에 적을 거예요. 그다음, 각 상황마다 쓸 수 있는 기술 계획이 있는지 살펴봅시다. 기술 계획을 짤 때 기술 번호를 사용해서 어떤 계획인지 볼 수 있게 할 거예요. 예를 들면, 위험이 있다고 생각되는 상황이라면 1번 사진 찍기, 2번 길 따라 생각하기, 3번 길 따라 행동하기, 4번 안전 계획 그리고 5번 새로운 나 활동 기술을 사용할 수 있겠죠. 그래서 이것은 12345 계획이 되는 겁니다. 지루해서 TV를 보러 가고 싶은 상황이라면, 기술 계획은 사진 찍기, 길 따라 생각하기, 길 따라 행동하기 그리고 새로운 나 활동을 연결하는 1235 계획이 되겠지요. 지난주에는 관계 돌봄 기술 중에서 공평한 악수를 써서 관계 문제를 고칠 때 필요한 기술 고리는 1236789라고 배웠지요. 어려운 상황에서 기술을 써 본 경험을 나눠 줄 사람 있나요? 어떤 기술 고리를 썼는지 함께 살펴보도록 해요. 질문 있나요?"

드러내기 질문. "기술 고리에 숫자로 이름을 붙이는 게 어땠나요?" "도움이 되었나요, 아니면 더 어렵게 만들었나요?"

➜ **논의 준비하기.** "오늘 마치기 전에 기술을 배울 때 생기는 어려운 점에 대해서 이야기해 봅시다."

장애물 질문. "기술을 배울 때 어려운 점은 무엇인가요?"

지혜 질문. "기술을 배우는 것이 여러분에게 중요한가요?" "왜 그런가요?"

결심 질문. "계속 기술을 사용하기 위해서 무엇을 하실 건가요?"

코칭 질문. "기술을 연습하도록 어떻게 자신을 코칭할 건가요?"

➜ 가정 학습 준비하기. "여러분 모두 너무 잘 하셨어요. 이제 수료증을 나눠 드리겠습니다. [436쪽에 기술 시스템 기술 달인 수료증 견본이 있다.] 여러분 이름과 기술 시스템 12주 교육을 몇 번 마쳤는지 불러 드리겠습니다. 이것은 태권도 띠 색깔과 같아요. 더 많이 12주 교육을 받으면 더 급수가 높은 기술 달인이 되지요. 모두 열심히 노력해서 정말 기쁩니다. 자, 이제 우리가 제일 좋아하는 과제 설명 시간이 왔습니다! 이번 주에는 기술을 연결해서 사용하는 법을 연습해 보세요. 집에서 기술을 공부하고 싶으면 수업 시간에 보았던 자료를 다 복습하면 됩니다. 아직 마치지 못한 활동지를 풀어 보아도 좋습니다. 여러분 모두 감사합니다!"

➜ 집단 마무리 준비하기. "아시다시피, 집단이 끝나면 종을 여섯 번 울립니다. 사진 찍기 하나를 할 때마다 종을 울립니다. 바로 지금 우리 안과 밖에서 무엇이 일어나는지 알아차릴 기회입니다. 다른 일을 하기 전에 잠시 사진 찍기를 해 보겠습니다. 오늘은 누가 종을 울려 주실 건가요?"

참고: 교육 과정을 특정 횟수 이상 마친 참여자를 위한 졸업식을 하는 것도 좋다. 졸업장을 만들고 가족과 친구들을 초대하고, 간식을 준비하고, 졸업생이 기술을 어떻게 사용하고 있는지 나누도록 하면 의미 있고 즐거운 시간이 될 것이다.

이후 주기 복습이나 가정 학습을 위한 기술 복습 자료

✓ 기술 시스템 복습 질문 (p. 312)

✓ 기술 시스템 기술 퀴즈 1 (p. 434)

✓ 기술 시스템 기술 퀴즈 1 정답지 (p. 435)

✓ 기술 시스템 기술 달인 수료증 (p. 436)

기술 시스템 교육 과정 이후 주기

기술 시스템 12주 교육 과정을 마치면, 참여자들은 기술 개념을 잘 파악하게 된다. 예를 들어, 참여자들은 열두 가지 마음챙김 연습을 했다. 집단 회기마다 그 전 주에 배운 내용을 복습하고, 새로 배울 기술을 준비하고, 새로운 기술을 이전에 배운 기술과 연결하여 익혔다. 물론 참여자의 개인차 때문에 각 참여자가 소화한 정보량은 다를 것이다.

기술 훈련 지도자는 여러 가지를 동시에 해야 한다. 집단 전체를 가르치면서 동시에 참여자 개개인의 기술 통합 능력이나 인지 능력에 맞춘 개별 개입을 해야 한다. 어떤 참여자는 9개 기술 모두를 일반화할 수 있겠지만, 다른 참여자들은 기술 이름 3개를 외우기에도 노력이 필요할 수 있다. 기술 훈련 지도자는 모든 참여자가 효과적으로 학습할 수 있는 집단을 만들어야 한다. 이것이 힘들다면 월등히 잘하는 참여자들이나 잘 따라오지 못하는 참여자들에게 대안적인 집단을 구성해 줄 필요가 있다.

기술 시스템 집단의 각 주기에 걸쳐, 기본적인 기술 시스템 개념을 복습하고 기술 학습과 사용에 대한 결심을 상기시키는 기회가 있다. 대개는 기술 시스템 교육 과정의 여러 주기를 거치면서 교습은 다음과 같이 진전한다.

- 일반적인 것에서 시작해서 더 구체적인 방향으로 진행한다. 예를 들어, 참여자는 숨 알기를 배우면서 코나 배와 같은 특정 부위에 주의를 두는 법을 배운다.
- 지식 기반이 증가하면서 더 자세한 정보를 통합해 나간다. 예를 들어, 참여자가 길 따라 생각하기 기술을 이해해 가면 이 기술의 여러 단계가 점차 행동에 통합된다. 처음에는 행동을 결정하기 전에 아주 짧게 생각했다가, 참여자는 점차 기술을 반복 사용하면서 점검, 돌아오기, 응원하기를 사용하고 기술 계획을 짜 나갈 수 있다.
- 수업에서 연습할 때 참여자들의 일상에서 일어나는 일과 비슷한 자극을 만들면 활동이 더 현실적으로 바뀐다. 예를 들어, 기술 훈련 지도자는 마음챙김 호흡 연습을 하는 동안 주의를 분산시키는 행동을 일부러 해서 참여자들이 방해물을 만났을 때

도 주의를 집중하는 법을 익힐 수 있도록 한다.

- 참여자는 기술에 대한 논의를 통해 자신의 자각과 정보를 더 많이 나누게 된다. 예를 들어, 처음에는 생각과 감정에 압도되어 있었던 경험을 말하기 꺼릴 수 있지만, 점차 감정 조절 능력이 커 가면서 정서 취약성이 줄어들고 온전히 참여하는 능력이 높아진다.

- 교육 과정이 진행되면서 변증법의 논의를 키워 간다. 처음 주기에서는 구체적인 기술에 대한 정보를 소화하는 데 주의를 많이 기울인다. 하지만 기술 지식 기반이 발달하면서 논의가 더 활기차고 광범위해진다. 능력이 함양되면서 다른 관점에 대해서도 논의할 수 있게 된다.

- 기술의 사용을 힘들게 하는 요인을 논의하면서 자신의 경험을 더 구체적으로 나누게 된다. 기술 훈련 지도자가 참여자들을 더 잘 파악하게 되고 참여자들끼리 서로 친해지면 기술 소화를 방해하는 장해물이 더 명확해진다. 예를 들면, 처음에는 참여자가 자기 룸메이트가 자신을 학대하고 있다는 사실을 모를 수 있다. 집단 경험을 통해서 이 참여자의 힘든 상황이 분명해질 수 있다. 기술 훈련 지도자는 각 참여자의 삶에서 기술 일반화를 힘들게 하는 요인을 이해하는 게 중요하다. 기술 훈련 지도자는 기술 시스템 교습 과정 전반에 걸쳐 참여자들이 자신의 힘든 상황에 기술을 적용할 수 있도록 코치한다.

기술 시스템 집단의 참여자들은 교습 과정에서 강의, 토론, 연습을 통해 중요한 정보를 습득한다. 기술 시스템 프로그램을 거치면서 자신을 알고, 받아들이고, 소중하게 여기고, 믿는 능력을 높여 간다. 기술 시스템은 한 사람으로서 능숙하게 세상을 살아갈 수 있게 도와준다. 참여자들은 자유와 기쁨이 있는 충만한 삶을 만들어 갈 수 있는 자신감을 얻게 된다.

●

8장으로 넘어가며

8장에서는 참여자들이 일상에서 기술을 일반화하도록 도와주는 지지자들이나 가족이 사용할 수 있는 기술 코칭 기법을 제시한다. 외재 정서조절 지지를 통해 참여자들이 힘든 감정과 상황을 다룰 수 있도록 돕는 방법을 알아보겠다. 기술 시스템을 잘 알고 있는 기술 코치가 있다면 참여자들이 개인 목표를 달성하는 데 도움이 된다.

Chapter 08

기술 코칭
기법

『DBT 기술 훈련 매뉴얼』(제2판) 서론의 '제공자 역할 명료화'절(Linehan, 2015a, pp. 34-37)은 DBT 기술 훈련 지도자가 부수적인 지원을 통해 관계를 다루는 방법을 제공한다.

내담자를 위한 자문 전략(pp. 97-98)은 모든 장면에서 중요하다. 특히 지적 장애가 있는 사람들과 작업할 때 특히 중요하다. 장애, 능력, 자율성과 같은 요소는 균형이 맞아야 최적 학습이 가능하다. 이 안내는 기술 시스템 훈련 지도자가 개개인 및 지지자와 상호작용할 때 학습을 최적화하는 방식을 사용하도록 도와줄 것이다.

생물사회 이론에 관한 정보(pp. 5-11, 138-143)는 변환 작용 관계에 관한 정보를 제공하고, 이는 기술 코칭과 관련이 있다.

타당화 전략(Linehan, 2015a, pp. 88-90)은 기술 코칭의 핵심 요소이다. 타당화 수준에 관한 정보는 기술 코칭 상호작용 안에서 훈련 지도자가 개인을 타당화할 때 쓰는 손에 잡히는 전략을 지니도록 도와준다.

●

정서조절과 기술 코칭

Zaki와 Williams(2013)는 대인관계 정서조절이 사회적 상호작용 안에서 일어난다고 설명하였다. 스트레스를 주는 상황에서 다른 사람의 존재는 부정적인 감정을 중재하는 데 도움을 준다(Beckes & Coan, 2011). 이러한 암묵적인 이득에 더하여, 관계는 정서조절 과정에서 보다 활발한 역할을 맡는다.

사람이 정서를 조절하기 위해 지지를 찾을 때 대인관계를 통한 내재 정서조절이 발생한다(Zaki & Williams, 2013). 그 사람은 자신의 상황 목표에 따라 정서를 상향 혹은 하향 조절하는 데 도움이 되는 상호작용에 참여하게 된다. 외재 정서조절에서는 그(A)가 직접 전략을 쓴다기보다는 외부에서 누군가(B)가 A의 정서를 조절하는 대인관계 행동에 동참하는 셈이다. 기술 코치는 누군가의 정서를 조절하는 데 도움을 주려는 시도로 외재 정서조절 전략에 동참한다.

내재와 외재의 두 가지 유형의 대인관계 정서조절 안에는 두 개의 층이 있다. '반응 독립적(response-independent)'과 '반응 의존적(response-dependent)'이다(Zaki & Williams, 2013, p. 804). 때로 A는 B의 반응과 무관한 상호작용을 통해 조절의 이득을 얻을 수도 있다(내재 반응 독립적). 예를 들어, A가 B와 대화하면서 스스로 감정에 이름을 붙이면, 이는 B의 반응과 무관하게 정서조절로 기능할 수 있다. 반대로, 같은 대화 상황에서 A의 반응은 반응 의존적 방식으로 B의 반응에 영향을 받을 수 있다. 반응 의존적 대응은 위험의 여지가 있다. 왜냐하면 만약 A가 B에게서 위안을 얻으려 했는데 B가 지지하지 못한다면, A의 기분은 더 악화될 수 있기 때문이다.

이상적으로, 내재 대인관계 정서조절은 A가 보다 안전하게 느끼도록 한다(스트레스 상황에서 혼자인 느낌이 덜하다). 이는 A가 심리적 자원(A+B)을 결합할 기회를 준다. A가 B에게 자신의 경험을 나눌 때(즉, 서로 잘 통할 때), 이는 A에게 보상이 되는 소속감을 소통하게 돕는다. 만약 A가 감정에 이름을 붙이고 감정의 원인을 평가할 기회가 있다면, 정서조절에 이득이 생긴다(Lieberman et al., 2011; Zaki & Williams, 2013).

대인관계 정서조절의 요소

DBT, 즉 변증법의 핵심 원리는 여러 가지 측면에서 기술 코칭과 관련이 있다. Linehan(2013a)은 치료자가 외재 정서조절 전략으로 전달하는 타당화 전략은 내담자가 자신의 적응 행동을 깎아내리는 자기무시(self-invalidation)를 줄이도록 돕는다고 설명하였다. 이러한 수용 기반 개입은 효과적인 행동을 키우도록 설계한 변화 전략과 짝을 이룬다. 따라서 DBT의 수용과 변화 전략은 "지속되는 통합 과정 속에서 반대 지점들 간의 화해"를 증진시킨다(Linehan, 1993a, p. 19). 수용과 변화 전략의 결합은 성장의 핵심 요소를 제공한다.

기술 시스템을 사용하는 지지자들은 수용 전략(타당화)과 변화 전략(기술 코칭)을 모두 사용하도록 한다. 이들 전략을 교차해 나가면 특정 순간에 함께 조절함과 동시에 장기적인 내재 발달에 도움을 줄 수 있다. 다음 글상자에 DBT 타당화 전략을 제시하였다. 타당화 전략은 효과적인 도구로서, ① A의 순간의 자기자각을 확장시키고, ② B에게서 A에게로 수용을 소통하게 하며, ③ A의 자기타당화를 증진시킨다.

DBT 타당화의 여섯 가지 수준

1. 기술 코치는 수용을 전달하기 위해서 주의를 집중하고, 신중히 경청하며, 행동을 관찰한다.
   • 예: 지속적인 눈 맞춤, 대화를 이어 나가기

2. 기술 코치는 상대가 말하는 바를 정확히 반영한다. 상대의 요점을 직접적으로 반복하거나 다른 말로 표현해 주면서(가정의 정확성을 확신하기 위해 소통하면서) 상대의 경험에 대한 이해를 전달한다.
   • 예: "불안한 마음이 든다는 것이지요?"

3. 기술 코치는 상대에게 영향을 미칠 수 있는 비언어적 요소에 이름을 붙인다. 이 전략은 내적·외적 경험에 대한 자각을 키우도록 돕는다.
   • 예: "급해 보여서 혹시 불안하신가 하는 생각이 드네요."

---

4. 기술 코치는 개인의 반응을 촉발 사건과 연결시킨다. 촉발 사건으로 인해 일어나는 이러한 반응이 이해된다는 점을 짚어 준다면, 실제 행한 행동은 강화하지 않은 채 반응에 대한 타당화를 제공할 수 있다.

   • 예: "신체 검사 결과를 보는 게 두렵다는 마음은 완전히 이해되는데요."

5. 기술 코치는 어떤 행동이 사건에 대한 자연스러운 반응이라고 말해 준다. 경험의 보편성을 알려 주면서 개인의 반응이 정당하고 인간답다고 타당화해 준다.

   • 예: "그런 증상이 있었다면 누구라도 긴장했을 거예요."

6. 기술 코치는 관계의 역할을 떠나 상대를 동등한 사람으로 대우한다. 코치는 상대에게 인간 대 인간의 진정한 반응을 보인다.

   • 예: "정말 짜증 나겠네요. 내가 마음으로 빌게요. 대신 기도를 좀 해 줘도 될까요?"

타당화 전략은 A에게 ① 그가 타당한 사람이고, ② 어떤 측면에서는 그의 반응이 말이 된다는 점을 전달한다. DBT의 타당화 전략(예: 개인이 자기수용을 증진하도록 수용을 전달하기)은 A가 내재 정서조절 역량을 발달시키도록 돕는 외재 전략을 제공한다. 균형을 맞춘다 함은 변화보다는 수용을 더 제공한다는 뜻인데, 취약한 사람들은 안내나 피드백에 더 민감할 수 있기 때문이다. Linehan은 "부정적인 피드백을 긍정적인 피드백으로 감싸기"(2015a, p. 337)를 제안한다. 이를 통해 지적 장애가 있는 사람들에게 있는 '자극 과잉 혹은 실망감'과 같은 부정적 반응을 줄일 수 있다.

A+B=C 기술 코칭 모형

기술 코치(B)는 A가 초기 단계부터 후기 단계의 처리와 대응으로 나아가도록 돕는다[3장(p. 86)의 후기 단계 이차 국면 모형 참조]. 만약 A가 일차 국면 반응에서 충동적으로 행동한다면, 효율성은 낮을 것이다. 대인관계 정서조절 전략(타당화와 기술 코칭 모두를 포함하는)을 통해 코치는 A가 처리를 심화하고, 따라서 정확성을 개선하고, 학습을 증

A	+	B	=	C
(A의 관점)		(B의 관점)		(두 사람이 함께하기)

A. A의 관점–A의 관점을 이해하기

B는 A가 바라보는 상황에 대한 사진 찍기를 하려고 한다. B는 질문을 하고 동시에 타당화 전략을 활용한다. 초점은 A의 자각과 수용에 있다. A가 0~3점 감정에 있을 때, B는 이 상황에 대한 정보를 구체적으로 얻을 수 있다.

A에 관한 사진 찍기
- 감정의 원인을 찾기 위해 무슨 일이 있었는지에 관한 평범한 질문을 한다. ("무슨 일이 있었어요?")
- 감정에 이름과 점수 주기를 할 수 있도록 촉진한다. ("기분은 어때요? 점수는요?")
- 숨에 대해 묻는다. ("숨 알기를 해 볼까요?")
- 충동에 대해 묻는다. ("무엇을 하고 싶어요?")
- 가능하다면, 사진 찍기의 다른 단계로 자각을 확장시킨다. ("주위는요?" "몸 느낌은요?")

길 따라 생각을 탐색한다
- 행동 계획을 묻는다. ("그럼 계획이 뭐예요?")
- 목표에 대해 묻는다. ("이 상황에서 목표가 뭐예요?")
- 점검을 통해서 계획을 평가할 수 있도록 A를 돕는다. ("목표로 가기 위해서 도움이 될 것 같아요?")

길 따라 행동 실행하기
- 계획을 검토한다. ("그럼 계획은……하기인가요?") 첫 번째 길 따라 행동을 확인한다. ("길 따라 행동은……하기 인가요?")

B. B의 관점–B가 자신의 2% 견해를 제안한다
B는 A에게 상황에 대한 자신의 생각을 들어 보고 싶으냐고 묻는다.("제 생각을 한번 들어 보고 싶나요?")

B는 동의를 기다린다
- A가 싫다고 하면, B는 나중에 언제든 말해 주겠다고 한다. ("좋아요, 다음에 얘기하고 싶을 때 불러요.")

[그림 8-1] A+B=C 기술 코칭 모형(계속)

- A가 좋다고 하면, 여기서(장소) 이야기하는 게 편안한지 묻는다. ("여기서 말해도 괜찮아요? 아니면 다른 곳으로 가서 이야기할까요?")
- 자리를 잡으면, A의 계획이 그의 목표를 효과적으로 달성해 줄지에 관한 B의 견해를 제안한다.

길 따라 행동 평가

- 목표에 도달할 수 있는 길 따라 계획이라고 B가 생각한다면, A를 지지하고 길 따라 행동을 실행하도록 격려한다. ("좋은 계획이네요. 길 따라 행동은 무엇일까요?······훌륭해요!")
- B 생각에 이 계획이 A의 목표를 달성시킬 수 없다면, 문제를 설명한다. ("만약······을 하면, ······하게 될까 봐 걱정이네요. 이건 목표가 아니고요.")
- B는 기술 코칭 지지를 제안한다. ("다른 선택지에 대해서 잠시 이야기해 볼래요?")

C. 두 사람이 함께하기-함께 기술 고리 계획하기

동의가 되면, A와 B는 상황에 대해 얘기를 나누고 어떤 기술을 연결하면 도움이 될지 찾는다.

- 기술 구분을 기억한다(0~3감정 = 아홉 가지 기술 모두, 4~5점 = 침착할 때만 기술은 쓰지 않는다).
- 충분한 기술을 쓰도록 한다(기술 요리법)!

기술 선택지

- **길 따라 생각하기**: 점검, 돌아오기, 응원하기, 기술 계획 짜기
- **길 따라 행동하기**: 첫걸음, 길 바꾸기, 길 따라 행동 계획, 상황 받아들이기, 넘어가기(언제나 기술)
- **위기 상황에서는 안전 계획의 도움 받기**: 새로운 나 활동, 물러서기, 떠나기에 초점(언제나 기술)
- **새로운 나 활동**: 집중, 기분 좋게, 다른 데 신경쓰기, 즐겁게(언제나 기술)
- **문제 해결**: 작은 문제에는 빨리 해결 활동지, 중간에서 큰 문제에는 문제 사진 찍기, 길 확인, 계획 짜기 123 (침착할 때만 기술)
- **나 표현하기**: 필요와 욕구를 소통하기 등, 나 표현하기 활동지(침착할 때만 기술)
- **알맞게 하기**: 원하는 것을 얻기, 알맞게 하기 활동지(침착할 때만 기술)
- **관계 돌봄**: 진짜 나, 일방길과 쌍방길 관계, 공평한 악수 활동지, 책임 계단 활동지(침착할 때만 기술)

길 따라 행동 실행하기

- 계획을 검토한다. ("그러니까 계획은······이네요?")
- 첫 번째 길 따라 행동을 확인하고 지지한다. ("길 따라 행동은······이네요? 훌륭해요!")

[그림 8-1] A+B=C 기술 코칭 모형

진하고, 목표 지향 행동을 높여 가는 단계를 안내할 수 있다.

기술 코칭 대화는 보통 사람들 사이의 대화와는 다르다. B는 A가 정서를 효과적으로 조절하여 자신의 목표를 달성하도록 돕기 위해 전략적으로 기능해야 한다. B는 부모, 선생님, 혹은 파트너일 수도 있다. 코치는 A가 스스로 마음을 챙기고 의사 결정을 할 수 있게 돕고자 하는 사람이다. B는 A와의 관계를 통제하는 사람이 아니라 A가 고유한 잠 재력을 달성할 수 있도록 돕는 사람이다.

코칭 대화는 편안한 수다(A와 B 모두 0~3점의 감정 상태)에서부터 보다 복잡한 상호작용(A혹은 B가 4~5점의 감정 상태)이 될 수도 있다. 기술 코치는 복잡한 상황에 동반되는 잠재적으로 높은 인지 부하 요구를 고려하여 전략을 안내할 수 있는 단순한 틀을 가지고 있어야 한다.

A+B=C 틀은 대인관계 정서조절 개입을 구조로 만든 단순한 개념이다. 'A' 항은 사람 A의 지각을 명료화하려는 첫 노력을 나타낸다. 첫 A 국면에서 초점은 자각과 수용에 있다. 'B' 항은 사람 B, 즉 코치의 지각을 나타낸다. 이는 변화 전략을 소개한다. 'C' 항은 사람 A와 B가 적응적인 행동 전략을 협력하여 실행하는 통합된 상호작용을 포함한다. [그림 8-1]은 A+B=C 개념에 관한 개요를 제시한다.

●

A: A의 관점

서로 통하기

코칭 대화를 시작하는 사람은 A일 수도 있고 B일 수도 있다. A가 지지가 필요하다고 느끼면 B에게 다가가 이야기를 할 수 있다. 반대로, A의 느낌 점수가 올라가고 행동이 변한다는 점을 B가 알아채고 기술 코칭을 제안할 수도 있다. 모든 상황에서, 서로 통하는 것은 중요한 첫 단계이다. B는 질문을 하고 타당화를 하면서 A가 그 순간의 내적·외적 경험에 관한 사진 찍기를 해 내도록 돕는다. 코칭 질문과 타당화 전략의 초점과 범위는 A의 정서 수준에 따라 달라질 것이다.

느낌 점수에 따라 기술 코칭 질문을 적용하기

코치는 개인의 정서 각성 수준에 조율하기 위해 상호작용을 잘 조정해야 한다. 예를 들어, 만약 조절이 잘되는 상태이고 상대적으로 낮은 점수의 감정을 느끼는 중이라면 (0~3점), 코치는 상황과 관련된 내용을 구체적으로 물을 수 있다. 이 수준에서는 A와 함께 복잡한 상황에 대한 깊이 있는 대화를 나누고, 내용을 구체적으로 논의하고, 단기·장기 목표에 비추어 보며, 기술 선택지(침착할 때만 기술을 포함하여)에 대해 브레인스토밍할 수 있는 기회가 주어진다.

만약 3점을 넘는 점수에 있다면, A의 스트레스 원인, 감정, 느낌 점수, 충동, 계획에 관한 주요 정보에 다가가는 질문을 한다. 코치는 감정을 촉발시키는 정서나 인지의 촉발 단서로부터 A의 주의를 전환시키고, A의 주의가 재조절의 전략으로 향하도록 대화 구조를 잡는다. A는 상황의 내용에 초점을 맞추고 싶어 할 수도 있지만, 3점을 초과한 감정 상태에서 구체적 정보(예: 괴롭히는 모든 요인 탐색)는 감정을 촉발시키는 데 기여할 뿐이다. 만약 A가 3점을 넘은 감정에서 나 표현하기를 하고자 한다면, B는 상향 조절시키는 주제보다는 하향 조절시키는 주제를 향하도록 대화의 초점을 잡는 질문을 보다 적극적으로 해야 한다. 이에 더하여 길에서 벗어난 행동보다는 타당한 행동을 지지하는 게 중요하다.

코치의 자기모니터링과 적용

코치는 A의 느낌 점수를 모니터링할 뿐만 아니라 스스로를 모니터링하여 필요한 적용을 해 나간다. 코치는 기술 시스템 안내에 따라 자신 역시 변환 작용의 일부로 포함되는 즉각적인 코칭 상황을 다루어야 한다. 예를 들어, 만약 코치가 느낌 점수 4점에 있다면, 그때에는 깊이 있는 코칭 시간을 갖기보다는 코치 스스로 역시 길을 바꾸고 피하는 등의 안전 계획이 필요하다. 4점 감정에서 코치는 효과적인 쌍방길 관계 행동을 감당하기 어렵다. 만약 이때 물리적인 이유로 코칭 상황에서 벗어나기 어렵다면, 언제나 기술에 관한 기본 기술 코칭을 하는 것이 좋다.

A의 사진 찍기

느낌 점수가 3점 이하일 때

코치는 감정이나 문제를 일으킨 것이 무엇인지 정보를 구하는 데서 시작할 수 있다. "잘 지내고 있어요?" "무슨 일이에요?" "괜찮아요?"와 같은 평범한 질문은 상황에 대한 주의를 높이는 과정이다. 구체적으로 직접적인 질문을 명료화하는 것도 도움이 된다 (예: "무엇이 괴롭나요?"). 타당화 전략(pp. 269-270; Linehan, 2015a, pp. 88-90)을 다른 기술 코칭 전략과 엮어 내면 코칭 지지의 효과를 높일 수 있다. 그다음, 코치는 사진 찍기의 다른 요소들을 명료히 하는 질문을 하면서 상황에 대한 A와 B의 자각을 확장시킬 수 있다. 기술적으로, A가 사진 찍기를 하도록 B가 돕는 것은 암묵적으로는 변화 전략이다. "'있는 그대로 수용하기'는 그 자체로 변화이다."(Linehan, 1993a, p. 99) 그러나 'A' 항의 핵심은 겉으로 이를 변화시키려 하지 않으면서 현 상황에 대한 자각을 확장시키는 데 있다.

코치는 상황에 따라서 기술 용어를 대화 안에 통합하는 방법을 결정해야 한다. 어떤 사람들은 기술 시스템 용어를 직접 사용하기를 좋아하고, 이로부터 더 이득을 얻을 수도 있다. 예를 들어, B는 "상황에 대해 제가 사진 찍기를 해 볼 수 있게 도와주겠어요?" 혹은 "무슨 일이 일어나고 있는지 제가 잘 이해하기 위해서 여섯 가지 사진 찍기를 같이 살펴볼까요?"라고 말할 수 있다. 그러나 또 다른 사람들(예: 청소년)은 기술 시스템의 표준 용어를 쓰기 거북해할 수도 있다. 이 경우 기술 코치는 기술 시스템 개념을 특수 용어처럼 쓰지 않고 자연스러운 대화로 이끌어 나가기 위한 정보를 얻어야만 한다. 이 때 코치가 기술 시스템의 틀을 깊이 이해하고 있어야 하며, 기술 개념을 딱딱하지 않게 쉬운 방식으로 엮어 나가야 한다. 코치가 모형에 대해 잘 알지 못한다면, 기술을 효과적으로 '쿨하게' 바꾸기는 어려울 것이다.

이처럼 기술 시스템의 용어를 직접 쓰거나 혹은 개념상으로 접근하거나, 코치는 A(그리고 B)가 경험에 대한 이해를 더 높이도록 돕는다. A에게 숨, 주위, 몸 느낌, 감정, 느낌 점수, 생각 그리고 충동에 대한 자각이 촉발되면, 후기 단계 이차 국면 처리가 촉진된다(예: "지금 감정이 뭐예요?" "점수는 몇 점이에요?" "몸 느낌은 어때요?" "무슨 생각 해요?" "충동이 있나요?"). A가 3점 이하의 감정 상태이면 대화는 자연스러운 흐름에 따라 탐색하듯 이어질 수 있다.

A가 3점 초과의 감정에 있을 때

A가 스트레스를 받는 상황에서 코치는 A의 상황에 대한 일반적인 질문으로 시작할 수 있지만, 이어지는 질문을 보다 의도적인 방식으로 진전시켜야 한다. 코치는 상황의 구체적 내용을 명료히 하는 질문은 덜 하도록 한다. 대신에 스트레스원이 무엇인지 이해하고, A를 촉발시키기보다는 A가 하향 조절할 수 있는 과정으로 이끌 수 있는 목표 질문을 해야 한다. 코치는 조절되지 않은 정서를 강화시키거나 3점을 넘어서 표출시키는 대화로 빠지지 않도록 마음챙김을 해야 한다.

코치가 스트레스원에 대한 감이 잡힌다면, 느낌 이름 찾기를 촉진한다(예: "느낌은 무엇이에요?"). 이에 더하여 A가 점수를 주도록 한다(예: "0~5점 중에서 몇 점인가요?") 느낌 점수는 A에게 기술 구분과 필요한 최소 기술 개수에 관한 정보를 제공한다.

코칭 대화 초반의 어떤 지점에서 B는 A가 자신의 숨에 주의를 두도록 도와준다. 코치는 "지금 숨은 어때요?" "지금 숨을 알아차리면 어떤가요?"라고 물을 수 있다. A가 주의 배치를 전략적으로 사용하여 스트레스원에서 자신의 숨(혹은 다른 사진 찍기의 단계)으로 초점을 전환한다면 긍정적인 출발이 된다. 이 단순한 활동은 정서의 촉발을 완화하고, 사진 찍기 단계, 길 따라 생각하기 그리고 길 따라 행동하기로 진전하는 단서를 제공한다.

A의 충동에 대해 물으면(예: "충동은 무엇인가요?" "무엇을 하고 싶은 느낌인가요?") 길 밖 충동이 길 밖 행동으로 이어지지 않도록 분리시켜 준다. A가 "걔를 때려 줄 거예요!"라고 한다면, 코치는 그것이 충동인지 혹은 계획인지를 명료히 해 준다(예: "때려 주고 싶다는 건가요, 아니면 진짜 때릴 거라는 말인가요?"). 이는 ① 충동은 행동이 아니라는 점, ② 충동이 있다고 그대로 행동하지 않아도 된다는 점을 이해하도록 돕는다.

상황에 대한 A의 자각을 명료히 하도록 촉진시켰을지라도, 이러한 개입이 오히려 자동으로 충동대로 행동하도록 만드는 게 아닌가 의문스러울 수 있다. 하지만 목표는 충동에 대한 자각을 행동과 분리하는 데 있다. 충동을 명료히 하지 못하거나 행동으로부터 분리하지 못하면, 충동과 행동을 계속 연결 지어 성찰 없이 충동적으로 행동할 수 있다. 코치는 A가 강도 높은 상황에 대한 자각을 높이도록 돕는 대화를 이어 나갈 때 생기는 고통을 감내하도록 스스로 기술을 써야 할 것이다. 그래야 A도 B도 행동으로 휘말려 나가지 않을 수 있다.

사진 찍기의 정적 강화

자연스러운 방향과는 다를지라도, 코치는 사진 찍기를 강화하고 싶을 것이다. 예를 들어, A가 "걔는 멍청해요."라고 한다면, 코치는 "생각 사진 찍기가 잘 됐네요."라고 할 수 있다. 이는 "좋은 생각이네요."와 같이 생각의 내용을 강화하는 말과는 다르다. 만약 A가 "얼굴을 때려 주고 싶어요!"라고 한다면, 코치는 "좋은 생각이네요."가 아닌, "충동 사진 찍기를 잘했어요."라고 말한다. 자각(사진 찍기)과 행동 계획(길 따라 생각, 길 따라 행동)을 분리하도록 강화하는 게 핵심이다. 코치가 이를 뭉뚱그려서 미세한 전환을 짚어 내지 못한다면, 오히려 A의 감정과 행동 조절 문제를 강화시키는 양상을 자극한다.

비슷하게, A가 "얼굴을 때려 주고 싶어요!"라고 할 때 코치가 "충동 사진 찍기를 잘했어요."(수용 전략)라고 하지 않고 "그러면 안 돼요! 경찰서에 가게 되잖아요."(변화 전략)라고 한다면, 너무 이르게 A의 후기 단계 처리를 이탈시킬 수도 있다. 일어날 수 있는 결과를 강조하고 행동에 대해 직접 피드백하는 전략은 A의 관점을 명료히 하는 목표를 넘어서는 변화 전략이며, 이는 A + B = C 틀의 두 번째 B 항에서 일어난다. B는 이 과정을 낚아채지 않아야 하고, 자신의 불편감 수준 때문에 A가 정서를 깊은 수준으로 학습할 수 있는 기회를 약화시키지 않도록 자각해야 한다.

길 따라 생각하기로의 전환

A의 느낌 점수가 3점 초과이건 이하이건 A와 B 모두 A의 관점에 대한 사진 찍기가 끝났다면, 코치는 A를 길 따라 생각하기로 안내한다. A는 이 시점에서 변화 전략을 시도할 수 있지만, B는 변화 지향의 피드백을 드러내서 하지는 않는다. 이 초기 국면은 있는 그대로의 A의 관점에 국한한다.

길 따라 생각하기로 넘어갈 수 있는 쉬운 질문은 "계획은 뭐예요?"이다. 이는 암묵적으로 ① 계획이 필요하고, ② 충동과 계획은 다르고, ③ 계획을 실행하는 의도적 행동이 이어질 것임을 전달한다. '계획'이라는 일반적인 용어는 행동을 선택할 A의 자유를 강조한다. B는 여전히 자신의 견해를 제공하지 않는다.

명료하지 않다면, 코치는 A가 상황의 목표를 찾기를 원할 것이다. "여기서 무슨 일이 일어나면 좋겠어요?" "어떻게 되면 좋겠어요?" "감정이 올라가길 원해요, 내려가길 원해요?" "기분이 나아지길 바라요, 더 나빠지길 바라요?" 등의 질문이 유용하다. 판단이나 영향력 없이 묻고, A의 의도를 우선하여 직접 드러내도록 돕는 게 중요하다.

코치는 계획과 목적을 찾고 표현하도록 한 뒤, A가 평가 과정을 정교화하도록 돕는다. 코치와 A는 계획이 과연 목표에 효율적으로 도달하는 데 도움이 될지 생각해 본다. 코치는 "이 계획이 목표에 도착하도록 해 줄까요?"와 같이 질문하면서 점검을 촉진한다. 코치의 이러한 전략은 A가 상황, 주의, 평가에 대한 자각을 확장하도록 하여 목표를 향한 길로 갈 가능성을 높인다.

지도 기회

코치는 A에게 경청하면서 그가 계획하거나 행동하는 기술 반응이나 전략을 짚어 준다. 예를 들어, A의 계획이 방으로 가서 음악을 듣는 것이라면, 코치는 "그렇게 피하기는 무슨 기술이지요?" 혹은 "음악 듣기는 무슨 기술이지요?"라고 물을 수 있다. A가 '안전 계획' 혹은 '새로운 나 활동'과 같은 기술 용어를 충분히 모른다면, 코치는 "방으로 가서 위험으로부터 피하는 기술은 안전 계획입니다." 혹은 "음악 듣기는 새로운 나 활동입니다."라고 짚어 줄 수 있다. 맥락 안에서 기술 용어에 이름을 붙이고 강화하면 학습을 촉진할 수 있다.

길 따라 행동 실행하기

코치로서 B의 역할은 A가 길 따라 행동을 일으키도록 돕는 데 있다. 기술 계획을 세웠다면, 코치는 "길 따라 행동은 무엇이 될까요?"라고 물을 수 있다. A가 모호한 단계를 말한다면, 코치는 행동의 명료한 과정을 세우도록 돕는다. 우선 계획을 요약하게 하고, 첫 번째, 두 번째, 세 번째로 무엇을 할지 명료하게 말하도록 하여 목표 지향 행동에 대한 노력을 굳히도록 돕는다.

+ B이거나 아니거나

이 시점에서 코치는 자신의 견해를 제공할 수 있다. 이 견해가 꼭 필요한 것은 아니다. A가 길 위에 있고, 좋은 계획이 있고, 길 따라 행동의 연쇄를 실행하고자 한다면, 코치는 "훌륭해요. 행운을 빌어요. 내가 필요하면 알려 줘요."라고 말하면 된다. 코치가 그의 2%를 덧붙일 필요는 없다. A는 효과적이고 주도적이다. 이는 A와 B 모두에게 긍정적인 상호작용이다.

●

+B: B의 관점

B가 자신의 관점을 A에게 제공하면 길 따라 관계 돌봄이 되거나 효율적인 기술 코칭이 된다는 생각이 들 때가 있다. A의 관점과는 다른 견해라면, 먼저 허락을 구하는 게 도움이 된다. 정보를 제공하고 동의를 구하는 절차(예: "제 생각을 들어 보고 싶나요?" 혹은 "제 생각을 같이 나눠도 될까요?")는 A를 스스로 일어서고 통제할 수 있는 존재로 완성시킨다. 이 단순한 전략은 A가 정체감을 경험하도록 한다. 공정한 경기장이 되는 것이다. 동의에 대한 B의 요청은 상호성, 협력, 존중을 허용하고, 동시에 양쪽 모두에게 자기결정과 독립을 가능하게 한다. 두 사람은 같이하면서도 동시에 서로 분리될 수 있고, 개인과 관계의 성장을 증진하는 변증법적 통합을 이뤄 낸다.

B가 동의를 기다리다

B의 관점을 듣고 싶은지 아닌지는 A가 결정한다. 코치가 코칭 대화로 A에게 강제하지 않는 게 중요하다. 따라서 A가 B의 대안을 듣고 싶어 하지 않는다면 그걸로 됐다. 코치는 나중에 코칭 도움이 필요할 때 다시 대화할 수 있다고 알려 줄 수 있다. 만약 A가 B의 견해를 듣고 싶다고 동의한다면, B는 자신의 생각을 나눌 수 있다. B는 자신의 2%를 나누기 전에 동의를 기다리도록 한다.

상호 동의하는 대화 장소 찾기

코치는 현재의 환경이 A의 결정이나 A가 기술 코칭 대화에 참여하는 정도에 미치는 영향을 자각하고 있어야 한다. 기술 코치는 A에게 좀 더 비밀이 보장되는 다른 공간에서 대화할 수 있다고 분명히 전달한다. 대화를 나누는 최적의 공간을 찾는 과정은 중요하다. 장소가 때로 기술에 대한 논의에 참여하는 A의 동기를 감소시킬 때가 있다.

대화할 수 있는 장소를 논의하는 과정은 쌍방길에 대한 코치의 전념을 반영한다. 코치만이 어디서 대화할지를 결정한다면, A의 힘을 빼앗고 일방길이 되고 만다. 서로 같이 동의한 장소를 찾기 위해 코치가 A와 협력하는 것은 얘기할 수 있는 최적의 장소를 찾도록 도울 뿐만 아니라, 효율적인 기술 코칭 회기를 유지하고 훗날의 협력을 증진하는 강한 관계적 연결을 확립해 준다.

길 따라 행동하기 평가

두 사람이 적정한 장소를 찾았다면, B는 자신의 관점을 분명히 한다. B가 기술 코치의 역할을 할 때 중요한 점은 과연 A의 계획이 목표 달성에 도움이 되는지 평가하는 일이다. 코치는 A가 무엇을 하거나 하지 말아야 할지 지적하지 않는다. 원하는 결과로 가기 위해 계획이 어떻게 기능할지 평가하는 게 핵심이다. 따라서 A의 계획이 목표로 가는 길 위에 있다고 평가되면, B는 다음과 같이 계획을 지지할 수 있다. "제 생각에는 이 계획대로 하면 목표로 갈 수 있을 것 같아요." "좋은 계획인데요." 코치의 자기공개는 강화를 도울 수 있다. 예를 들어, "제가 정말 좋아하는 계획이에요." 혹은 "제 생각도 똑같아요."라고 말할 수 있다.

만약 코치 생각에 계획이 A의 목표 달성에 도움이 되지 않는다면, A에게 자신의 염려를 전달할 수 있다(예: 휴게실에서 찰리를 만난다면 잘 되지 않을 수 있어 염려가 되네요."). 질문을 통해 A가 코치의 생각 기차를 탐색하도록 촉진하면 보다 명료한 사진 찍기를 도울 수 있다(예: 휴게실에서 찰리를 만났을 때, 어떤 안 좋은 결과가 있을까요?"). 만약 문제를 예상하지 못한다면 코치는 자신의 염려를 강조한다(예: "제 생각에는 찰리와 A 씨의 감정을 높일 것 같아요. 목표는 직장에 계속 다니기였지요. 찰리도 A 씨도 감정이 3점보다 높아져서 서로 소리 지르고 상사에게 불려갈까 봐 걱정이 되네요."). 코치는 A와의 브레인스토밍을 제안할 수 있다. 관계 문제를 다루는 동시에 직장을 잃지 않는 대안을 탐색한다. 코치는 다음과 같이 말할 수 있다. "찰리가 문제라는 건 저도 알아요. 우리는 직장에 위험이 없도록 이 문제를 다루는 방법을 찾을 수 있어요. 해고당한다면 도움이 되지 않아요. 다른 방법을 얘기해 볼까요?" B는 매번 결정 내릴 지점에서 동의를 구한다. A가 이 과정을 계속하고 싶을 거라고 가정하지 않는다. 만약 A가 계획을 다시 평가하고 다른 기술 대안을 찾는 대화를 거부한다면, 코치는 나중에 대화할 수 있음을 알려 주면 된다.

C: 두 사람이 함께하기

함께 기술 고리 계획하기

만약 A가 대안을 찾는 데 B의 도움을 원한다면, 두 사람은 대안을 탐색해 본다. A가 사용할 수 있는 기술이 무엇인지 분명히 제시하는 게 중요하다. 3점을 넘어서 있다면, 언제나 기술을 쓸 수 있다. 3점 이하라면, 모든 아홉 가지 기술을 쓸 수 있다. 기술 요리법을 다시 찾아보면 도움이 된다. 이 시점에서는 사진 찍기와 길 따라 생각까지 됐으니, 두 사람은 몇 개의 어떤 추가 기술이 A가 목표를 달성하는 데 기여할지 같이 생각해 볼 수 있다.

기술 선택

효율적인 기술 선택을 위해 가능한 기술을 하나씩 살펴 적용 가능성을 논의한다. 이 과정을 도울 수 있는 다양한 기술 시스템 자료가 있다. 기술 시스템 수업 자료 2 '기술이 우리에게 어떤 도움이 될까?'(p. 289)는 각 기술의 기능을 설명한다. 이 자료는 주어진 상황에서 어떤 기술이 효과적일지 두 사람이 결정할 수 있도록 돕는다. 부록 C에는 두 개의 활동지(기술 쓰기 활동지 1과 2, pp. 440-444)가 있는데, 이를 사용하여 기술 계획을 만들 수 있다. A와 B가 협력하기로 동의했다면, 이 활동지는 이들의 코칭 대화를 안내할 수 있다. A의 느낌 점수가 3점 이하일 때는 기술 쓰기 활동지 1이 좋고, 3점 초과일 때는 기술 쓰기 활동지 2가 적절하다. 추가로, 〈표 8-1〉은 상황에 따른 일반 목표와 관련 기술 고리의 종류를 보여 준다.

복잡한 상황은 다중의 목표를 다루도록 만든다. 따라서 복합 기술 고리가 필요하다. 예를 들어, 느낌 점수가 5점일 때, 기술 요리법에 따르면 최소 여섯 가지 기술을 써야 하므로 여러 가지 길 따라 행동하기와 새로운 나 활동이 필요하다. 3점 이하일 때는 침착할 때만 기술을 결합하면 효과적이다. 예를 들어, 문제를 해결하기 위해 나 표현하기와 알맞게 하기가 해결책에 포함될 수 있다. 이때 기술 고리는 123678이 된다.

길 따라 행동 실행하기

A가 상황에 맞는 계획을 세웠다면 길 따라 행동을 하도록 도울 때이다. 계획은 몇 가지 길 따라 행동하기를 포함할 수 있다. 코치는 목표로 다가가는 걸음 하나씩에 초점을 둔다. 예를 들어, A가 집중 새로운 나 활동을 계획했다면, 혼자 놀기 위해 카드를 준비하는 행동이 첫 번째 길 따라 행동하기가 된다.

코치는 A가 앞길에 놓인 미세한 전환을 이해할 수 있도록 돕는다. A가 탐색해야 하는 도전이나 장해물을 짚으면 도움이 된다(예: "카드는 어디에 있어요?" "아이팟 충전했어요?"). 어려움을 넘어가는 전략을 세우면 성공률을 높일 수 있다. 이에 더하여 필요하다면 추가 코칭을 어떻게 요청하면 되는지 논의한다.

●

기술 코칭 관계

코칭 대화는 사실상 '평범한' 쌍방길 대화는 아니다. 코치는 뒤로 물러서고, 의도적으로 A가 정서를 조절하도록 돕는 관계 행동을 보여 준다. 이는 B가 진솔한 피드백과 견해를 제공할 기회이지만, 대화의 형식은 A 개인의 성장을 최대화하기 위해 코치가 전략적으로 다룬다. A와 B 사이의 이러한 신중한 탐색은 관계의 범위 안에서 두 사람 모두 각자 존재하고 번영할 기회를 만들어 낸다.

〈표 8-1〉 목표와 기술 고리

요인	기술 고리: 언제나 기술
상황을 자각한다.	1(사진 찍기)
길 따라 결정을 내린다.	12(길 따라 생각하기)
목표를 향해 움직인다.	123(길 따라 행동하기: 목표를 향한 첫걸음)
길 밖으로 벗어날 때 길 위로 전환한다.	123(길 따라 행동하기: 길 따라 길 바꾸기)
마음과 몸을 길 위에 둔다.	123(길 따라 행동하기: 길 따라 행동 계획)
어려운 상황을 감내한다.	123(길 따라 행동하기: 상황 받아들이기)
길 밖으로 벗어난 생각, 충동, 느낌, 환상을 놓아주고 넘어간다.	123(길 따라 행동하기: 넘어가기)
내 안과 밖의 위험을 다룬다.	1234(안전 계획)와 12345(안전 계획과 새로운 나 활동)
보다 집중한다.	1235(집중 새로운 나 활동)
더 편안해진다.	1235(기분 좋게 새로운 나 활동)
변화시킬 수 없는 것에서 마음을 뗀다.	1235 (다른 데 신경쓰기 새로운 나 활동: 마음이나 몸 활동에서 다른 데 신경쓰기)
긍정 정서를 높인다.	1235(즐겁게 새로운 나 활동)
작은 문제를 해결한다.	1236(문제 해결 활동지: 빨리 해결)
중간 문제, 큰 문제를 해결한다.	1236(문세 해결 활동지)
나의 마음을 나눈다.	1237(나 표현하기 활동지)
누군가에게 원하거나 필요한 것을 얻는다.	1238(알맞게 하기 활동지)
나 스스로와의 관계를 개선한다.	1239(관계 돌봄 진짜 나 수업 자료)
다른 사람과의 관계를 개선한다.	1239(관계 돌봄 수업 자료)
삶 속의 여러 사람과 어떻게 지낼지 이해한다.	1239(관계 돌봄 수업 자료: 관계의 여러 유형)
관계에서 사람들과 가까워지거나 멀어진다.	1239(관계 돌봄 수업 자료: 길 따라 관계 유지)
내가 어떤 관계를 원하거나, 어떤 관계가 있는지 생각한다.	1239(관계 돌봄 수업 자료: 일방길과 쌍방길 관계)
길 밖 습관을 변화시킨다.	1239(관계 돌봄 수업 자료: 스스로 길 따라 가기)
관계 문제를 고친다.	1239(관계 돌봄 수업 자료와 활동지: 공평한 악수)
관계를 회복한다.	1239(관계 돌봄 수업 자료와 활동지: 책임 계단)

기술 시스템 수업 자료와 활동지

*출력용 부록 파일은 학지사 홈페이지(http://www.hakjisa.co.kr)에서 다운로드할 수 있습니다.

기술 시스템

기술 목록

 1. 사진 찍기

 2. 길 따라 생각하기

 3. 길 따라 행동하기

 4. 안전 계획

 5. 새로운 나 활동

 6. 문제 해결

 7. 나 표현하기

 8. 알맞게 하기

 9. 관계 돌봄

기술 시스템

기술이 우리에게 어떤 도움이 될까?

기술 시스템에는 아홉 가지 기술이 있습니다.

아홉 가지 기술은 우리에게 도움을 줍니다.

언제나 기술

1. **사진 찍기**: 사진 찍기는 바로 지금 나의 안과 밖에서 무엇이 일어나는지 알게 돕습니다. 상황을 있는 그대로 봅니다.

2. **길 따라 생각하기**: 길 따라 생각하기는 내가 무엇을 원하는지, 목표에 도착하려면 무엇이 필요한지 또렷하게 생각하도록 돕습니다.

3. **길 따라 행동하기**: 사진 찍기와 길 따라 생각하기를 한 뒤에, 길 따라 행동하기를 해서 목표로 다가가는 행동을 합니다.

4. **안전 계획**: 바로 시금 일어나거나 앞으로 일어날 수 있는 위험한 상황을 다룰 때 안전 계획을 씁니다.

5. **새로운 나 활동**: 주의를 집중하고, 기분 좋게 하고, 다른 데 신경쓰고, 즐거워지기 위해 새로운 나 활동을 합니다.

침착할 때만 기술

6. **문제 해결**: 생활의 문제를 해결하는 시간을 들입니다. 나는 더 행복해지고 목표를 이룰 수 있습니다.

7. **나 표현하기**: 나에게 드는 마음과 내 깊은 마음을 사람들과 나누어 우리가 길 위에 있도록 합니다.

8. **알맞게 하기**: 내가 원하는 것을 얻기 위해 다른 사람과 어떻게 해야 하는지 알려 줍니다.

9. **관계 돌봄**: 관계 돌봄은 나와 다른 사람과 함께 길 따라 관계에 있는 방법을 알려 줍니다.

기술 시스템

이름: _____ 날짜: _____

각 기술에 알맞은 기술 이름을 적어 보세요.

 1. _____

 2. _____

 3. _____

 4. _____

 5. _____

 6. _____

 7. _____

 8. _____

 9. _____

기술 시스템

이름: _____ 날짜: _____

기술에 맞게 기술 번호와 알맞은 그림을 이어 보세요.

1. 사진 찍기

2. 길 따라 생각하기

3. 길 따라 행동하기

4. 안전 계획

5. 새로운 나 활동

6. 문제 해결

7. 나 표현하기

8. 알맞게 하기

9. 관계 돌봄

기술 시스템

이름: _____ 날짜: _____

해당 번호에 알맞은 기술 이름을 적어 보세요.

1. _____

2. _____

3. _____

4. _____

5. _____

6. _____

7. _____

8. _____

9. _____

기술 시스템

기술 시스템 쓰는 방법

1. 느낌 점수 주기

나의 느낌이 얼마나 강한지 점수를 줄 때, 느낌 점수 0-1-2-3-4-5를 씁니다. 느낌 점수 주기는 상황 마다 어떤 기술을 몇 가지 연결해야 할지 알려 줍니다.

2. 기술 구분

 언제나 0~5점 감정   침착할 때만 0~3점 감정

기술 구분에는 두 가지가 있습니다. 언제나 기술과 침착할 때만 기술입니다. 언제나 기술은 0-1-2-3-4-5 어떤 느낌 점수에서도 쓸 수 있습니다. 침착할 때만 기술은 0-1-2-3 점수에서만 써야 합니다.

3. 기술 요리법

기술 요리법은 몇 개의 기술 고리가 필요한지 알려 줍니다. 느낌 점수(0점 포함) 더하기 하나 이상 의 기술이 필요합니다. 만약 슬픔이 3점이라면 나는 4개 기술을 씁니다.

느낌 점수 주기

5점에서는 나 자신, 다른 사람, 물건을 해칩니다.

5

완전히 강한 느낌

4점에서는 말하고 듣고 길 위에 있기가 힘듭니다.

4

강한 느낌

3

중간 느낌

2

작은 느낌

0~3점에서는 말하고 듣고 길 위에 있습니다.

1

아주 작은 느낌

0

느낌 없음

느낌 점수 주기

0-1-2-3-4-5로 느낌 점수를 주면 어떤 기술을 써야 할지, 그리고 몇 개의 기술을 써야 할지 알 수 있습니다.

0 ········· **1** ········· **2** ········· **3** ········· **4** ········· **5**

없음　　아주 작은　　작은　　중간　　강한　　완전히 강한

점수	점수에 따라 다양하게 느낍니다.
0	느낌이 없을 때에는 0점을 줍니다. 예를 들어, 분노 0점은 내가 그 순간에 분노를 느끼지 않는다는 점을 알려 줍니다. 슬픔 2점이면서 분노 0점일 수 있습니다.
1	아주 작은 느낌이 있을 때에는 1점입니다. 1점에서는 느낌 이름을 줄 수 있을 정도의 몸 느낌을 느낄 수 있습니다. 그 상황에서 1점 수준의 느낌을 가질 수 있고, 아니면 1점에서부터 더 강한 느낌이 시작되고 있다는 뜻일 수도 있습니다. 혹은 강한 감정이 1점으로 작아지고 있다는 뜻일 수도 있습니다. 모든 상황에서 1점이라면 나는 또렷하게 생각하고 충동과 행동을 통제할 수 있습니다. 1점 수준의 느낌에서는 또렷하게 생각할 수 있기 때문에 모든 기술을 쓸 수 있습니다. 침착할 때만 기술도 쓸 수 있습니다!
2	작은 느낌이 있을 때에는 2점입니다. 1점보다 몸 느낌을 조금 더 느낄 수 있습니다. 나의 생각은 2점에 영향을 받을 수 있습니다. 예를 들어, 2점으로 화가 났을 때 심장이 더 빨리 뛰고 생각이 더 많아지는 느낌이 들 수 있습니다. 아직은 또렷하게 생각할 수 있기 때문에, 2점에서는 모든 기술을 쓸 수 있습니다. 침착할 때만 기술도 쓸 수 있습니다. 3점을 넘어가기 전에 나 표현하기를 쓰기 좋은 시간입니다.
3	3점은 중간 느낌입니다. 3점에서는 몸 느낌이 더 강해집니다. 3점에서 몸 느낌은 불편합니다. 예를 들어, 3점으로 화가 났다면, 심장이 두근거리고 숨 쉬기가 힘듭니다. 스트레스를 받지만 집중하고, 말하고, 듣고, 길 위에 있습니다. 3점에서 침착할 때만 기술을 쓸 수 있습니다. 집중하기 어렵고, 듣지 않고, 소리를 지른다면 3점보다 높아지는 중입니다. 3점보다 높아지는 데 침착할 때만 기술을 쓴다면 문제가 생깁니다.
4	4점은 강한 느낌입니다. 4점에서는 몸 느낌이 강하고, 생각을 통제하기는 더 어렵습니다. 4점에 있다는 사실을 알게 되면 다섯 가지 언제나 기술을 모두 써서 더 침착해지도록 합니다. 4점에서 언제나 기술을 쓰지 않습니다. 나 표현하기를 쓰면 소리를 지르게 되고, 문제 해결을 쓰면 문제가 더 커집니다. 침착할 때만 기술을 쓰려면 3점으로 내려갈 때까지 기다려야 합니다. 강한 감정이 있지만 나, 다른 사람, 물건을 해치지 않는다면 5점이 아닌 4점입니다.
5	5점은 완전히 강한 느낌입니다. 5점에서는 통제가 안 됩니다. 몸 느낌, 생각, 충동은 완전히 강합니다. 5점에서는 나, 다른 사람, 물건을 해치는 행동을 합니다. 예를 들어, 5점으로 화가 났다면 일부러 창문을 깰 수도 있습니다. 나의 기술 마음은 운전석에 없고 감정 마음이 운전석에 앉아 있어서 후회할 행동을 하고 맙니다. 나의 모든 언제나 기술을 쓰고 새로운 나 활동과 길 따라 행동하기를 두 배로 써서 길 위로 다시 돌아옵니다.

느낌 점수 주기

이름: _____ 날짜: _____

0~5점에 해당하는 사건과 느낌을 적어 보세요.

__눈을 깜박인다.__
_____   **0** __분노__
이 사건이 일어날 때, 느낌이 없다   느낌 없음

__뱃속에서 끄르륵 소리가 난다.__
_____ **1** __배고픔__
이 사건이 일어날 때, 나의 느낌은 →   아주 작은 느낌

__먹을 만한 음식이 집에 없다.__
_____   **2** __실망__
이 사건이 일어날 때, 나의 느낌은 →   작은 느낌

__피자를 배달시킨다.__
_____   **3** __신난__
이 사건이 일어날 때, 나의 느낌은 →   중간 느낌

__피자 배달부가 내게 소리 지르고 나는 얼어붙는다.__
_____ **4** __긴장__
이 사건이 일어날 때, 나의 느낌은 →   강한 느낌

__피자 배달부가 내 팔을 잡는다.__
_____   **5** __두려움__
이 사건이 일어날 때, 나의 느낌은 →   완전히 강한 느낌

느낌 점수 주기

이름: _____　날짜: _____

0~5점에 해당하는 사건과 느낌을 적어 보세요.

_____ **0** _____
이 사건이 일어날 때, 느낌이 없다　　　　　　　느낌 없음

_____ **1** _____
이 사건이 일어날 때, 나의 느낌은 →　　　　　아주 작은 느낌

_____ **2** _____
이 사건이 일어날 때, 나의 느낌은 →　　　　　작은 느낌

_____ **3** _____
이 사건이 일어날 때, 나의 느낌은 →　　　　　중간 느낌

_____ **4** _____
이 사건이 일어날 때, 나의 느낌은 →　　　　　강한 느낌

_____ **5** _____
이 사건이 일어날 때, 나의 느낌은 →　　　　완전히 강한 느낌

느낌 점수 주기

이름: _____ 날짜: _____

다음 감정에 대하여 각 점수에 해당하는 사건과 느낌을 적어 보세요.

감정: 두려움 _____

아침에 일어났다. _____ 0 두려움 _____
이 사건이 일어날 때, 느낌이 없다   느낌 없음

바람이 세게 부는 소리를 들었다. _____ 1 두려움 _____
이 사건이 일어날 때, 나의 느낌은 →   아주 작은 느낌

밖을 보니 눈이 온다. _____ 2 두려움 _____
이 사건이 일어날 때, 나의 느낌은 →   작은 느낌

출근하려면 운전해야 한다. _____ 3 두려움 _____
이 사건이 일어날 때, 나의 느낌은 →   중간 느낌

차가 미끄러져 다른 차를 박았다. _____ 4 두려움 _____
이 사건이 일어날 때, 나의 느낌은 →   강한 느낌

나는 갇혀서 나갈 수가 없다. _____ 5 두려움 _____
이 사건이 일어날 때, 나의 느낌은 →   완전히 강한 느낌

느낌 점수 주기

이름: _____ 날짜: _____

다음 감정에 대하여 각 점수에 해당하는 사건과 느낌을 적어 보세요.

감정: _____

_____

이 사건이 일어날 때, 느낌이 없다

0 _____
느낌 없음

_____

이 사건이 일어날 때, 나의 느낌은 →

1 _____
아주 작은 느낌

_____

이 사건이 일어날 때, 나의 느낌은 →

2 _____
작은 느낌

_____

이 사건이 일어날 때, 나의 느낌은 →

3 _____
중간 느낌

_____

이 사건이 일어날 때, 나의 느낌은 →

4 _____
강한 느낌

_____

이 사건이 일어날 때, 나의 느낌은 →

5 _____
완전히 강한 느낌

기술 구분

감정에 점수(0-1-2-3-4-5)를 주면 기술 구분에 맞게 쓸 수 있습니다.

 1. 사진 찍기

 2. 길 따라 생각하기

 3. 길 따라 행동하기

 4. 안전 계획

 5. 새로운 나 활동

언제나 기술

0~5점 감정

 6. 문제 해결

 7. 나 표현하기

 8. 알맞게 하기

 9. 관계 돌봄

침착할 때만 기술

0~3점 감정에서만!

기술 구분

이름: _____ 날짜: _____

빈칸에 기술 이름과 기술 구분을 채워 보세요.

_____

_____

_____

_____

_____

_____

_____

0-1-2-3-4-5

_____

_____

_____

_____

_____

_____

0-1-2-3

기술 구분

이름: _____ 날짜: _____

다음과 같은 감정일 때 쓸 수 있는 기술 구분에 동그라미 치세요.

3	실망	🕐 (언제나 기술)	(침착할 때만 기술)
5	화	🕐 (언제나 기술)	침착할 때만 기술
4	무서움	🕐 (언제나 기술)	침착할 때만 기술
2	기쁨	🕐 (언제나 기술)	(침착할 때만 기술)
4 1/2	슬픔	🕐 (언제나 기술)	침착할 때만 기술
1	부러움	🕐 (언제나 기술)	(침착할 때만 기술)
3	행복	🕐 (언제나 기술)	(침착할 때만 기술)
3 1/2	수치심	🕐 (언제나 기술)	침착할 때만 기술

기술 구분

이름: _____   날짜: _____

다음과 같은 감정일 때 쓸 수 있는 기술 구분에 동그라미 치세요.

3	슬픔	언제나 기술	침착할 때만 기술
5	두려움	언제나 기술	침착할 때만 기술
4	혐오	언제나 기술	침착할 때만 기술
2	행복	언제나 기술	침착할 때반 기술
4 1/2	질투	언제나 기술	침착할 때만 기술
1	화	언제나 기술	침착할 때만 기술
3	사랑	언제나 기술	침착할 때만 기술
3 1/2	죄책감	언제나 기술	침착할 때만 기술

기술 구분

이름: _____ 날짜: _____

아래 빈칸에 느낌과 점수를 적어 보세요. 해당 점수일 때 쓸 수 있는 기술에 동그라미 치세요.

점수　　　　느낌

_____　_____　🕐 언제나 기술　　침착할 때만 기술

_____　_____　🕐 언제나 기술　　침착할 때만 기술

_____　_____　🕐 언제나 기술　　침착할 때만 기술

_____　_____　🕐 언제나 기술　　침착할 때만 기술

_____　_____　🕐 언제나 기술　　침착할 때만 기술

_____　_____　🕐 언제나 기술　　침착할 때만 기술

_____　_____　🕐 언제나 기술　　침착할 때만 기술

_____　_____　🕐 언제나 기술　　침착할 때만 기술

기술 요리법

느낌 점수(0-1-2-3-4-5)를 알면, 기술 요리법을 써서 기술 고리에 몇 개의 기술을 연결할지 알 아봅니다. 기술의 달인은 더 많은 기술을 씁니다!

 **모든 느낌 점수에 1개 기술을 더 하기**

0점 수준 느낌 = 최소한 기술 1개

1점 수준 느낌 = 최소한 기술 2개

2점 수준 느낌 = 최소한 기술 3개

3점 수준 느낌 = 최소한 기술 4개

4점 수준 느낌 = 최소한 기술 5개

5점 수준 느낌 = 최소한 기술 6개

꿀팁

더 큰 감정에는 더 많은 기술이 필요합니다.

작은 느낌은 몇 분 지나면 사라집니다. 더 큰 느낌은 더 강하고 더 오래갑니다. 더 큰 감정을 다루 려면 기술 고리에서 여러 기술을 이어서 씁니다.

5점 수준 느낌일 때에는 언제나 기술을 두 배로 씁니다.

5점 수준 느낌에서는 6개 기술이 필요합니다. 3점이 넘으면 침착할 때만 기술을 쓰지 못합니다. 그러면 여섯 번째 기술로 무엇을 쓰지요? 길 따라 행동하기나 새로운 나 활동처럼 언제나 기술 을 더 씁니다.

기술 요리법

이름: _____ 날짜: _____

아래 느낌 점수일 때 필요한 최소한의 기술 개수에 동그라미 치세요.

3	실망	1 2 3 ④ 5 6
5	화	1 2 3 4 5 ⑥
4	무서움	1 2 3 4 ⑤ 6
2	즐거움	1 2 ③ 4 5 6
4 1/2	슬픔	1 2 3 4 5 ⑥
1	부러움	1 ② 3 4 5 6
3	행복	1 2 3 ④ 5 6
3 1/2	수치심	1 2 3 4 ⑤ 6

기술 요리법

이름: _____ 날짜: _____

아래 느낌 점수일 때 필요한 최소한의 기술 개수에 동그라미 치세요.

3	슬픔	1 2 3 4 5 6
5	두려움	1 2 3 4 5 6
4	혐오	1 2 3 4 5 6
2	행복	1 2 3 4 5 6
4 1/2	질투	1 2 3 4 5 6
1	화	1 2 3 4 5 6
3	사랑	1 2 3 4 5 6
3 1/2	죄책감	1 2 3 4 5 6

기술 요리법

이름: _____ 날짜: _____

아래 빈칸에 느낌과 점수를 적어 보세요(예: 4, 슬픔). 그리고 필요한 기술 고리 개수에 동그라미 치세요.

점수	느낌						
_____	_____	1	2	3	4	5	6
_____	_____	1	2	3	4	5	6
_____	_____	1	2	3	4	5	6
_____	_____	1	2	3	4	5	6
_____	_____	1	2	3	4	5	6
_____	_____	1	2	3	4	5	6
_____	_____	1	2	3	4	5	6
_____	_____	1	2	3	4	5	6

2주차 연습 활동

이름: _____ 날짜: _____

최근에 일어난 힘들었던 상황을 생각해 보세요. 기술 도구를 사용하여 질문에 답해 보세요.

이번 주에 스트레스 받았던 상황을 간단하게 기술해 보세요.

가장 친한 친구가 직장에서 해고되었다는 소식을 들었다.

_____

느낌 점수 주기

나의 느낌은: *슬픔* _____

느낌 점수는: *2점* _____

기술 구분

나는 감정이 _*0*_ 점에서 _*5*_ 점일 때 언제나 기술을 쓴다.

지금 스트레스 상황에서 언제나 기술을 쓸 수 있을까?   예 아니요

나는 감정이 _*0*_ 점에서 _*3*_ 점일 때 침착할 때만 기술을 쓴다.

지금 침착할 때만 기술을 쓸 수 있을까?   예 아니요

기술 요리법

나의 느낌 점수는 _*2*_ 점이다. 나는 기술을 _*3*_ 개 써야 한다.

2주차 연습 활동

이름: _____ 날짜: _____

최근에 일어난 힘들었던 상황을 생각해 보세요. 기술 도구를 사용하여 질문에 답해 보세요.

이번 주에 스트레스 받았던 상황을 간단하게 기술해 보세요.

_____

_____

느낌 점수 주기

나의 느낌은: _____

느낌 점수는: _____

기술 구분

나는 감정이 _____점에서 _____점일 때 언제나 기술을 쓴다.

지금 스트레스 상황에서 언제나 기술을 쓸 수 있을까?   예   아니요

나는 감정이 _____점에서 _____점일 때 침착할 때만 기술을 쓴다.

지금 침착할 때만 기술을 쓸 수 있을까?   예   아니요

기술 요리법

나의 느낌 점수는 _____점이다. 나는 기술을 _____개 써야 한다.

기술 일기 카드

오늘 내가 쓴 기술 고리

이름: _____ 날짜: _____

월	
	상황: _____ 느낌: 0 1 2 3 4 5
화	
	상황: _____ 느낌: 0 1 2 3 4 5
수	
	상황: _____ 느낌: 0 1 2 3 4 5
목	
	상황: _____ 느낌: 0 1 2 3 4 5
금	
	상황: _____ 느낌: 0 1 2 3 4 5
토	
	상황: _____ 느낌: 0 1 2 3 4 5
일	
	상황: _____ 느낌: 0 1 2 3 4 5

기술 시스템 복습 질문

1. 기술 1번은 무엇입니까?

2. 기술 2번은 무엇입니까?

3. 기술 3번은 무엇입니까?

4. 기술 4번은 무엇입니까?

5. 기술 5번은 무엇입니까?

6. 기술 6번은 무엇입니까?

7. 기술 7번은 무엇입니까?

8. 기술 8번은 무엇입니까?

9. 기술 9번은 무엇입니까?

10. 느낌 점수 주기에 대해서 말해 보세요.

11. 기술 구분에는 무엇이 있나요?

12. 언제나 기술에는 무엇이 있나요?

13. 몇 점에서 언제나 기술을 쓸 수 있나요?

14. 침착할 때만 기술에는 무엇이 있나요?

15. 몇 점에서 침착할 때만 기술을 쓸 수 있나요?

16. 기술 요리법은 무엇인가요?

17. 여섯 가지 사진 찍기는 무엇인가요?

📺 **1. 사진 찍기**　　　　　　　　　　　　　　요약지

사진 찍기

사진 찍기는 언제나 기술입니다. 나는 느낌 점수가 0-1-2-3-4-5일 때 사진 찍기를 씁니다. 감정이 생기거나 상황이 변할 때 나는 잠시 시간을 들여 나의 안과 밖에서 무엇이 일어나는지 사진 찍기를 합니다. 그 순간에서 여섯 가지 사진 찍기에 나의 주의를 마음챙김합니다.

1. **나는 숨을 안다.** 공기가 들어오고 나가는 것을 알아차립니다. 숨을 쉬는 그대로 알아차립니다. 콧속의 시원한 느낌을 알아차립니다. 또한 공기가 가슴과 배를 채우는 것을 알아차립니다. 숨에 주의를 두고 100% 집중하면 지금 순간에 나를 아는 데 도움이 됩니다. 숨 쉬면서 나는 그 순간을 잘 다룰 수 있습니다. 그건 나의 과거와 미래를 다루는 것보다 쉬운 일입니다.

2. **나는 주위를 안다.** 나는 감각(보기, 듣기, 냄새 맡기, 맛보기, 감촉 느끼기)을 사용하여 주위에서 무슨 일이 일어나는지 알아차립니다. 지금 상황에서 무엇이 일어나는지 알아차립니다. 일어나는 일이 마음에 들지 않아도, 나는 상황을 잘 다루기 위해서 또렷하게 보아야 합니다. 나는 진짜를 봅니다. 나는 팩트를 확인합니다. 있는 그대로 순간을 받아들이지 않고 어떻게 되어야 한다는 것에만 집중하면, 감정이 커질 수 있습니다.

3. **나는 몸 느낌을 안다.** 나는 몸의 감각을 알아차립니다. 감정과 생각은 몸 감각을 일으킬 수 있습니다. 다양한 몸의 감각은 나의 감정에 마음챙김할 수 있도록 도와줍니다. 몸 감각은 오고 갑니다. 아무리 강한 감각도 오고 갑니다. 나는 있는 그대로 느낌을 알아차립니다.

4. **나는 나의 감정에 이름과 점수를 준다.** 나는 슬픔, 행복, 상처 입음, 두려움, 질투, 죄책감, 분노와 같은 감정을 알아차립니다. 나는 기분에 영향을 주는 배고픔, 피곤함, 스트레스를 알아차립니다. 한 번에 하나 이상의 감정이나 느낌이 올 수 있습니다. 감정에 이름을 붙이고, 그것이 얼마나 강한지 0-1-2-3-4-5점의 점수를 줍니다. 좋은 감정이든, 불편한 감정이든 오고 갑니다. 나는 마치 구름처럼 감정이 지나가도록 합니다. 붙잡지 않고 밀어내지 않습니다.

5. **나는 생각을 안다.** 나의 뇌는 하루 종일 생각을 만들어 내는 활동을 합니다. 마음속 생각을 아는 것은 마치 텔레비전 화면에 지나가는 생각을 보는 것과 같습니다. 나는 마음속에 갑자기 떠오르는 자동 생각을 알아차립니다. 어떤 생각은 내가 스스로에게 만들어 낸 말입니다. 나는 이 모든 생각이 오고 가는 것을 마치 버스가 지나가는 것을 보듯이 봅니다. 어떤 생각은 도움이 되고, 어떤 생각은 도움이 되지 않습니다. 어떤 버스는 내가 가려는 곳으로 가지만, 그렇지 않은 버스도 있습니다. 내가 어떤 생각을 한다고 해서 그것이 사실이거나, 그 생각이 나라는 것은 아닙니다. 나는 사진 찍기를 해서 생각을 관찰하고 받아들입니다. 길에서 벗어난 생각은 나를 어렵게 합니다. 하지만 생각을 안다고 해서 그게 곧 나의 계획은 아닙니다. (계획은 길 따라 생각하기에서 세웁니다.)

6. **나는 충동을 안다.** 충동은 어떤 행동을 하고 싶게 만듭니다. 어떤 충동은 작고, 어떤 충동은 셉니다. 충동은 내가 충동대로 행동하도록 만듭니다. 충동은 생각이나 감정처럼 오고 간다는 것을 명심합니다. 그래서 길에서 벗어난 아주 센 충동이 있을지라도, 충동대로 행동하지 않을 수 있습니다. 나는 충동을 무시하지 않고, 사진 찍기, 길 따라 생각하기, 길 따라 행동하기를 써서 충동을 다룹니다.

1. 사진 찍기

여섯 가지 사진 찍기에 100% 집중하기

1. 숨 알기

2. 주위 알기

3. 몸 느낌 알기

4. 느낌 이름과 점수 주기

0 1 2 3 4 5

5. 생각 알기

6. 충동 알기

☐ 1. 사진 찍기

이름: _____ 날짜: _____

그림 옆에 알맞는 여섯 가지 사진 찍기를 쓰세요.

_____

_____

_____

_____

_____

_____

💻 1. 사진 찍기

이름: _____ 날짜: _____

상황: <u>새로운 직장 첫날 출근하며 사무실 문을 열었다.</u>

숨이 얕다는 것을 알아차린다. _____

사무실에 불이 켜 있다. 아는 사람이 없다. _____

배가 아프다. 심장이 빨리 뛴다. _____

불안함 3점 _____

내가 이 일을 좋아하면 좋겠다. _____

집에 가고 싶다. _____

활동지 2

🖥 1. 사진 찍기

이름: _____   날짜: _____

이 순간에 무엇을 알아차리는지 적어 보세요.

상황: _____

_____

_____

_____

_____

_____

_____

🖥 1. 사진 찍기: 숨 알기

 숨 알기

 나의 주의를 숨으로 돌립니다.

숨이 어디에 있나요?

 코에서 공기가 들어오고 나가는 느낌

 가슴이 올라가고 내려오는 느낌

 배 속으로 공기가 들어오고 나가는 느낌

숨이 어떤가요?

숨이 얕은가요, 깊은가요?

숨이 빠른가요, 느린가요?

1. 사진 찍기: 주위 알기

주위를 사진 찍기 위해서 감각을 사용합니다.

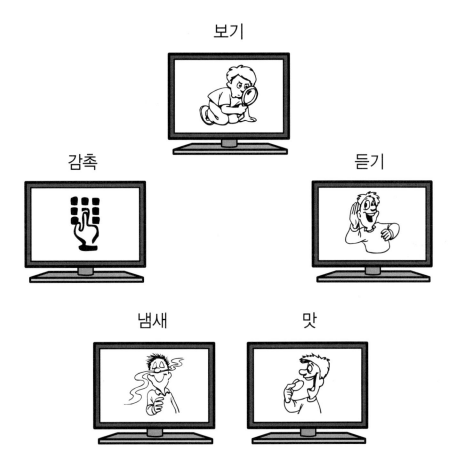

🖥 1. 사진 찍기: 주위 알기

이름: _____ 날짜: _____

주위를 살펴보고 무엇을 알아차렸는지 적어 보세요.

상황: *거실에 앉아 있다.*

 나는 *텔레비전과 가구가* 보인다.

 나는 *텔레비전 소리와 강아지 짖는 소리가* 들린다.

 나는 *마시고 있는 차를* 맛본다.

 나는 *차 속의 레몬 향기를* 맡는다.

 나는 *따뜻한 컵과 부드러운 소파* 감촉을 느낀다.

🖥 1. 사진 찍기: 주위 알기

이름: _____ 날짜: _____

주위를 살펴보고 무엇을 알아차렸는지 적어 보세요.

상황: _____

 나는 _____ 보인다.

 나는 _____ 들린다.

 나는 _____ 맛본다.

 나는 _____ 맡는다.

 나는 _____ 감촉을 느낀다.

🖥 1. 사진 찍기: 몸 느낌 알기

다양한 몸 느낌을 적어 보세요.

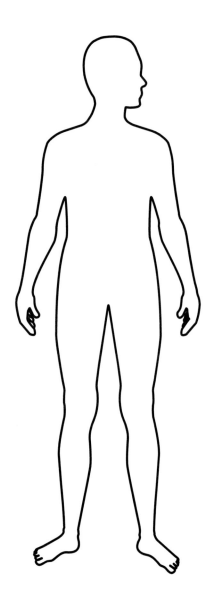

머리: 아프다.

목: 근육이 조인다.

어깨: 통증

팔: 떨린다.

손: 땀이 난다.

배: 울렁거린다.

엉덩이: 피곤하다.

다리: 쉴 수 없다.

발: 부었다.

🖥️ 1. 사진 찍기: 몸 느낌 알기   활동지 1

이름: _____ 날짜: _____

다양한 몸 느낌을 적어 보세요.

머리: _____

목: _____

어깨: _____

팔: _____

손: _____

배: _____

엉덩이: _____

다리: _____

발: _____

🖥 1. 사진 찍기: 몸 느낌 알기

이름: _____ 날짜: _____

감정 하나를 정하고 각 점수에 맞는 몸 느낌을 적어 보세요.

감정: 분노 _____

 **0** 미소 짓는다.
_____

 1 미소를 멈추고 눈을 찌푸린다.
_____

 2 입을 꼭 다물고 인상을 쓴다.
_____

 3 턱을 꽉 깨물고 심장이 빨라진다.
_____

 4 주먹을 꽉 쥐고 가슴속이 터질 것 같다.
_____

 **5** 몸과 마음속에 태풍이 분다.
_____

🖥 **1. 사진 찍기: 몸 느낌 알기**

이름: _____ 날짜: _____

감정 하나를 정하고 각 점수에 맞는 몸 느낌을 적어 보세요.

감정: _____

0 _____

1 _____

2 _____

3 _____

4 _____

5 _____

🖥 1. 사진 찍기: 몸 느낌 알기   연습

이름: _____ 날짜: _____

집중 새로운 나 활동처럼 몸 느낌 알기

앉거나 누워 보세요. 발부터 시작하여 몸의 각 부위 근육을 긴장시켰다가 이완시켜 보세요.
큰 느낌 점수에 있을 때 그것을 작게 만드는 데 도움이 됩니다.

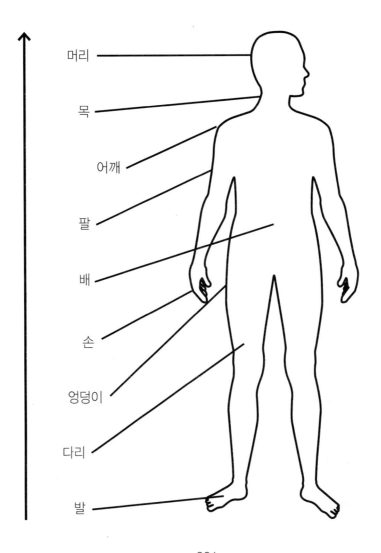

머리
목
어깨
팔
배
손
엉덩이
다리
발

1. 사진 찍기: 느낌 이름과 점수 주기

모든 감정과 느낌을 떠올리고 적어 보세요.

행복

사랑

화

슬픔

수치심

혼란

지루함

두려움

혐오

1. 사진 찍기: 느낌 이름과 점수 주기

 상황은 감정을 일으킨다.

 감정은 몸 느낌을 일으킨다.

 감정은 얼굴 표정을 일으킨다.

 감정이 들 때, 무언가를 하고 싶은 느낌이 든다.

🖥 1. 사진 찍기: 느낌 이름과 점수 주기　　　　활동 예시 1

이름: _____　　날짜: _____

각 감정을 느끼는 상황과 점수를 적어 보세요. (느낌 점수는 모두 다릅니다.)

상황	감정	점수
친구들과 저녁에 외식하기	행복	2
가장 친한 친구를 떠올리기	사랑	3
보고 싶은 가족 생각하기	슬픔	4
의사가 약에 대해 설명할 때	혼란감	3
새 직장 첫 출근	두려움	2
남자친구가 바람 피울 때	혐오	4
할 일이 없을 때	지루함	2
과거에 내가 때린 사람들을 생각하기	수치심	3
누군가 내 물건을 훔쳐 갈 때	화	4

1. 사진 찍기: 느낌 이름과 점수 주기

이름: _____   날짜: _____

각 감정을 느끼는 상황과 점수를 적어 보세요.

점수

_____   행복   _____

_____   사랑   _____

_____   슬픔   _____

_____   혼란감   _____

_____   두려움   _____

_____   혐오   _____

_____   지루함   _____

_____   수치심   _____

_____   화   _____

1. 사진 찍기: 생각 알기   수업 자료 1

이름: _____   날짜: _____

생각 알기

2. 마음은 많은 생각을 만듭니다.
팝콘 기계와 같습니다. 어떤 생각은
도움이 되지만 어떤 생각은 도움이
되지 않습니다.

1. 주의를 생각으로
돌립니다.

3. 버스가 길을 지나가듯이,
생각이 마음을 지나갑니다.

4. 어떤 생각은 목표로 가고
어떤 생각은 가지 않습니다.

5. 길 밖 생각은 하늘에서
구름이 지나가듯 흘려보냅니다.

🖳 1. 사진 찍기: 생각 알기

이름: _____ 날짜: _____

각 감정에 걸맞은 생각과 점수를 적어 보세요. (생각마다 점수는 모두 다릅니다.)

		점수
나는 아주 잘 하고 있어!	행복	2
내 남동생은 나와 가장 친한 친구야.	사랑	3
가족이 보고 싶어.	슬픔	3
내가 뭘 해야 할지 모르겠어.	혼란감	2
저 사람이 나에게 소리 지를 거야.	두려움	4
그 여자는 나에게 못되게 굴었어.	혐오	4
텔레비전 보는 것도 지겨워.	지루함	1
나는 못생겼어.	수치심	3
저 사람은 왜 나를 저렇게 쳐다보지?	화	4

1. 사진 찍기: 생각 알기

이름: _____   날짜: _____

각 감정에 걸맞은 생각과 점수를 적어 보세요.

점수

_____   행복   _____

_____   사랑   _____

_____   슬픔   _____

_____   혼란감   _____

_____   두려움   _____

_____   혐오   _____

_____   지루함   _____

_____   수치심   _____

_____   화   _____

🖥 1. 사진 찍기: 충동 알기

이름: _____   날짜: _____

행동 충동으로 이어지는 생각과 감정

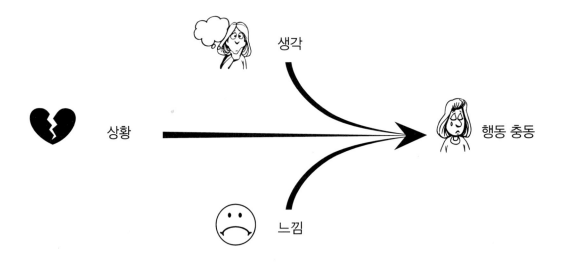

생각

상황

행동 충동

느낌

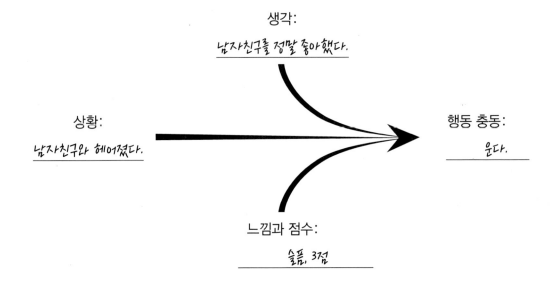

생각:

남자친구를 정말 좋아했다.

상황:

남자친구와 헤어졌다.

행동 충동:

운다.

느낌과 점수:

슬픔, 3점

🖥 1. 사진 찍기: 충동 알기

이름: _____ 날짜: _____

행동 충동으로 이어지는 생각과 감정

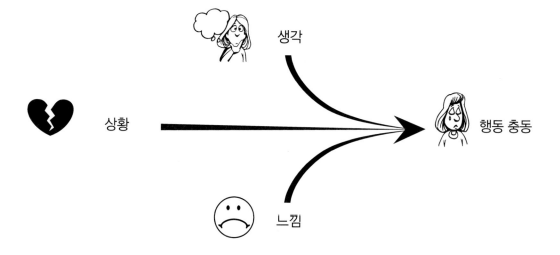

생각:

_____

상황: 행동 충동:

_____   _____

느낌과 점수:

_____

🖥 1. 사진 찍기: 충동 알기

이름: _____ 날짜: _____

각 감정이 주는 행동 충동을 적어 보세요.

행복   손뼉을 친다.
_____

사랑   껴안는다.
_____

슬픔   바닥을 쳐다본다.
_____

혼란감   피한다.
_____

두려움   비명을 지른다.
_____

혐오   자리를 뜬다.
_____

지루함   불평한다.
_____

수치심   숨는다.
_____

화   소리 지른다.
_____

🖥 1. 사진 찍기: 충동 알기

이름: _____   날짜: _____

각 감정이 주는 행동 충동을 적어 보세요.

행복 _____

사랑 _____

슬픔 _____

혼란감 _____

두려움 _____

혐오 _____

지루함 _____

수치심 _____

화 _____

▢ 1. 사진 찍기: 충동 알기

감정 하나를 골라서 각 점수에 맞는 행동 충동을 적어 보세요.

감정: 불안 _____

 **0**   편안하다. _____

 1   안절부절못한다. _____

 2   말을 많이 한다. _____

 3   자리를 뜬다. _____

 4   도망치고 안전한 곳으로 간다. _____

 **5**   숨이 막힌다. _____

🖥 1. 사진 찍기: 충동 알기

감정 하나를 골라서 각 점수에 맞는 행동 충동을 적어 보세요.

감정: _____

 0 _____

 1 _____

 2 _____

 3 _____

 4 _____

 **5** _____

👤 2. 길 따라 생각하기

길 따라 생각하기는 언제나 기술입니다. 나는 0~5점의 모든 감정에 길 따라 생각하기를 씁니다.

사진 찍기를 하여 어떤 상황에서 나의 생각과 충동을 알아차리면, 나는 길 따라 생각하기를 시작합니다. 길 따라 생각하기에서 첫 번째로 **멈추고 점검**을 합니다. 행동을 하기 전에 나의 목표 달성에 도움이 되는지 충동을 **점검**합니다. 도움이 되는 충동이면 **엄지 척**을 줍니다. 도움이 되는 충동은 목표로 가는 길에 도움이 됩니다. 충동이 길에서 벗어났으면 **엄지 꽝**을 줍니다. 길에서 벗어난 충동은 목표로 가는 데 도움이 되지 않습니다. 도움이 되는지 안 되는지 점검할 때에는 단기적인 욕구와 장기적인 욕구에 균형을 맞추도록 합니다. 생각과 충동은 버스와 같습니다. 내가 가고 싶은 곳에 데려다주는 버스만 타야 합니다.

충동이 길에서 벗어나 있으면, 길 따라 생각하기로 **돌아오기**를 합니다. 길에서 벗어난 생각을 더 하지 않고, 마음속에서 길 따라 생각을 만들어 냅니다. 나는 올바른 방향으로 가도록 스스로 코치합니다. 길에서 벗어난 생각을 지나가도록 내버려 둡니다. 길에서 벗어난 생각이 갑자기 떠올라도 알아차리고, 돌아오고, 그 버스에 타지 않습니다!

길 따라 생각하기를 시작하면서 **응원하기**를 합니다. 길에서 벗어난 생각이 다시 들 수 있기 때문에, 어렵지만 목표에 맞는 길 따라 생각을 하도록 스스로를 응원합니다. 길 따라 가는 것이 얼마나 중요한지 스스로에게 말해 주고, 부정적인 결과를 일으키는 충동대로 행동하지 않도록 말해 줍니다. 또한 응원하기를 하면서 내가 가고 싶은 곳으로 가는 힘과 의지를 줄 수 있습니다. 길에서 벗어난 충동이 셀수록, 기술 계획을 세우면서 점검, 돌아오기, 응원하기를 더 많이 생각하도록 합니다. 목표로 가는 맞는 버스에 잘 타고 있어야 합니다!

- 나의 느낌 점수 0-1-2-3-4-5는 어떤 기술을 몇 개 써야 하는지 알려줍니다.

- 어떤 기술을 쓸지는 기술 구분으로 결정합니다. 점수가 3점 이하일 때, 나는 9개 기술을 다 쓸 수 있습니다. 침착할 때만 기술도 쓸 수 있습니다. 문제 해결하기, 나 표현하기, 알맞게 하기, 관계 돌봄을 하려면 집중하고 또렷하게 생각할 수 있어야 합니다. 3점 이하일 때 나는 긍정적인 방법으로 사람들과 함께할 수 있습니다. 침착할 때만 기술을 쓰려면 잘 말하고 들을 수 있어야 합니다.

  나 혹은 상대방이 점수가 3점보다 높으면, 아주 조금만 높아도 언제나 기술을 씁니다. 언제나 기술은 사진 찍기, 길 따라 생각하기, 길 따라 행동하기, 안전 계획, 그리고 새로운 나 활동입니다. 만약 나는 침착할 때만 기술을 쓸 준비가 되어 있더라도, 상대방의 점수가 3점보다 높으면, 양쪽 모두에게 상황은 길에서 벗어나는 쪽으로 흘러가기 쉽습니다. 두 사람 모두가 3점 이하로 내려갈 때까지 기다린 다음에 문제를 해결하고, 서로 표현하고, 알맞게 하거나, 관계 돌봄을 합니다.

- 그다음 기술 요리법을 씁니다. 요리법은 몇 개의 기술을 써야 하는지 알려 줍니다. 느낌 점수에 하나를 더한 개수의 기술을 씁니다. 느낌 점수가 3점이면, 최소한 네 개의 기술을 써야 합니다. 느낌 점수가 높을수록, 더 많은 기술을 연결해야 합니다. 왜냐하면 강한 감정은 더 오래 지속되기 때문입니다. 요리법은 어떤 상황에서 써야 할 기술의 최소한의 개수를 알려 줍니다. 기술의 달인이라면 최소한의 개수보다 더 많은 기술을 씁니다! 만약 내 감정이 5점이라면, 나는 침착할 때만 기술을 쓸 수 없습니다. 그럴 때에 나는 길 따라 행동하기나 새로운 나 활동과 같은 언제나 기술을 반복해서 여러 개 써야 합니다.

- 그다음, 그 상황에서 어떤 기술을 쓸지 생각해 봅니다. 길 따라 행동하기로 가기 위해서는 항상 사진 찍기와 길 따라 생각하기부터 시작합니다. 사진이 흐릿하거나 생각이 길에서 벗어나 있으면, 길에서 벗어

난 행동을 하게 됩니다. 기술 123을 같이 쓰는 것은 지혜로운 마음을 줍니다. 123 지혜로운 마음 기술은 내가 목표를 향해 생각하고, 느끼고, 움직일 때를 말합니다.

단단한 기술 고리 만들기

• 지혜로운 마음 기술 고리는 첫 세 고리로 기술 1(사진 찍기), 기술 2(길 따라 생각하기), 기술 3(길 따라 행동하기)으로 시작합니다. 필요하면 다른 기술을 더 연결합니다. 예를 들어, 위험할 때에는 안전 계획을 덧붙입니다. 그러면 기술 고리는 1234가 됩니다. 집중하고, 기분이 좋아지고, 다른 데 신경쓰고, 즐거워지기 위해서는 새로운 나 활동을 덧붙입니다. 새로운 나 활동을 하나 했으면 1235 고리가 되고, 새로운 나 활동을 두 개 했으면 12355 고리가 됩니다. 안전 계획을 한 다음에 새로운 나 활동 두 개를 한다면, 123455 고리가 될 것입니다. 감정이 3점 이하이면, 목표에 맞는 문제 해결, 나 표현하기, 알맞게 하기, 관계 돌봄을 필요한 만큼 덧붙일 수 있습니다. 문제 해결 기술 고리는 12360이 됩니다.

2. 길 따라 생각하기

 점검

충동이 목표를 이루는 데 도움이 될까요?

도와준다   혹은   도와주지 않는다.

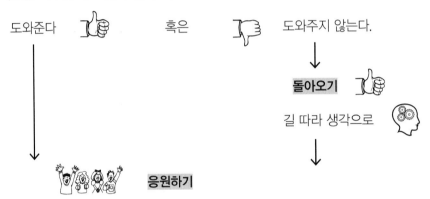

돌아오기

길 따라 생각으로

응원하기

응원하는 생각은 목표로 가기 위해 필요한 행동을 코칭해 줍니다.

"길 밖으로 가고 싶지 않아."

"나는 목표로 가고 싶어."

"나는 최선을 다할 수 있어."

"나는 할 수 있어."

 **기술 계획 짜기**

• 침착할 때만 기술을 쓸 수 있나요?

• 몇 개의 기술이 필요한가요?

• 목표로 가기 위해 어떤 기술을 연결할까요?

길 따라 행동하기

2. 길 따라 생각하기

활동 예시 1

이름: _____ 날짜: _____

상황: *직장이고 몸이 아프다.*

✔ **점검**

나는 ___*일을 그만두고 싶은*___ 충동이 있다.

이 충동이 나의 목표를 이루는 데 도움이 될까요? 👍 혹은 👎 도움이 안 될까요?

👍 **길 따라 생각하기로 돌아오기**

나는 이 일이 필요해!

 응원하기

지난번에 직장을 그만두었을 때 상황이 좋지 않았어.

지금 내가 힘들더라도 나는 잘 해결할 수 있어.

기술 계획 짜기

나의 느낌 점수: 0-1-2-③-4-5

침착할 때만 기술을 쓸 수 있나요? ⑨ 혹은 아니요

최소한 몇 개의 기술이 필요한가요? ___4___

목표를 이루기 위해서 어떤 기술을 연결할까요?

나의 계획: *나의 안과 밖에서 무엇이 일어나는지 알기 위해 사진 찍기를 쓴다.*

기술 계획을 세우기 위해서 길 따라 생각하기를 쓴다.

집에 일찍 가기 위해서 알맞게 하기를 쓴다.

 길 따라 행동하기

상사에게 가서 말한다.

2. 길 따라 생각하기

이름: _____ 날짜: _____

상황: _____

✔ 점검

나는 _____ 충동이 있다.

이 충동이 나의 목표를 이루는 데 도움이 될까요? 👍 혹은 👎 도움이 안 될까요?

👍 **길 따라 생각하기로 돌아오기**

_____

🙌 **응원하기**

_____

_____

⛓ **기술 계획 짜기**

나의 느낌 점수: 0-1-2-3-4-5

침착할 때만 기술을 쓸 수 있나요? 예 혹은 아니요

최소한 몇 개의 기술이 필요한가요? _____

목표를 이루기 위해서 어떤 기술을 연결할까요?

나의 계획: _____

_____

_____

🚂 **길 따라 행동하기**

_____

2. 길 따라 생각하기   활동지 2

이름: _____   날짜: _____

 점검

이 충동이 나의 목표를 이루는 데 도움이 될까요?

👍 = 🚂   길 따라 충동

👎 = 💥🚂   길 밖 충동

목표에 대해서 생각해 보세요.

충동이 도움이 되는지 👍 혹은 도움이 안 되는지 👎 동그라미 쳐 보세요.

1. 저 애를 때리고 싶다.   👍   👎

2. 집단에 집중하고 싶다.   👍   👎

3. 운전 속도를 매우 높이고 싶다.   👍   👎

4. 비디오를 훔치고 싶다.   👍   👎

5. 건강해지고 싶다.   👍   👎

6. 나 자신을 바보처럼 보이게 만들고 싶다. 👍   👎

7. 새 친구를 사귀고 싶다.   👍   👎

8. 상사에게 소리 지르고 싶다.   👍   👎

2. 길 따라 생각하기

이름: _____ 날짜: _____

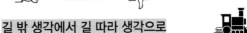

돌아오기

길 밖 생각에서 길 따라 생각으로

점검하고 돌아오기 위해서, 상황에 맞는 나의 목표를 잠시 생각해야 합니다.

목표: 내 집을 갖고 싶다. _____

충동

빨래를 하기 싫다.
_____

점검

 혹은

 돌아오기

빨래를 해야 한다.
_____

응원하기

더러운 옷을 입으면 끔찍해 보일 거야.
_____

나는 깨끗하게 입고 좋게 보이고 싶어.
_____

나는 독립적이고 책임감 있는 사람이 되고 싶어.
_____

빨래를 다 하면 기분이 좋아질 거야.
_____

활동지 3

2. 길 따라 생각하기

이름: _____ 날짜: _____

돌아오기

길 밖 생각에서 길 따라 생각으로

점검하고 돌아오기 위해서, 상황에 맞는 나의 목표를 잠시 생각해야 합니다.

목표:

충동

점검

혹은

돌아오기 _____

응원하기 _____

_____

_____

_____

2. 길 따라 생각하기 　　　　　　　　　　　**집단 연습 활동**

지시: 이야기의 빈칸을 같이 채워 보세요.

상황: 줄리는 상사와 아침에 약속을 했는데 10분 정도 지각할 것 같다. 줄리는 차에 타서……

숨 알기를 해서 ＿＿＿＿＿＿＿＿＿＿＿을/를 알아차렸다.

몸 느낌 알기를 해서 ＿＿＿＿＿＿＿＿＿＿＿을/를 알아차렸다.

주위 알기를 해서 ＿＿＿＿＿＿＿＿＿＿＿을/를 알아차렸다.

느낌은 ＿＿＿＿＿＿＿＿＿＿＿이었고, 점수는 ＿＿＿＿＿＿＿＿＿＿＿점이었다.

생각 알기를 해서 ＿＿＿＿＿＿＿＿＿＿＿하는 생각을 알아차렸다.

충동 알기를 해서 ＿＿＿＿＿＿＿＿＿＿＿하는 충동을 알아차렸다.

줄리의 충동은 목표에 맞는 길 따라 충동일까요, 길에서 벗어난 충동일까요?

＿＿＿＿＿＿＿＿＿＿＿＿＿＿＿＿＿＿＿＿＿＿＿＿＿＿＿＿＿＿＿＿＿＿＿＿

(만약 길에서 벗어난 충동이라면) 줄리가 돌아오기를 하려면 무슨 생각을 해야 할까요?

＿＿＿＿＿＿＿＿＿＿＿＿＿＿＿＿＿＿＿＿＿＿＿＿＿＿＿＿＿＿＿＿＿＿＿＿

응원하기 생각: ＿＿＿＿＿＿＿＿＿＿＿＿＿＿＿＿＿＿＿＿＿＿＿＿＿＿＿＿＿＿

＿＿＿＿＿＿＿＿＿＿＿＿＿＿＿＿＿＿＿＿＿＿＿＿＿＿＿＿＿＿＿＿＿＿＿＿

줄리는 기술 계획을 짰습니다. 줄리의 느낌은 ＿＿＿＿점 수준이었으므로 다음 기술을 쓸 수 있습니다.

　　　　　　　　　　언제나 기술　　침착할 때만 기술

기술은 몇 개를 써야 할까요? ＿＿＿＿＿

이 상황에서 어떤 기술을 연결해야 할까요?

2. 길 따라 생각하기   연습 활동

지시: 자기 이야기를 적어 보세요.

상황: _____

숨 알기를 해서 _____을/를 알아차렸다.

몸느낌 알기를 해서 _____을/를 알아차렸다.

주위 알기를 해서 _____을/를 알아차렸다.

느낌은 _____이었고 점수는 _____점이었다.

생각 알기를 해서 _____하는 생각을 알아차렸다.

충동 알기를 해서 _____하는 충동을 알아차렸다.

나의 충동은 목표에 맞는 길 따라 충동일까요, 길에서 벗어난 충동일까요?

_____

(만약 길에서 벗어난 충동이라면) 돌아오기를 하려면 무슨 생각을 해야 할까요?

_____

응원하기 생각: _____

_____

나는 기술 계획을 짰습니다. 나의 느낌은 _____점 수준이었으므로 다음 기술을 쓸 수 있습니다.

언제나 기술   침착할 때만 기술

기술은 몇 개를 써야 할까요? _____

이 상황에서 어떤 기술을 연결해야 할까요?

🚂 3. 길 따라 행동하기

길 따라 행동하기는 언제나 기술입니다. 내 감정이 0-1-2-3-4-5점일 때 아무 때나 길 따라 행동하기를 쓸 수 있습니다. 우선 사진 찍기를 하고, 길 따라 생각하기를 합니다. 나는 점검, 돌아오기, 응원하기 그리고 기술 계획 짜기를 합니다. 길 따라 기술 계획이 있으면, 길 따라 행동을 어떻게 할지 결정합니다. 기술 123을 하면 지혜로운 마음에 있도록 도와줍니다.

길 따라 행동하기에서 **목표를 향한 첫걸음**을 합니다. 길 위에 있도록 무언가 긍정적인 일을 합니다. 예를 들어, 안전 계획에 따라 방으로 들어가거나, 새로운 나 활동에 따라 라디오를 켭니다. 길 위에 있기 위해서 길 따라 행동하기를 하도록 선택합니다.

다른 기술이 필요하면 **길 바꾸기**를 합니다. 예를 들어, 알맞게 하기를 하다가 3점을 넘어서게 되면 언제나 기술을 쓰도록 길을 바꿔야 합니다. 길에서 벗어난 충동이 생기지만 길 위에 있는 행동을 할 때에도 길 바꾸기를 씁니다. 길에서 벗어날 수 있지만, 가능한 한 빨리 길 위로 오는 것이 중요합니다. 가능한 한 아주 빨리! 더 오래 길 밖에 머무를수록, 더 힘들어질 수 있습니다. 길에서 벗어나 있으면 알아차리고 목표를 향한 맞는 길 위에 있도록 몇 가지 길 따라 행동하기를 해 줍니다.

나는 길 따라 행동하기에 100% 노력을 기울입니다. 나는 **두 발로 완전히 뛰어들어** 길 따라 행동하기를 합니다. 한 발만 길 위에 있으면 안 됩니다. 만약 한 발은 길 위에 있지만 다른 발은 길 밖에 있다면, 여전히 길에서 벗어난 상태입니다. 때로는 완전히 길 위에 있기 위해서 길에서 벗어난 충동과 반대로 행동합니다. 예를 들어, 직장에 나가기 싫을 때 **반대로 행동하기**를 하여 직장에서 100% 노력합니다. 힘들지라도 100% 집중하여 길 따라 행동하기를 합니다.

길 위에 있기 위해서 **길 따라 행동 계획**을 만들고 따릅니다. 나 자신과 내 생활이 균형 잡히도록 합니다. 나의

몸이 균형 잡혀 있을 때, 생활이나 관계를 더 잘 다룰 수 있게 됩니다. 나는 식사, 운동, 건강, 일 그리고 놀이에 균형을 잡습니다. 예를 들어, 매일 길 따라 행동 계획에 따라 산책을 하고, 충분히 자고, 건강한 음식을 먹고, 처방 받은 약을 먹고, 직장에 가고, 친구들과 대화를 나눕니다.

때로는 길 따라 행동하기 중 **상황 받아들이기**를 해야 합니다. 내가 최선을 다하고 상황이 바뀌도록 기다리는 동안, 나는 상황을 받아들여야 할지 모릅니다. 예를 들어, 문제 해결을 시작했는데 나의 느낌 점수가 올라가면, 한 걸음 물러서서 길 따라 행동하기의 상황 받아들이기를 해야 합니다. 문제를 해결하는 것은 중요하지만, 길 따라 방법으로 할 수 있을 때까지 기다리는 것이 최선입니다. 또한 하기 싫은 일을 해야 할 때도 있습니다. 나는 이러한 상황을 받아들이고 두 발로 뛰어들어 일을 해야 합니다. 게다가 어떨 때에는 어려운 상황을 변화시키는 것이 불가능합니다. 사람들이 내가 싫어하는 말을 계속 하거나, 싫어하는 일이 벌어질 수 있습니다. 더 나아지기 위해서 나는 내가 해야 할 일을 해야 하고, 어쩌면 길 따라 행동하기의 상황 받아들이기를 해야 할 수 있습니다. 인생은 우리에게 쉰 김치를 잔뜩 줄 때가 있고, 그렇다면 나는 그것으로 김치찌개를 만들어야 합니다.

넘어가기를 해야 할 때도 있습니다. 놓아주고, 앞으로 나아가야 합니다. 어떤 생각, 감정, 기억, 충동을 붙들고 싶은 충동이 생길 수 있지만, 이것은 문제를 일으킬 수 있습니다. '이만하면 됐다.' 하는 상황에서는 집중해야 합니다. 무엇이 나에게 도움이 되는지, 무엇이 더 이상 도움이 안 되는지 신중하게 집중하여 알아차리도록 합니다. 그때 나는 길 따라 행동하기의 넘어가기를 하면서 목표를 향해 나아가야 할 것입니다.

🚂 3. 길 따라 행동하기

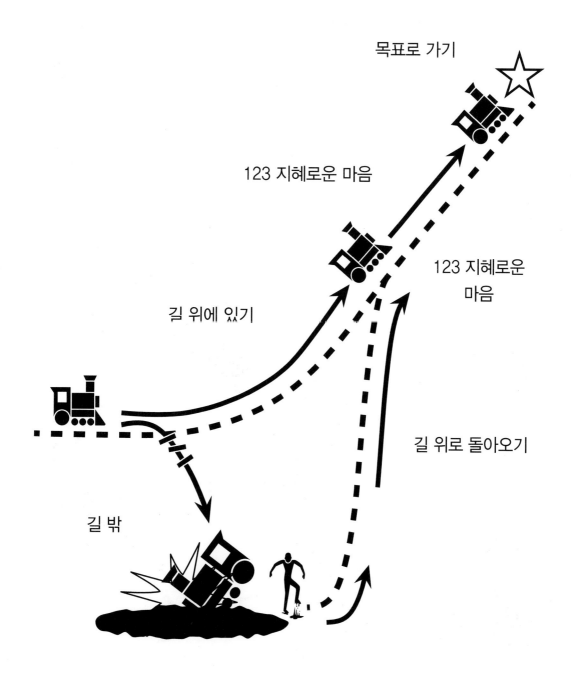

목표로 가기

123 지혜로운 마음

123 지혜로운 마음

길 위에 있기

길 위로 돌아오기

길 밖

3. 길 따라 행동하기

목표로 가기

5. 넘어가기

4. 상황 받아들이기

3. 길 따라 행동 계획

2. 길 바꾸기

1. 목표를 향한 첫걸음

3. 길 따라 행동하기

지혜로운 마음으로 목표를 향한 첫걸음

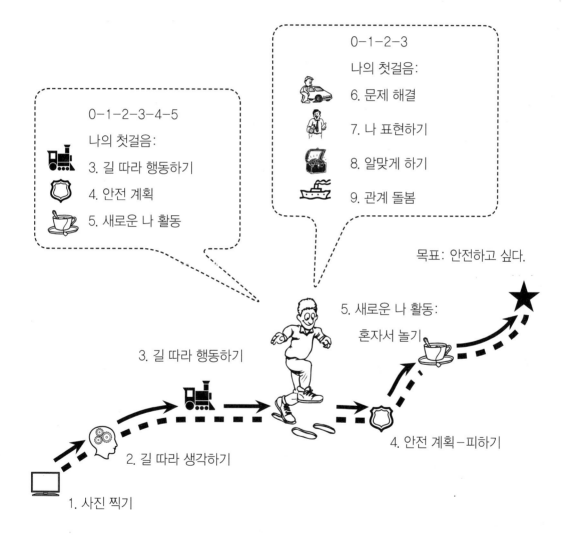

길 따라 행동 – 지혜로운 마음으로 목표를 향한 첫걸음

🚂 3. 길 따라 행동하기

🚂 길 따라 행동으로 길 바꾸기 🚂

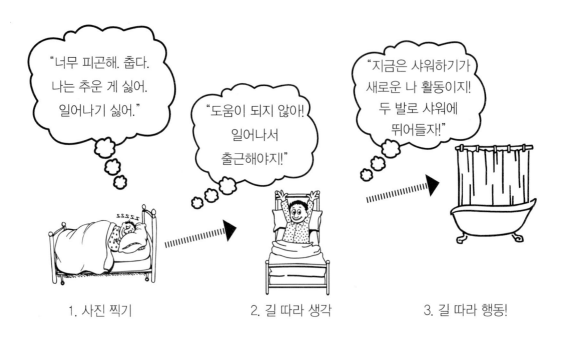

"너무 피곤해. 춥다.
나는 추운 게 싫어.
일어나기 싫어."

"도움이 되지 않아!
일어나서
출근해야지!"

"지금은 샤워하기가
새로운 나 활동이지!
두 발로 샤워에
뛰어들자!"

1. 사진 찍기   2. 길 따라 생각   3. 길 따라 행동!

꿀팁

두 발로 길 위에 뛰어들자!

나는 100% 노력해서 길 따라 행동하기에 집중합니다.

한 발이 길 밖에 있다면 여전히 길 밖에 벗어난 상태입니다.

길 밖 충동과 반대로 행동하기!

피하는 일이 익숙하다면 반대로 행동하기를 합니다. 춤을 추고 싶지만 두려워서 피한다면 반대로 행동합니다. 춤 교습을 받고 사람들에게 춤을 추자고 제안합니다. 반대로 행동하면 피하던 일에도 기분이 좋아집니다!

🚂 **3. 길 따라 행동하기**

길 따라 행동 계획

균형 잡힌 수면

균형 잡힌 일

균형 잡힌 건강

길 위에 있으려면   삶에 균형 잡기

균형 잡힌 놀이

균형 잡힌 식사

균형 잡힌 운동

🚂 3. 길 따라 행동하기

이름: _____   날짜: _____

나의 길 따라 행동 계획

생활에 균형을 맞추고 길 위에 있으려면 무엇을 해야 할까요? 아래 그림에 맞추어 적어 보세요.

 균형 잡힌
식사: 하루에 건강한 세 끼를 먹는다. 간식으로 과일을 먹는다. 불량 식품을 많이 먹지 않는다. 지방이 낮은 음식을 먹고 샐러드를 먹는다.

 균형 잡힌
운동: 매일 걷는다. 날씨가 안 좋으면 러닝 머신을 한다. 근육 스트레칭을 하고 요가도 조금 한다.

 균형 잡힌
수면: 밤 10시에 잠자리에 든다. 아침 6시에 일어난다. 하루에 8시간 잠을 잔다. 피곤한 날에는 낮잠을 잔다.

 균형 잡힌
건강: 매년 건강 검진을 한다. 필요하면 병원에 간다. 걱정거리에 대해 의사와 대화를 나눈다. 약을 먹는다.

 균형 잡힌
일: 집안일을 한다. 매주 이력서를 세 개씩 낸다. 경험을 쌓기 위해서 자원 활동을 한다.

 균형 잡힌
놀이: 나는 매일 재미있는 일을 하려고 한다. 산책을 하고, 친구와 대화하고, 요리를 하고, 텔레비전을 보고, 라디오를 듣고, 집안일을 돕는다.

🚂 **3. 길 따라 행동하기**

이름: _____ 날짜: _____

나의 길 따라 행동 계획

생활에 균형을 맞추고 길 위에 있으려면 무엇을 해야 할까요? 아래 그림에 맞추어 적어 보세요.

균형 잡힌
식사: _____
_____

균형 잡힌
운동: _____
_____

균형 잡힌
수면: _____
_____

균형 잡힌
건강: _____
_____

균형 잡힌
일: _____
_____

균형 잡힌
놀이: _____
_____

🚂 3. 길 따라 행동하기

상황 받아들이기

받아들이기는 언제 연습하나요?

내가 할 수 있는 일은 다 하고 나서 상황이 변하기를 기다려야 할 때

나의 느낌 점수를 너무 높게 올리는 무언가로부터 피해야 할 때

침착할 때만 기술을 쓰기 위해서 점수가 3점 이하로 내려갈 때까지 기다려야 할 때

하기 싫지만 해야 하는 일이 있을 때

지금 상황을 바꾸기 위해 할 수 있는 일이 없을 때

삶이 내게 쉰 김치를 주면, 나는 받아들이고 김치찌개를 끓인다.

🚂 3. 길 따라 행동하기

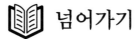 넘어가기

나는 여기에 갇혀 버리거나

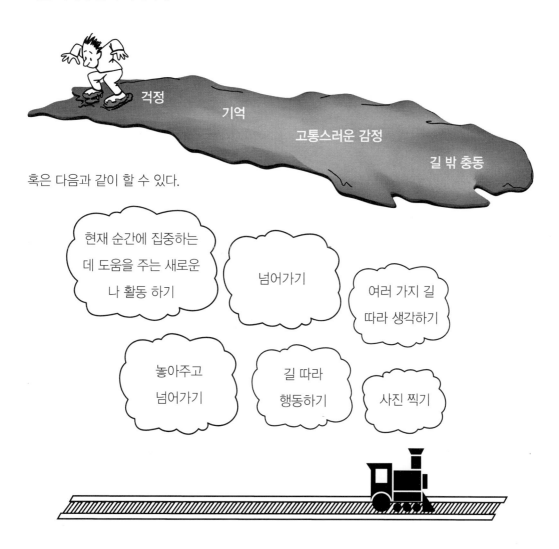

혹은 다음과 같이 할 수 있다.

🚂 3. 길 따라 행동하기　　　　　　　　　　活동 예시 2

이름: _____　　날짜: _____

길 따라 행동의 예시를 적어 보세요.

목표를 향한 첫걸음: *산책을 한다.*

길 바꾸기: *텔레비전을 끄고 운동복을 입는다.*

길 따라 행동 계획: *매일 30분씩 운동한다.*

상황 받아들이기: *운동해야 한다는 사실을 받아들인다.*

놓아주고 넘어가기: *뛸 수는 없지만 걸을 수 있다.*

 4. 안전 계획: *초콜릿과 도넛을 먹지 않는다.*

 5. 새로운 나 활동: *러닝 머신을 할 때 음악을 듣는다.*

 6. 문제 해결: *의사를 찾아가 등이 아프다고 말한다.*

 7. 나 표현하기: *친구는 무슨 운동을 하는지 물어본다.*

 8. 알맞게 하기: *친구와 같이 산책 가자고 말한다.*

 9. 관계 돌봄: *산책이 얼마나 즐거웠는지 친구와 대화를 나눈다.*

3. 길 따라 행동하기
활동지 2

이름: _____ 날짜: _____

길 따라 행동의 예시를 적어 보세요.

목표를 향한 첫걸음: _____

길 바꾸기: _____

길 따라 행동 계획: _____

상황 받아들이기: _____

놓아주고 넘어가기: _____

4. 안전 계획: _____

5. 새로운 나 활동: _____

6. 문제 해결: _____

7. 나 표현하기: _____

8. 알맞게 하기: _____

9. 관계 돌봄: _____

🚂 3. 길 따라 행동하기　　　　　　　　　　　　　　활동지 3

123 지혜로운 마음

이름: _____　　날짜: _____

1. 123 고리의 세 가지 기술은 무엇이지요?

_____

_____

2. 이 세 가지 기술의 앞 글자는 무엇이지요? _____

3. 다음 기술의 앞 글자를 적어 보세요. _____

4. 안전 계획: _____　　5. 새로운 나 활동: _____

6. 문제 해결: _____　　7. 나 표현하기: _____

8. 알맞게 하기: _____　　9. 관계 돌봄: _____

10. 다음 기술 고리에 해당하는 기술의 앞 글자를 적어 보세요.

1234: _____, _____, _____, _____

1235: _____, _____, _____, _____

12345: _____, _____, _____, _____

1236: _____, _____, _____, _____

1237: _____, _____, _____, _____

1238: _____, _____, _____, _____

1239: _____, _____, _____, _____

🛡 4. 안전 계획

안전 계획은 언제나 기술입니다. 안전 계획은 내가 감정이 0-1-2-3-4-5일 때 아무 때에나 쓸 수 있습니다. 우선 나는 사진 찍기와 길 따라 생각하기를 씁니다. 위험을 알게 되면, 나의 길 따라 행동은 안전 계획이 될 것입니다. 예를 들어, 나에게 스트레스, 문제, 혹은 위험을 주는 사람 곁에 있다면, 나는 안전 계획을 써서 상황을 해결합니다. 더 큰 문제가 생기기 전에 안전 계획을 쓰는 것이 가장 좋습니다. 내가 만약 길에서 벗어난 행동을 하거나, 위험 가까이로 가거나, 혹은 위험한 뭔가를 한다면, 안전 계획은 다시 길 위로 갈 수 있도록 도와줍니다.

안전 계획의 첫 번째로 위험 사진 찍기를 합니다. 내부 위험으로는 길에서 벗어난 생각, 충동, 감정, 상상이 있고, 외부 위험으로는 위험을 주는 사람이나 장소가 있습니다. 길에서 벗어난 행동을 하기 전에 내부 위험과 외부 위험을 다루도록 합니다.

그다음 위험 수준을 낮은, 중간, 높은 위험으로 점수를 줍니다.

- 낮은 위험 상황에서 문제는 멀리 있거나, 스트레스를 주는 정도입니다.
- 중간 위험 상황에서 위험은 주변에 있거나 문제를 일으킬 수 있습니다.
- 높은 위험 상황에서 위험은 가까이에 있거나 심각한 손상을 입힐 수 있습니다.

위험 점수를 너무 높게 주거나, 너무 낮게 주어도 안 됩니다. 점수를 너무 높게 준다면 낮은 위험 상황을 높은 위험 상황이라고 생각한다는 뜻입니다. 그런 경우 도움이 되는 활동조차 피하게 됩니다. 예를 들어, 출근 첫날을 높은 위험으로 점수를 주면 출근하지 않게 되고, 그렇다면 근무를 시작하기도 전에 해고될 수 있습니다. 점수를 너무 낮게 준다면 높은 위험 상황을 낮은 위험 상황으로 생각한다는 뜻입니다. 그런 경우 내가 상황을

피하거나 떠나지 않고 그대로 있게 되어 위험이나 해로움이 일어날 수 있습니다.

일단 사진 찍기를 하고 위험이 낮은지, 중간인지, 높은지를 알면, 어떤 안전 계획이 제일 좋은지 생각해 봅니다. 안전 계획에는 세 가지가 있습니다. 생각하기, 말하기, 글쓰기입니다.

- 안전 계획 생각하기는 내가 어떻게 위험을 다룰지, 그리고 어떤 길 따라 행동을 할지 생각하는 방법입니다. 낮은 위험 상황에서 안전 계획 생각하기를 씁니다.
- 안전 계획 말하기는 위험에 대해 누군가에게 말하는 방법입니다. 무슨 일이 일어날지, 어떤 충동이 있는지, 혹은 내가 어떻게 위험을 다룰지 누군가에게 말하면, 까다로운 상황에서 길 위에 있는 데 도움이 됩니다. 그리고 다른 사람이 기술 계획을 생각해 내는 데 도움을 줄 수 있습니다. 중간과 높은 위험 상황에서 안전 계획 말하기를 씁니다.
- 안전 계획 글쓰기는 지금 일어나거나 앞으로 일어날 수 있는 위기나 위험을 글로 쓰는 방법입니다. 나는 안전한 방법으로 위험을 다루는 계획을 씁니다. 나는 높은 위험 상황이나, 곧 위험한 상황이 벌어지리라고 알게 될 때 안전 계획 글쓰기를 사용합니다. 그것이 나를 안전하게 지키는 방법을 점검하도록 도울 것입니다! 계획을 도와줄 다른 사람과 나누어서, 무엇이 내게 도움이 될지 그 사람과 나눌 수 있습니다.

안전하기 방법에는 세 가지가 있습니다. 새로운 나 활동에 집중하기, 피하기, 떠나기.

- 새로운 나 활동에 집중하기: 내가 하는 행동이나 새로운 나 활동에 집중하고, 위험에 신경 쓰지 않습니다. 내가 안전하고 상황이 더 나빠지지 않는다는 점을 확인하는 정도로만 위험에 신경 씁니다. 새로운

나 활동에 집중하기는 낮은 위험 상황에서 쓰고, 위험이 올라갈수록 피하기와 떠나기를 씁니다.

• 피하기: 더 안전한 곳으로 가거나, 나와 위험 사이에 거리를 둡니다. 피한 다음에 새로운 나 활동에 집중합니다. 피하기는 중간 위험 상황에서 씁니다.

• 떠나기: 높은 위험 상황에서는 그 자리를 완전히 떠나서, 위험을 보거나, 듣거나, 위험에 말을 걸거나, 손 댈 수 없는 곳으로 갑니다. 나는 안전한 곳으로 가서 새로운 나 활동에 집중합니다. 동네 밖에 있다면, 집으로 돌아오는 것이 좋습니다. 내가 새로 떠나온 곳이 위험하지 않아야 합니다. 위험한 한 상황을 떠나서 바로 다른 위험한 상황으로 가는 것은 도움이 되지 않습니다.

• 안전 오이지: 안전 오이지는 중간이나 높은 위험 상황인데 피하거나 떠나기가 불가능한 경우입니다. 피하기나 떠나기가 가능해질 때까지 최선을 다해서 새로운 나 활동에 집중하도록 합니다.

🛡 4. 안전 계획

안전 계획은 우리 안과 밖에 있는 위험을 다룰 때 도와줍니다.

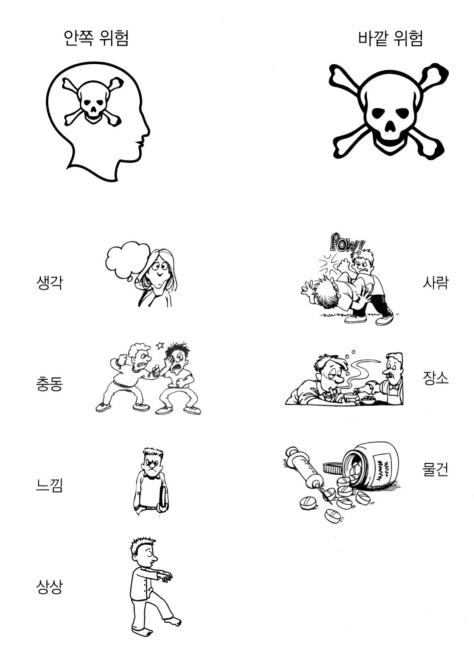

안쪽 위험   바깥 위험

생각   사람

충동   장소

느낌   물건

상상

🛡 4. 안전 계획

이름: _____ 날짜: _____

마음 안에 있는 안쪽 위험을 적어 보세요.

 생각: 본때를 보여 줘야겠어.

 충동: 한 대 때려 주고 싶어.

 감정: 쟤가 정말 싫어.

 상상: 쟤를 창밖으로 밀어 버리고 싶어.

주위 환경에 있는 바깥 위험을 적어 보세요.

 사람: 저 남자가 내 친구를 빼앗았어.

 장소: 나에게 약을 파는 남자가 옆 건물에 살고 있어.

 물건: '그 노래'를 들으면 나는 화가 나.

🛡 4. 안전 계획

이름: _____　날짜: _____

마음 안에 있는 안쪽 위험을 적어 보세요.

생각: _____

충동: _____

감정: _____

상상: _____

주위 환경에 있는 바깥 위험을 적어 보세요.

사람: _____

장소: _____

물건: _____

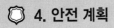

4. 안전 계획

위험 사진 찍기 :
위험의 세 수준

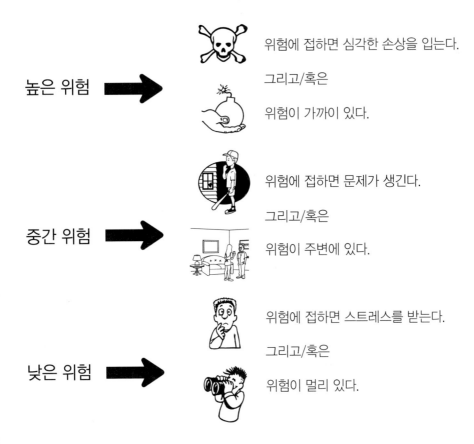

높은 위험 ➡

위험에 접하면 심각한 손상을 입는다.

그리고/혹은

위험이 가까이 있다.

중간 위험 ➡

위험에 접하면 문제가 생긴다.

그리고/혹은

위험이 주변에 있다.

낮은 위험 ➡

위험에 접하면 스트레스를 받는다.

그리고/혹은

위험이 멀리 있다.

꿀팁

높은 위험을 낮은 위험으로 보지 않도록 조심하세요.

내가 위험을 피하지 않으면 문제입니다.

낮은 위험을 높은 위험으로 보지 않도록 조심하세요.

그 자리에서 새로운 나 활동에 집중하기가 길 위 행동인데 이를 피하면 문제입니다.

🛡 4. 안전 계획

이름: _____ 날짜: _____

높은, 중간, 낮은 위험 상황을 적어 보세요.

높은 위험 상황(가까이에 있고 심각한 피해를 준다) ☠

나는 술에 취했고 운전하고 싶다.
_____
_____
_____

중간 위험 상황(주변에 있고 문제를 일으킨다)

나는 음식점에서 밥을 먹고 있는데 친구가 술을 권한다.
_____
_____
_____

낮은 위험 상황(멀리 있고 스트레스를 준다)

나는 술 중독이 있고 텔레비전에서 맥주 광고가 나온다.
_____
_____
_____

4. 안전 계획

이름: _____ 날짜: _____

높은, 중간, 낮은 위험 상황을 적어보세요.

높은 위험 상황(가까이에 있고 심각한 피해를 준다)

_____

_____

_____

중간 위험 상황(주변에 있고 문제를 일으킨다)

_____

_____

_____

낮은 위험 상황(멀리 있고 스트레스를 준다)

_____

_____

⬡ 4. 안전 계획

세 가지 유형의 안전 계획

안전 계획 생각하기

안전 계획 생각하기는 위험한 상황을 어떻게 다룰지 생각하는 방법입니다. 새로운 나 활동에 집중할지, 피할지, 떠날지 생각해 봅니다. 생각하기 안전 계획은 낮은 위험에서 도와줍니다.

안전 계획 말하기

안전 계획 말하기는 누군가와 대화하여 내가 안전을 걱정한다는 사실을 알립니다. 내가 위험에 대해 알리면 상대방이 안전한 계획을 세우도록 도와줄 수 있습니다. 집중하기, 피하기, 혹은 떠나기 중 무엇이 좋을지 이야기합니다. 중간, 높은 위험 상황에서는 솔직하게 말하고 도움을 얻습니다.

안전 계획 글쓰기

안전 계획 글쓰기에서 나는 걱정하는 위험을 적고 위험을 다루는 계획을 적습니다. 낮은 위험 상황에서 나는 새로운 나 활동에 집중하기를 합니다. 중간 위험 상황에서는 피하기를 합니다. 높은 위험 상황에서는 떠나기를 합니다. 중간이나 높은 위험이라고 생각하면 확실히 안전하기 위해서 생각하기, 말하기, 글쓰기를 다 하면 좋습니다.

4. 안전 계획

세 가지 안전하기 방법

 낮은 위험 상황에서는 새로운 나 활동에 집중하기

낮은 위험 상황에서는 새로운 나 활동에 집중할 수 있습니다. 해야 할 일에 집중하면서, 길 위에 있고 느낌이 더 오르지 않도록 해 줍니다. 위험을 쳐다보면, 위험해지거나 감정이 높아질 수 있습니다. 새로운 나 활동에 집중하면, 또렷하게 생각할 수 있습니다.

 중간 위험 상황에서는 피하기

중간 위험 상황에서는 위험을 피합니다. 예를 들어, 같이 사는 사람과 문제가 있다면 방으로 가야 합니다. 방에 가서 새로운 나 활동에 집중하기를 하면 길 위에 있게 됩니다.

  높은 위험 상황에서는 떠나기

높은 위험 상황에서는 장소나 활동을 떠납니다. 더 안전한 곳으로 갑니다. 위험을 보거나, 듣거나, 말하거나, 만질 수 없는 곳으로 가야 합니다. 안전한 곳으로 떠나서 누군가와 대화하기, 새로운 나 활동에 집중하기는 길 위에 있도록 도와줍니다.

 안전 오이지

내가 중간 혹은 높은 위험 상황에 있는데 피하거나 떠날 수 없을 때를 안전 오이지 상태라고 합니다. 이때에는 피하거나 떠날 수 있을 때까지 길 따라 생각하기와 새로운 나 활동에 집중하기를 많이 합니다.

🛡️ 4. 안전 계획

이름: _____ 날짜: _____

위험 상황을 적어 보세요. 각 상황에 알맞게 위험 종류, 위험 수준, 안전 계획 유형, 안전하기 방법에 동그라미 치세요.

	위험 종류	위험 수준	안전 계획 유형	안전하기 방법
위험:	안쪽 바깥	낮은 중간 높은	생각하기 말하기 글쓰기	집중하기 피하기 떠나기
위험:	안쪽 바깥	낮은 중간 높은	생각하기 말하기 글쓰기	집중하기 피하기 떠나기
위험:	안쪽 바깥	낮은 중간 높은	생각하기 말하기 글쓰기	집중하기 피하기 떠나기
위험:	안쪽 바깥	낮은 중간 높은	생각하기 말하기 글쓰기	집중하기 피하기 떠나기
위험:	안쪽 바깥	낮은 중간 높은	생각하기 말하기 글쓰기	집중하기 피하기 떠나기

🛡 4. 안전 계획

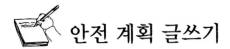 안전 계획 글쓰기

이름: _____ 날짜: _____

위험을 사진 찍기 하기

무엇이 위험한가요? 동료에게 소리 지르고 싶다.

누가 관련되어 있나요? 나와 찰리

위험은 어디에 있나요? 휴게실

위험은 언제 일어나나요? 내일 아침 10시

위험 수준: 낮은 (중간) 높은

안전 계획 세우기

낮은 위험 = 새로운 나 활동에 집중하기

내가 집중할 활동은 무엇일까요? _____

누구와 얘기해 보면 좋을까요? _____

중간 위험 = 피한 다음에 활동에 집중하기

어디로 갈까요? 밖으로 나가 버린다.

누구와 얘기해 보면 좋을까요? 친구에게 말해서 도움을 청한다.

어떤 활동을 할까요? 산책을 하면서 신선한 공기를 마신다.

높은 위험 = 자리를 떠나고, 누군가와 대화하고, 활동을 하기

어디로 갈까요? _____

누구와 얘기해 보면 좋을까요? _____

어떤 활동을 할까요? _____

🛡 4. 안전 계획

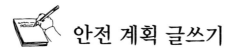 안전 계획 글쓰기

이름: _____   날짜: _____

위험을 사진 찍기 하기

무엇이 위험한가요? _____

누가 관련되어 있나요? _____

위험은 어디에 있나요? _____

위험은 언제 일어나나요? _____

위험 수준: 낮은   중간   높은

안전 계획 세우기

낮은 위험 = 새로운 나 활동에 집중하기

내가 집중할 활동은 무엇일까요? _____

누구와 얘기해 보면 좋을까요? _____

중간 위험 = 피한 다음에 활동에 집중하기

어디로 갈까요? _____

누구와 얘기해 보면 좋을까요? _____

어떤 활동을 할까요? _____

높은 위험 = 자리를 떠나고, 누군가와 대화하고, 활동을 하기

어디로 갈까요? _____

누구와 얘기해 보면 좋을까요? _____

어떤 활동을 할까요? _____

☕ 5. 새로운 나 활동

새로운 나 활동은 언제나 기술입니다. 우리는 새로운 나 활동을 0-1-2-3-4-5 어떤 점수에서도 사용할 수 있습니다.

새로운 나 활동은 매일 하는 길 따라 활동입니다. 다양한 새로운 나 활동은 여러 가지 방법으로 도움을 줍니다. 알맞은 시간에 알맞은 활동을 고르면 우리의 목표 달성에 도움이 됩니다. 새로운 나 활동에는 네 가지 유형이 있습니다.

- **집중 활동**: 집중 활동은 지금 현재에 주의를 집중하도록 해줍니다. 물건을 분류할 때, 정리할 때, 지시를 한 단계 한 단계 따라갈 때, 또는 물건을 셀 때, 우리의 마음은 더 집중하게 됩니다. 예를 들면 혼자 카드놀이 하기, 요리책 보고 요리하기, 돈 세기, 옷 개기, 청소하기, 컴퓨터 게임 하기가 있습니다.

- **기분 좋게 활동**: 나를 위안하고 싶을 때 기분 좋게 새로운 나 활동을 합니다. 감각을 사용해서 기분 좋은 느낌을 즐깁니다. 기분 좋게 하는 것을 보고, 듣고, 냄새 맡고, 맛보고, 감촉을 느껴 봅니다. 그리고 기분을 더 낫게 하기 위해 자기돌봄을 할 수도 있습니다. 몇 가지 예로 경치 좋은 곳에서 산책하기, 향기 좋은 핸드 로션 바르기, 좋아하는 음악 듣기, 차 한잔 마시기, 세수하기, 목욕하기, 초콜릿 먹기가 있습니다.

- **다른 데 신경쓰기 활동**: 마음이 다른 데에 집중할 수 있도록(길 바꾸기) 다른 데 신경쓰기를 위한 새로운 나 활동을 합니다. TV 시청이나 영화 보기, 컴퓨터 게임 하기, 책 읽기 등을 할 수 있습니다. 새로운 나 활동에 100% 집중해서 나를 힘들게 하는 것으로부터 넘어가기를 합니다. 다른 데 신경쓰기를 하기 전에 필요한 모든 기술을 사용해 보기를 꼭 기억하세요. 예를 들면, 집안일을 하기는 TV를 보며 회피하기보다 길 따라 행동입니다. 하지만 어떤 경우에는 힘든 하루를 보내고 난 뒤 TV를 보며 기분을 푼 다음 집안일을 하면 더 좋지요. 사진 찍기와 길 따라 생각

하기 기술을 사용해서 길 따라 행동을 결정하세요.

몸의 느낌을 바꾸길 원할 때는 **내 몸 다른 데로** 새로운 나 활동을 합니다. 몸 느낌을 바꾸는 것은 감정과 생각이 바뀌게 도와줍니다. 얼음을 손에 쥐거나 냉찜질을 해서 차가운 느낌으로 다른 데 신경 쓰는 게 가능합니다. 매운 음식이나 강한 맛의 사탕이나 껌(아주 달거나 계피 향이거나 민트 향)으로 다른 데 신경 쓰기를 할 수도 있습니다. 심장이 빨리 뛰고 땀이 나는 운동을 해서 다른 데 신경쓰기를 하기도 합니다. 걷기, 조깅하기, 뛰기, 요가, 스트레칭, 아령 운동, 윗몸 일으키기, 짐 볼이나 운동 동영상을 따라 하는 길 따라 가기를 계속합니다. 이런 활동을 할 때는 주의를 100% 집중하는 게 중요합니다. 마음을 챙기지 못하면 길을 벗어나게 됩니다. 길 따라 방법으로 이런 활동을 하지 않으면 나 자신이 해를 입을 수 있습니다. 예를 들어, 얼음을 너무 오래 쥐고 있으면 손을 다칠 수 있고, 또 너무 심하게 운동을 하면 다칠 수 있습니다.

- **즐겁게 활동**: 즐겁게 활동은 행복과 기쁨을 줍니다. 다양한 즐겁게 활동을 하려고 노력하는 게 사는 재미이지요! 그림 그리기, 스포츠 게임 하기, 컴퓨터 게임 하기, 일하기, 요리하기, 청소하기, 독서, TV 보기, 음악 듣기, 친구와 얘기하기, 놀러 나가기, 기술 공부하기 등을 할 수 있습니다. 가끔 새로운 활동을 시도해 보기가 주저될 때가 있습니다. 뭔가 새로운 일에 뛰어들어 보는 좋은 길 따라 행동 기술입니다.

지금 이 순간 나에게 가장 도움이 되는 새로운 나 활동을 선택하세요. 예를 들면 다음과 같습니다.

- 마음이 혼란스러우면 집중 새로운 나 활동을 해서 주의를 집중하고 더 또렷하게 생각할 수 있게 합니다.
- 스트레스를 받을 때는 기분 좋게 새로운 나 활동을 해서 긴장을 풀고 기분이 나아지게 합니다.

- 몇 시간 기다려야 할 일이 있을 때는 다른 데 신경쓰기 새로운 나 활동을 합니다.
- 나 자신 또는 내 인생에 대해 좋은 느낌을 가지고 싶을 때는 즐겁게 새로운 나 활동을 합니다.

어떤 새로운 나 활동은 두 가지 이상의 좋은 효과가 있습니다. 예를 들어, 컴퓨터 게임은 주의 집중을 돕기도 하고, 걱정을 잠시 멀리하게 도와주기도 하고, 또 즐거운 마음을 가지도록 해 주기도 하지요! 친구와 전화로 수다를 떨면 기분이 좋고 또 즐겁기도 합니다.

다른 사람들과 새로운 나 활동을 하기를 좋아한다면, 이때 나와 상대의 점수가 3점이거나 그보다 낮아야 한다는 점을 기억하세요. 나와 상대 모두 3점보다 높을 때는 나 혼자 새로운 나 활동을 해야 합니다.

5. 새로운 나 활동

새로운 나 활동이 좋은 이유:

집중하게 합니다.

기분 좋게 합니다.

다른 데 신경쓰기를 할 수 있게 합니다.

즐겁게 합니다.

☕ 5. 새로운 나 활동

집중 새로운 나 활동은 또렷한 생각을 도와줍니다.

 혼란스러운 느낌을 **집중하는 느낌**으로 바꿔 줍니다.

내 마음을 집중시키는 활동:

정리하기	청소하기	물건 세기	물건 분류하기	옷 개기
요리책 보고 요리하기	책 읽기	컴퓨터 게임	인터넷	카드 놀이

꿀팁

감정이 많이 올라갔을 때 할 수 있는 몇 가지 집중 새로운 나 활동을 기억해 두세요.

혼자 카드 놀이 하기, 단어 찾기 게임, 퍼즐 맞추기, 청소하기 같은 활동은 집중을 돕고 길 위에 있게 합니다.

5. 새로운 나 활동

이름: _____ 날짜: _____

내 마음이 집중할 수 있게 하는 새로운 나 활동을 적어 보세요.

 나만의 집중 새로운 나 활동

_____

_____

_____

_____

_____

_____

_____

_____

_____

_____

5. 새로운 나 활동

기분 좋게 새로운 나 활동은 긴장을 풀어 주고 편안하게 해 줍니다.

 스트레스 받는 느낌을 **훨씬 나아진 느낌**으로 바꿔 줍니다.

| 보기 | 듣기 | 냄새 맡기 | 맛보기 | 만지기 |

기분 좋게 하는 것들

| 자연을 즐겨요 | 음악을 들어요 | 좋은 향기를 맡아요 | 건강한 음식을 먹어요 | 자기돌봄을 해요 |

꿀팁

감정이 많이 올라갔을 때 할 수 있는 몇 가지 기분 좋게 새로운 나 활동을 기억해 두세요.

편안한 옷으로 갈아입기, 햇볕 쬐기, 초콜릿 먹기, 배로 숨쉬기를 하면 불편한 기분이 나아집니다.

☕ 5. 새로운 나 활동

이름: _____ 날짜: _____

내 몸에 좋은 느낌을 주는 새로운 나 활동을 적어 보세요.

☕ 나만의 기분 좋게 새로운 나 활동

_____

_____

_____

_____

_____

_____

_____

_____

_____

_____

5. 새로운 나 활동

다른 데 신경쓰기 새로운 나 활동은 잠시 쉬면서 길 밖으로 나간 마음을 돌릴 수 있게 해 줍니다.

 실망한 느낌에서 **침착한 느낌**으로.
바꾸도록 돕습니다.

마음이 다른 데 신경 쓰게 해 주는 활동:

라디오,
음악 듣기

TV, 운동 경기,
영화 보기

컴퓨터 게임이나
인터넷 하기

잡지나 책 읽기

차갑게: 얼음을 손에
쥐거나 냉찜질 하기

강한 맛: 매운 음식,
신맛 사탕, 껌, 민트
등의 음식 맛보기

큰 근육 운동: 달리기, 요가, 운동 영상
따라 하기, 짐볼, 아령 운동, 산책.
할 수 있는 운동을 하기

꿀팁

TV 시청, 찬물 세수, 헤드폰 끼고 음악 듣기, 산책하기는 내가 기분이 가라앉을 때 다른 데 신경쓰기를 도와줍니다.

5. 새로운 나 활동

이름: _____ 날짜: _____

내 마음을 고민에서 잠시 멀어지게 해 줄 수 있는 새로운 나 활동을 적어 보세요.

나만의 다른 데 신경쓰기 새로운 나 활동

_____

_____

_____

_____

_____

_____

_____

_____

_____

_____

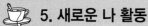 5. 새로운 나 활동

즐겁게 새로운 나 활동은 생활에 잠시 기쁨과 행복을 더합니다!

 기분 나쁜 느낌을 **행복한 느낌**으로 바꿔 줍니다.

운동을 해요   뭔가 만들어요   게임을 해요   TV나 영화를 봐요   요리를 해요

노래를 불러요   춤을 춰요   수다를 떨어요   사람들과 놀아요   외식을 해요

꿀팁

즐겁게 새로운 나 활동을 매일 하세요.

공원에 가고, 친구에게 전화하고, TV를 보고, 차를 마셔요.

돈이 들지 않고 하기 쉬운 즐겁게 활동 몇 가지를 기억하세요.

산책하기, 라디오 듣기, 이웃집 강아지 쓰다듬기를 해요.

해 보지 않은 새로운 나 활동을 해 보세요.

가끔은 새로운 활동을 시도하기 위해서 길 따라 행동하기 기술이 필요합니다. 처음에는 긴장되지만 두 발로 뛰어들어 보아요! 도서관에 가거나, 안 타 본 버스를 타거나, 소풍을 갑니다!

5. 새로운 나 활동

이름: _____   날짜: _____

즐거움을 주는 새로운 나 활동을 적어 보세요.

나만의 즐겁게 새로운 나 활동

_____

_____

_____

_____

_____

_____

_____

_____

_____

_____

_____

6. 문제 해결

문제 해결은 침착할 때만 기술입니다. 감정이 3점이거나 그보다 낮을 때만 쓸 수 있다는 뜻이지요. 3점보다 높을 때 문제 해결 기술을 쓰면 문제가 더 나빠질 때가 많습니다. 지혜로운 마음일 때 문제를 고칠 수 있어요. 1236 기술 고리를 사용해 길 따라 방법으로 문제를 해결하세요.

1. 뭔가 힘들다고 알아차리면 일단 **문제 사진 찍기**를 합니다. 내가 원하는 것과 그것을 얻는 데 방해되는 것이 무엇인지 생각해 봅니다. 예를 들어, 외식을 하고 싶은데 돈이 없다면, 이것은 문제가 되지요. 문제가 있으면 다음 4개의 해결 방법 중 하나를 선택하면 됩니다: ① 해결한다. ② 해결하지 않지만 생각을 바꿔서 덜 힘들게 만든다. ③ 해결하지 않지만 상황 받아들이기를 한다. ④ 1, 2, 3번 중 아무것도 하지 않고 계속 힘들어한다. 1236 기술 고리를 사용해 1~4번 중 어떤 것을 선택할지 정합니다. 빨리 해결과 문제 해결 기술은 상황을 바꾸고 문제를 바로잡을 때 도움을 줍니다.
문제의 크기: 세 가지 문제 크기가 있습니다. 작은 문제는 너무 심각하지 않고 느낌 점수도 낮습니다. 내가 아끼는 모자를 잃어버리는 일이 예가 될 수 있습니다. 2점짜리 슬픔을 느끼지만 다른 해로움은 없지요. 작은 문제는 2~3개의 간단한 단계를 거쳐 빨리 해결할 수 있습니다. 만오천 원을 모아서 새 모자를 사면 되지요. 빨리 해결 활동지를 사용하면 도움이 됩니다. 중간 문제는 느낌 점수가 더 높고(3점 또는 4점) 해결하는 데 더 많은 단계를 거쳐야 합니다. 차 열쇠가 없어진 경우를 예로 들어 봅시다. 택시를 불러야 하고, 지각을 하게 되고, 아침 회의에 못 가고, 새 열쇠를 어떻게 만드는지 알아봐야 하고, 열쇠를 가지러 갈 방법을 찾아야 합니다. 큰 문제 또는 아주 강한 문제는 직장을 잃거나 사랑하는 사람이 죽는 것 같은 아주 심각한 문제입니다. 이런 문제의 점수는 4~5점이고, 해결하는 데 오랜 시간이 걸립니다. 몇 주, 몇 달, 또는 몇 년 걸릴 수도 있습니다. 그리고 그런 문제는 우리 삶을 많이 변화시킵니다.
흐릿함과 또렷함: 문제에 길 따라 방법으로 대처하기 위해서 문제 크기를 또렷하게 알아야 합니다. **작은 문제를 큰 문제라고 생각하는 것은 문제에 대한 흐릿한 사진입니다.** 지금 이 순간에 주의를 두고 있는 그대로 문제를 보지(문제 사진 찍기) 않는다면 다가올 일에 대해 걱정하고, 제일 끔찍한 일이 일어날 거라고 생각하고, 내가 통제할 없는 일을 통제할 수 있다고 착각하고, 감정이 더 커지게 만듭니다. 몸과 마음이 위급하지 않은 상황을 응급 상황인 것처럼 대하게 되지요. 기술 고리 1236은 이럴 때 문제를 또렷이 볼 수 있게 해 줍니다. **중간이나 큰 문제를 작은 문제라고 생각해도 흐릿한 사진입니다.** 이렇게 생각하면 문제를 해결하기 위한 모든 단계를 밟지 않게 됩니다. 가끔은 문제를 처음 알아차렸을 때 어떤 크기인지 알기 어려운 경우도 있습니다. 시간을 가지고 문제 사진 찍기를 해야 원하는 것을 얻는 길을 따라갈 수 있습니다.

2. 일단 문제 사진 찍기를 했을 때 빨리 해결 기술만 쓰면 되는지 아닌지 확실하지 않다면 **모든 길 확인**을 합니다. 문제를 해결하기 위해 내가 할 수 있는 방법 몇 가지를 생각해 봅니다. 방법마다 도움이 되는 결과와 도움이 되지 않는 결과를 생각해 봅니다. 모든 길 확인을 할 때 각 방법마다 **빨리 감기**를 해서 어떤 결과가 생길지 예상해 봅니다. 이 방법들이 내 목표를 이루는 데 길 따라(엄지 척) 방법인지, 길 밖(엄지 꽝) 방법인지 확인합니다. 중간 또는 큰 문제라면 좋은 점과 나쁜 점을 적어 보아도 좋습니다. 좋은 점은 내가 선택한 방법이 가져올 도움이 되는 길 따라 결과이고, 나쁜 점은 도움이 되지 않는 길 밖 결과입니다. 예를 들어 볼까요? 방법 1—상사에게 소리 지른다. 좋은 점: 기분이 좋다. 나쁜 점: 해고당한다. 방

법 2—알맞게 하기 기술을 써서 일하는 시간 바꾸기. 좋은 점: 시간을 바꿀 수 있다. 나쁜 점: 싫어하는 사람에게 예의 바르게 행동해야 한다. 나에게 좋은 점이 제일 많은 방법을 선택해서 원하는 것을 얻도록 하세요.

3. 그다음은 **계획 짜기** 1, 2, 3입니다. 계획 1은 내 생각에 제일 효과적인 계획입니다. 100% 노력과 집중이 필요합니다. 내가 밟아야 할 모든 단계를 생각해 봅니다. 대화해야 할 모든 사람과, 내가 무슨 말을 할지, 그리고 어떻게 말할지 생각해야 합니다. 또한 문제를 해결하기 위해 필요한 모든 다른 방법도 생각합니다.

계획 1을 만들고 나서 가끔은 계획 1이 실패한다는 사실을 떠올립니다. 타협할 준비를 해야 할 때도 있습니다. 비상 대책으로 계획 2를 만들어 문제의 일부분이라도 해결할 수 있도록 합니다. 계획 2는 당분간이라도 상황을 좋게 만들어 내가 더 좋은 계획 1을 만들 때까지 시간을 벌어 줍니다.

어떤 경우에는 계획 2도 실패하기 때문에 계획 3이 필요합니다. 계획 3은 만일을 대비한 방법입니다. 마음을 가다듬고 다른 계획을 짤 때까지 상황 받아들이기를 할 수 있습니다. 새로운 나 활동을 해서 계획대로 되지 않아도 길 밖으로 나가지 않도록 계획을 세울 수 있습니다. 다른 사람에게 화를 풀고 싶은 충동을 느낀다면 안전 계획 기술이 필요합니다.

6. 문제 해결　　　　　　　　　　　　　　**활동 예시 1**

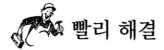

이름: *제인*　　　　　　　　　　　　　　　날짜:

문제: *방이 지저분하다.*

내가 원하는 것은 무엇인가요? *깨끗한 방*

무엇이 방해하나요? *상자가 방에 너무 많다.*

어떻게 해결하나요? *상자를 치운다.*

무엇이 해결을 방해하나요? *수납장에 선반이 없다.*

문제의 크기는? (동그라미 치세요.)　（작은）　중간　큰

문제 사진 찍기를 했습니다. 나의 선택은?

（**고치기**）　**김치찌개 만들기**　　　**상황 받아들이기**　　**괴로워하기**
　　　　　　　(문제에 대한 생각 바꾸기)　(있는 그대로 받아들이기)　(아무것도 하지 않기)

고치기를 선택했다면 무엇을 할 건가요? *장에 선반을 짜 넣는다.*

이때 어떤 어려움이 있을까요? *선반 짜 넣는 방법을 모른다.*

계획: *찰리에게 도와 달라고 말한다. 이때 알맞게 하기 기술을 사용한다.*

6. 문제 해결

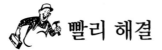 **빨리 해결**

이름: _____   날짜: _____

문제: _____

내가 원하는 것은 무엇인가요? _____

무엇이 방해하나요? _____

어떻게 해결하나요? _____

무엇이 해결을 방해하나요? _____

문제의 크기는? (동그라미 치세요.)   작은   중간   큰

문제 사진 찍기를 했습니다. 나의 선택은?

고치기　　**김치찌개 만들기**　　　　**상황 받아들이기**　　　　**괴로워하기**

　　　　　　(문제에 대한 생각 바꾸기)　　(있는 그대로 받아들이기)　　(아무것도 하지 않기)

고치기를 선택했다면 무엇을 할 건가요? _____

_____

이때 어떤 어려움이 있을까요? _____

계획: _____

_____

_____

6. 문제 해결

문제 해결은 침착할 때만 기술입니다. 문제 해결 기술을 쓰려면 감정이 0~3점이어야 합니다.

문제 해결이라는 나의 목표를 달성하기 위해 생각을 잘하려면 주의를 집중해야 합니다.

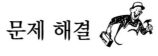

문제 사진 찍기

나의 목표는? 장애물은?

문제 크기: 작은, 중간, 큰

 모든 길 확인

길마다 빨리 감기

좋은 점, 나쁜 점 확인

 **계획 짜기 1, 2, 3**

계획 1은 가장 좋은 방법

계획 2는 비상 대책 또는 두 번째 좋은 방법

계획 3은 1과 2가 실패할 때 사용하는 방법

꿀팁

지혜로운 마음 상태에서 문제를 고치세요.

 과잉 반응을 하거나 감정을 크게 만들지 않도록 작은 문제는 작은 문제로 보아야 합니다.

필요한 모든 방법을 쓰기 위해서 큰 문제는 큰 문제라고 알아차려야 합니다.

회피하면 문제는 더 커지고 우리 감정이 더 힘들어집니다.

6. 문제 해결

활동 예시 2A

이름: 빌   날짜:

📺 문제 사진 찍기

★ 이 상황에서 나의 목표는 무엇인가요?

새 운동화를 사기

 내 목표를 이루는 데 무엇이 방해가 되나요?

내가 원하는 운동화는 10만 원인데 나는 7만 원밖에 없는 것.

 내가 고쳐야 할 점은 무엇인가요?

쇼핑센터에 가서 새 운동화를 사야 하고, 내가 원하는 운동화를 사려면 3만 원이 더 필요하다.

문제의 크기는? (동그라미 치세요.)   (작은)   중간   큰

🚗 6. 문제 해결

이름: _____ 날짜: _____

📺 문제 사진 찍기

★ 이 상황에서 나의 목표는 무엇인가요?

_____

_____

🚫 내 목표를 이루는 데 무엇이 방해가 되나요?

_____

_____

📺 내가 고쳐야 할 점은 무엇인가요?

_____

_____

문제의 크기는? (동그라미 치세요.)   작은   중간   큰

6. 문제 해결

이름: 빌   날짜: _____

👍 모든 길 확인 👎

 문제 해결을 위한 여러 개의 방법을 생각한 다음 하나씩 빨리 감기를 해서 얼마나 효과적일지 생각해 봅니다.

방법마다 좋은 점 👍과 나쁜 점 👎 을 확인해 보세요.

1. 직장에서 3만 원을 훔친다. _____

  👍 엄지 척 결과: 3만 원이 생겨서 운동화를 살 수 있다.

  👎 엄지 꽝 결과: 잡히면 해고당하고 경찰서에 간다.

2. 누나에게 전화해서 돈을 빌려 줄 수 있는지 알아본다.

  👍 엄지 척 결과: 안 갚아도 될 수 있다.

  👎 엄지 꽝 결과: 누나 월급 날까지 일주일을 기다려야 한다.

3. 점심 값을 아껴서 다음 주에 사러 간다.

  👍 엄지 척 결과: 이번 주 점심 값에서 3만 원을 아껴 둘 수 있다.

  👎 엄지 꽝 결과: 맛있는 음식을 사 먹을 수 없다.

4. 가격이 싼 운동화를 산다.

  👍 엄지 척 결과: 오늘 새 운동화를 살 수 있다.

  👎 엄지 꽝 결과: 정말 마음에 드는 운동화를 가질 수 없다.

 어떤 방법이 제일 좋을까요? 점심 값 아껴 두기

6. 문제 해결

활동지 2B

이름: _____   날짜: _____

 👍 모든 길 확인 👎

문제 해결을 위한 여러 개의 방법을 생각한 다음 하나씩 빨리 감기를 해서 얼마나 효과적일지 생각해 봅니다.

방법마다 좋은 점 👍과 나쁜 점 👎 을 확인해 보세요.

1. _____
👍 엄지 척 결과: _____
👎 엄지 꽝 결과: _____

2. _____
👍 엄지 척 결과: _____
👎 엄지 꽝 결과: _____

3. _____
👍 엄지 척 결과: _____
👎 엄지 꽝 결과: _____

4. _____
👍 엄지 척 결과: _____
👎 엄지 꽝 결과: _____

  어떤 방법이 제일 좋을까요? _____

6. 문제 해결

이름: 빌 날짜:

 계획 짜기 1, 2, 3 ★

제일 좋은 계획은 계획 1입니다.

계획 1을 성공하기 위해 내가 밟을 단계를 적어 보세요.

1

계획 1: 돈을 아껴서 다음 주에 새 운동화를 산다.

계획 1의 단계: 이번 주 금요일에 점심 값이 남는다.

버스를 타고 쇼핑센터로 간다.

내가 좋아하는 운동화를 산다.

계획 1이 실패할 때 사용할 계획 2를 짭니다.

계획 2는 두 번째 좋은 방법입니다.

2

계획 2: 만약 다음 주에 3만 원을 다 아껴 둘 수 없다면, 가능한 만큼만 모아 두고 2주 뒤에 새 운동화를 산다.

계획 1과 2가 다 실패할 때를 대비해서 계획 3을 만듭니다.

계획 3은 쉰 김치로 김치찌개 만들기와 같아요!

3

계획 3: 2주 뒤에도 3만 원이 없으면 그때 다시 문제 해결 기술을 사용해서 새 운동화를 살 방법을 찾아본다.

 내가 바꿀 수 없는 것은 받아들입니다.

6. 문제 해결　　　　　　　　　　　　　　**활동지 2C**

이름: _____　　　날짜: _____

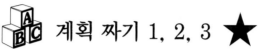

제일 좋은 계획은 계획 1입니다.

계획 1을 성공하기 위해 내가 밟을 단계를 적어 보세요.

1

계획 1: _____

계획 1의 단계: _____

_____

_____

계획 1이 실패할 때 사용할 계획 2를 짭니다.

계획 2는 두 번째 좋은 방법입니다.

2

계획 2: _____

계획 1과 2가 다 실패할 때를 대비해서 계획 3을 만듭니다.

계획 3은 쉰 김치로 김치찌개 만들기와 같아요!

3

계획 3: _____

 　내가 바꿀 수 없는 것은 받아들입니다.

활동지 3

6. 문제 해결

문제가 무엇인가요? _____

내가 원하는 것은 무엇인가요? _____

방해물은 무엇인가요? _____

해결할 문제는 무엇인가요? _____

문제 크기: 작은   중간   큰

문제 해결을 위한 방법과 각 방법의 좋은 점, 나쁜 점을 살펴보세요.

1. _____

좋은 점: _____

나쁜 점: _____

2. _____

좋은 점: _____

나쁜 점: _____

3. _____

좋은 점: _____

나쁜 점: _____

4. _____

좋은 점: _____

나쁜 점: _____

어떤 방법이 제일 좋은가요?

계획 1: _____

계획 2: _____

계획 3: _____

7. 나 표현하기

나 표현하기는 침착할 때만 기술입니다. 감정이 3점이거나 그보다 낮을 때만 쓸 수 있다는 뜻이지요. 또 나와 대화하는 사람도 3점 이하여야 이 기술을 사용할 수 있다는 뜻입니다. 나 표현하기는 지혜로운 마음일 때 사용하고, 1237 기술 고리를 통해 나 표현하기를 길 따라 합니다.

나 표현하기란 무슨 뜻일까요? 나 표현하기를 할 때 드는 마음과 깊은 마음을 말합니다. 생각, 걱정, 필요는 드는 마음입니다. 감정, 좋아하는 것, 싫어하는 것, 희망, 꿈은 깊은 마음입니다. 나 표현하기는 말로 합니다. 얼굴을 보며 말할 수 있고, 전화나 영상 통화로 말할 수 있고, 수어로도 말할 수 있습니다. 글로 나 표현하기를 할 수도 있습니다. 읽고 쓰기가 힘들면 도움을 받으면 됩니다. 편지나 이메일 또는 SNS나 문자를 써서 글로 표현할 수 있습니다. 그림이나 사진도 표현 방법이 될 수 있습니다. 또한 찡그리기, 미소 짓기, 눈 굴리기, 한숨 쉬기, 팔찡 끼기, 눈 맞춤 같은 몸짓 언어도 나 표현하기 방법으로 쓸 수 있습니다. 그리고 새로운 나 활동을 할 때 나를 표현할 수 있습니다. 노래하기, 춤추기, 악기 연주하기, 그리기, 연극하기 등은 나를 표현하는 방법입니다.

왜 나 표현하기를 할까요? 드는 마음과 깊은 마음을 나누면 기분이 좋아집니다. 새로운 나 활동으로 나 표현하기를 하면 나와 내 인생이 더 긍정적으로 느껴집니다. 사진 찍기, 길 따라 생각하기, 길 따라 행동하기, 새로운 나 활동 그리고 나 표현하기 기술은 인생에 기쁨을 더해 줍니다. 나 표현하기 기술은 다른 침착할 때만 기술과 함께 사용하기도 합니다. 나 표현하기를 쓰면 작은 문제가 큰 문제로 발전하지 않습니다. 나 표현하기는 알맞게 하기의 딱 말(설설원들딱)의 중요한 일부입니다. 설탕처럼 다른 사람들을 존중하는 마음을 표현합니다. 설명하기를 사용해서 내가 원하는 것을 말합니다. 내가 원하는 것을 또렷하게 요청합니다. 딱 도장을 받기 위해서 나를 표현합니다. 나 표현하기는 관계 돌봄에서도 사용합니다. 길 따라 방법으로 소통하고 내 삶을 통제할 때 나 자신에 대해서 좋은 감정을 느낄 수 있습니다. 쌍방길 관계에서 말하고 듣고, 그리고 주고받을 수 있습니다. 관계가 길 밖으로 나갈 때 공평한 악수와 책임 계단을 하고자 나 표현하기 기술을 씁니다.

어떻게 나 표현하기 기술을 사용할까요? 말하기가 한 가지 방법입니다. 말하기에는 좋은 점과 나쁜 점이 있습니다. 말하기의 장점은 빠르고, 쉽고, 분명하게 내 생각을 전한다는 점입니다. 나쁜 점은 단어를 잘 고르지 못할 때 오해가 생길 수 있다는 점입니다. 사람들 사이의 언어 차이 역시 서로 이해하기 더 힘들게 합니다. 글로 의사소통하는 것도 좋은 점과 나쁜 점이 있습니다. 글로 표현할 때 좋은 점은 내가 하고 싶은 말을 방해받지 않고 전부 다 전달할 수 있다는 것입니다. 그리고 만나서 하기 어려운 말을 할 수 있습니다. 상대가 내가 보낸 글을 보고 또 볼 수 있기 때문에 나중에 후회할 만한 글이나 사진을 보내지 않도록 주의해야 합니다. 몸짓 언어로만 나를 표현하지 않도록 해야 합니다. 다른 사람의 마음을 읽으려고 할 때나 다른 사람이 나의 마음을 읽을 수 있다고 생각할 때 흐릿한 사진을 찍게 됩니다. 나 표현하기를 할 때 떨릴 수 있지만 드는 마음과 깊은 마음을 말하는 행동이 길 따라 행동입니다.

언제 나 표현하기를 할까요? 나 표현하기는 침착할 때만 기술입니다. 나와 상대방 모두 3점 이하일 때 나 표현하기 기술을 사용합니다. 나 표현하기를 하면 느낌 점수가 더 올라갈 수 있습니다. 그래서 이 기술은 0~2점일 때 사용하면 좋습니다. 그래야 나를 표현하다가 감정이 더 올라가도 3점 이하에서 머물 수 있습니다. 3점일 때 나 표현하기를 시작했는데 감정이 올라가면 4점이 되어 버립니다! 그리고 4점에서는 침착할 때만 기술을 사용할 수 없지요. 3점보다 높으면 나를 표현하려는 충동이 생깁니다. 감정이 3점보다 높아지면 사진 찍기, 길 따라 생각하기 그리고 길 따라 행동하기(123 지혜로운 마음) 기술을 써서 안전 계획으로 길 바꾸기를 합니다. 3점 아래일 때라도 감정을 터뜨리지 않도록 조심합니다. 감정을 터뜨리면서 말하면 감정이 강해지기 쉽습니다. 감정이 줄어들기를 원한다면 나를 짜증 나게 하는 일들에 대해 감정적으로 불만을 터뜨리지 않아야 합니다. 친구와 대화하며 문제에 대한 사진 찍기나 해결 방법을 찾으면 도움이 되지만, 그냥 불만만 터뜨린다면 도움이 되지 않는 경우가 많습니다.

나 표현하기에는 균형이 중요합니다. 너무 나 표현을 많이 하면 다른 사람들과 관계의 균형이 깨집니다. 다른 사람들이 내 이야기를 들어 주는 능력은 그 사람의 기분이나 상황에 따라 바뀌기 때문에, 상대에게 지금이 이야기하기 좋은 시간인지 먼저 물어보아야 합니다. 만

일 아니라고 대답하면 상황 받아들이기가 필요합니다. 만약 이것이 관계의 문제로 커지면 공평한 악수하기 기술을 사용합니다. 내가 이때 기술을 쓰지 않으면 상대가 나와 거리를 두고 싶어 할 수 있습니다. 반대로, 나 표현하기를 너무 적게 해서도 안 됩니다. 소통이 길 따라 행동인데 마음의 문을 닫고 나 표현하기를 하지 않는 경우도 있습니다. 상대가 나를 또는 내가 하는 말을 좋아하지 않을까 걱정할 때가 있습니다. 이때 길 따라 행동하기의 두 발로 완전히 뛰어들기 또는 반대로 행동하기를 하여 마음에 드는 말과 마음 깊이 있는 말을 할 필요가 있습니다. 효과적인 행동을 하세요!

7. 나 표현하기

나 표현하기란 무엇일까?

나 표현하기를 할 때 나는

드는 마음과 깊은 마음을 표현합니다:

생각   걱정   욕구/필요   감정   좋아하는 것과   꿈과 희망
                                                          싫어하는 것

다음과 같은 방법으로 나 표현하기를 합니다:

말하기(만나서,   글쓰기(편지,   그림(혹은 사진)   몸짓 언어
전화로, 동영상으로,   이메일, 문자)
노래로)

새로운 나 활동을 하며 나 표현하기를 합니다:

노래하기   춤추기   악기 연주하기   그림 그리기   연극하기

7. 나 표현하기

이름: _____   날짜: _____

드는 마음과 깊은 마음을 표현하기

마치 누군가에게 말하는 것처럼 나 표현하기를 연습해 보세요.

 생각: 나는 야구보다 축구 보기를 좋아해.

나는 고양이에게 약이 필요해.

 걱정: 밤에 밖에 나가기가 걱정돼.

직장을 잃을까 걱정돼.

 욕구(필요): 이야기를 나눌 친구가 필요해.

은행에 가야만 해.

 감정: 우리 팀이 이겨서 행복해.

고양이가 아파서 슬퍼.

 좋아하는 것과 싫어하는 것: 나는 페퍼로니 피자를 좋아해.

나는 양파 맛이 싫어.

 꿈과 희망: 미래에는 전일 근무를 하고 싶어.

언젠가는 내 차를 사고 싶어.

7. 나 표현하기

이름: _____ 날짜: _____

드는 마음과 깊은 마음을 표현하기

마치 누군가에게 말하는 것처럼 나 표현하기를 연습해 보세요.

생각: _____

_____

걱정: _____

_____

욕구(필요): _____

_____

감정: _____

_____

좋아하는 것과 싫어하는 것: _____

_____

꿈과 희망: _____

_____

7. 나 표현하기

왜 나 표현하기를 할까?

 나 표현하기를 하면 기분이 좋아집니다.

드는 마음과 깊은 마음을 들어 주고 지지해 주는 사람과 나눌 때 정말 좋은 느낌을 받습니다. 새로운 나 활동을 하면서 나를 표현하는 것은 행복과 기쁨을 더합니다.

 나 표현하기는 문제 해결에 도움이 됩니다.

문제가 작을 때 드는 마음을 표현하면 그 문제가 점점 더 커지지 않도록 막을 수 있습니다!

 나 표현하기는 알맞게 하기에 도움이 됩니다.

나 표현하기는 내가 남들로부터 원하는 것을 얻으려고 할 때 중요한 기술입니다. 알맞게 하기 기술에서 딱 말(설설원들딱)을 사용하는 기술은 나 표현하기입니다. 다른 사람을 존중하는 마음을 설탕처럼 말하고, 설명하기와 원하는 걸 말해서 나의 필요를 표현합니다. 나 표현하기를 하면 딱 도장을 찍을 수 있습니다!

 나 표현하기는 관계 돌봄에 도움이 됩니다.

나 표현하기를 길 따라 방법으로 사용하면 나 자신과의 관계가 더 좋아집니다. 나를 잘 알고, 나를 받아들이고, 나를 소중히 여기고, 나를 믿게 됩니다. 길 따라 방법으로 다른 사람에게 나 표현하기를 하면 내 인생의 주인은 바로 내가 됩니다. 그리고 나에게 중요한 사람들과 더 연결된 느낌을 가지게 됩니다. 쌍방길 관계에서는 나와 상대 모두 말하고 듣는 기회를 가지고, 두 사람 다 기쁘고 만족스럽습니다. 공평한 악수와 책임 계단은 길 밖 관계를 바꾸기 위한 나 표현하기입니다.

7. 나 표현하기

어떻게 나 표현하기를 할까?

 나 표현하기의 균형을 맞추기 위해서 1237 기술 고리를 사용합니다.

나 표현하기는 길 밖으로 가기 쉽습니다. 예를 들면, 너무 적게 말하거나 너무 많이 말할 수 있습니다. 또는 너무 조용하거나 너무 시끄러울 수도 있습니다. 너무 솔직하거나 솔직하지 못할 수 있습니다. 1237 기술 고리를 사용하면 나 표현하기의 균형을 맞출 수 있습니다. 1237은 나 표현하기(7)를 쓸 때 사진 찍기(1), 길 따라 생각하기(2), 길 따라 행동하기(3) 기술을 사용한다는 뜻입니다. 지혜로운 마음에서 표현하기(1237)는 무엇을 그리고 어떻게 표현하고 있는지 알아차리고 필요하면 상황에 맞게 방법을 바꾸어 나를 표현할 수 있게 합니다.

 말하기는 나 표현하기의 한 방법입니다.

말하기는 소통하기 위해 좋은 방법이지만 소통을 위한 유일한 방법은 아닙니다. 말하기는 빠르고, 쉽고, 분명하게 의사를 전달할 수 있는 방법입니다. 안타깝게도, 말하는 표현에 차이가 있으면 서로 이해하기 어려워집니다. 계속 노력하세요!

 글쓰기로 나를 표현하면 도움이 됩니다.

글쓰기는 내가 하고 싶은 말을 상세하게 전달할 수 있고 또 상대가 내 이야기를 끊지 않습니다. 그리고 직접 만나서 하기 힘든 말을 글로 전달할 수 있습니다. 하지만 상대방을 비난하는 글을 보내면, 상대는 그 글을 읽고 또 읽을 수 있습니다. 따라서 내가 쓴 글을 보내기 전에 원하는 말을 적절하게 표현했는지 확인하고 미리 읽어 보는 게 좋습니다.

 상대의 마음을 짐작하려 하는 것은 흐릿한 사진 찍기입니다.

어떤 때는 내가 말하지 않아도 사람들이 나의 생각이나 필요를 이미 알고 있다고 생각합니다. 어떤 때는 다른 사람이 나에게 말하지 않았는데 내가 상대의 생각을 알고 있다고 생각하기도 합니다. 나는 나 표현하기를 명확하게 사용해서 서로를 이해해야 합니다. 흐릿한 메시지는 느낌 점수를 올라가게 하고 문제를 더 크게 만듭니다.

7. 나 표현하기

언제 나 표현하기를 할까?

 나 표현하기가 도움이 될 때 합니다.

나의 감정, 생각, 좋아하는 것, 싫어하는 것, 꿈 그리고 희망을 표현해서 나와 상대 그리고 서로의 관계에 도움이 될 때 나 표현하기를 하세요. 도움이 되지 않는다고 생각하면 나 표현하기가 길 따라 행동하기라는 게 분명해질 때까지 기다립니다.

 감정이 더 강해질 수 있기 때문에 1~2점일 때 시작합니다.

나 표현하기는 감정을 강하게 만들 수 있습니다. 일단 말을 시작하면 감정이 커질 수 있기 때문에, 나 표현하기는 감정이 1점이나 2점일 때 시작합니다. 만약 3점일 때 나 표현하기를 시작했는데 감정이 4점으로 올라가면 침착할 때만 기술을 사용할 수 없습니다. 1237 기술 고리를 사용하면 언제 표현하기를 멈추고 안전 계획과 새로운 나 활동으로 길 바꾸기를 할지 알 수 있습니다.

 기다리기와 피하기의 차이

나 표현하기를 하다가 감정이 강해진다면, 내가 상대에게 전하려고 하는 마음이 중요한 마음이라는 뜻입니다. 피하지 않고 도움이 되는 방법으로 말할 수 있을 때까지 기다리면 길 따라 행동입니다. 마음이 진정될 때까지 기다리면 효과적일 수 있습니다. 편지를 쓰거나, 그 사람과 이야기할 때 친구를 데리고 가면 감정을 줄일 수 있습니다. 나에게 중요한 마음을 표현하지 않고 피하기만 하면 안 좋은 상황에 갇혀 버리고 내 감정은 더 격해집니다.

 감정 터뜨리기는 조심해서 하세요.

친구와 함께 어떤 사람이나 상황에 대한 감정을 터뜨리면 잠깐은 좋은 기분이 들지만, 실은 나쁜 기분이 더 강해집니다. 느낌 점수를 낮추고 싶다면 감정을 터뜨리는 행동은 하지 않는 게 좋습니다. 감정이 올라가기를 원한다면 감정을 터뜨립니다. 감정 터뜨리기는 사람이나 상황에 대한 나의 부정적 태도를 더 높일 수 있고, 반대로 힘든 상황을 또렷하게 이해하도록 도와줄 수도 있습니다. 알맞은 일을 하도록 합니다!

7. 나 표현하기　　　　　　　　　**활동 예시 2**

이름: _____　날짜: _____

나 표현하기 계획

드는 마음과 깊은 마음에 무엇이 있나요?

친구의 남자친구에 관한 얘기를 친구에게 말하고 싶다.

이것은:　생각　(걱정)　필요　감정　좋아하는 것/싫어하는 것　꿈/희망

그 외: _____

나 표현하기를 누구에게 해야 하나요?

내 친구 캐롤

왜 표현하기가 중요한가요?

캐롤의 안전이 걱정돼서

나 표현하기에 제일 좋은 방법은?

　　　　(만나기)　전화　영상　노래　편지　이메일　문자　몸짓 언어

　　　그 외: _____

나 표현하기에 가장 좋은 시간은?

토요일에 우리 집에서 캐롤에게 말하겠다.

표현해야 할 요점은?

내가 캐롤을 좋아하고 캐롤이 잘 되기를 바란다.

캐롤의 남자친구가 과거에 여자를 때린 적이 있다는 얘기를 직장에서 들었다.

조심해야 한다고 생각한다.

캐롤이 다치기를 바라지 않는다.

7. 나 표현하기

활동지 2

이름: _____ 날짜: _____

나 표현하기 계획

드는 마음과 깊은 마음에 무엇이 있나요?

_____

이것은: 생각   걱정   필요   감정   좋아하는 것/싫어하는 것   꿈/희망

그 외: _____

나 표현하기를 누구에게 해야 하나요?

_____

왜 표현하기가 중요한가요? ·

_____

나 표현하기에 제일 좋은 방법은?

      만나기   전화   영상   노래   편지   이메일   문자   몸짓 언어

      그 외: _____

나 표현하기에 가장 좋은 시간은?

_____

표현해야 할 요점은?

_____

_____

_____

_____

🗄 8. 알맞게 하기

알맞게 하기는 침착할 때만 기술입니다. 감정이 3점 이하일 때만 쓸 수 있다는 뜻이지요. 그리고 내가 알맞게 하기를 사용하는 상대도 3점 이하여야 합니다. 지혜로운 마음 상태에서 알맞게 하기 기술을 씁니다. 1238 기술 고리를 사용해서 알맞게 하기를 길 따라 합니다.

알맞게 하기 기술은 다른 사람에게서 원하는 것을 얻기 위해 사용합니다.

- 첫째, **딱 마음** 상태인지 확인합니다. 준비와 집중이 필요합니다. 알맞게 하기 계획도 있어야 합니다. 마음이 또렷하지 않고 흐리면 알맞게 하기에서 중요한 단계를 잊어버릴 수 있습니다. 흐릿한 마음에서는 잘 안 될 수 있습니다.

- 그다음은 **딱 사람**을 선택해야 합니다. 어떤 경우에는 전화로 만날 약속을 해야 할 수도 있습니다. 딱 사람과 만나려고 기다리는 동안 길 따라 행동과 새로우니 활동과 같은 다른 기술을 사용합니다. 집중력을 잃거나 감정을 더 강하게 만들지 않고 기다리는 방법을 배우면 목표를 향해 길 따라 가는 데 도움이 됩니다.

- **딱 시간과 딱 장소** 찾기도 중요합니다. 내가 필요한 것, 나를 도울 수 있는 방법에 상대와 내가 집중할 수 있는 시간과 장소가 필요합니다. 상대가 너무 바쁠 때 말하면 내가 원하는 것을 얻을 가능성이 낮아집니다. 되는 일을 하는 게 중요하기 때문에 말하기 좋은 때를 기다린다면 성공 확률이 높아집니다.

- **딱 소리**도 아주 중요합니다! 사진 찍기와 길 따라 생각하기 기술을 써서 어떤 목소리가 효과적일지 결정하세요. 작고 기어들어 가는 목소리로 말하면 상대가 나를 심각하게 받아들이지 않을 수 있습니다. 반대로 너무 세게 밀어붙이며 요구하면 상대가 떠나거나, 내 말을 듣지 않거나, 또는 내가 대화 기술이 없다고 생각할 수 있습니다. 공격하는 목소리로 말하면 관계에 나쁜 영향을 주어서 상대가 다시는 나를 돕고 싶어 하지 않거나 일을 더 힘들게 만들어 버릴 수 있습니다. 딱 소리를 낼 수 없다면 물러나서 다음 기회를 기다리면 좋습니다.

- 마지막으로, **딱 말: 설설원들딱**을 사용해야 합니다.
  - **설탕처럼**: 설탕처럼 상대에게 친절하고 예의 바르게 행동합니다. 이렇게 하면 상대는 나를 도와주고 싶은 마음이 생깁니다. "부탁드립니다." "감사합니다." "실례지만 잠시 시간을 내실 수 있나요?"라고 말하면 상대는 내가 그를 존중한다고 느낍니다. 상대가 나를 기쁘게 도와줄 수 있는 말을 하세요.
  - **설명하고**: 상대가 나를 도와주는 게 왜 중요한지 또렷하게 설명합니다. 나를 도와서 그 사람의 기분이 좋아진다면, 그가 나를 도와줄 가능성이 더 커집니다.
  - **원하는 걸 말해요**: 설탕처럼 설명한 다음에 분명하고 직접적으로 내가 원하는 것을 요청합니다.
  - **들어요**: 상대가 하는 말을 잘 들어야 어떻게 딱 도장을 찍을지 알 수 있습니다. 만일 "안 됩니다." "어쩌면요." 또는 "잘 모르겠는데요."라고 말하면 천천히 숨 쉬고 집중합니다. 느낌 점수가 3점이 넘어가면 길 바꾸기를 하고, 알맞게 하기 기술 사용을 멈추고, 안전 계획을 짜는 게 가장 좋은 방법입니다.
  - **딱 도장**: 상대가 나를 도와주겠다고 하면 딱 도장을 찍기 위해 자세한 계획을 짭니다. 상대가 하겠다고 한 약속을 지키는지 살펴봅니다. 만약 그 사람이 나를 도와주지 않겠다고 하면 계획 2로 가거나 아니면 이 상황에서 물러나서 알맞게 하기 계획을 다시 생각해 봅니다.

8. 알맞게 하기

원하는 것을 얻어요!

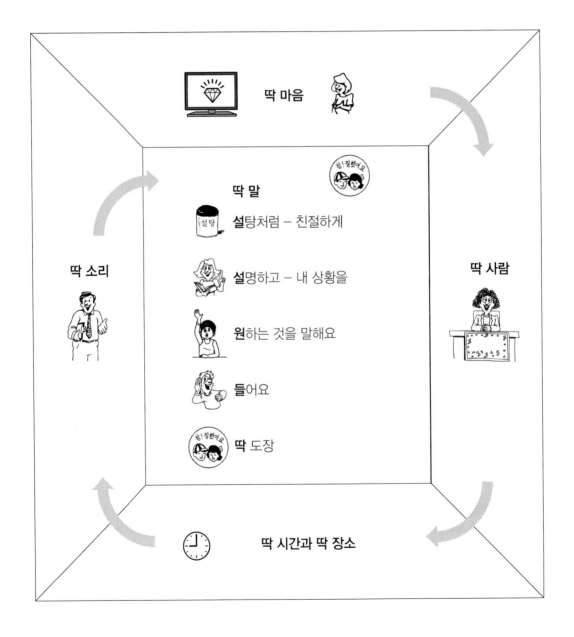

딱 마음

딱 말

설탕처럼 – 친절하게

설명하고 – 내 상황을

원하는 것을 말해요

들어요

딱 도장

딱 소리

딱 사람

딱 시간과 딱 장소

8. 알맞게 하기

 딱 마음

알맞게 하기는 침착할 때만 기술입니다. 느낌 점수 0점에서 3점 사이에서만 사용한다는 뜻이지요. 3점이 넘으면 원하는 것을 지금 당장 갖고 싶은 강한 충동을 느낍니다. 정신이 없고 집중이 되지 않을 때 원하는 것을 얻기는 어렵습니다. 알맞게 하기 기술을 잘하려면 집중을 아주 잘해야 합니다. 알맞게 하기에는 여러 단계가 있습니다. 우선 알맞게 하기를 위한 딱 마음이 될 때까지 기다립니다.

 ## 딱 마음 상태에 있을 때 나는

내가 원하는 것을 압니다.

원하는 것을 얻기 위해 넘어야 할 장애물을 알고 있습니다.

알맞게 하기 계획을 짤 수 있습니다.

누구와 말해야 할지 압니다.

알맞은 장소와 시간을 고를 수 있습니다.

가장 효과적인 목소리와 할 말을 생각합니다.

친절하고 예의 바르게 행동할 수 있습니다(약간 긴장되더라도).

내 상황을 또렷이 설명할 수 있습니다.

원하는 것을 요청할 수 있습니다.

상대방의 이야기를 경청할 수 있습니다.

딱 도장을 찍기 위해 상대와 협력할 수 있습니다.

지혜로운 마음 상태에서 **되는 일부터** 할 수 있습니다!

8. 알맞게 하기

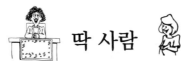 딱 사람

알맞게 하기 기술을 사용할 때는 딱 사람을 골라야 합니다. 내가 원하는 것을 가장 잘 줄 수 있는 사람을 고릅니다. 딱 사람과 이야기할 수 있을 때까지 기다려야 합니다. 엉뚱한 사람에게 말하면 원하는 것을 얻기 어려워집니다. 모든 상황마다 다르기 때문에 사진 찍기와 길 따라 생각하기 기술을 사용해서 딱 사람을 찾습니다.

딱 사람은 내가 원하는 것을 줄 수 있는 사람입니다

 시급을 더 많이 받고 싶을 때는 내 상사에게 말합니다.

 약을 바꾸고 싶을 때는 의사와 상의합니다.

 룸메이트가 음악 소리를 줄여 주길 원할 때는 룸메이트에게 이야기합니다.

8. 알맞게 하기

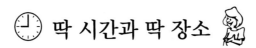

딱 시간과 딱 장소를 선택해야 합니다. 상대가 나, 내가 필요한 것 그리고 나를 도울 수 있는 방법에 집중할 수 있는 시간과 장소가 도움이 됩니다. 상대가 바쁘거나 정신이 없으면 나에게 100% 집중할 수 없습니다. 되는 일을 하는 게 중요하기 때문에 가장 좋은 시간이 될 때까지 기다리면 성공할 가능성이 높아집니다. 기다리는 동안 다른 기술들을 사용하면서 길 위에 있습니다.

딱 시간과 딱 장소 선택하기

조용하고 방해받지 않는 공간에서 이야기하면 주의 집중에 도움이 됩니다.

딱 목소리와 딱 말을 사용하는 데 집중할 수 있어야 합니다.

상대가 내 말에 집중할 수 있으면 가장 좋습니다.

상대가 다른 데 정신이 팔려 있으면 그 사람의 결정에 영향을 줄 수 있습니다.

8. 알맞게 하기

 딱 소리

딱 소리로 말하기는 아주 중요합니다! 모든 상황은 다르기 때문에 사진 찍기와 길 따라 생각하기를 써서 어떤 목소리가 제일 좋을지 결정합니다. 부드러운 목소리가 좋을 때가 있고, 단호한 목소리가 좋을 때가 있습니다. 어떤 목소리로 말해야 상대가 내 말을 들어줄지 생각해 보아야 합니다. 나를 도와주고 싶게 만드는 목소리로 말합니다.

딱 소리 선택하기

 자신 없는 목소리로 말하면 상대가 내 말을 심각하게 받아들이지 않을 수 있습니다.

내 목소리에 상대에 대한 존중과 내가 필요로 하는 것에 대한 중요함을 담으면,

상대는 나의 문제가 얼마나 중요한지 느낄 수 있습니다.

나는 당신을 존중합니다. ⚖ 당신은 나를 존중합니다.

 너무 세게 밀어붙이며 요구하면 상대가 그 자리를 떠날 수 있습니다.

공격적인 목소리로 말하면 상대가 나를 더 힘들게 할 수 있습니다!

8. 알맞게 하기

 딱 말–설설원들딱

> 딱 말도 중요해요! 알맞게 하기 기술을 쓸 때는 떨릴 수 있습니다. 그래서 말이 부드럽게 잘 나올 수 있게 미리 계획하고 연습하세요.

 설탕처럼 말해서 상대가 나를 도와주고 싶게 만듭니다.

 내 상황을 **설**명하여 왜 내가 도움이 필요한지 상대가 이해하도록 합니다.

 그다음에는 또렷하고 직접적으로 내가 **원**하는 걸 말합니다.

 그리고 상대가 하는 말을 잘 알아듣기 위해 잘 **들**어요.

 그리고 내가 원하는 것을 얻기 위해 **딱** 도장을 찍습니다!

 상대가 "안 돼요."라고 말하면 사진 찍기와 길 따라 생각하기 기술을 써서 어떻게 감정을 진정시키고 내가 원하는 것을 얻을 수 있을지 생각해 봅니다.

8. 알맞게 하기

이름: _____   날짜: _____

알맞게 하기 계획

내가 원하는 것은 무엇인가요? 일하는 시간을 늘리고 싶다.

누구에게 말해야 하나요? 내 상사

언제 그리고 어디서 그 사람과 이야기를 하면 좋은가요? 만나자고 우선 말한다. 아마 상사의

사무실에서 만날 것 같은데, 나는 상사가 결정하게 할 것이다.

어떤 소리를 사용할까요? 예의 바르고, 진지하고, 그 사람을 배려하는 목소리

설탕처럼 말하기 위해 어떻게 말할까요? "부탁드립니다." "감사합니다." "시간을 내 주셔서 감사드립니다."

설명은 어떻게 할까요? 저는 이 일이 정말 마음에 듭니다. 1년 동안 일했는데 이제 조금 더 앞으로

나아가고 싶습니다.

원하는 걸 어떻게 말할까요? 일하는 시간을 늘리고 싶습니다.

상대의 말을 잘 들을 건가요? ___X___ 예 _____ 아니요

내가 원하는 결과는 무엇인가요? 지금은 일주일에 2일 일하고 있는데, 3일로 늘리고 싶다.

딱 도장은 어떻게 찍을까요? 만일 "좋습니다."라고 한다면, "언제 시작하면 될까요?"라고 물어본다.

만일 "안 됩니다."라고 말하면, "근무 시간을 늘리기 위해서 제가 할 수 있는 일이 무엇인가요?"라고

물어본다.

🎞 8. 알맞게 하기

이름: _____ 날짜: _____

알맞게 하기 계획

내가 원하는 것은 무엇인가요? _____

누구에게 말해야 하나요? _____

언제 그리고 어디서 그 사람과 이야기를 하면 좋은가요? _____

_____

어떤 소리를 사용할까요? _____

설탁처럼 말하기 위해 어떻게 말할까요? _____

설명은 어떻게 할까요? _____

_____

원하는 걸 어떻게 말할까요? _____

상대의 말을 잘 들을 건가요? _____ 예 _____ 아니요

내가 원하는 결과는 무엇인가요? _____

딱 도장은 어떻게 찍을까요? _____

_____

_____

9. 관계 돌봄

관계 돌봄은 침착할 때만 기술입니다. 3점이거나 그보다 낮을 때만 사용한다는 뜻입니다. 또한 나와 대화하는 상대도 3점 이하여야 합니다. 길 따라 관계 쌓기, 길 따라 관계 시소 타기, 길 밖 관계 바꾸기는 관계 돌봄의 중요한 요소입니다. 관계 돌봄 기술은 지혜로운 마음 상태에서 사용합니다. 1239 기술 고리를 써서 길 따라 갑니다.

나와 그리고 남과 **길 따라 관계 쌓기**를 하기 위해 관계 돌봄 기술을 사용합니다.

나와 길 따라 관계란 진짜 나가 더 튼튼해진다는 뜻입니다. 진짜 나에는 다음의 네 가지 요소가 있습니다.

1. **나 알기**: 사진 찍기를 써서 지금 이 순간을 알아차립니다. 나 자신과 내 삶을 있는 그대로 봅니다. 내 목표에도 주의를 기울입니다. 내가 무엇을 원하는지 알면 목표 달성을 위해 기술 계획을 세우기가 훨씬 쉽습니다. 가끔은 상황을 또렷하게 살피기 어렵지만, 이렇게 해야 계속 길 따라 갈 수 있고 스스로를 좋게 느낄 수 있습니다. 나를 정확하게 보는 방법을 연습하면 다른 사람들도 더 또렷이 볼 수 있게 됩니다.

2. **나 받아들이기**: 나의 상황을 잘 바라보고 내 감정을 잘 다루면 나와 다른 사람을 받아들이기가 더 쉬워집니다. 다른 사람들과 대화하면서 모든 사람은 서로 다르고 또 달라도 괜찮다는 사실을 볼 수 있어요! 이렇게 다양하니까 인생이 재미있는 거죠! 나를 좋지 않게 보는 생각이나 충동을 알아차리면 길 따라 생각하기로 돌아오기를 합니다.

3. **나 소중하게**: 목표를 이루기 위해 기술을 사용하면 원하는 것을 더 많이 얻을 수 있습니다. 내가 나의 감정, 나의 관계, 나의 인생을 다룰 수 있는 능력이 생겨서 기분이 좋아집니다. 내 인생을 좋은 방향으로 조종합니다! 되는 일을 하면 스스로를 더 좋아할 수 있습니다. 내가 나를 소중하게 여기면 다른 사람도 소중하게 여길 수 있습니다.

4. **나 믿기**: 나의 기술을 사용하면 힘든 상황에서 목표에 집중할 수 있습니다. 새로운 것을 시도하니까 더 행복합니다. 다가올 일을 잘 헤쳐 나갈 수 있는 자신감이 생깁니다! 나를 더 믿으면서 다른 사람도 더 잘 믿을 수 있습니다. 나 자신과의 관계가 단단해지면 다른 사람들과의 관계도 좋아집니다.

나와 그리고 남과 **길 따라 관계 시소타기**를 하기 위해 관계 돌봄 기술을 사용합니다.

• 나에게는 여러 가지 관계가 있습니다. 사진 찍기, 길 따라 생각하기, 길 따라 행동하기와 그 밖의 다른 기술을 사용해서 관계의 균형을 맞춥니다.

• 길 따라 관계 지키기: 누군가와 더 가까워지고 싶을 때는 나에게 필요한 길 따라 행동하기 기술을 사용합니다. 어떤 사람과 조금 더 멀어지고 싶을 때도 필요한 길 따라 행동하기를 합니다. 사람들이 변하고 관계가 변함에 따라 관계 시소타기에 필요한 모든 길 따라 행동을 하세요.

• **쌍방길 관계**는 나와 상대가 공평하게 주고받는 관계입니다. 두 사람 모두 말하기, 듣기, 주고받기를 합니다. 함께 협력하고 서로 존중합니다. 쌍방길 관계의 균형을 유지하고 시소를 잘 타려면 많은 주의를 기울여야 합니다. 어떨 때는 내가 노력해도 관계의 균형이 깨질 수 있습니다. 나 표현하기 같은 기술을 사용하면 쌍방길 관계를 잘 지키는 데 도움이 됩니다.

• **일방길 관계**는 둘 중 한 사람이 말하기와 듣기 그리고 주고받기를 다 하지 않을 때 생기는 관계입니다. 나는 주는데 상대방은 나에게 주는 것같이 느껴지지 않을 때가 있습니다. 만약 어떤 사람과 말하기와 듣기 그리고 주고받기를 하고 싶지 않다면 아마 내 마음은 그 사람과 일방길 관계를 원할 수 있습니다.

나와 그리고 다른 사람과 **길 밖 관계 바꾸기**를 하기 위해 관계 돌봄 기술을 사용합니다.

- 나와의 관계가 길 밖으로 벗어날 때 내 목표를 잠시 잊고, 나를 비난하고, 길 밖으로 나가는 행동을 하게 됩니다. 내 목표를 사진 찍기 하고, 나에 대해서 길 따라 생각하기를 하고, 또 길 따라 행동하기를 하면 다시 나와의 관계가 길 위에 올라섭니다. 길 따라 행동하기 계획을 세우고 따라가면 도움이 됩니다.
- 다른 사람과의 관계가 길 밖으로 벗어난 때는 **공평한 악수와 책임 계단** 기술을 써서 다시 길 위로 갈 수 있게 합니다.
- **공평한 악수**: 가장 먼저 할 일은 관계 문제를 정확히 파악하고 대화로 해결하는 일이 좋은 선택인지 결정하기 위해 문제 해결 기술을 사용하는 것입니다. 어떤 나 표현하기를 할지 결정합니다(예: 만나서, 전화로, 또는 글로). 만나서 얘기하거나 글로 쓸 때는 알맞게 하기 기술을 사용해 내가 걱정하는 바를 설명하고 관계의 변화를 위해 무엇을 원하는지 요청합니다.

상대방의 이야기를 듣습니다. 나와 상대방 모두에게 좋은 해결 방법을 찾는 것이 공평한 악수입니다. 공평한 악수를 하기 위해 아주 긴 1236789 기술 고리를 사용해야 할 수도 있습니다! 감정이 3점보다 더 높아지면 길 바꾸기를 하여 안전 계획 기술을 사용하는 게 중요합니다. 나중에 다른 곳에서 또는 다른 사람들의 도움을 받아서 공평한 악수를 할 수 있습니다. 공평한 악수를 시도했지만 심각한 문제가 해결되지 않는다면 상황 받아들이기를 하거나, 문제에 대한 나의 감정을 바꾸거나, 또는 이 길 밖 관계를 끝내도록 합니다.

- **책임 계단**: 내가 다른 사람에게 상처 주는 행동을 했을 때는 책임 계단을 합니다. 문제를 인정하고, 나의 행동에 대해 사과하고, 달라지기로 약속하고, 나에게 알맞으면서도 관계를 나아지게 하는 길 따라 행동을 합니다. 나의 행동에 책임지기는 쉽지 않기 때문에 '1239' 기술 고리를 써서 길을 벗어나지 않도록 합니다.

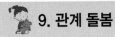 **9. 관계 돌봄**

관계 돌봄은 침착할 때만 기술입니다. 3점이거나 3점보다 낮을 때만 사용한다는 뜻입니다. 또한 나와 대화하는 상대도 3점 이하여야 합니다. 한 사람이라도 3점이 넘으면 또렷하게 생각하기가 힘들어서 관계를 다루기 어려워집니다. 사진 찍기와 길 따라 생각하기 기술을 써서 관계를 만들고, 관계의 균형을 잡고, 관계를 바꿉니다.

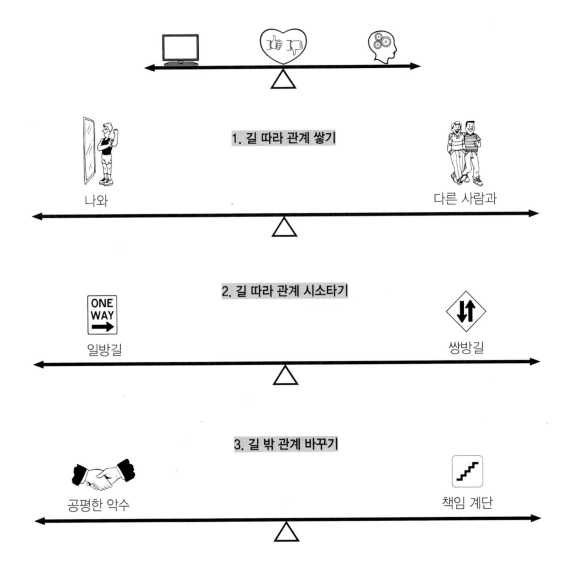

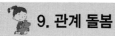 **9. 관계 돌봄**

 # 1. 길 따라 관계 쌓기

나 자신과 길 따라 관계 쌓기

튼튼한 진짜 나:

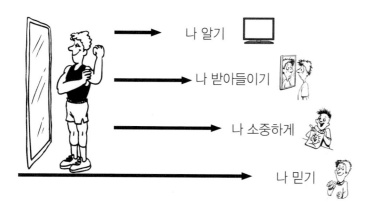

그리고······

다른 사람과 길 따라 관계 쌓기

다른 사람을

알기, 받아들이기, 소중하게, 믿기

9. 관계 돌봄

이름: _____   날짜: _____

1. 길 따라 관계 쌓기

나 자신과 길 따라 관계 쌓기를 위해 하는 행동은:

_____

_____

_____

_____

_____

_____

그리고……

새로운 친구를 찾고 그들과 길 따라 관계를 쌓는 방법은:

_____

_____

_____

_____

_____

_____

9. 관계 돌봄

 # 1. 길 따라 관계 쌓기

여러 가지 관계

직장 동료

연인

룸메이트

친구

선생님

가족

나

또 다른 관계가 있나요?

9. 관계 돌봄

⇅ 2. 길 따라 관계 시소 타기

관계는 많은 돌봄 이 필요합니다.

길 따라 관계 지키기

 더 가까운 관계 만들기   더 먼 관계 만들기

상대가 나에게 중요한 것처럼 행동하기 ↔	대화를 짧게 하기
사려 깊게 말하기 ↔	개인적인 이야기 피하기
연락하기/함께 시간을 보낼 계획 짜기 ↔	연락하지 않기
알맞은 신체 접촉 ↔	또렷한 경계를 지키기/내 공간 지키기
칭찬하기/선물 주기 ↔	내가 알아야 할 점만 집중하기
유연하게 행동하기 ↔	또렷한 한계선을 정하기

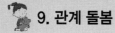 **9. 관계 돌봄**

2. 길 따라 관계 시소타기

 쌍방길 관계에서는 한 사람이 또는 두 사람 모두 노력합니다

 듣기와 말하기

 주고받기

그리고……

 일방길 관계에서는 한 사람이 또는 두 사람 모두

 서로 말하지도 말을 듣지도 않습니다.

서로 주고받지 않습니다.

꿀팁

모든 관계는 다릅니다.

쌍방길 관계일 때는 상대와 함께하기가 쉽습니다.

일방길 관계일 때는 함께하기가 어렵습니다.

어떤 때는 관계가 정말 어렵습니다!

쌍방길 관계를 가지려고 노력하더라도 나 또는 다른 사람 때문에 일방길 관계가 될 수 있습니다.

기술을 사용해서 매일매일 관계를 돌보세요.

9. 관계 돌봄

이름: _____   날짜: _____

2. 길 따라 관계 시소 타기 [ONE WAY →]

쌍방길 관계를 만들기 위해 할 수 있는 행동을 써 보세요.

_____

_____

_____

_____

_____

_____

그리고……

일방길 관계로 만드는 행동을 써 보세요. [ONE WAY →]

_____

_____

_____

_____

_____

_____

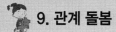 9. 관계 돌봄

수업 자료 6

3. 길 밖 관계 바꾸기(나 자신과)

나 자신과 길 위에 있기

 내 목표에 대한 흐릿한 사진 대신
또렷한 사진을 찍습니다.

 나를 끌어내리지 않고
길 따라 생각하기를 합니다.

넌 힐 수 있어!

 길 밖으로 나가는 습관 대신
길 따라 행동하기로 내 몸을 잘 돌봅니다.

꿀팁

길 따라 행동하기 계획을 짭니다.

길 따라 행동하기 계획은 매일 균형 잡힌 삶을 사는 행동을 도와줍니다. 늘 계획대로 행동하지는 못합니다. 이때는 새로운 나 활동에 두 발로 완전히 뛰어들기, 안전 계획 사용하기, 길에서 벗어난 상황이나 습관을 피하는 등의 길 따라 행동하기를 합니다.

9. 관계 돌봄

수업 자료 7

공평한 악수

길 밖 관계를 바꾸기 위해 침착할 때만 기술을 모두 사용합니다:

문제 해결

관계 문제는 무엇
인가요?
나는 무엇을 할 수
있나요?
만약 관계를 풀어
보는 게 가장 좋은
선택이라면……

나 표현하기

어떻게 소통할지 결정
합니다: 만나서? 전화
로? 이메일로? 편지로?
몸짓 언어로?
만약 상황이 바뀌기를
바란다면……

알맞게 하기

딱 시간, 딱 장소, 딱 소리,
딱 말을 고릅니다.
설탕처럼
설명하고
원하는 걸 말해요
들어요
딱 도장

공평한 악수

양쪽 입장을 모두
바로 보고

나와 상대방이 모두
이기는 해결책을
위해 대화합니다.

꿀팁

안전 계획 기술을 언제 쓸지 압니다.

느낌 점수가 3점을 넘으면 안전 계획을 사용하는 게 좋습니다.

길 밖 관계를 끝내세요.

공평한 악수를 해 보았지만 관계 문제가 나아지지 않는다면 관계를 끝낸다고 생각해 보세

요. 길 밖으로 나가게 만드는 관계에 남아 있으면 안 됩니다.

9. 관계 돌봄

공평한 악수 계획

이름: _____   날짜: _____

관계의 문제는 무엇인가요?

신디가 내 남자친구에게 예의 없이 행동했다.

어떻게 소통할 계획인가요? (직접 만나서?)   전화로?   글로 써서?

딱 마음 상태인가요?   (예)   또는   아니요

딱 시간은 언제인가요? 금요일 오후

딱 소리는 무엇인가요? 친절하지만 진지한 목소리

설설원들딱을 사용해야 할까요?   (예)   또는   아니요

내 입장을 어떻게 설명할까요?

네가 내 남자친구에게 무례하게 행동해서 기분이 나빴어.

나는 네 친구들에게 친절하게 행동한다고 생각해.

상대의 입장을 알기 위해서 무엇을 물을까요?

왜 내 남자친구를 좋아하지 않니?

내가 원하는 것을 어떻게 요청할까요? 신디, 내 남자친구에게 좀 더 친절하게 해 줄

것을 부탁해. 무례하게 행동하지 말고 나에게 뭐가 맘에 안 드는지 말해 줘.

말하고 나서 상대의 이야기를 들어 줄 건가요?   (예)   또는   아니요

필요하면 안전 계획을 쓸 건가요?   (예)   또는   아니요

서로에게 좋은 해결 방법을 찾기 위해 노력할 건가요?   (예)   또는   아니요

알맞게 행동하기 위해서 123 기술 고리를 사용할 건가요?   (예)   또는   아니요

9. 관계 돌봄

공평한 악수 계획

이름: _____   날짜: _____

관계의 문제는 무엇인가요?

_____

어떻게 소통할 계획인가요? 직접 만나서?   전화로?   글로 써서?

딱 마음 상태인가요?   예   또는   아니요

딱 시간은 언제인가요? _____

딱 소리는 무엇인가요? _____

설설원들딱을 사용해야 할까요?   예   또는   아니요

내 입장을 어떻게 설명할까요?

_____

_____

상대의 입장을 알기 위해서 무엇을 물을까요?

_____

내가 원하는 것을 어떻게 요청할까요?

_____

_____

 말하고 나서 상대의 이야기를 들어 줄 건가요?   예   또는   아니요

필요하면 안전 계획을 쓸 건가요?   예   또는   아니요

서로에게 좋은 해결 방법을 찾기 위해 노력할 건가요?   예   또는   아니요

알맞게 행동하기 위해서 123 기술 고리를 사용할 건가요?   예   또는   아니요

9. 관계 돌봄

 # 3. 길 밖 관계 바꾸기

나와   다른 사람과

책임 계단

내가 실수를 했다.	문제를 인정하기	사과하기	변화를 결심하기	길 따라 행동하기
나의 중요한 관계를 상처 입힌 말이나 행동을 하였다.	나 표현하기 기술을 써서 내가 어떤 행동을 했고 왜 그것이 문제인지 말한다.	후회하는 행동을 사과한다.	상대의 믿음을 다시 얻기 바란다면, 앞으로 어떻게 다르게 행동할지 말한다.	관계에서 길 따라 행동하기를 사용한다.

꿀팁

잘못을 인정하고 책임질 때 느낌 점수가 올라갈 수 있습니다.

관계는 참 어려울 때가 있습니다. 가끔은 내가 남에게 상처 준 것도 모르는 경우가 있지요. 내가 실수했다는 사실을 알면 죄책감, 창피함, 그리고 어떤 경우는 화를 느낍니다. 사진 찍기를 하고 아주 많은 길 따라 생각하기 기술을 써서 내가 하는 관계 돌봄 행동이 길 따라 행동이 되도록 하세요. 관계를 나쁘게 만들기보다는 좋게 만드는 행동을 해야죠! 느낌 점수가 3점보다 높아지면 책임 계단 오르기를 멈추고 안전 계획을 사용하세요.

9. 관계 돌봄

이름:_____ 날짜:_____

책임 계단 계획 ▟

 문제를 인정하세요.

내가 네 남자친구에게 무례하게 행동했어.

_____

 상대가 입은 피해에 사과합니다.

그런 말을 하고 네가 중간에 끼게 해서 미안해.

_____

 행동을 바꾸기로 약속합니다.

다음부터는 내가 말하고 싶은 게 있으면 너에게게만 말할게.

_____

 길 따라 행동하기를 합니다.

친구에게 "내게 좋은 친구가 되어 줘서 정말 고마워."라고 말할 것이다.

_____

9. 관계 돌봄

이름: _____ 날짜: _____

책임 계단 계획

문제를 인정하세요.

_____

_____

상대가 입은 피해에 사과합니다.

_____

_____

행동을 바꾸기로 약속합니다.

_____

_____

길 따라 행동하기를 합니다.

_____

_____

기술 시스템

이름: _____ 날짜: _____

1. 지금 이 순간을 잘 볼 있게 도와주는 기술은 무엇인가요?
_____

2. 사진 찍기 다음에 항상 써야 하는 기술은 무엇인가요?
_____

3. 모든 상황에서 사용해야 하는 세 가지 기술의 번호는 무엇인가요?
_____

4. 목표를 향한 첫걸음을 위해 좋은 행동을 할 때 사용하는 기술은 무엇인가요?
_____

5. 위험한 상황을 대할 때 도움이 되는 기술은 무엇인가요?
_____

6. 집중하고, 더 기분이 좋아지고, 다른 데 신경 쓰게 하고, 즐거움을 느끼게 도와주는 기술은 무엇
   인가요?
_____

7. 어려운 상황을 해결하는 데 도움이 되는 기술은 무엇인가요?
_____

8. 사람들과 소통할 때 도움이 되는 기술은 무엇인가요?
_____

9. 남들로부터 내가 원하는 것은 얻을 때 쓰는 기술은 무엇인가요?
_____

10. 나와 좋은 관계를 가질 수 있게 도와주는 기술은 무엇인가요?
_____

11. 남과 좋은 관계를 가질 수 있게 도와주는 기술은 무엇인가요?
_____

기술 시스템

이름: _____   날짜: _____

1. 지금 이 순간을 잘 볼 있게 도와주는 기술은 무엇인가요?

_사진 찍기_

2. 사진 찍기 다음에 항상 써야 하는 기술은 무엇인가요?

길 따라 생각하기

3. 모든 상황에서 사용해야 하는 세 가지 기술의 번호는 무엇인가요?

_1, 2, 3_

4. 목표를 향한 첫걸음을 위해 좋은 행동을 할 때 사용하는 기술은 무엇인가요?

길 따라 행동하기

5. 위험한 상황을 대할 때 도움이 되는 기술은 무엇인가요?

_안전 계획_

6. 집중하고, 더 기분이 좋아지고, 다른 데 신경 쓰게 하고, 즐거움을 느끼게 도와주는 기술은 무엇
인가요?

새로운 나 활동

7. 어려운 상황을 해결하는 데 도움이 되는 기술은 무엇인가요?

_문제 해결_

8. 사람들과 소통할 때 도움이 되는 기술은 무엇인가요?

나 표현하기

9. 남들로부터 내가 원하는 것은 얻을 때 쓰는 기술은 무엇인가요?

알맞게 하기

10. 나와 좋은 관계를 가질 수 있게 도와주는 기술은 무엇인가요?

_관계 돌봄_

11. 남과 좋은 관계를 가질 수 있게 도와주는 기술은 무엇인가요?

_관계 돌봄_

기술 시스템

기술의 달인: _____

주기#: _____ 날짜: _____

기술 훈련 지도자: _____

기술 계획 지도

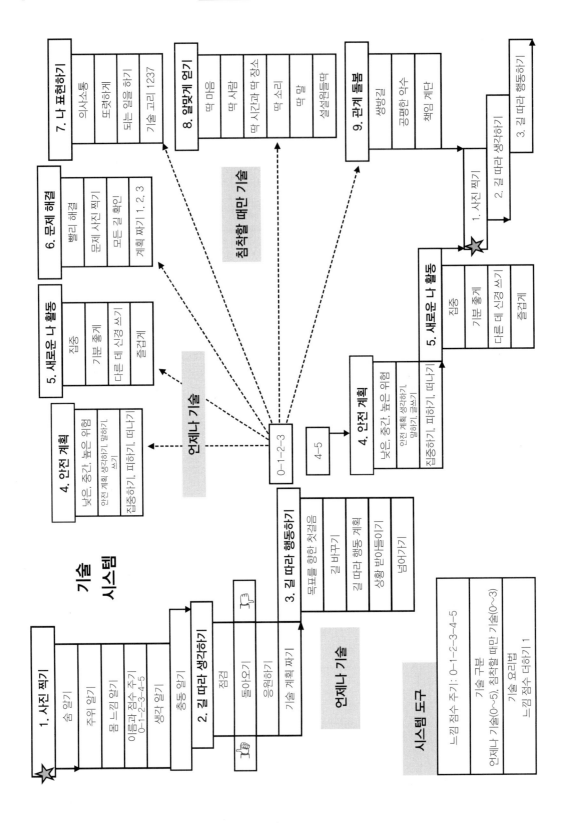

기술 코칭 활동지

기술 쓰기(느낌 점수 3점 이하): 활동지 1

기술 쓰기(느낌 점수 3점 초과): 활동지 2

기술 쓰기(느낌 점수 3점 이하)

이름: _____ 날짜: _____

1. 사진 찍기

숨 □ 예 □ 아니요

주위: _____

몸 느낌: _____

느낌 이름: _____ 느낌 점수: 0-1-2-3-4-5

생각: _____

충동: _____

2. 길 따라 생각하기

♡ **점검** □ 👍 도움이 되는 충동 □ 👎 도움이 안 되는 충동

👎 **돌아오기** 👍 생각: _____

응원하기: _____

⛓ **기술 계획 짜기** 바로 지금 나의 느낌 점수: _____

몇 개의 기술이 필요할까? _____

어떤 기술 구분을 쓸 수 있을까?: _____

언제나 기술 0~5점 감정: □ 예 □ 아니요

침착할 때만 기술 0~3점 감정: □ 예 □ 아니요

🖥 사진 찍기를 했나? □ 예 □ 아니요

⚙ 지금 길 따라 생각하기를 하고 있나? □ 예 □ 아니요

🚂 길 따라 행동하기를 할까? □ 예 □ 아니요

(계속)

안전 계획을 사용할까? 위험이 있나?   □ 예   □ 아니요

□ 생각하기   □ 말하기   □ 글쓰기

□ 낮은 위험   □ 중간 위험   □ 높은 위험

□ 다시 집중   □ 피하기   □ 완전히 떠나기

나는 _____로 간다.

새로운 나 활동을 할까?   □ 예   □ 아니요

집중: _____

기분 좋게: _____

다른 데 신경 쓰기: _____

즐겁게: _____

문제 해결을 할까?   □ 예   □ 아니요   □ 좀 더 침착해지면

문제 사진 찍기: _____

문제 크기: 작은   중간   큰

빨리 해결할까?   □ 예   □ 아니요

모든 길 확인

선택지: _____

선택지: _____

선택지: _____

계획 1: _____

계획 2: _____

계획 3: _____

나 표현하기를 할까?   □ 예   □ 아니요   □ 좀 더 침착해지면

무엇을 나눠야 할까? _____

누구와 나눠야 할까? _____

어떻게 나눠야 할까? _____

(계속)

알맞게 하기를 할까?　□ 예　□ 아니요　□ 좀 더 침착해지면

딱 마음: _____

딱 사람: _____

딱 시간과 딱 장소: _____

딱 소리: _____

딱 말: _____

　설탕처럼: _____

　설명하고: _____

　원하는 걸 말해요: _____

　들어요: _____

　딱 도장: _____

관계 돌봄을 할까?　□ 예　□ 아니요　□ 좀 더 침착해지면

나 자신과 관계 돌봄: _____

다른 사람과 관계 돌봄: _____

말하고 들으면서 쌍방길로 갈까?　□ 예　□ 아니요

공평한 악수를 할까?　□ 예　□ 아니요

책임 계단을 할까?　□ 예　□ 아니요

엄지 척 생각: _____

★ 나의 목표는: _____

기술 고리가 있나?　□ 예　□ 아니요

나의 길 따라 행동은 무엇일까? _____

나를 응원하기: _____

기술 쓰기(느낌 점수 3점 초과)

이름: _____ 날짜: _____

1. 사진 찍기

숨 ☐ 예 ☐ 아니요

주위: _____

몸 느낌: _____

느낌 이름: _____ 느낌 점수: 0-1-2-3-4-5

생각: _____

충동: _____

2. 길 따라 생각하기

점검   ☐ 👍 도움이 되는 충동   ☐ 👎 도움이 안 되는 충동

돌아오기 👍 생각: _____

응원하기: _____

_____

🔗 **기술 계획 짜기**   바로 지금 나의 느낌 점수: _____

몇 개의 기술이 필요할까? _____

어떤 기술 구분을 쓸 수 있을까?

언제나 기술 0~5점 감정 ☐ 예 ☐ 아니요

침착할 때만 기술 0~3점 감정 ☐ 예 ☐ 아니요

(계속)

안전 계획을 사용할까? 위험이 있나?　□ 예　□ 아니요

□ 생각하기　□ 말하기　□ 글쓰기

□ 낮은 위험　□ 중간 위험　□ 높은 위험

□ 다시 집중　□ 피하기　□ 완전히 떠나기

나는 _____로 간다.

새로운 나 활동을 할까?　□ 예　□ 아니요

집중: _____

기분 좋게: _____

다른 데 신경 쓰기: _____

즐겁게: _____

나의 기술 계획:

이 계획이 충분할까?　□ 예　□ 아니요

3. 길 따라 행동하기

_____

_____

참고문헌

Ali, A., Scior, K., Ratti, V., Strydom, A., King, M., & Hassiotis, A. (2013). Discrimination and other barriers to assessing health care: Perspectives of patients with mild and moderate intellectual disability and their carers. *PLoS ONE*, *8*(8), 1-13.

American Psychiatric Association. (2013). *Diagnostic and statistical manual of mental disorders* (5th ed.). Arlington, VA: Author.

American Psychological Association. (2007). *APA dictionary of psychology*. Washington, DC: Author.

Ayres, P., & Paas, F. (2012). Cognitive load theory: New directions and challenges. *Applied Cognitive Psychology, 26*(6), 827-832.

Beadle-Brown, J., Mansell, J., Cambridge, P., Milne, A., & Whelton, B. (2010). Adult protection of people with intellectual disabilities: Incidence, nature and responses. *Journal of Applied Research in Intellectual Disabilities, 23*(6), 573-584.

Beckes, L., & Coan, J. (2011). Social baseline theory: The role of social proximity in emotion and economy of action. *Social and Personality Psychology Compass, 5*, 976-988.

Bhaumik, S., Tyrer, F. C., McGrother, C., & Ganghadaran, S. K. (2008). Psychiatric service use and psychiatric disorders in adults with intellectual disability. *Journal of Intellectual Disability Research, 52*(11), 986-995.

Bloom, B. S. (1956). *Taxonomy of educational objectives: Handbook I. The cognitive domain.* New York: David McKay.

Brown, J. F., Brown, M. Z., & Dibiasio, P. (2013). Treating individuals with intellectual disabilities and challenging behaviors with adapted dialectical behavior therapy. *Journal of Mental Health Research in Intellectual Disabilities, 6*(4), 280-303.

Carlin, M. T., Soraci, S. A., Dennis, N. A., Chechile, N. A., & Loiselle, R. C. (2001). Enhancing free recall rates of individuals with mental retardation. *America Journal on Mental Retardation, 106,* 314-326.

Crocker, A. G., Mercier, C., Allaire, J. F., & Roy, M. E. (2007). Profiles and correlates of aggressive behaviour among adults with intellectual disabilities. *Journal of Intellectual Disability Research, 51*(10), 786-801.

Ditchman, N., Werner, S., Kosyluk, K., Jones, N., Elg, B., & Corrigan, P. (2013). Stigma and intellectual disability: Potential application of mental illness research. *Rehabilitation Psychology, 58*(2), 206-216.

Emerson, E., Kiernan, C., Alborz, A., Reeves, D., Mason, H., Swarbrick, R., et al. (2001). The prevalence of challenging behaviors: A total population study. *Research in Developmental Disabilities, 22,* 77-93.

Feigenbaum, J. D., Fonagy, P., Pilling, S., Jones, A., Wildgoose, A., & Bebbington, P. E. (2012). A real-world study of the effectiveness of DBT in the UK National Health Service. *British Journal of Clinical Psychology, 51*(2), 121-141.

Forte, M., Jahoda, A., & Dagnan, D. (2011). An anxious time?: Exploring the nature of worries experienced by young people with a mild to moderate intellectual disability as they make the transition to adulthood. *British Journal of Clinical Psychology, 50*(4), 398-411.

Glaesser, R. S., & Perkins, E. A. (2013). Self-injurious behavior in older adults with intellectual disabilities. *Social Work, 58*(3), 213-221.

Gold, M. W. (1972). Stimulus factors in skills training of retarded adolescents on a complex assembly task: Acquisition, transfer, and retention. *American Journal on Mental Retardation, 76*(5), 517-526.

Grey, I., Pollard, J., McClean, B., MacAuley, N., & Hastings, R. (2010). Prevalence of psychiatric diagnoses and challenging behaviors in a community-based population of adults with intellectual disabilities. *Journal of Mental Health Research in Intellectual*

Disabilities, 3(4), 210-222.

Gross, J. J. (2013). Emotion regulation: Taking stock and moving forward. *Emotion, 13*(3), 359-365.

Gross, J. J. (2014a). Emotion regulation: Conceptual and empirical foundations. In J. J. Gross (Ed.), *Handbook of emotion regulation* (2nd ed., pp. 3-22). New York: Guilford Press.

Gross, J. J. (Ed.). (2014b). *Handbook of emotion regulation* (2nd ed.). New York: Guilford Press.

Gross, J. J., & Thompson, R. A. (2009). Emotion regulation: Conceptual foundations. In J. J. Gross (Ed.), *Handbook of emotion regulation* (pp. 3-26). New York: Guilford Press.

Haaven, J., Little, R., & Petre-Miller, D. (1989). *Treating intellectually disabled sex offenders: A model residential program.* Brandon, VT: Safer Society Press.

Harned, M. S., Jackson, S. C., Comtois, K. A., & Linehan, M. M. (2010). Dialectical behavior therapy as a precursor to PTSD treatment for suicidal and/or self-injuring women with borderline personality disorder. *Journal of Traumatic Stress, 23*(4), 421-429.

Hess, J., Matson, J., Neal, D., Mahan, S., Fodstad, J., Bamburg, J. A. Y., et al. (2010). A comparison of psychotropic drug side effect profiles in adults diagnosed with intellectual disabilities and autism spectrum disorders. *Journal of Mental Health Research in Intellectual Disabilities, 3*(2), 85-96.

Hill, D. M., Craighead, L. W., & Safer, D. L. (2011). Appetite-focused dialectical behavior therapy for the treatment of binge eating with purging: A preliminary trial. *International Journal of Eating Disorders, 44*(3), 249-261.

Horner-Johnson, W., & Drum, C. E. (2006). Prevalence of maltreatment of people with intellectual disabilities: A review of recently published research. *Mental Retardation and Developmental Disabilities Research Reviews, 12*(1), 57-69.

Hübner, R., Steinhauser, M., & Lehle, C. (2010). A dual-stage two-phase model of selective attention. *Psychological Review, 117*(3), 759-784.

Hurley, A. D. (2008). Depression in adults with intellectual disability: Symptoms and challenging behaviour. *Journal of Intellectual Disability Research, 52*(11), 905-916.

Inam Ul, H. (2013). Dialectical behavior therapy for challenging behavior in patients with learning disabilities. *Journal of Pakistan Psychiatric Society, 10*(1), 51-52.

Janssen, C. G. C., Schuengel, C., & Stolk, J. (2002). Understanding challenging behaviour in people with severe and profound intellectual disability: A stress-attachment model. *Journal of Intellectual Disability Research, 46*(6), 445-453.

Kalyuga, S. (2011). Cognitive load theory: How many types of load does it really need? *Educational Psychology Review, 23*(1), 1-19.

Koons, C. R., Robins, C. J., Tweed, J. L., Lynch, T. R., Gonzalez, A. M., Morse, J. Q., et al. (2001). Efficacy of dialectical behavior therapy in women veterans with borderline personality disorder. *Behavior Therapy, 32*(2), 371-390.

Lew, M., Matta, C., Tripp-Tebo, C., & Watts, D. (2006). DBT for individuals with intellectual disabilities: A program description. *Mental Health Aspects of Developmental Disabilities, 9*(1), 1-13.

Lewis, J. J. (2009). Bernice Johnson Reagon quotes about women's history. Retrieved May 1, 2009, from *http://womenshistory.about.com/od/quotes/a/reagon_quotes.htm.*

Lieberman, M. D., Inagaki, T. K., Tabibnia, G., & Crockett, M. J. (2011). Subjective responses to emotional stimuli during labeling, reappraisal, and distraction. *Emotion, 11*(3), 468-480.

Linehan, M. M. (1993a). *Cognitive-behavioral treatment for borderline personality disorder.* New York: Guilford Press.

Linehan, M. M. (1993b). *Skills training manual for treating borderline personality disorder.* New York: Guilford Press.

Linehan, M. M. (2015a). *DBT skills training manual* (2nd ed.). New York: Guilford Press.

Linehan, M. M. (2015b). *DBT skills training handouts and worksheets* (2nd ed.). New York: Guilford Press.

Linehan, M. M., Armstrong, H. E., Suarez, A., Allmon, D., & Heard, H. I. (1991). Cognitive-behavioral treatment of chronically parasuicidal borderline patients. *Archives of General Psychiatry, 48,* 1060-1064.

Linehan, M. M., Dimeff, L. A., Reynolds, S. K., Comtois, K. A., Welch, S. S., Heagerty, P., et al. (2002). Dialectical behavior therapy versus comprehensive validation plus 12-step for the treatment of opioid dependent women meeting criteria for borderline personality disorder. *Drug and Alcohol Dependence, 67*(1), 13-26.

Linehan, M. M., Schmidt, H., Dimeff, L. A., Craft, J. C., Kanter, J., & Comtois, K. A. (1999). Dialectical behavior therapy for patients with borderline personality disorder and drug-dependence. *American Journal on Addiction, 8*(4), 279-292.

Linehan, M. M., Tutek, D. A., Heard, H. L., & Armstrong, H. E. (1994). Interpersonal outcome of cognitive behavioral treatment for chronically suicidal borderline patients. *American Journal of Psychiatry, 151*, 1771-1776.

Lowe, K., Allen, D., Jones, E., Brophy, S., Moore, K., & James, W. (2007). Challenging behaviors: Prevalence and topographies. *Journal of Intellectual Disabilities, 51*(8), 625-636.

Lynch, T. R., Morse, J. Q., Mendelson, T., & Robins, C. J. (2003). Dialectical behavior therapy for depressed older adults: A randomized pilot study. *American Journal of Geriatric Psychiatry, 11*(1), 33-45.

Mastropieri, M. A., Sweda, J., & Scruggs, T. E. (2000). Putting mnemonic strategies to work in an inclusive classroom. *Learning Disabilities Research and Practice, 15*(2), 69-74.

Matson, J., Rivet, T., & Fodstad, J. (2010). Atypical antipsychotic adjustments and side-effects over time in adults with intellectual disability, tardive dyskinesia, and akathisia. *Journal of Developmental and Physical Disabilities, 22*(5), 447-461.

Matson, J. L., Neal, D., & Kozlowski, A. M. (2012). Treatments for the challenging behaviours of adults with intellectual disabilities. *Canadian Journal of Psychiatry, 57*(10), 587-592.

McClure, K. S., Halpern, J., Wolper, P. A., & Donahue, J. J. (2009). Emotion regulation and intellectual disability. *Journal on Developmental Disabilities, 15*, 38-44.

McGrath, A. (2013). Links between the conduct of carers and clients' challenging behaviour. *Learning Disability Practice, 16*(6), 30-32.

Mevissen, L., Lievegoed, R., Seubert, A., & De Jongh, A. (2011). Do persons with intellectual disability and limited verbal capacities respond to trauma treatment? *Journal of Intellectual and Developmental Disability, 36*(4), 278-283.

Miller, A. L., Rathus, J. H., & Linehan, M. M. (2006). *Dialectical behavior therapy with suicidal adolescents.* New York: Guilford Press.

Mitchell, A., Clegg, J., & Furniss, F. (2006). Exploring the meaning of trauma with adults with intellectual disabilities. *Journal of Applied Research in Intellectual Disabilities, 19*(2), 131-142.

Najjar, L. J. (1996). *The effects of multimedia and elaborative encoding on learning* (Technical Report G-IT-GUU-96-05). Atlanta: Georgia Institute of Technology.

Nezlek, J. B., & Kuppens, P. (2008). Regulating positive and negative emotions in daily life. *Journal of Personality, 76*(3), 561-580.

Paas, F., & Sweller, J. (2012). An evolutionary upgrade of cognitive load theory: Using the human motor system and collaboration to support the learning of complex cognitive tasks. *Educational Psychology Review, 24*(1), 27-45.

Paas, F., Van Gog, T., & Sweller, J. (2010). Cognitive load theory: New conceptualizations, specifications, and integrated research perspectives. *Educational Psychology Review, 22*(2), 115-121.

Phillips, N., & Rose, J. (2010). Predicting placement breakdown: Individual and environmental factors associated with the success or failure of community residential placements for adults with intellectual disabilities. *Journal of Applied Research in Intellectual Disabilities, 23*(3), 201-213.

Poppes, P., van der Putten, A. J. J., & Vlaskamp, C. (2010). Frequency and severity of challenging behavior in people with profound intellectual and multiple disabilities. *Research in Developmental Disabilities, 31*, 1269-1275.

Priebe, S., Bhatti, N., Barnicot, K., Bremner, S., Gaglia, A., Katsakou, C., et al. (2012). Effectiveness and cost-effectiveness of dialectical behavior therapy for self-harming patients with personality disorder: A pragmatic randomised controlled trial. *Psychotherary and Psychsomatics, 81*(6), 356-365.

Reilly, C., & Holland, N. (2011). Symptoms of attention deficit hyperactivity disorder in children and adults with intellectual disability: A review. *Journal of Applied Research in Intellectual Disabilities, 24*(4), 291-309.

Russell, A. T., Hahn, J. E., & Hayward, K. (2011). Psychiatric services for individuals with intellectual and developmental disabilities: Medication management. *Journal of Mental Health Research in Intellectual Disabilities, 4*(4), 265-289.

Safer, D. L., Telch, C. F., & Agras, W. S. (2001). Dialectical behavior therapy for bulimia nervosa. *American Journal of Psychiatry, 158*(4), 632-634.

Sakdalan, J. A., & Collier, V. (2012). Piloting an evidence-based group treatment programme for high risk sex offenders with intellectual disability in the New Zealand setting. *New Zealand Journal of Psychology, 41*(3), 6-12.

Sappok, T., Budczies, J., Bolte, S., Dziobek, I., Dosen, A., & Diefenbacher, A. (2013).

Emotional development in adults with autism and intellectual disabilities: A retrospective, clinical analysis. *PLoS ONE, 8*(9), 1–13.

Scott, P. H., Asoko, H. M., & Driver, R. H. (1991). *Teaching for conceptual change: A review of strategies.* Leeds, UK: University of Leeds, Children's Learning in Science Research Group.

Sheppes, G., Scheibe, S., Suri, G., Radu, P., Blechert, J., & Gross, J. J. (2014). Emotion regulation choice: A conceptual framework and supporting evidence. *Journal of Experimental Psychology: General, 143*(1), 163–181.

Sweller, J. (1988). Cognitive load during problem solving: Effects on learning. *Cognitive Science, 12*, 257–285.

Sweller, J. (1989). Cognitive technology: Some procedures for facilitating learning and problem solving in mathematics and science. *Journal of Educational Psychology, 81*(4), 457–466.

Sweller, J. (2010). Element interactivity and intrinsic, extraneous, and germane cognitive load. *Educational Psychology Review, 22*(2), 123–138.

Sweller, J., van Merrienboer, J. J. G., & Paas, F. G. W. C. (1998). Cognitive architecture and instructional design. *Educational Psychology Review, 10*(3), 251–296.

Telch, C. F., Agras, W. S., & Linehan, M. M. (2001). Dialectical behavior therapy for binge eating disorder. *Journal of Consulting and Clinical Psychology, 69*(6), 1061–1065.

Tomasulo, D. (2005) The interactive-behavioral model of group counseling for people with mental retardation and chronic psychiatric illness. *NADD Bulletin, III*(6), Article 3.

Turk, J., Robbins, I., & Woodhead, M. (2005). Post-traumatic stress disorder in young people with intellectual disability. *Journal of Intellectual Disability Research, 49*(11), 872–875.

Tyrer, F., McGrother, C. W., Thorp, C. F., Donaldson, M., Bhaumik, S., Watson, J. M., et al. (2006). Physical aggression towards others in adults with learning disabilities: Prevalence and associated factors. *Journal of Disabilities Research, 50*, 295–304.

van den Bosch, L. M. C., Verheul, R., Schippers, G. M., & van den Brink, W. (2002). Dialectical behavior therapy of borderline patients with and without substance use problems: Implementation and long-term effects. *Addictive Behaviors, 27*(6), 911–923.

van Gog, T., Paas, F., & Sweller, J. (2010). Cognitive load theory: Advances in research on worked examples, animations, and cognitive load measurement. *Educational Psychology*

Review, 22(4), 375-378.

Verheul, R., van den Bosch, L. M. C., Koeter, M. W. J., de Ridder, M. A. J., Stijnen, T., & van den Brink, W. (2003). Dialectical behaviour therapy for women with borderline personality disorder: 12-month, randomized clinical trial in the Netherlands. *British Journal of Psychiatry, 182*, 135-140.

Weiss, J. A. (2012). Mental health care for Canadians with developmental disabilities. *Canadian Psychology, 53*(1), 67-69.

Zaki, J., & Williams, W. C. (2013). Interpersonal emotion regulation. *Emotion, 13*(5), 803-810.

찾아보기

저자 소개

Julie F. Brown (MSW, PhD)

로드아일랜드에 있는 Justice Resource Institute 통합 임상 서비스 프로그램 개발팀의 대표이자 20년 이상 지적 장애 지원 장면에서 일한 사회복지사이다. 2005년 이후 Behavior Tech, LLC에서 변증법행동치료 훈련자로 일해 왔으며, 미국 지적 및 발달장애 연합으로부터 리더십상을 수상하였다.

역자 소개

최현정(Hyunjung Choi), PhD

충북대학교 심리학과에서 교수로 일하며 공익 법인 트라우마치유센터 사람마음의 대표로 복합 트라우마 생존자의 회복을 위한 일을 하고 있다. 서울대학교 심리학과를 졸업하고 동 대학에서 임상심리학으로 석사와 박사 학위를 취득하였으며, 서울대학교병원 신경정신과에서 수련을 마친 임상심리전문가이다. 조윤화 박사와 함께 변증법행동치료 인텐시브 수련을 마쳤으며, 변증법행동치료 보급에 힘쓰고 있다.

조윤화(Yoonhwa Cho), PhD

대전 월로우심리상담센터 소장과 트라우마케어팀 대표로 활동하고 있다. 서울대학교 심리학과를 졸업하고 미국 인디애나 대학교(Indiana University Bloomington)에서 석사(상담 및 상담자 교육)와 박사(상담심리) 학위를 취득하였다. 이후 일리노이 주립대학교(University of Illinois at Urbana-Campaign) 박사과정 인턴을 수료하였다. 한국심리학회 상담심리사 1급, 미국 버몬트주 공인 심리학자로 버몬트 주립대학교(University of Vermont) 상담센터 교육팀장, 용문상담심리대학원대학교 조교수, 마음사랑인지행동치료센터 책임상담원, 이화여자대학교 심리학과 연구교수로 재직하였다.

변증법행동치료 기반
정서조절 기술 시스템
-인지 능력이 한정된 내담자를 위하여-
The Emotion Regulation Skills System
for Cognitively Challenged Clients:
A DBT® -Informed Approach

2020년 5월 20일 1판 1쇄 발행
2023년 3월 20일 1판 2쇄 발행

지은이 • Julie F. Brown
옮긴이 • 최현정 · 조윤화
펴낸이 • 김 진 환
펴낸곳 • (주) **학지사**

04031 서울특별시 마포구 양화로 15길 20 마인드월드빌딩 5층
대표전화 • 02) 330-5114   팩스 • 02) 324-2345
등록번호 • 제313-2006-000265호
홈페이지 • http://www.hakjisa.co.kr
페이스북 • https://www.facebook.com/hakjisabook

ISBN 978-89-997-2111-3 93180

정가 **25,000**원

▌출판미디어기업 **학지사**

간호보건의학출판 **학지사메디컬** www.hakjisamd.co.kr
심리검사연구소 **인싸이트** www.inpsyt.co.kr
학술논문서비스 **뉴논문** www.newnonmun.com
원격교육연수원 **카운피아** www.counpia.com